编委会

主　任： 贺　化　国家知识产权局副局长
副主任： 何志敏　国家知识产权局副局长
　　　　　杨铁军　国家知识产权局原副局长
委　员： 胡文辉　国家知识产权局办公室主任
　　　　　黄　庆　国家知识产权局保护协调司司长
　　　　　雷筱云　国家知识产权局专利管理司司长
　　　　　龚亚麟　国家知识产权局规划发展司司长
　　　　　王岚涛　国家知识产权局人事司司长
　　　　　毕　囡　国家知识产权局专利局办公室主任
　　　　　郑慧芬　国家知识产权局专利局审查业务管理部部长
　　　　　王　澄　国家知识产权局专利局机械发明审查部部长
　　　　　李永红　国家知识产权局专利局电学发明审查部部长
　　　　　赵喜元　国家知识产权局专利局通信发明审查部部长
　　　　　冯小兵　国家知识产权局专利局医药生物发明审查部部长
　　　　　崔　军　国家知识产权局专利局化学发明审查部部长
　　　　　崔伯雄　国家知识产权局专利局光电技术发明审查部部长
　　　　　韩秀成　国家知识产权局知识产权发展研究中心主任
　　　　　高　康　国家知识产权局专利局人事教育部原部长
　　　　　白光清　国家知识产权局专利审查协作北京中心主任
　　　　　陈　伟　国家知识产权局专利审查协作江苏中心主任
　　　　　曾志华　国家知识产权局专利审查协作广东中心主任
　　　　　郭　雯　国家知识产权局专利审查协作湖北中心主任
　　　　　张志成　国家知识产权局保护协调司副司长
　　　　　陈　燕　国家知识产权局知识产权发展研究中心副主任

编 辑 部

主　　　编　贺　化

副　主　编　何志敏　杨铁军

执 行 主 编　胡文辉　韩秀成

编辑部主任　陈　燕

编辑部副主任　孙全亮　马　克　刘庆琳

编辑部成员（按姓氏笔画为序）

卜冬泉　王　丽　王　剑　王　雷
邓　鹏　叶常茂　田　冰　刘　沛
孙　玮　寿晶晶　李　芳　李　岩
李振鹏　李瑞丰　佟振霞　张　青
张冰青　陈海英　林峻凯　周万琳
郑丽丽　赵　哲　胡　瑾　贾　涛
崔文昊　梁庆然　彭齐治　蔡林歆
黎　欣　潘元真

序

  2008年，改革开放三十周年，《国家知识产权战略纲要》发布实施，犹如一枚强心剂有力地注入了正在转型期的中国经济，为创新驱动发展战略铺设了新蓝图。2015年，《专利法》实施三十周年，我国发明专利申请量首次突破110万件，每万人口发明专利拥有量达6.3件，圆满完成"十二五"规划纲要提出的目标，同年，《国务院关于新形势下加快知识产权强国建设的若干意见》发布，预示着我国在知识产权强国的理论、制度和实践上又迈出了坚实的一步。

  当前，我国经济发展已经呈现出一系列新阶段的特征，产业结构面临转型升级，经济驱动力亟待转换，新常态已经成为经济实现可持续发展的主旋律，提高自主创新能力和建设创新型国家，已成国家发展战略的核心。有研究表明，全球约20个创新型国家拥有90%以上的发明专利，在全球500强企业里，以知识产权为核心的无形资产对企业的贡献已超过80%。可以说，在产业创新发展中，有效发挥知识产权的产业竞争作用，是增强我国自主核心技术和核心竞争力，参与全球化竞争的重要保障。未来，随着"互联网+""中国制造2025""大众创业、万众创新"等国家产业发展战略的逐步实施，以知识产权为核心的竞争要素必将成为引领中国经济走向下一个辉煌的关键。

  为将专利工作更加紧密地贴近经济工作的主战场，充分发挥专利信息中所蕴含的技术、产业、法律和市场等综合性竞争情报，避免重大项目投入面临的知识产权风险，国家知识产权局自2008年开始，专门成立了专利分析和预警工作领导小组，设立了领导小组办公室，负责组织专利分析和预警工作的实施。迄今为止，已组织精干的专利审查员、专利情报专家、产业分析人员等，面向国家重点领域、重大专项和关键核心技术开展了一系列的专利分析和预警工作，累计完成近八十项专题研究，内容涉及新材料、新能源、节能环保、信息通信、生物医药等诸多领域，实现了国家战略性新兴产业和重大科技专项的全覆盖，不仅为我国重点领域有效规避专利风险提供了预警信息和解决方案,而且有效地支撑了我国重点产业的发展决策,在煤制油、处理器芯片(CPU)、锂离子电池等一批国家重大专项、中科院战略先导专项等领域,已经成功运用专利分析和预警的成果,有效规避了国有资产的知识产权风险,显著增强了技术创新的方向性和产业专利布局的能力。

为了进一步推广专利分析方法,共享专利预警成果,实现"围绕产业需求、体现产业特点、服务产业发展"的宗旨,国家知识产权局知识产权发展研究中心组织人员对近年成果进行了精编,形成了本系列丛书。编著者既有专利情报和专利战略研究方面的专家,也有长期从事专利审查、专利分析和预警、专利导航产业发展、专利运营、企业专利运用等方面经验丰富的资深人员。全书涉及诸多前沿技术领域,内容丰富,图文并茂,具有较强的实践指导作用。

我相信,该系列丛书的出版,对于增强广大社会公众专利分析和预警意识,了解前沿技术领域专利竞争格局与趋势,辅助产业发展决策和合理配置创新资源,都将产生重要而深远的影响。

2016 年 5 月

前 言

自 2008 年以来,为配合《国家知识产权战略纲要》的深入实施,充分发挥专利信息情报服务支持我国重点领域产业发展和科技创新等规划决策的重要作用,国家知识产权局设立并启动重点领域重大技术专利分析和预警专项工作。并专门成立了局领导挂帅、局相关部门主要负责人为成员的专利分析和预警工作领导小组,由国家知识产权局知识产权发展研究中心作为领导小组办公室,负责具体组织实施专利分析和预警工作。

八年来,国家知识产权局专利分析和预警专项工作取得了显著的成效。一是辅助决策作用日益凸显,卓有成效地为在煤制油、TD-SCDMA、信息安全关键技术、新能源汽车等诸多领域为上级领导机关和相关主管部门提供了坚实有力的决策支持,多次得到国务院领导的批示;二是创新支持能力日益增强,不仅全面覆盖了国家重大科技专项和战略性新兴产业的主要领域,而且情报挖掘的范围和深度日益拓展深化,为核高基等国家相关重大科技专项及中科院战略先导专项提供了有力的专利分析研究支持;三是实战经验、理论积累日益丰厚,不仅形成了七十余项项目成果,而且在专利与产业、技术、市场、法律等情报的综合关联分析以及在专利导航产业、企业和区域创新发展理论及实务的开创性探索等方面硕果累累;四是促使我国专利情报分析人才队伍日益壮大,依托项目实施,累计培养情报意识强、分析技能精的复合型专利审查员达数百位,促使一批产业界、科技界专家深刻认识到专利情报分析的重要价值和意义,引导带动社会参加项目研究的企业、科研机构更加关注专利情报分析,更加重视专利竞争情报分析人才培养。

在当前我国经济发展进入新常态的新形势下,增长方式转变、产业结构转型、增长动力转换成为未来一段时期我国产业发展的主要特征,创新和知识产权愈益成为关乎新常态下我国产业升级转型发展成败的关键。2015 年 12 月,国务院颁布《关于新形势下加快知识产权强国建设的若干意见》(国发〔2015〕71 号),要求深入实施国家知识产权战略,促进新技术、新产业、新业态蓬勃发展，提升产业国际化发展水平，保障和激励大众创业、万众创新，为实施创新驱动发展战略提供有力支撑。2016年5月，中共中央、国务院印发《国家创新驱动发展战略纲要》，强调要坚持走中国特色自主创新道路，以科技创新为核心带动全面创新，以高效率的创新体系支撑高水平的创新型国家建设，推动经济社会发展动力根本转换，为实现中华民族伟大复兴的中国梦提供强大动力。纲要明确提出，要将实施知识产权战略、建设知识产权强国作为实施创新驱动发展战略的战略保障。

面对新形势、新要求和新机遇，国家知识产权局专利分析和预警工作将紧紧围绕国家创新发展战略实施和知识产权强国建设的主线和重点，着力面向新一代信息网络技术、智能绿色制造技术、生态绿色高效安全的现代农业技术、资源高效利用和生态环保技术、海洋和空间先进适用技术、智慧城市和数字社会技术、先进有效安全便捷的健康技术、支撑商业模式创新的现代服务技术、引领产业变革的颠覆性技术等战略性前沿技术提供专利分析预警支持；同时，将面向社会公众大力加强专利分析预警项目成果的推送利用，进一步扩大项目研究成果的辐射面和影响力，直接为相关产业、企业及技术的发展提供更加有力的情报支撑。

为此，国家知识产权局专利分析和预警工作领导小组办公室决定依托专利分析预警项目成果，每年结集汇编公开出版《前沿技术领域专利竞争格局与趋势》丛书。丛书秉承"面向未来、着眼竞争，关注产业、服务产业"的宗旨，重点从专利分析预警项目成果中梳理提炼相关产业技术领域的未来发展趋势、专利竞争格局和动向，着力围绕产业关注的重点热点领域和问题进行专题分析并提出初步的应对建议，以期想产业所想、急产业所急，为产业界、科技界管理者全面准确把握前沿领域专利竞争格局趋势并科学决策提供扎实的专利竞争情报支持。

由于时间仓促、课题组研究水平所限，且产业技术前沿领域发展较快，本丛书中难免存在疏漏、偏差甚至错误，敬请各位领导、专家和广大读者不吝批评指正！

国家知识产权局专利分析和预警工作领导小组办公室
2016年5月

目　录

1　钛合金制造及应用 / 1
　1.1　钛合金制造及应用产业状况 / 1
　1.2　钛合金制造及应用产业专利整体状况 / 3
　1.3　海绵钛制备技术专利分析 / 10
　1.4　钛及钛合金材料技术专利分析 / 14
　1.5　钛基材制备技术专利分析 / 22
　1.6　钛合金应用领域专利分析 / 27
　1.7　重要申请人专利分析 / 30
　1.8　主要结论 / 36

2　面向信息安全的高性能处理器 / 41
　2.1　知识产权在 CPU 产业中的作用 / 42
　2.2　CPU 产业总体专利态势分析结论 / 44
　2.3　我国发展 CPU 产业面临的知识产权问题 / 51

3　超材料关键技术 / 55
　3.1　超材料技术总体专利状况 / 57
　3.2　关键技术领域的专利状况 / 59
　3.3　重点企业分析 / 71
　3.4　政策建议 / 78

4　新型基因工程重点药物——疫苗 / 80
　4.1　疫苗产业情况及专利分析切入点 / 81
　4.2　疫苗产业专利竞争全景分析 / 85
　4.3　传统疫苗优化升级之路——轮状病毒疫苗 / 98
　4.4　新型基因工程疫苗产业发展突破
　　　 之路——阿尔茨海默疫苗 / 101
　4.5　市场化重磅疫苗再创新之路——宫颈癌疫苗 / 105

4.6 疫苗产业产学研合作关键
之路——创新团队的遴选与整合 / 110

4.7 疫苗产业发展整体建议和应对措施 / 112

5 高性能硅弹性材料 / 114

5.1 高性能硅弹性材料产业发展方向 / 115

5.2 国内硅弹性材料产业技术领域发展方向 / 124

5.3 硅弹性材料潜在专利技术创新方向 / 130

5.4 硅弹性材料产业发展的重要技术力量 / 133

6 植介入医疗器械 / 138

6.1 产业状况及研究内容 / 139

6.2 专利整体状况 / 140

6.3 血管支架领域专利状况 / 145

6.4 热点产品技术分析 / 151

7 大气污染防治技术 / 159

7.1 大气监测技术 / 160

7.2 烟气脱硫技术 / 165

7.3 烟气脱硝技术 / 170

7.4 脱硫脱硝一体化技术 / 175

8 集成电路制造工艺关键技术 / 181

8.1 集成电路制造工艺产业状况 / 182

8.2 研究内容及检索结果 / 182

8.3 图形光刻技术领域专利分析 / 184

8.4 晶圆减薄技术领域专利分析 / 220

8.5 铜互连技术领域专利分析 / 228

9 数字安防关键技术 / 238

9.1 数字安防技术专利总体分析 / 238

9.2 视频监控技术专利总体分析 / 245

9.3 智能视频分析技术 / 253

9.4 红外成像技术 / 260

10 工业机器人关键技术 / 265

10.1 工业机器人领域专利总体态势 / 266

10.2 工业机器人关键技术专利态势 / 273

10.3　工业机器人关键技术：RV减速器专利深度解析 / 276
10.4　中国工业机器人产业创新模式和专利路线探索 / 280
10.5　主要结论 / 285

图索引 / 292

表索引 / 297

后　记 / 301

1

钛合金制造及应用[*]

1.1 钛合金制造及应用产业状况

钛合金是指以钛为基加入其他元素组成的合金。作为一种先进的轻量化结构材料,金属钛及其合金因密度小、比强度高、导热系数低、耐高温低温性能好、耐腐蚀能力强、生物相容性好等突出性特点被业界誉为"战略金属""太空金属""海洋金属""生物金属"和"现代金属",在航空、航天、舰船、兵器、电子、医疗等军用、工业和民用领域得到日益广泛的应用,对一国的国防、经济及科技发展具有重要的战略意义。当前,钛合金工业的发展水平已被看作是一国综合实力强弱的重要标志。

如图1-1所示,钛合金产业链相对较短,一条钛合金的完整产业链自上而下依次是钛矿采掘—基本加工—金属加工—应用,技术要求、产品附加值和盈利能力自上而下依次递增,其中,钛矿采掘和基本加工是整个产业链的上游,其主要工艺为对钛铁矿和金红石矿的采选,经过富集、冶炼和熔炼得

---

[*] 本章节选自2014年度国家知识产权局专利分析和预警项目《钛合金制造及应用专利分析和预警研究报告》。

(1) 项目成员:王澄(负责人)、陈燕(负责人)、王京(组长)、孙全亮(组长)、马克(副组长)、孙玮、侯艳嫔、李晓丽、陈飚、陈丽丽、郝桂亮、赵哲、王瑞阳。

(2) 政策研究指导:胡军建。

(3) 研究组织与质量控制:王澄、陈燕、王京、孙全亮。

(4) 项目主要统稿人:王京、侯艳嫔。

(5) 审稿人:王澄、陈燕。

(6) 课题组秘书:孙玮。

(7) 本章执笔人:孙玮。

到钛合金生产的基础原料海绵钛。金属加工是整个产业链的中游，是以海绵钛为基础通过熔铸、锻造等加工方式形成钛锭、钛基材、钛复合材和各种钛构件以及钛设备。应用是整个产业链的下游，涵盖了航空航天业、船舶海洋工程、石油化工业、医疗、汽车和体育休闲等多个领域，应用范围十分广泛。整个钛合金产业的技术要求自上而下依次递增，由此带来的产业附加值和盈利能力也依次递增。

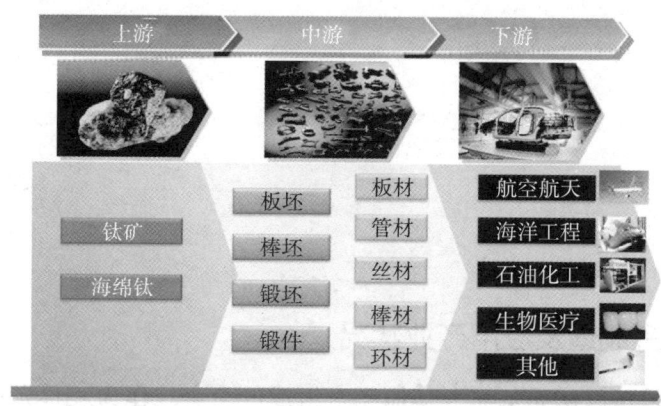

图1-1　钛合金产业链分布

1.1.1　全球钛合金产业状况

由于钛熔炼技术复杂、加工难度大，目前，世界上仅有美国、俄罗斯、日本、中国四个国家掌握完整的钛工业生产技术。欧洲虽然没有海绵钛工业，但其钛材加工和应用技术均处于世界先进水平。

美国的钛工业起步最早，主要应用于航空工业和军事领域，寡头垄断的竞争格局明显，三大寡头技术和产品各有侧重，且均通过上下游整合或与其他金属行业整合寻求新的发展，近年来向高端民用市场和高端产品发展的趋势十分明显。

日本的主要钛厂商均是钢铁企业，寡头垄断特征显著，钢铁、钛材结合生产是日本钛材生产的成功之路。从领域上看，日本多关注化工、电力和海水淡化等非军事领域，在新型钛合金领域研发十分活跃。

俄罗斯在海绵钛和钛加工材领域拥有较强实力，AVISMA-VSMPO一家独大，主要用于潜艇和军用飞机制造。西欧地区是仅次于中国的第二大钛材消费地区，多为钛材生产和应用加工厂，独立钛厂的规模较小，在下游应用尤其是航空工业具有较强实力。西欧仅英国有自己独立的钛材生产厂，在法、德主要为美国公司的分公司，基本属于钛材净进口地区。德国非常注重钛的加工。

1.1.2 中国钛合金产业状况

中国钛储量占世界已探明储量的60%,具有得天独厚的发展钛材制品的条件。早在20世纪50年代初期,就已经开始了钛及钛合金的探索研究。经过几十年的发展,目前已成为全球为数不多的拥有从钛矿、海绵钛、钛的熔炼、钛加工材、钛部件与钛设备制造等完整钛工业体系的国家。自2007年以来,中国的海绵钛产量已居世界第一位,2010年以后,钛加工材已位居世界第一位。

由于技术和生产的先发优势以及靠近钛矿产地等多方面原因,中国海绵钛资源供给区主要在遵义、攀枝花和洛阳。钛材加工则主要集中在陕西、辽宁和上海。其中陕西以宝钛集团有限公司和西北有色金属研究院为代表,其特点表现为钛加工材能力大、技术水平相对较高、产品规格较全。辽宁以沈阳金驰钛业和抚顺欣兴特钢为主,特点主要表现为中小企业多,社会协作度高,在钛设备的制造领域具有较强实力。上海以宝钢特殊钢分公司和南京宝色钛业为代表,特点表现为钢钛结合,注重民用市场。

1.2 钛合金制造及应用产业专利整体状况

1.2.1 全球专利状况分析

截至2014年9月,涉及钛合金技术的全球专利申请共计20526项[*],来自39个国家或地区的5839位申请人。

由图1-2可知,钛合金制造及应用技术兴起于20世纪50年代,但相比

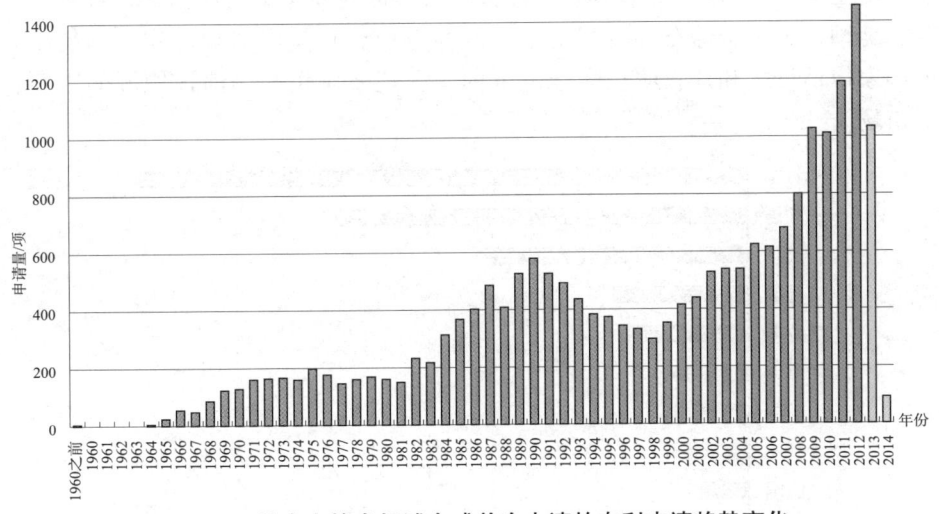

图1-2 钛合金技术领域全球首次申请的专利申请趋势变化

---

[*] 本书约定涉及全球专利申请统计时,单位为项;涉及中国、来华申请统计时,单位为件,下文不再赘述。

于其他传统冶金材料领域，钛合金技术的全球首次申请的年专利申请量仍相对较少。钛合金技术的专利申请伴随其产业发展历经了起伏变化，大致经历了1956~1981年的起步期、1982~1998年的第一发展期和1999年至今的第二发展期三个主要发展阶段。

由图1-3可知，全球钛合金技术首次申请分布呈现相对集中的状态，日、中、美、欧占据全球该技术专利产出量的98%以上。其中，日本占据了全球首次申请总量四成，技术领先优势明显，中国、美国分列第二位、第三位。澳大利亚作为钛矿原产地，在专利申请方面也有一定积累。

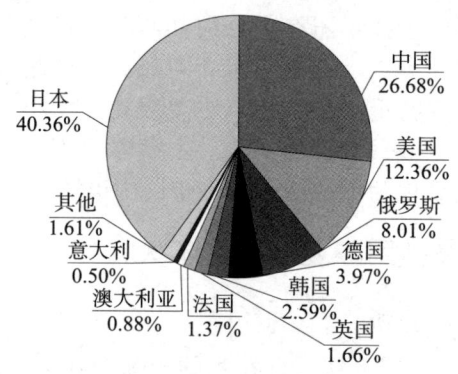

图1-3 钛合金领域全球专利首次申请排名前十位的国家和地区分布

由图1-4可知，日本本国的首次申请量远远领先于其他国家，日本、中国、美国占据了全球布局专利申请量的前三位，且其申请量之和远远超出其他国家申请量之和，表明在全球范围内，上述三国仍是当前该领域的主要目标市场。

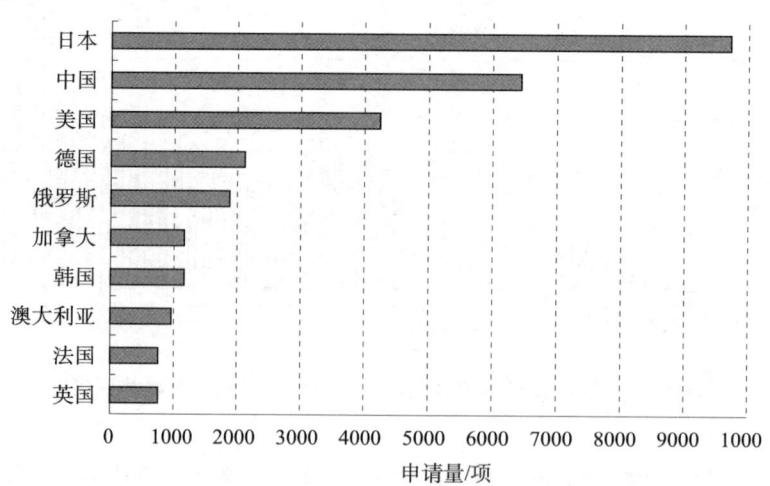

图1-4 钛合金技术领域全球专利申请量排名前十位的国家分布

由图 1-5 可知，全球申请量排名前十位的申请人全部为企业，其中，九家来自日本，剩余一家为美国公司。但全球申请量排名前十位申请人的申请量之和仅占到总申请量的 19%，且各申请人之间的申请份额相差不大，表明该领域目前的申请人较为分散，集中度不高，尚未形成专利集中于少数或个别权利人手中的格局，这也为国内相关企业加快技术研发，加大专利保护预留了时间。

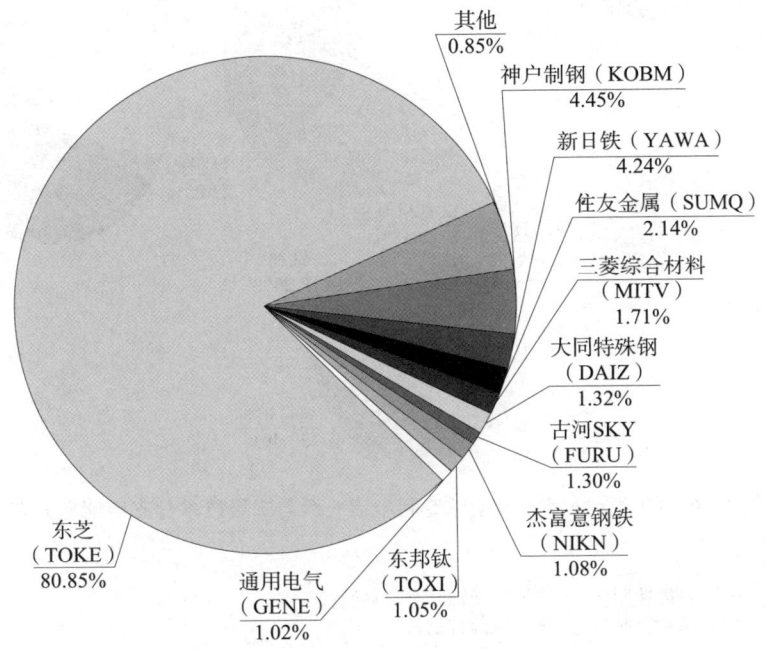

图 1-5　钛合金技术领域全球专利申请量
排名前十位的企业分布

由图 1-6 可知，钛基材制备技术占到申请总量的 1/3 以上，表明以钛为基材的各种通用部件的加工制造是当前钛合金技术领域的主要研发方向；钛部件制备技术、钛及钛合金材料制备技术以及海绵钛制备技术分列第二位至第四位。

由图 1-7 可以看出，各技术申请量在 1995 年时已经具备一定量的积累，随后呈现不同的发展趋势。整体来看，钛基材制备技术目前仍是钛合金产业中的重点发展方向，钛部件制备技术也有着较为广阔的发展前景，海绵钛制备技术受到关注的程度有望进一步提升，而钛合金材料制备技术已经处于成熟阶段，其发展保持稳定。

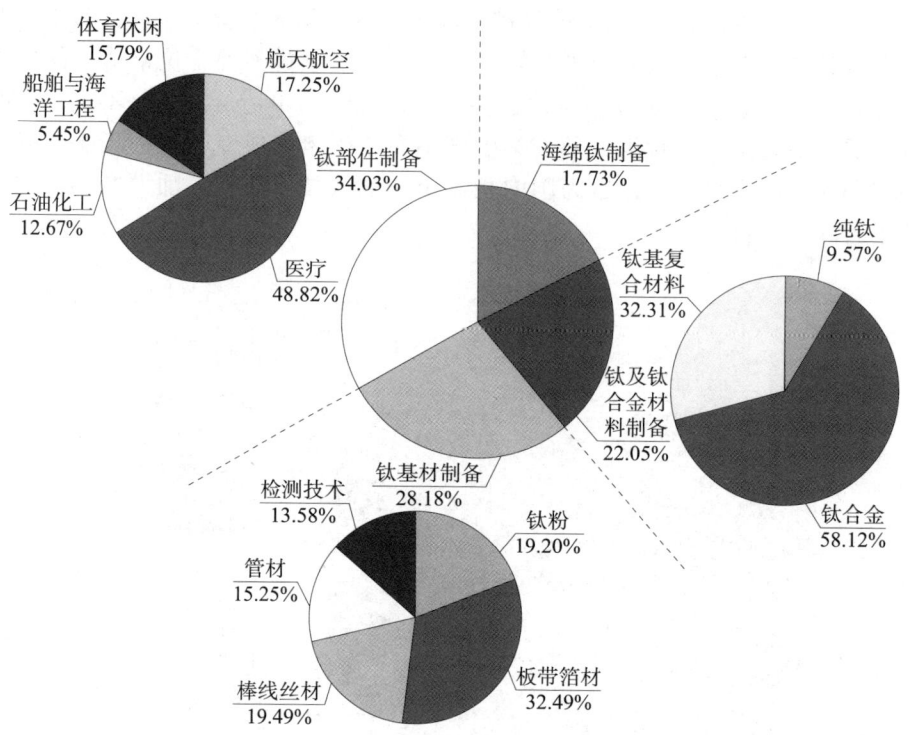

图1-6 钛合金技术领域全球专利申请一级与二级技术分支申请量分布

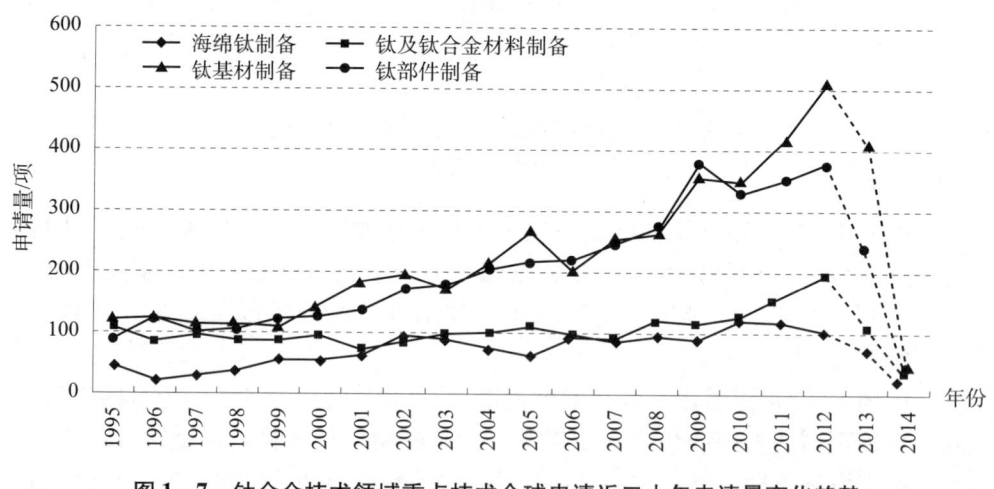

图1-7 钛合金技术领域重点技术全球申请近二十年申请量变化趋势

1.2.2 中国专利状况分析

截至2014年9月,涉及钛合金技术的中国专利申请共计4752件。其中国内专利申请 4373 件，占全部申请总量的 92.02%，来华专利申请 379 件，占全部申请总量的 7.98%。

由图 1-8 可知，在 1985 年便出现了 1 件来华专利申请与 4 件国内申请，先后经历了 1985~1998 年的萌芽期和 1999 年至今的发展期两个阶段。其中，1999 年后中国专利申请数量开始快速增长，呈现出逐年递增的趋势，到 2012 年时，其年申请量达到 859 件，是 1999 年启动增长时的近 37 倍。

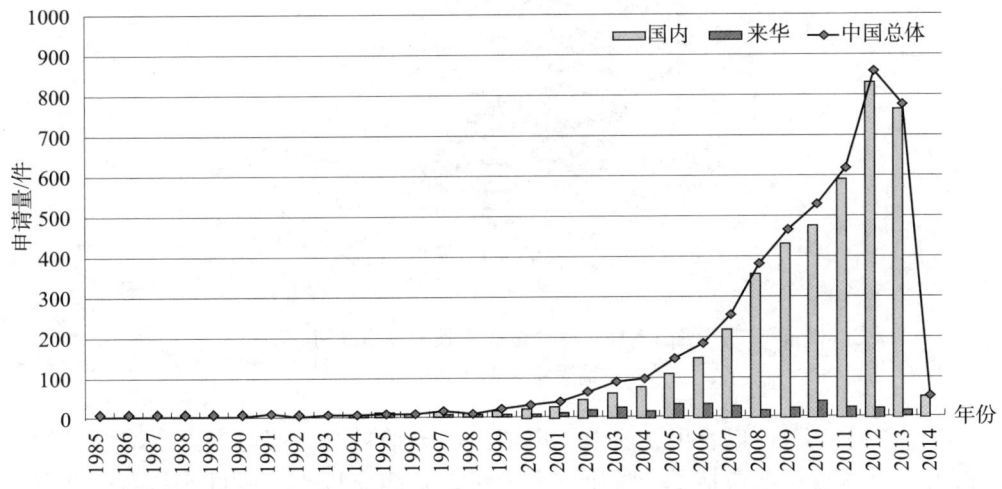

图 1-8　钛合金技术领域中国专利申请变化趋势

如图 1-9 所示，国内申请量排名前十位的省市，均属于在钛合金产业链上中下游中具有自身明显优势的地区。但从各省市的申请量份额来看，除陕西具有明显的优势外，其他区域之间的份额差异都并不大，表明该领域当前在国内发展相对均衡，竞争与合作的空间巨大。

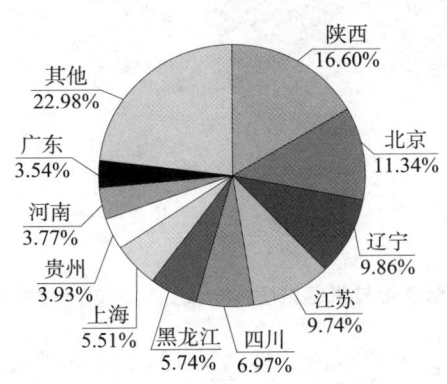

图 1-9　钛合金技术领域国内省市专利申请量排名前十位分布

7

从图 1-10 可以看出，排名前十位的国家在申请量份额明显呈三个梯队格局，其中，日本与美国属于第一梯队，澳大利亚、法国与德国属于第二梯队，其余国家属于第三梯队。值得注意的是，作为钛产业的传统强国，俄罗斯在华申请量并不多，表明其还有大量专利并未选择在华布局，这一点也应该引起国内申请人的关注，尤其是需要对俄出口钛产品的企业。

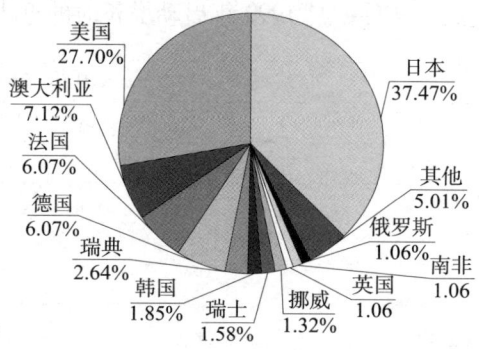

图 1-10　钛合金技术领域来华专利申请量排名前十位分布

由图 1-11 可以看出，前十位申请人的申请量之和仅占国内申请总量的 23%。其构成情况包括了产学研三方力量，且四家科研院所目前基本都有下属的控股企业，在研发试制与生产经营方面有较好的结合。

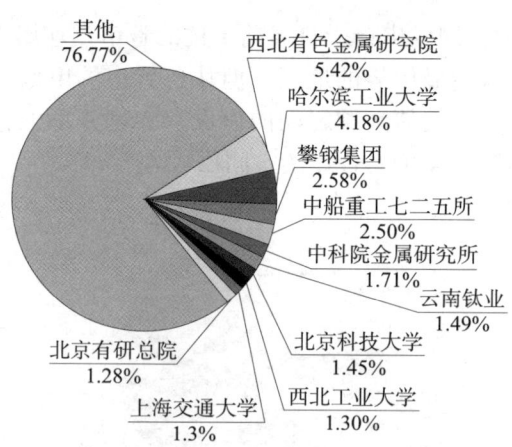

图 1-11　钛合金技术领域国内申请人排名前十位的申请量分布

由图 1-12 可知，来华申请量排名前 13 位的申请人全部为企业，分别来自日本、美国、澳大利亚以及法国，其申请量之和占到来华申请总量的 1/3，且各申请人所占份额相差不大，表明该领域内尚未形成具有绝对领先优势的企业。在这13位申请人中，钢铁企业占到四家，均来自日本，其申请量之和占到总申请量的15%，而其他国家均未见钢铁企业，这也表明，日本钛合金产业的发展之路与其他国家有所差异，其主导力量源自钢铁企业。

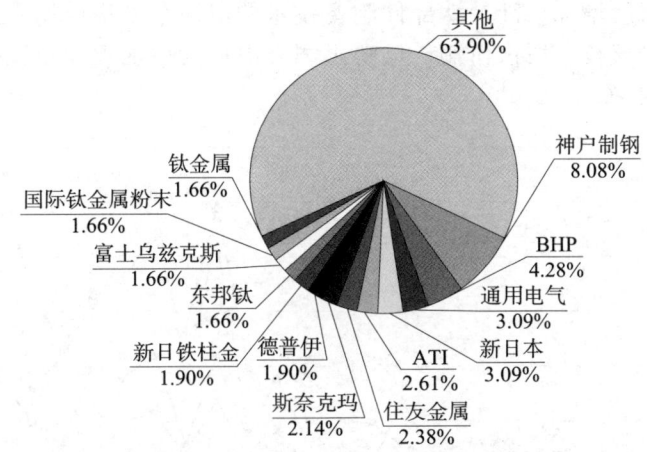

图1-12　钛合金技术领域来华申请人排名前13位的申请量分布

从图1-13可以看出，四大分支技术的发展整体呈现相同趋势。1999年之前，各技术的年专利申请量基本处于极低水平，从2000年开始，中国钛合金技术的专利申请启动其快速增长进程，其中尤以钛基材制备技术与钛合金材料制备技术的发展最为突出，这两项技术自2000年后便保持了持续的高速增长，由此可见，钛合金产业的中游成为我国相关企业重点发展的方向，并已经取得了一定的积累成效。

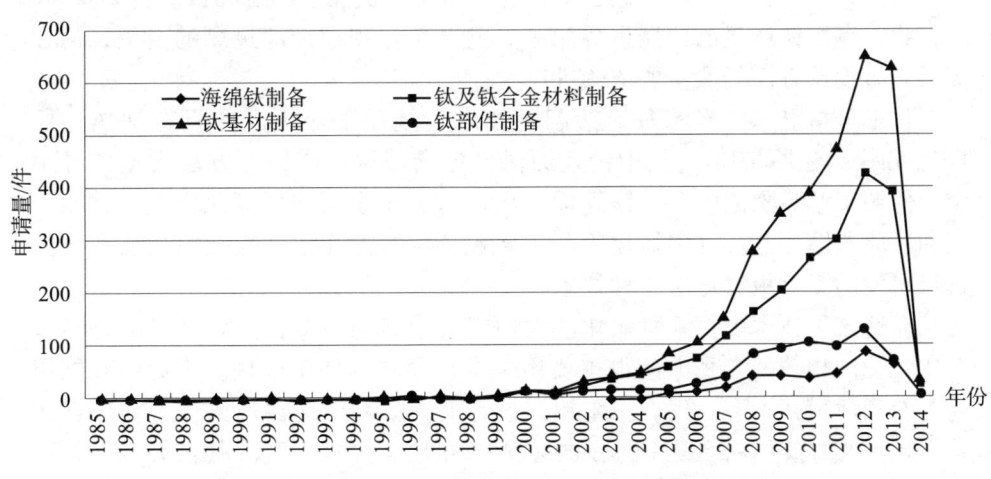

图1-13　钛合金技术领域重点技术国内申请变化趋势

由图 1-14 可知，来华钛基材制备与钛合金材料制备方面的申请量相对较高，且呈现交替变化的趋势，年度申请量变化较大，反映出国外申请人来华布局的意图无明显特点。而有关钛基材制备与钛合金材料制备技术的专利近些年总体有所增加；涉及钛部件制备技术的申请在来华申请中所占份额大于国内申请中该技术所占份额，反映出国外申请人更加重视对钛合金应用技术的研发与保护。

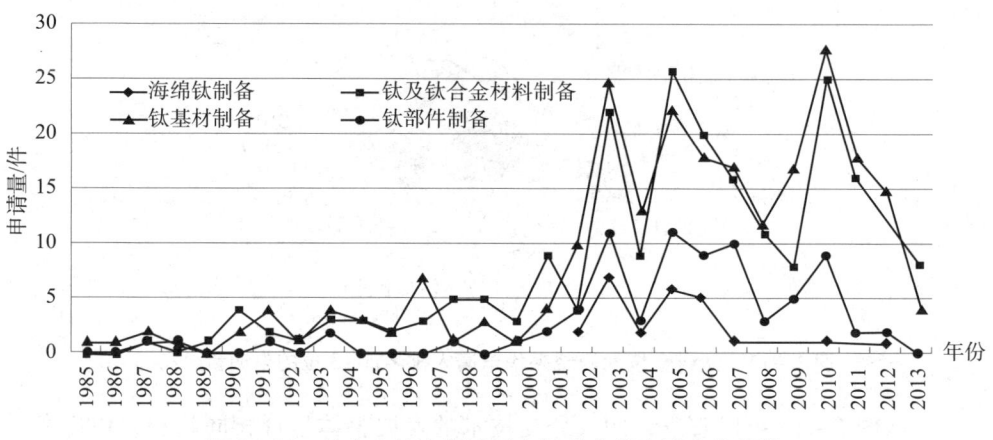

图 1-14 钛合金技术领域重点技术来华申请变化趋势

1.3 海绵钛制备技术专利分析

1.3.1 海绵钛主流制备技术路线的专利分析

当前，包括我国在内，世界上仅有 6 个国家仍在生产海绵钛。自 2007 年后，我国海绵钛产量已位居世界第一，并开始呈现出产能过剩的苗头，但在高品质海绵钛方面仍然主要依赖进口。

技术分析显示，当前海绵钛制备技术大规模工业生产的只有钠热还原 $TiCl_4$ 和镁热还原 $TiCl_4$，其中钠还原法已逐渐减少，镁还原方法占据主导地位。依照工艺步骤的先后，镁还原法生产海绵钛主要包括氯化工艺、精制工艺和还原蒸馏工艺。其中氯化工艺主要包括沸腾氯化法、熔盐氯化法和我国自行研发的无筛板氯化法三种技术。

在这三种技术中，沸腾氯化法对原料要求最为苛刻，主要针对的是金红石矿，我国相关的专利申请也主要用于进口原料的加工处理。因此，我国申请人专利数量并不多，仅有贵阳铝镁设计研究院和河南漯河兴茂等单位在沸腾氯化炉和螺旋给料系统等外围技术领域布局了少量专利。其核心专利技术主要掌握在美国和日本申请人手中，如美国的杜邦公司就在氯化炉控制、分料改进等方面布局了较多专利（见表 1-1）。熔盐氯化法是俄罗斯针对含钙、镁较高的岩矿所开发的工艺，能够更好利用我国本土含钙、镁较高的原料。因此，包括锦州钛业、贵州铝镁设计研究院、沈阳化工大学、攀钢钛业等在内的申请人均在该领域布局了相当数量的专利。但是，这些专利均没有很好地解决对熔废盐的处理以及对次氯酸钙或次氯酸钠的综合利用问题。无筛板氯化法是我国根据自身原料情况自主研发的工艺，相比于熔盐氯化法具有节能环保的特点，因此在我国企业得到广泛应用。攀钢集团作为主要申请人围绕氯化炉结构、控制系统和控制方法进行了12件专利布局，形成了较为完善的专利保护网。

精制工艺主要包括有机物除钒、铝粉除钒和铜丝气相除钒三种方法，不同方法对应不同的氯化工艺。有机物除钒法是沸腾氯化法的后续工艺，因此不是我国专利布局的重点，仅攀钢集团有少量的专利布局。铝粉除钒法是熔盐氯化法的后续工艺，但是我国目前尚无相应的专利布局，其原因值得深究。而铜丝气相除钒法是我国自有的方法，也是三种方法中消耗最大、污染最严重、成本最高的方法。但是目前我国仍不断有改进专利申请，从申请主体上看多为中小企业。这意味着我国企业尤其是中小企业的专利申请仍较为盲目，对技术市场化判断存在不足。

还原-蒸馏工艺是制备海绵钛的最后一道工艺。专利分析显示，国内还原-蒸馏方法的申请主要集中在设备方面，这与当前还原-蒸馏联合化、大型化的发展趋势相吻合。其中，I型设备的专利主要集中在朝阳百盛等主要申请人手中，倒U形设备的代表性申请主体主要有朝阳金达钛业等。但是与日本的大阪钛和东邦钛等国外申请人的专利技术相比，我国专利所涉及的设备在能耗水平、自动化操作、容量等方面仍存在较大差距。

1.3.2 海绵钛新兴制备技术路线的专利分析

除了主流技术外，近年来，随着海绵钛价格的不断攀升，在该领域的技术研发日益活跃，涌现了许多新的制备技术。如 Armstrong 工艺、FFC 工艺、电解和热还原工艺、USTB 工艺。

从技术特点看（见表1-2），Armstrong 工艺和 FFC 工艺的研发主体均来自欧美，其中 Armstrong 工艺非常适合 3D 打印技术，其基础专利掌握在国际钛金属粉末公司手中，并已在中国布局；FFC 工艺已在公斤级规模的试生产线上被证实可行，是最接近工业化生产的工艺，其基础专利掌握在 Timet 公司和英国剑桥大学手中，并已在中国布局。

OS 工艺的研发主体为日本申请人，目前已进入工业化研究阶段，其基础专利掌握在京都大学和日本铝冶炼公司手中，目前尚未在华布局。

表1-1 镁热还原法不同国家的模式

国别	氯化工艺			精制生产			还原-蒸馏技术		
	主要方法	主要申请人	代表性专利	主要方法	主要申请人	代表专利	主要方法	主要申请人	代表专利
美国	沸腾氯化	DU PONT、DE NEMOURS KERR-MCGEE CHEM CANADIAN LIQUID AIR	US3495936A US4435365A US4854972A	有机物除钒法	TITANIUM METALS CORP	US20051734847A1	使用倒U形炉	ISHIZUKA H WESTINGHOUSE ELECTRIC	US4749409A US4613366A
日本	沸腾氯化	NIPPON MINING CO,SUMITOMO SITIX AMASAKI KK	JPS5337834B JP2005068540A	有机物除钒法	NIPPON KOKAN,ISHIZUKA A TOHO TITANIUM	JPS60234931A JPS6160839A JP2000345379A	使用倒U形炉	NKK CORP SUMITOMO SITIX AMASAKI	JP2001192748A JP2002187718A
俄罗斯	熔盐氯化	GIREDMET RARE METALS IND RES DES INST,VSMPO-AVISMA	RU2379365C1 RU2491360C1	铝粉除钒法	BEREZNIK TITANIUM MAG	SU439533A	使用倒I形炉	BEREZ TITANIUM MAGNESIUM RES DES INST VSMPO-AVISMA	SU1832735A1 RU2273675C1
中国	无筛板沸腾氯化	天津化工厂 遵义钛业股份有限公司	CN911119000 CN200320130822 CN200610051168	铜丝除钒法	仙桃市中星电子材料有限公司	CN201320065257	使用I形、倒U形	朝阳百盛 朝阳金达钛业	CN200720184892 CN201320281559

12

表 1-2 海绵钛冶炼新技术分析

	技术特点	主要申请主体	代表性专利	技术研发和专利布局概况	在华专利布局概况	商业化前景预判
Armstrong 工艺	生产的钛粉适合各种用途，如粉末冶金、喷射成形以及其他快速成形工艺	国际钛金属粉末公司（ITP）	WO9604407A1 CN03821216 CN03821246	技术研发相对成熟，该工艺在全球专利申请属于数量较多的工艺	并在中国进行了原始基础技术和改进技术的专利布局	★★★★
FFC 工艺	钛氧化物直接电解生产海绵钛	剑桥大学 Timet 公司	WO99/64638A1 CN1309724A	FFC 工艺提出后，曾成为全世界研究的热点，各国都有相关技术的专利申请	剑桥大学在中国布局了该技术的原始基础专利	★★★★
电解和热还原工艺	在 Ca/CaO/CaCl$_2$ 熔盐中，用电解得到的活性钙将 TiO$_2$ 还原为钛金属，是电解和热还原的一种组合	日本京都大学的 Ono 和 Suzuki，日本铝冶炼公司	CN201310259402.9	进入工业化研究阶段，但存在较多技术问题待解决，专利较少，没有形成专利布局	没有在华布局	★★★
USTB 工艺	采用含钛的可溶性阳极材料为钛源，电解制取高纯钛	北京科技大学	CN200510011684.6	正在开展半工业级规模的试验，仅北京科技大学有较少的申请	均在国内申请，没有对国外布局	★★

13

USTB 工艺是我国自主研发的工艺，工艺最为简单，目前正处在半工业试制阶段，其基础专利为北京科技大学朱鸿民教授所申请的 200510011684.6，但整体专利布局量并不多，尚未形成完整的专利保护圈。

综上所述，可以看出，除 Amstrong 工艺外，其余三个新技术均有以中国为申请主体的专利布局，但布局主体多为北京科技大学等高校，尚未出现企业对新技术的专利储备。对比来看，澳大利亚的 BHP 公司作为在海绵钛领域的重要创新主体和技术追随者，其针对 OS 工艺和 FFC 工艺的改进在华布局了相当数量的专利，形成了较多的专利储备，并在其中的重要环节布局了 9 件专利，形成了对硫酸盐法较为完整的整体性保护，形成了较为完善的专利组合。

1.4 钛及钛合金材料技术专利分析

1.4.1 新型钛合金的专利分析

在新型钛合金中，根据其性能可以分为记忆钛合金、高温钛合金、生物钛合金、耐蚀钛合金、冷加工钛合金、置氢钛合金、耐磨钛合金、高强钛合金等。下面就应用最为广泛、同时也是国内外研究热点的高强钛合金、高温钛合金、耐蚀钛合金的重要专利进行技术分析。

（1）高强钛合金

由表 1-3 可知，目前国际对高强钛合金关注的主要热点是在提高强度的同时降低成本，提高强度的方法之一是改变合金元素的种类和含量，另一种方法是不添加新的合金元素，对现有钛合金材料的微观组织进行加工改性，从而提高其机械性能。

表 1-3 国内改变合金元素含量来提高钛合金强度的重点专利

申请人	申请号	技术要点
宝钛集团有限公司	CN201310040063.5	通过多元合金强化，提高钛合金强度和韧性的综合性能
宝鸡钛业股份有限公司	CN200710018529.6	采用了 Ti-Al-Mo-V-Cr 合金系，并合理调整了铝当量与钼当量的比例，使强度及韧性指标均明显提高，性能更为优良
哈尔滨工业大学	CN201310192292.9	Ti-6Al-4.5Mo-3V-3Cr-2Sn 系钛合金，质量分数组成为：Al：5.0%～7.0%，Mo：4%～6%，V：2%～4%，Cr：2%～4%，Sn：1%～3%，余量为 Ti 和不可避免的杂质
	CN201310218000.4	Ti-3.5Al-5Mo-6V-3Cr-2Sn-0.5Fe 系合金，名义 Mo 当量为 11.43，β 稳定系数为 1.43。经固溶及时效后强度塑性匹配可达到抗拉强度为 1496MPa，延伸率为 14.5%，断面收缩率为 20.77%

续表

申请人	申请号	技术要点
西北有色金属研究院	CN200810150893.2	合金成分的质量分数组成为：Al：4%~6%，V：1.9%~2.9%，Cr：1%~3%，Fe：1%~3%，余量为 Ti 和不可避免的杂质，该合金抗拉强度≥1000MPa，具有较高的塑性，成本低，热加工性良好
	CN201210545344.1	合金成分的质量分数组成：Al：4.5%~5.5%，Cr+Fe：3.5%~5%，V+Mo：6%~9%，Zr：2%~5%，余量为 Ti 和不可避免的杂质，其中，Fe≤0.6%，V≤4.5%，该高强钛合金退火后室温强度在 850~1050MPa 之间，固熔时效后室温强度在 1250~1600 MPa 之间，并具有良好的塑性及韧性
北京航空材料研究院	CN200910131445.2	Ti-5.5Al-4Mo-6V-2Nb-1Fe 系高强钛合金，通过 Mo、V、Nb 的多元强化，提高了合金的强度，并获得较高的塑性和韧性，再加入共析型强 β 稳定元素 Fe，进一步提高了合金的 β 稳定系数，使合金能获得更高的强度和淬透性
	CN201110117619.7	Mo 当量为 10~18，Al 当量≤5，降低了价格昂贵的 V 和 Mo 元素含量，用价格便宜的 β 稳定元素 Cr 和 Fe，同时用价格便宜的中性元素 Zr 和 Sn 弥补由于 V 和 Mo 含量减小而引起的合金强度损失

  国内在航空锻件用高强钛合金方面，主要是对国外典型合金的仿制。在自主研究方面，目前获得型号应用的高强韧钛合金是 TC21 钛合金。国内的高强钛合金虽然主要以仿制为主，但是日益重视开发具有自主知识产权的新材料，其研发重点与国际一致，即通过减少贵金属元素的添加来控制成本，并且日益关注通过显微组织控制来提高钛合金的强度。

（2）高温钛合金

  高温钛合金是随着航空工业的发展而发展起来的，航空发动机是高温钛合金最主要的应用领域。美国钛金属公司的专利 US4906436 公开了一种新型高温高强抗氧化钛合金明显提高材料的高温拉伸强度、蠕变强度和抗氧化性。美国 RTI 国际金属公司的 CN201310305783.X 公开了一种钛合金，在温度升至 750℃ 的条件下，具有良好的抗氧化性、高强度、抗蠕变性以及良好的冷热成形能力。美国专利 US4738822 是美国钛金属公司申请的 Ti1100 高温钛合金的发明专利，对合金成分进行了严格控制，以获得静强度、蠕变强度和蠕变后塑性的良好匹配。

  我国钛合金发展继承了世界上主要钛合金研究国家的做法，又突出了自己的特色。我国钛合金的研究始于北京有色金属研究总院，现在西北有色金属研究院、中国科学院金属研究所、北京航空材料研究院等科研单位和宝钛集团、上海五钢等企业也成为研究开发高温钛合金的主力（见表1-4）。

表1-4 中国拥有自主知识产权的高温钛合金重点专利

申请人	申请号	技术要点
西北有色金属研究院	CN201210545624.2	一种 α+β 两相钛合金，含有 Zr：2%~4%，W+Mo+Cr：5%~7%，C≤0.15%，热处理后可获得高的强塑性配合，600℃抗拉强度达到810MPa，500℃抗拉强度达到900MPa，适于短时高温高承力零部件应用
中国科学院金属研究所	CN200710011771.0	含有0.2%~3.0%（重量）的 Ta，在不降低合金蠕变抗力的前提下改善合金的抗氧化性。
	CN201410195990.9	添加 Zr：2.5%~6.4%，Ta：0.3%~3.4%，W：0.2%~1.6%，通过不同的热加工和热处理工艺组合，可获得拉伸强度与塑性、持久和蠕变强度与热稳定性的不同匹配，在600~650℃范围内长时使用；也可在700℃左右短时使用
蔡建明等	CN200510068116.X	合金体系为 Ti-Al-Sn-Zr-Si-Nb-Ta-C，采用 Ta 和 Nb 元素的组合来稳定 β 相，可在航空发动机600℃下使用。

由于 Nb、Y、Ce、Nd 等稀土元素在钛合金中可产生脱氧作用，因此稀土元素的应用是高温钛合金发展的一个重要趋势。我国已经研制出的含有稀土元素的高温钛合金有 Ti-55、Ti633G、Ti-600，它们分别含有0.66%的 Nd、0.2%的 Gd 和0.1%的 Y（见表1-5）。

表1-5 中国自主研发的含稀土元素的高温钛合金重点专利

申请人	申请号	技术要点
西北有色金属研究院	CN200710017887.5	一种含稀土高温固熔强化耐热钛合金其采用高温固熔原理，在合金中加入了高熔点金属 W 元素和稀土 Y 元素，提高了合金的高温强度和抗蠕变性能，可以在600℃条件下长期使用
北京有色金属研究总院	CN2007101793388	一种含有稀土元素的高温钛合金，其加入了稀土元素 Y、Bd 或 Er，合金的室温强度不低于1100MPa，600℃的高温强度不低于650MPa

续表

申请人	申请号	技术要点
北京工业大学	CN2010105710225	在600℃高温钛合金基础上做了含量的调整，同时加入Mo、Nb和稀土元素Nd，该合金具有较高的热强性和较好的热稳定性
	CN201210055557	一种含铒高温钛合金，添加了0.1%~0.3%的稀土元素Er，钛合金具有优良蠕变性能和热稳定性
辽宁峰阁钛业集团有限公司	CN201110100320	在原有高强度Ti-6Al-4V合金的基础上，添加少量Si和稀土Y元素，添加适量的稀土元素Y，在不明显降低合金的拉伸强度下，Y不仅改善了合金热暴露前后的拉伸塑性，而且还明显提高了蠕变性能

（3）耐蚀钛合金

为了解决抗缝隙腐蚀问题，Ti-0.15~0.20Pd合金应运而生。但是Pd成本较高，使用领域受限。为解决该问题，美国开发了Ti-0.3Mo-0.8Ni。之后美、日发展了Ti-Ru合金代替Ti-Pd合金，另外还研究了在Ti-Al-V高强合金基础上添加少量Pd、Ru的耐蚀高强合金，以及添加Co、Ni、Cr、Pd、Ru等三元或多元耐蚀钛合金（见表1-6）。

表1-6　国外少量甚至不含Pd、Ru贵重元素的耐蚀钛合金重点专利

申请人	申请号	技术要点
住友金属工业株式会社	WO2007077645	一种抑制耐蚀性降低并且能够廉价地制造的钛合金，含有总计0.01%~0.12%的铂族元素中的一种以上，含有总计5%以下的Al、Cr、Zr、Nb、Si、Sn和Mn中的一种以上的钛合金
美国钛金属公司	WO2007035422	一种具有改进耐腐蚀性和强度的钛合金，其使用便宜的合金元素代替昂贵元素进行合金化，还含有0.1%~0.5%硅以更大改进机械强度，所述合金可用于含氯化物环境中而没有应力腐蚀裂纹的潜在问题
日本株式会社神户制钢	CN200510055023.3	一种耐高温氧化性和耐腐蚀性的钛合金，其除Al和Si外，还包括0.1%~0.5%（质量）的添加元素Nb，或者还可以添加选自有Ta、W、Mo、Cr、Zr和Hf组成的组中的至少一种元素，其中包括Al、Si和Nb的添加合金化元素的总量不超过2.5%

耐蚀钛合金的发展趋势是发展含有少量甚至不含Pd、Ru贵重元素的高强度耐蚀钛合金以降低成本，并且提高合金化元素含量以提高钛合金耐蚀性。

中国国内关于耐蚀钛合金的最早专利是西北有色金属研究院于1991年提出的CN91104786.7，合金为Ti－Al－Mo－Ni－Zr系，含有Mo、Ni、Zr、V等非稀有贵金属，价格较低，便于大量生产与应用。

广州有色金属研究院的CN97108898.5提出了一种耐蚀钛合金，采用少量多元合金化的方法，在合金中加入适量的Ni、Cr、Mo、Cu元素，大大提高了合金的机械强度和在各种介质中的耐蚀性，不含稀有贵金属，制造成本低。

1.4.2 钛铝金属间化合物专利分析

第一代TiAl基合金是由美国空军材料研究所和Pratt－Whitney公司共同开发的，但还不能满足发动机部件的性能要求。第二代TiAl基合金是与通用电气公司共同完成的。通过实验确定Ti－48Al－2（Cr，Mn）－2Nb合金作为第二代合金成分，该合金具有双相显微组织，延性、强度和抗氧化性得到改善。在此基础上，为了得到更优异的合金性能，研究者又开发出第三代、第四代合金，通过合金化和组织控制使拉伸性能、断裂韧性、蠕变性能以及抗氧化性能都得到普遍提高。

美国专利US4879092提出，铬和铌的添加促进了TiAl金属间化合物的某些性质，例如抗氧化性、延性、强度等。US4879092公开了一种具有Ti46－50Al46－50Cr2Nb2的近似式（或名义上约Ti－48Al－2Cr－2Nb）的特定钛铝金属间化合物。该合金呈现期望的环境抗性、室温延性和损伤容限，可以在气体涡轮中使用（见表1－7）。

表1－7 对TiAl金属间物添加碳的钛合金专利

申请人	申请号	技术要点
Jaffee	US3203794	碳可按最多1原子百分数（10000ppm）的量包括在含34～46原子百分数的铝的TiAl基合金中
Blackburn	US4294615	碳以0.05～0.25原子百分数（500～2500ppm）的量包含在含有48～50原子百分数的铝和0.1～3原子百分数的钒的TiAl基合金中
Hashimoto	US4661316	在合金中含有30wt%～36wt%铝和0.1wt%～5wt%锰，并还可包括0.02wt%～0.12wt%量的碳
Huang	US4916028	0.05～0.3原子百分数（500～3000ppm）的碳添加可提高产生于TiAl基合金的快速固化和挤出的组件的延性，所述TiAl基合金基于48－2－2合金并含有46～50原子百分数铝、1～3原子百分数铬和1～5原子百分数铌

国内在钛铝金属间化合物领域的主要申请人大多是高校和科研院所，例如哈尔滨工业大学、北京科技大学、中国科学院金属研究所等，在工矿企业

中申请量最大的是洛阳双瑞精铸钛业（见表1-8）。

表1-8 洛阳双瑞精铸钛业相关申请

申请号	技术要点
CN200910064183	一种耐高温钛铝基合金及其制备方法，该合金具有良好的室温塑性、抗蠕变性能和抗氧化性能，能在800~900℃下使用，适合于薄壁零件的铸造，能提高航空发动机、汽车发动机的使用性能，具有巨大的市场前景
CN201110138535	一种室温塑性及铸造流动性能优异的钛铝基合金及其制法，该合金室温塑性和铸造流动性好，适合薄壁零件的铸造；其可在800~850℃长期使用，表面无须进行抗氧化处理
CN201110219462	一种高温抗氧化蠕变性能优异、适合铸造的钛铝基合金，该钛铝基合金既有良好的高温性能，又有良好的铸造流动性，适合薄壁零件的铸造；在850~950℃温度下表面无须进行化学处理、热喷涂、离子注入等提高材料的抗氧化性能；特别适合于铸造在900~950℃以下工作的汽油发动机增压器涡轮转子
CN201110254621	一种高温性能和铸造性能优异的低成本钛铝基合金，该合金较Ti-46.5Al-1Cr-2.5V合金材料具有更加优良的高温抗蠕变、抗氧化性能，以及更低的成本；且具有与Ti-46.5Al-1Cr-2.5V合金相当的铸造流动性能，适合于铸造在850~900℃下长期使用的钛铝涡轮等汽车零部件，具有巨大的市场前景

1.4.3 钛基复合材料专利分析

通过在钛基体中添加相应的增强相可制备钛基复合材料（TMCs）。钛基复合材料以其高的比强度、比刚度和抗高温特性而成为超高音速宇航飞行器和下一代先进航空发动机的候选材料。TMCs可简单分为两大类：颗粒增强钛基复合材料（PTMCs）和连续纤维增强钛基复合材料（FTMCs）。

（1）颗粒增强钛基复合材料

目前制备PTMCs的方法包括熔铸法、原位生成法和粉末冶金法。涉及颗粒增强钛基复合材料的专利也是围绕以上三种制备方法进行的。其中，欧洲、美国、日本等国家和地区涉及熔铸法和粉末冶金法的重要专利较多（见表1-9）。

表1-9 熔铸法和粉末冶金法的相关专利

制备方法	申请人	申请号	技术要点
熔铸法	日本丰田自动车株式会社	JP10-1760	一种制备PTMCs的熔铸方法，通过使具有热力学稳定性能的陶瓷颗粒在基体中分散而被增强的钛合金，热处理该钛合金以溶解聚集的晶粒组织，从而产生细小的针状α相组织

续表

制备方法	申请人	申请号	技术要点
熔铸法	日本丰田自动车株式会社	JP2000129414	一种生产颗粒增强钛合金的熔铸方法，在不低于 β 转变温度的温度范围内加热其中具有分散了热力学稳定性能的陶瓷颗粒的钛合金，冷却该钛合金以使之以 0.1~30℃/秒的冷却速度通过 β 转变温度，从而使得钛合金确保疲劳强度的同时又有优良的抗蠕变性能
	西北有色金属研究院	CN201310435646.8	一种高强度高弹性模量钛基复合材料的熔铸方法，该方法通过制备中间合金，从而使增强相 TiB 和 TiC 的体积分数和分布可控，使复合材料的组织和性能可控；通过预熔炼和重熔，使复合材料成分均匀
粉末冶金法	美国 Dynamet 公司	US19880226207	采用粉末冶金技术研发出 CermeTi 系列复合材料，制备过程为将 TiC 粉加入 Ti-6Al-4V 合金或者 Ti-6Al-6V-2Sn 合金粉中，在低于 β 相变点 250℃进行烧结，在烧结过程中，通过固相扩散作用，TiC 发生一定降解反应，与基体呈现冶金结合状态，随后进行锻造、轧制或者挤压等热加工工序

我国在颗粒增强钛基复合材料领域的专利申请的研发主体是高校和航空航天领域的科研院所，而工矿企业非常少，专利技术主要集中在原位生成法。我国在原位生成法领域的重要专利见表 1-10。

表 1-10 中国在原位生成法领域的重要专利

申请人	申请号	技术要点
上海交通大学	CN02111575	一种 TiB 和稀土氧化物增强钛基复合材料的制备方法，通过调整增强体含量及基体合金成分制备不同性能的复合材料
	CN200410068021	一种多元增强钛基复合材料的原位合成方法，该方法可以制备多元、不同尺寸、不同形状增强体强化的钛基复合材料，并可通过控制增强体的含量、摩尔比值、形状、尺寸和基体合金成分制备满足不同需求的复合材料
	CN200510029075	一种原位合成 Re_2O_3 和 TiB 混杂增强钛基复合材料的方法
	CN200710046913	一种材料制备技术领域的 Re_2O_3、TiB 和 TiC 混杂增强钛基复合材料及其制备方法

续表

申请人	申请号	技术要点
北京航空航天大学	CN201210413335	一种纳米 TiB_2 颗粒增强金属基复合材料及其制备方法,所述复合材料增强体纳米 TiB_2 颗粒占总体积的 1% ~ 30%,颗粒尺寸为 20 ~ 500nm,基体合金为 TiAl 或 Ti 基合金。该方法克服了原位合成方法增强体颗粒尺寸不可控制,同时避免超细颗粒直接添加带来的团聚问题,从而材料可以获得较好的增强效果,使得材料的室温及高温强度、延伸率等性能指标得到改善
南京航空航天大学	CN201210364855 CN201210364856 CN201210365057 CN201210365060 CN201210369258 CN201210371311 CN201210371312	利用原位合成 TiC 颗粒增强钛-铝-钼-钯合金材料、钛-铝-钼-锰合金材料、钛铝合金材料、钛-铝-钼-铬、钛-铝-钼-铁、钛-铝-钼、钛-铝-钒-锡及其制备方法
西北有色金属研究院	CN200410103518	一种颗粒增强钛基复合材料的粉末冶金方法,采用粉末冶金钛合金时,在配制的粉末中加入碳化铬,混料后,经冷等静压成型,经过真空烧结制得含颗粒增强相 TiC 粒子钛基复合材料。粉末钛基复合材料在烧结过程中,钛与碳化铬发生原位合成反应,生成 TiC 颗粒增强相,细化了合金晶粒,阻碍了合金中裂纹的扩展,从而提高了合金的性能
	CN200810150982	一种颗粒增强钛基复合材料的制备方法,将 Ti 粉末与反应剂粉末混合充分后冷等静压成坯料,将所述坯料在真空烧结炉中进行烧结,冷却后制得 TiC 和 TiB 二元增强体;将 TiC 和 TiB 二元增强体、海绵钛、Al 豆 + Al 箔和 Al – 85V 中间合金三次熔炼,制得颗粒增强钛基复合材料。该方法克服了热等静压方法致密度较差,制备的 TiC 和 TiB 二元增强钛基复合材料具有较好增强效果和韧性
	CN201110396722	一种 TiB 增强 Ti6Al4V 复合材料的制备方法,采用该方法制备的 TiB 颗粒增强 Ti6Al4V 复合材料铸件机械性能良好,适合制备形状复杂的精密零件

(2) 连续纤维增强钛基复合材料

箔材、纤维、箔材复合方法是制备纤维增强钛基复合材料最原始的方法,美国 FMW 公司在工艺上进行了改进,如丝材、纤维、丝材和粉末、纤维、粉末复合,以降低成本。

中国航空工业集团公司北京航空制造工程研究所的 CN201010109376.8 提出了一种连续纤维增强钛基复合材料制备方法，采用在表面刻槽和粘结临时黏结胶带的方法，获得纤维排布均匀的复合材料，箔材的表面通过化铣的方法蚀刻出了很多凹槽，与传统的箔材、纤维、箔材方法相比，基体金属的含量进一步降低，从而提高了纤维百分数。

日本东洋炭素株式会社的 JP2009256117A 提出了一种利用涂层法来制备碳纤维强化碳复合材料的方法，通过在碳纤维叠层体的碳纤维表面上堆积热分解碳而包覆该碳纤维的周围，在上述碳纤维叠层体内填充热分解碳，从而得到高的热传导率。日本 EP 株式会社的 JP2007070697A 提出了碳纤维在钛合金的晶粒中分散，所述碳纤维由这样一种层所包覆，所述层包含与碳反应形成碳化物的元素以及由此形成的碳化物。所述碳纤维优选为碳纳米管、气相生长碳纤维或它们的混合物，制得的钛合金复合材料具有优异的机械强度例如抗拉强度、杨氏模量、韧性和硬度。

中国科学院金属研究所的 CN200810010286 涉及一种连续 SiC 纤维表面 C/Al_2O_3 复合梯度涂层的制备方法，可以解决一般碳涂层不能满足界面的复杂要求的问题，能够制备出强度较高且与钛合金基体界面性能稳定的 SiC 纤维。

南京信息工程大学的 CN201010220248 提出了一种轻质非晶/纳米晶钛基纤维合金及其制备方法，该合金以钛合金为基体，基体上均匀分布着纳米级晶粒，该纳米级晶粒占复合材料体积分数为 20%～50%，纳米级晶粒的尺寸为 50～100nm。

1.5 钛基材制备技术专利分析

1.5.1 板带材专利分析

截至 2014 年 9 月，钛板领域的全球申请总量是 1282 项。从 20 世纪 60 年代开始出现关于钛板的专利申请，在 1980 年以前，专利申请的数量比较少，增长缓慢，1980 年开始呈现波动式增长态势，从 2007 年开始，申请量快速增长。钛板中国申请总量共 405 件，其中国内申请 375 件，来华申请 30 件。

国外在钛板领域关注的主要技术热点是轧制工艺、焊接技术和矫直整形（即板型控制），而国内在钛板领域关注的主要技术热点是轧制工艺、表面处理和焊接技术。可见，轧制工艺和焊接技术都是国内外共同关注的技术热点，因为轧制工艺是钛板的基础工艺，而焊接技术则是钛板应用过程中不可缺少的加工技术。国内外关注技术点的最大区别在于国外更加关注板带的矫直整形,即板型控制技术。

目前,在钛板带领域共有 11 位国外申请人来华申请,其中,日本占了 7 位,且占据申请量的前四位。从图 1-15 可以看出,日本申请人在本土布局量最大。中国是除日本本土以外,日本申请人申请量最大的国家,可见中国市场是日本全球钛板专利战略的首选之地。日本在华的 7 位申请人中申请量最多的是神户制钢,其从 2007 年开始在华申请,目前共拥有 15 件专利,有效 5 件,在审 10 件,其次是新日铁住金株式会社、住友金属工业株式会社和新日本制铁株式会社,上述申请人都是日本大型钢铁企业。

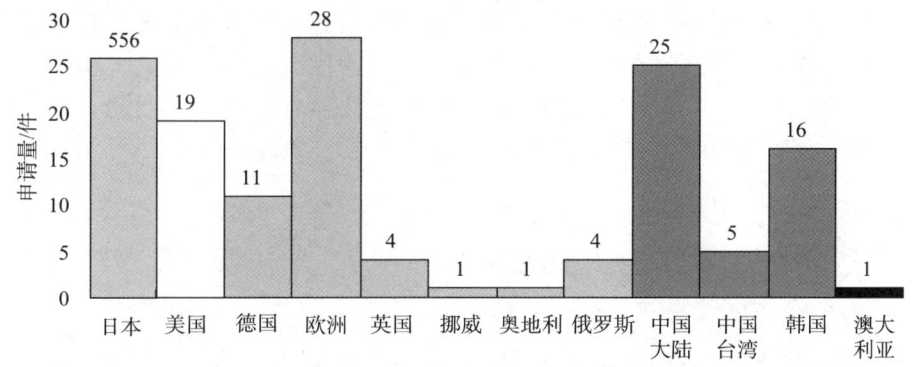

图 1-15　日本钛板领域全球各地专利布局情况

欧美企业虽然在华申请较少,共有 4 家,5 件申请,但是进入中国较早,且权利稳定,有效期长。其中维持年限最长的是奥地利的一件申请,已维持达 10 年(见表 1-11)。

表 1-11　欧美来华专利申请列表

申请人	申请号	法律状态	国家
福斯特阿尔派因钢铁有限公司	200380101048	有效	奥地利
联邦科学和工业研究组织	200880017524	有效	澳大利亚
联合工艺公司	200610144604	无效	美国
钛金属公司	201280029491	审中	美国
	200980144678.4	有效	

综上所述,来华申请的技术点分布相对集中,主要集中在轧制工艺、焊接技术、粉末冶金、隔板涂覆等领域,其中日本的 15 件申请只分布在三个领域,即轧制工艺、焊接技术和隔板涂覆,技术分布比较集中,在每个技术点上都布置了一定数量的专利,这些专利技术关联紧密,互为补充,从多角度

对该技术进行保护，形成了严密的保护圈。

1.5.2 管材专利分析

截至 2014 年，有关钛合金管材的中国专利申请共 265 件，其中来华申请为 16 件，且多为美国企业。有关钛合金管材的中国申请大约从 1986 年开始，但是申请量平缓；直到 2004 年开始，才有增长的趋势，并迅速发展起来。钛合金管材中国申请的地域性分布明显，陕西和江苏占据绝大优势，申请量分别为 73 件和 60 件。排名第三位的上海则只有 19 件申请，远远低于陕西和江苏。

由图 1-16 可知，中国排名前十位的申请人都为国内申请人，且申请人中企业占绝大多数，其次为科研院所，且只有中国人民解放军第二军医大学一所学校。从图 1-16 还可以看出，就专利的法律状态而言，西北有色金属研究院专利的有效量、在审量都位居第一。

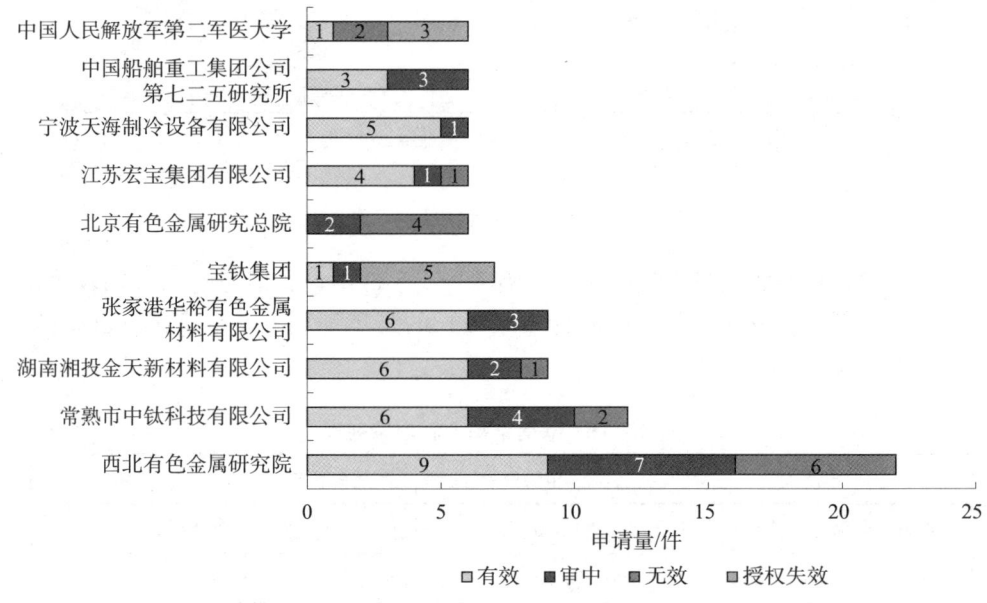

图 1-16　钛合金管材中国申请的专利法律状态分析

利用专利续存年限的长短对重要专利进行判断，其中续存期较长的专利，多为该领域某些技术的核心专利或基础专利。

（1）存续期超过 10 年的专利

专利续存期超过 10 年的有 2 件专利申请，申请号分别是 86106477 和 97108468.8。分别涉及双层包套挤压钛合金的方法和大规格无缝钛筒制造方法。虽然该 2 件专利申请已处于授权失效状态，然而其技术涉及钛合金管件的旋压和挤压 2 项重要技术，均关注于传统的钛合金管材的制备方式。

（2）专利续存期为 5~9 年的专利综合评价

专利续存期为 5~9 年的有 3 件专利，专利申请号分别为 200610172259、200720031484、200610145047，存续期分别为 8 年、7 年和 8 年。从技术上看分别涉及细径薄壁金属管材的矫直方法、层状金属复合管和超长薄壁的钛或钛合金管。

（3）来华专利申请重点专利

来华专利中出现了以其用途为目的而对相应的生产工艺进行了改进，从中可以看出，对钛合金管材的加工方式出现一些新的趋势。

CN200980111098 涉及了制备钛或钛合金管材的新动向：利用冷喷涂技术，在支撑件的表面施加涂层，将颗粒注入高压气流，由颗粒在基板表面上撞击的结果而形成涂层。该方法可保持颗粒的原始结构和特性，同时不发生相变。

CN200480019043 涉及了用于军事弹道装甲，加入元素铝提高冷加工性能；且采用冷轧工艺使得装甲板表面光滑，从而优化弹道性能。

CN201280005578 涉及了通过表面涂层改善金属合金的热加工性，将玻璃材料沉积在合金工件的至少一部分上，加热玻璃材料以在合金工件上形成表面涂层，从而降低在对钛合金等材料进行锻造或挤压形成管材等部件时，加工过程中可能出现的敏感性裂纹。

1.5.3 棒线丝材专利分析

中国专利申请中对于钛合金棒线丝材的加工技术的专利申请共有 71 件，其中，拉拔 25 件、锻造 23 件、轧制 16 件、挤压 7 件。从目前专利技术反映的状况来，钛合金热连轧技术已经成为高端钛合金棒线材的主要生产技术，而国内申请人在高端钛合金棒线材加工工艺，尤其是轧制工艺方面的专利布局数量和质量与国外先进国家存在一定差距。

1）国内钛合金棒线丝材的轧制技术方面的专利分析

① 专利续存期超过 5~10 年的重要专利综合评价。

200610044633（一种纯钛棒、线材轧制方法）和 200610069108（三辊 Y 型连轧机轧制钛及钛合金棒线材的方法）在国内首次申请了钛合金棒丝材三辊连续轧制的工艺。上述 2 件专利申请的技术相对于我国目前的多火次的锻造、旋锻生产纯钛棒材和横列式轧机，非连续轧制方式生产纯钛线坯的方法，不但具有明显的高效、节能的特点，而且钛棒线材尺寸精度高、组织性能优良。这 2 件专利申请的申请人均为厦门虹鹭钨钼工业有限公司。由于该公司并不是专业的钛合金生产、加工公司，因此没有针对该连续轧制技术进行持续研发。

②最新专利申请动向。

一些发达国家如德国等，成功开发了生产高端钛合金棒线丝材产品的连轧工艺，实现了钛棒线材热连轧生产，由于这些国家对我国的技术封锁，目前中国还没有完全掌握这些先进的加工技术。201210536345 和 201220684553 这 2 件专利申请是我国申请人首次正式以钛及钛合金棒材热连轧生产技术申请的专利，分别要求保护一种钛及钛合金棒材热连轧生产线及生产工艺可轧制 $\varphi12\sim\varphi140mm$ 所有规格钛及钛合金棒材，实现高精度、大单重钛及钛合金棒材的生产，且生产效率高，生产成本低。对我国钛合金棒线丝材的加工技术，尤其是生产高端钛合金棒线丝材产品的技术可能产生重要的影响。

钛合金的低成本化是目前关注的重点方向。201310000069 是钛合金大规格棒材制造低成本化的最新中国专利申请。采用中小型锻造液压机制备 TiC_2 钛合金大规格棒材，并通过对锻造温度、锻造比等工艺参数的选取和优化，以及对钛合金铸锭化学成分的设定制备的 TiC_2 钛合金大规格棒材显微组织均匀、机械性能优良、批次稳定性好，产品质量能与大型锻压机锻造的棒材产品的质量相媲美，可广泛应用于各领域。

2）来华钛合金棒线丝材的轧制技术方面的专利分析

①钛合金棒线丝材的低成本化生产技术的专利申请。

挪威钛组件公司专门提出了一种新的钛合金棒线丝材的低成本化生产工艺，并在我国提出了专利申请 2010800589073 和 2012800142694。前者已于 2014 年 6 月 4 日获得授权。其通过固态加工实现线材的充分固结，固态加工包括冷压实、挤压、轧制，不会发生海绵钛颗粒的熔融，属于目前钛或钛合金低成本化发展趋势的一项重要技术。后者于 2013 年 12 月 11 日被公开，目前还处于审查阶段，其保护的是一种通过冷压制、挤出和辊压海绵钛和合金添加剂和/或增强颗粒的共混混合物来制备可焊接钛合金和/或复合焊丝的方法。此外，美国的 FMW 公司在我国申请了名称为"制造具有增强特性的钛合金线材的方法"（申请号为 200580024312.5）。该专利已于 2014 年 6 月 24 日进入失效确认阶段，其要求保护一种制造具有增强特性的钛合金线材的方法，该技术既可以制造精细钛合金线材，同时能够实现增强体含量的提高及增强体尺寸的减小，同时还利于制造成本的降低。

②生物医学用钛或钛棒及其制造方法。

美国木工技术公司在我国申请了一种具有 UFG 结构且机械与生物相容特性提高的生物医学用钛或钛棒及其制造方法（申请号为 200980148166.5），通过纳米晶结构改进纯钛，确保提高其机械强度、抗疲劳失效性、生物医学特性等相关特性，并提出使用该材料制造钛棒的有效方法。该申请已经于

2013年9月11日获得授权。

1.5.4 检测技术专利分析

截至2014年，钛合金检测技术的中国专利申请共92件，其中来华共9件，分别为美国4件、法国4件和日本1件。

从专利申请数量方面来看，以西北有色金属研究院（15件）最多，值得一提的是，专利维持年限最长的2件专利均为该研究院的专利申请（即申请号为98101281.7、名称为"一种钛合金燃烧速度的检测方法"的专利申请，专利维持年限16年；申请号为00136153.8、名称为"一种钛合金彩色金相组织的显示方法"的专利申请，专利维持年限13年）；攀钢集团攀枝花钢铁研究院有限公司（8件）、中国船舶重工集团公司第七二五研究所（8件）、云南钛业股份有限公司（6件）。

从专利数量上来看，9件钛合金检测的国外尚难以表现出其规律性。进一步分析发现，上述来华专利在申请人、技术和布局地域方面存在较为明显的特征。申请人特征表现为主要申请人——美国的OG技术公司和法国的斯奈克玛公司均为世界著名的航空航天公司，而不是专业的钛合金制造商；技术方面表现为专利所涉及的检测技术绝大多数都是针对金属合金材料的缺陷、特性或质量作出的，而不仅仅局限于针对钛合金材料本身。布局地域方面表现为所有来华专利均同时向其他国家和区域（特别是全球主要的钛合金生产、加工、应用国家）申请了同族专利，这一方面表现出了这些专利的重要性，另一方面也表明这些专利申请的布局意图并且中国已被纳入专利布局的范围。

另外，OG技术公司来华的3件专利（200380105040、200680032274和200810174449）还存在显著的特点，即这3件专利均为系列申请，分别针对不同于金属板、金属锭或金属带的金属条检测作出的，提出了在"过热"或"高速"的情况下，无法由电磁、超声波、磁渗透、环流或红外线成像等常规技术完成的对金属条表面缺陷实施的实时检测技术，目前均处于授权有效状态。更值得一提的是，OG技术公司申请的这3件专利技术，均为联邦基金资助项目。

1.6 钛合金应用领域专利分析

1.6.1 钛合金医疗应用专利分析

据统计显示，全球与钛合金医疗应用相关的专利申请2504项，主要来自中国、日本、美国、俄罗斯、德国以及韩国。其中中国受理的与钛合金医疗应用相关的专利申请共有678件。无论是全球还是中国，与钛合金医疗应用相关的专利均涉及已有钛合金成分改进、表面改性、钛合金表面处理、结构调整等多个技术点,几乎涵盖钛合金医疗应用所需解决的四个方面。更进一步地,对钛合金医疗应用的专利分析发现:

① 市场高增长预期将继续推高技术研发热情和专利产出数量。医疗市场需求不像其他市场呈现出大起大落的周期性。数据统计显示由于社会老龄化问题,医疗市场每年正以5%~7%的速度增长,而钛在医疗应用市场具有广阔应用前景。由此,可以预见,钛合金医疗应用的消费需求也将迎来持续的增长。在此预期下,全球钛合金医疗应用相关专利也会持续现有稳步增长的态势。

② 国内外钛合金医疗应用产品和技术关注点一致,主要集中在医用植入和医疗器械两大类产品中,需要关注相关专利(见图1-17)。

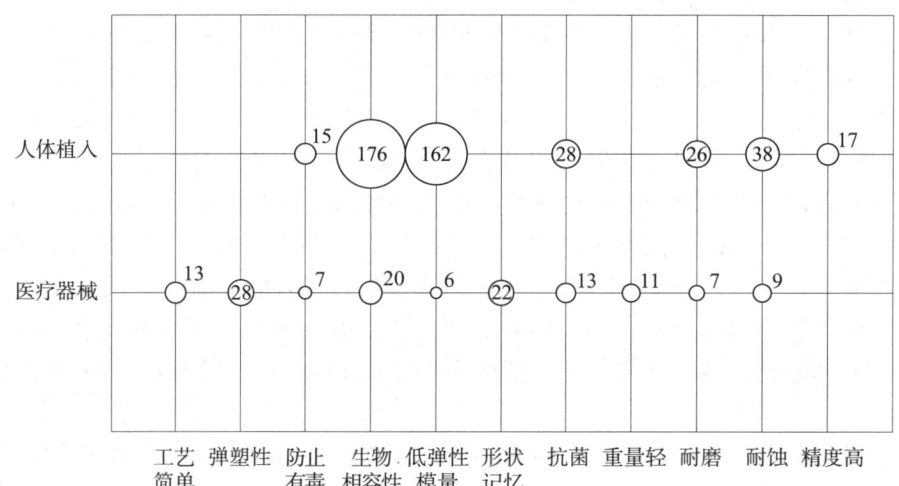

图1-17 生物医用钛合金技术功能分析

注:图中数字表示申请量,单位为项。

③ 日、美、德、韩企业以高质量的专利组合占据专利综合实力优势地位,中国企业在数量与质量上均与其差距明显。从产业情况看,钛合金医疗应用领域目前依然是西方发达国家的企业占据着利润高点。从专利情况看(见表1-12),排名前十位的全球申请人几乎全为企业,且全部来自日本、美国、德国和韩国四个国家,上述发达国家的企业相比于中国企业也具有较为明显的专利实力优势。

表1-12 国外和国内排名前十位申请人的专利申请

申请人名称	申请量（件）	申请人名称	申请量（件）
京瓷株式会社	67	上海交通大学	30
德普伊产品公司	33	哈尔滨工业大学	21
大同特殊钢	30	中科院金属研究所	20
日本株式会社神户制钢	30	第四军医大学	15
奥齿泰种植体股份有限公司	29	东南大学	14
美敦力公司	24	西北有色金属研究院	13
先进心血管系统公司	21	中国科学院上海硅酸盐所	13
古河电气	16	西安交通大学	12
蛇牌股份公司	13	中南大学	11
史密夫和内修有限公司	10	陕西福泰医疗科技有限公司	10

④ 欧美仍是技术创新主体部署专利的重点国家和地区。研究显示，除本土市场外，全球主要申请主体近年来十分关注欧美等海外市场的开拓，如日本京瓷株式会社，在第四代种植体技术开始专利布局后，也开始向国外输出，且输出地基本集中于欧美等发达国家和地区。中国尚未成为钛合金医疗领域关注的主要市场，全部在华布局的钛合金医疗应用相关专利仅有150件，不足中国医疗领域专利申请总量的1/4，更重要的是，上述专利来源十分分散，布局最多的美国专利申请仅有14件。

1.6.2 钛合金体育休闲应用专利分析

截至2014年9月，涉及钛部件体育休闲领域的全球专利申请共3000余项，其中，高尔夫球球具的专利申请量最高，其次分别是自行车部件和眼镜。涉及钛部件体育休闲领域的中国专利申请大约244件，领域上依然是高尔夫球球具的专利申请量最高，其次分别为眼镜部件、自行车部件和渔具。国内主要的申请地区分别是中国台湾地区、陕西省、广东省和河南省。

由以上分析可知，在体育休闲领域，钛材在高尔夫球球具上的应用均占据了举足轻重的地位。截至2014年9月，涉及钛材高尔夫球具的全球专利申请约1900项，且在2008～2010年保持了较高的申请量。其中，无论从该领域专利申请的原创区域还是从布局区域来看，美国和日本均占据了最重要的地位。就目前钛材在高尔夫球具上的应用而言，从全球专利申请来看，其技术的主要发展方向为"强度、寿命""提高击球效果""减轻重量""降低成本"以及"改善击球手感"等方面，具体情况如图1-18所示。

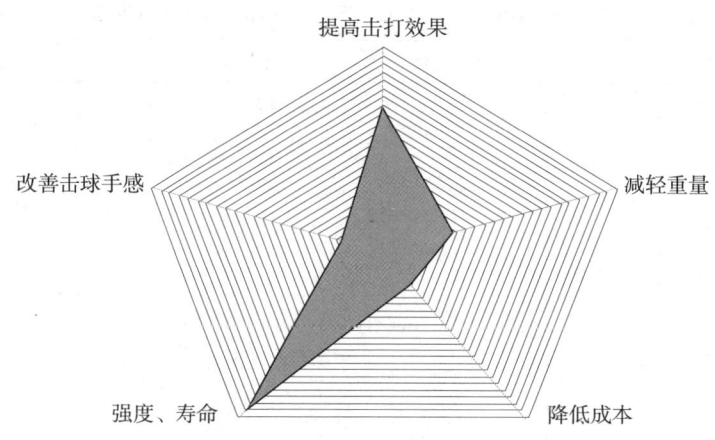

图1-18 钛材高尔夫球具的技术主题分布

2008年之后的专利主要集中在钛材高尔夫球球具材料方面，尤其是对传统铸造材料的改进和新的材料体系的研发方面，对铸造材料的改进点主要集中在高强度、好的流动性和减少缩孔，新材料体系主要集中在根据需要选择性地添加其他合金元素，从而实现减轻重量、减小壁厚度、提高击打效果方面；另外近几年还涉及钛合金高尔夫球杆杆头轧制方面的技术，其中包括了轧制技术和热轧材料的申请。进一步分析发现，在钛材高尔夫球球具领域，目前国内外专利申请的最新动向涉及适于更高要求以及进一步降低制造成本的针对钛材高尔夫球球具的材料性能和加工工艺的改进技术，但不同国家的研发重点存在一定程度的差异，美国申请人更关注高尔夫球球具用的高屈服强度、高弹性模量钛合金材料，日本申请人更关注适于高尔夫球球具热轧使用的低成本钛合金材料。

1.7 重要申请人专利分析

1.7.1 美国三大巨头专利布局分析

1）Timet公司

Timet公司的全球专利自1966年开始申请，在1966～1972年这6年时间中，共申请了7项专利；但随后自1973～1988年的15年中，Timet公司并没有将钛合金领域的研发成果采用专利形式加以保护；从1989年开始至今，Timet公司分别以1991年、2002年和2010年为中心有过三次专利申请小高峰，但年申请量均未超过5件。

从区域上看，Timet公司在美国本土布局24%的专利申请，意图扎根本土站稳脚跟。除此之外，该公司第二大布局地在欧洲和日本，分别占据了

12%，这与Timet公司在欧洲并购两大钛材加工企业占据欧洲市场的战略相吻合，也可见该公司对日本市场也是相当关注，只是日本以神户制钢、新日铁住金株式会社为代表的钢铁企业在钛合金专利领域布局较早，布局数量较大，Timet公司专利布局会受到制约。Timet公司在中国的布局比例仅次于美、欧、日和加拿大，居于全球第五位，排在俄罗斯和德国之前，可见Timet公司对中国市场还是有所关注的。

从专利的技术分布可以看出Timet公司在专利申请的技术布局上明显偏重于产业链中游的钛合金材料和钛材以及钛材加工，其中对钛合金材料寻求专利保护的意愿最大，在钛合金材料方面布局较多；其次在钛材方面，仅在板带材、钛锭有所布局，而在棒线丝、环材、饼材等钛材方面并无专利布局；在钛材加工方面，轧制、冶炼、铸造是Timet公司布局的三大加工工艺。Timet公司在位于产业链上游的海绵钛领域仅有2件专利布局，在下游的钛材应用方面，Timet公司布局量少，但涉猎领域较广、分别涉及汽车、舰艇、航空、航天等重要应用领域。

Timet公司在华共提出11件钛合金领域的申请，其中1件视撤，其余均维持有效状态（包括1件驳回复审），最早申请始于2003年，申请持续到2012年。整体来看，Timet公司在中国的有效专利技术主要包括新型钛合金研制和钛合金制备方法两大方面。从表1-13中可以看出Timet公司在华所有有效申请所涉及的技术。

表1-13 Timet公司的在华有效专利申请

申请号	发明名称	功效说明	法律状态
CN20038010361	α-βTi-Al-V-Mo-Fe合金	良好防冲击和机械特性	授权维持
CN20031034831	具有改良的耐蚀性的钛制品	耐腐蚀性	授权维持
CN20048015471	具有改善的耐腐蚀性的钛制品	耐腐蚀性	授权维持
CN20068039405	具有改进耐腐蚀性和强度的钛合金	耐腐蚀性，高强度	授权维持
CN20098144678	制造用于内燃机排气系统的钛合金的方法	抗氧化，高强度	授权维持
CN20108032366	用于高强度应用的近β钛合金及其制备方法	高强度	驳回复审
CN20118048174	具有良好防弹和机械特性的低成本α-β钛合金	良好防弹和机械特性	审中
CN20128029491	用于制造α-β TI-AL-V-MO-FE合金板的方法	实现低温超塑性形成Ti-54M	审中

2) RTI公司

截至2014年9月，RTI公司在全球钛合金领域申请专利共33项，20世纪

70年代末至80年代末是专利布局的空白期，随后RTI公司的申请也不甚积极，申请量始终保持在低位，仅在2004年突破性地达到6件申请后又回归低位。

与Timet公司类似，RTI公司在美国本土布局36%的专利申请，首先在本土扎稳了脚跟。RTI公司第二大布局地也是欧洲，英国和德国的布局量之和占据了总量的17%，日本次之，占据了布局申请的10%。RTI公司在中国的布局比例次于美国、英国、德国、日本，同样居于全球第五位。

RTI公司在专利申请的技术布局上更偏重于产业链中游的钛合金材料和钛材以及钛材加工，其中涉及钛合金材料方面的专利，尤其是在钛材加工工艺方面的专利布局较多，在铸造领域布局有7件申请，特别是涉及连续铸造工艺。从应用领域上看，RTI公司不仅在航空领域有所布局，并已经延伸到体育器材，如高尔夫球杆等民用领域。值得注意的是，RTI公司在位于产业链上游的海绵钛领域没有专利布局，尚属于空白区域。

从RTI公司来华申请状况来看，5件申请均为视撤失效申请，主题仅涉及连续铸造和钛棒材的热成形方法和设备。由此可见，虽然RTI公司来华布局占到全球国家和地区的第五位，但缺乏有效申请布局，RTI公司对于中国市场还处于试探阶段（见表1-14）。

表1-14 RTI公司在华专利申请汇总

申请号	法律状态	发明名称
CN200580043413	视撤	使用玻璃涂层的反应金属的连续铸造
权利要求	一种用于制造金属铸件的铸造炉，所述炉包括：带有侧壁的内腔；穿过内腔的侧壁而形成的通道，其与内腔和内腔外部的大气连通；以及邻近通道形成的熔融池，用以防止外部的大气进入到内腔中	
CN200780023338	视撤	采用玻璃覆盖层对反应性金属的连续铸造
权利要求	一种装置，其包括：连续铸模，其适于生产出具有外周面的金属铸件；包覆材料的熔池，其被布置在铸模的下方，且适于将熔融材料的包覆层施加到金属铸件的外周面上，以形成包覆着的金属铸件；以及切割机构，其被布置在熔池的下方，且适于在被包覆的金属铸件从模具向下延伸时对其进行切割，以形成包覆的金属铸件的切割段节	
CN200780029716	视撤	用于在连续铸造熔炉中控制温度的方法和装置
权利要求	一种装置包括：连续铸造模具，适于制造金属铸件；金属铸件通路，该金属铸件通路布置在模具下面，并适于允许金属铸件通过；以及温度控制机构，该温度控制机构包括布置在通路附近的部分，因此该机构适于控制金属铸件的温度；其中，温度控制机构包括温度传感器，用于感测通路上的一定位置处的温度，因此，温度传感器适于测量在该位置处的金属铸件温度	

续表

申请号	法律状态	发明名称
CN200780016831	视撤	用于长形金属棒材的蠕变成形及消除应力的方法和设备
权利要求	\multicolumn{2}{l}{1. 一种方法，包括以下步骤： 将长形的金属棒材加热到成形温度，所述成形温度在适合于金属棒材的蠕变变形的温度范围内；其中，所述加热步骤包括使电流穿过金属棒材以电阻方式加热金属棒材的步骤； 以间隔开的一对夹头夹紧所述金属棒材；在不大于 0.05 英寸/英寸/秒的应变速率下利用所述夹头向经过加热的金属棒材施加向外的拉伸力；以及围绕具有一层挠性耐火电绝缘材料的金属模具的模具表面卷绕经过加热的金属棒材，以便形成卷绕的金属棒材，其中，所述一层挠性耐火电绝缘材料将所述金属模具的模具表面与经过加热的金属棒材分开以便防止金属棒材和金属模具之间电连通，其中卷绕步骤包括致使所述金属模具与所述一对夹头之间的相对运动的步骤}
CN200780016841	视撤	热成形长形金属棒材的方法和设备
权利要求	\multicolumn{2}{l}{1. 一种设备，包括：模具，所述模具具有一工作表面，该工作表面由热绝缘材料和电绝缘材料的至少其中之一形成；其中工作表面适于在金属型材的热拉伸卷绕成形期间围绕该工作表面卷绕金属型材；一组第一和第二间隔开的夹头，所述夹头适于夹紧金属型材；其中各夹头可移动而彼此离开，从而夹头适于向金属型材施加拉伸力；并且其中夹头组和模具中的至少一个可相对于夹头组和模具中的另一个在卷绕前形态和卷绕后形态之间移动，因而夹头组和模具之间的相对运动适于围绕模具的工作表面卷绕金属型材}

3）ATI 公司

截至 2014 年 9 月，ATI 公司在全球钛合金领域申请专利共计 49 项，ATI 公司虽然在钛合金领域专利申请起步较晚，但专利申请相对较为积极，在经历了 1998～2009 年的积蓄期后，随着其罗利海绵钛厂竣工投产保证了 ATI 公司的上游供货渠道，ATI 公司于 2010 年开始申请量大幅攀升，2011 年的年申请量达到 11 项之多。

与 Timet 公司和 RTI 公司不同的是，ATI 公司在全球布局格局上涉及的地区广，分布较为平均，以 PCT 方式提起的专利申请占有较大比例。相比较而言，亚太地区市场的专利布局占比较大，例如，澳大利亚占比 9%，排名仅次于美国和欧洲，亚太地区的布局总占比为 36%，接近美国本土布局的 2 倍。

ATI 公司在专利申请的技术布局上已向产业链下游的钛合金应用领域发展，其中涉及应用领域包括传统的航空、航天、兵器、化工、海洋领域，也包括了民用领域的医疗、体育器材、汽车、玻璃等领域。

整体来看，ATI 公司在中国的有效专利技术主要包括新型钛合金研制、钛合金加工工艺和钛合金应用三大方面（见表 1-15）。其在中国的申请中已审未结案件占据大多数（7 件），其最终状态尚未确定，处于授权维持状态的申请在 7~10 年将相继到期。

表 1-15 ATI 公司国内有效专利申请

申请号	发明名称	功效说明	法律状态
CN20048019043	钛-铝-钒合金的加工及由其制造的产品	低温轧制、极限抗拉强度	授权维持
CN20058028772	耐腐蚀流体传导部件以及利用耐腐蚀流体传导部件的装置和部件置换方法	耐侵蚀/腐蚀	授权维持
CN20108060773	高强度钛合金的制造	高强度、高韧性	驳回复审
CN20118035692	α/β 钛合金的加工	取代 STA 热处理的加工方法，没有 STA 处理时对材料的限制	审中
CN20118035819	高强度 α/β 加工钛的热拉伸矫直	经 STA 的不会显著影响强度的矫直工艺	审中
CN20118044613	用于钛和钛合金的加工途径	在超慢应变率下的多轴锻造时，不需要定制锻造设备	审中
CN20118045240	金属材料的高温形成方法	局部直接或间接感应加热形成难以形成的金属材料的高温形成方法	审中
CN20118043325	高强度 α/β 钛合金紧固件和紧固件坯料	轻质高强紧固件	审中
CN20118043312	高强度和延展性 α/β 钛合金	轻质，高强度，高延展性	审中
CN20128026875	用于铸造金属材料的系统和方法	减少夹杂物在铸件中的存在率	审中

1.7.2 中国主要申请人专利布局分析

1）宝钛集团

截至 2014 年 9 月，宝钛集团及其下属公司累计申请 58 件专利申请。从趋势看，以 2007 年为界，宝钛集团在钛合金专利申请上大致经历了 2007 年之前的专利萌芽期和 2008 年开始的成长期。

从领域上看，宝钛集团的专利申请中，以位于产业链中游的钛材料、钛基材与加工工艺为主，占据了总申请量的 68%。位于产业链上游的海绵钛相关技术占据了 10%，下游的应用领域占据了 14%。在钛基材方面，宝钛集团的专利申请主要涉及管材、板带，其次为线丝及钛锭等。其余异型材如环材、饼材等并无涉及。在加工工艺方面，宝钛集团的专利申请主要涉及轧制、熔铸，其次为表面处理、改性处理、焊接、锻造等。在应用领域方面，宝钛集团的专利申请主要涉及民用领域的体育器材和人体植入，传统的航空、航天及化工领域也有涉及。

2）西北有色金属研究院

截至2014年9月，西北有色金属研究院及其下属公司累计申请254件专利申请。从趋势看，以2006年为界，西北有色金属研究院在钛合金专利申请上大致经历了2006年之前的专利萌芽期和2007年开始的成长期。

从领域上看，明显以位于产业链中游的钛材料、钛基材与加工工艺为主，上述三个方面占据了总申请量的89%。位于产业链上游的海绵钛相关技术仅占据1%，下游的应用领域仅占据了8%。

在钛基材方面，西北有色金属研究院在板带材方面拥有较强的技术实力，47件专利申请的主题涉及钛合金板带材。棒材、线丝、管材等申请量相对平均，位于第二梯队，其余钛锭、饼材和钛粉则也有所涉及。在钛合金加工工艺方面，西北有色技术研究院申请涉及面十分广泛，几乎涵盖了所有的钛合金加工手段。其中，西北有色金属研究院以加工板带材的主要工艺——轧制为主，36件专利申请的主题涉及轧制工艺。锻造、改性处理、表面处理和检测技术等申请量相对平均，位于第二梯队。此外，还有矫直整形、爆炸、焊接、熔铸、拉拔等加工工艺涉及。在应用领域方面，西北有色金属研究院的专利申请主要涉及医疗领域的人体植入，在该领域有11件专利申请，其次为日用品和化工，传统的航空、航天、化工、舰船等领域也有涉及。

3）攀钢集团

专利申请起步较晚，2007年后增长快速，技术研发更倾向于合作模式，专利质量和稳定性较好。与宝钛集团和西北有色金属研究院相比，攀钢集团在钛合金领域的申请出现较晚，第一件申请是2002年与中国科学院过控工程研究所合作，此后增速较为平稳，2007年后增长迅速。其中，攀钢集团有近一半的申请为合作申请，其中，48件为与企业之间的合作，3件是与高校之间的合作。而合作申请维持有效的比例也很高，这表明合作研发模式开发出的技术成果含金量相对较高、比较有市场应用价值。从有效专利情况来看，专利有效率从进入成长期后一直维持在较高的比率上，并且从有效专利的专利类型上看，发明占到了86%，有效专利稳定性好，专利申请总体质量较高。

攀钢集团的专利申请的技术较为聚焦，一半以上专利集中在产业链上游的海绵钛领域，近年向中游拓展趋势明显。攀钢集团的多数专利位于产业链上游的冶炼、海绵钛和残钛回收为主，占据总申请的57%，其技术关注点主要集中在微细粒级钒钛磁铁矿冶炼钛渣工程化技术、钛渣后处理工艺、海绵钛反应装置、海绵钛后处理工艺等。近年来，位于产业链中游的钛材料、钛基材、设备及加工工艺等，专利申请量也不断攀升。但攀钢集团的申请中涉及产业链下游的应用环节的仅有 5 件，从一定程度上反映出攀钢集团在下游应用领域核心技术掌握较少，攀钢集团在产业链该环节处于技术弱势。

1.8 主要结论

1.8.1 产业链上游海绵钛环节

在主流的镁热还原法中，共形成了美国、日本、俄罗斯各具特色的三条技术路线，可为中国在已有专利、技术积累的基础上构建具有中国特色的技术方案提供参考（见表 1 - 16）。其中俄罗斯的原料与中国本土原料最为接近，其方法的可借鉴性也最高，但多采用技术秘密保护，缺少可直接相关的可借鉴专利技术方案。美、日的技术路线更适合当前进口的金红石原料，专利较为密集，可借鉴专利主要集中在东邦钛、Timet 公司、杜邦公司等申请主体手中。

表 1 - 16 主要国家在海绵钛领域的技术路线

	氯化	除钒精制	还原 - 蒸馏
美、日	沸腾氯化	有机物除钒	倒 U 型炉
俄罗斯	熔盐氯化	铝粉除钒	I 型炉

欧美国家专利布局具有较好的前瞻性和战略设计，已经对我国海绵钛新兴技术的产业化应用产生了潜在的影响。多数欧美企业均针对新兴技术布局了相当数量的专利，除 OS 工艺外都已在华布局了基础专利，对我国海绵钛新兴技术的产业化应用带来巨大专利风险。相比之下，我国在新兴技术的布局主体仍以高校为主，且除自主研发的 USTB 工艺外，在其他新兴技术的专利以外围专利居多。这种由于研发主体市场敏锐度所带来专利布局战略性的差距，无疑也会对海绵钛产业的技术提升产生影响（见表 1 - 17）。

表 1 - 17 澳大利亚 BHP 公司在华专利布局

方法	申请号	发明名称	维持时间/年
电解还原法	02813042	电解池中金属氧化物的还原	12
	03809273	在电解池中还原金属氧化物	11
化学还原法	200480023723	金属氧化物的电化学还原	10
硫酸盐法	200480038028	二氧化钛的制备	9

1.8.2 产业链中游钛合金材料和钛基材制备环节

1）钛及钛合金材料

钛及钛合金材料技术全球范围内的专利发展呈现增长—下降—稳定的趋势；中国起步较晚，但2000~2012年专利申请一直保持持续增长。全球钛及钛合金材料的专利申请在20世纪80年代之前一直较少。但是，经过90年代的短暂衰退后，进入21世纪，全球钛及钛合金材料技术的发展已处于稳定状态，基础性研究基本完成。中国在2000年之前的专利申请量较低，2000年后，随着中国钛及钛合金市场的发展，材料技术关注度日益提升，专利申请逐年上升，到2012年达到峰值。

日本与美国公司占据主导地位，其中日本首次申请在全球排名首位，美国、中国分列全球首次申请的第二位、第三位，国内在钛及钛合金材料技术方面的研发区域相对集中。日本从事钛及钛合金材料技术研发的企业主要为神户制钢、新日铁住金株式会社、住友金属工业株式会社等大型钢铁企业，其对于材料的冶炼、晶相结构等有明显的技术优势；而美国的重点申请人则为ATI公司、钛金属公司等，通常为专业从事钛合金加工生产的企业，专业化程度较高，对材料组分及相关特性的研究也较为深入，尤其对于不同用途钛合金的构成更加关注。日本首次申请量占到全球申请量的近50%，表明其在钛及钛合金材料技术领域具有较大的领先优势。美国、中国分列全球首次申请的第二位、第三位，但与日本相比仍存在明显差距。江苏、北京与黑龙江位居前三，三者的申请量之和占国内申请总量的33.18%，各地区之间的申请量份额相差不大，且排名前十位的地区申请量之和占国内申请总量的78.73%，表明目前国内在钛及钛合金材料技术方面的研发区域相对集中。

中国与全球在钛合金材料的技术关注点不一致，表明国内技术水平与国外处于不同的发展阶段。钛及钛合金材料技术主要包括三类技术分支，即纯钛、钛合金以及钛基复合材料。全球钛合金技术呈现申请量逐步降低的趋势，表明其技术已发展到相对稳定的阶段，技术创新与变革难度增大，专利申请减少，而纯钛与钛基复合材料相关技术则进入发展期。钛基复合材料作为近些年受到广泛关注的技术，在各主要国家的申请量也在快速积累；纯钛在工业实际中应用相对较少，总体申请量仍相对较少。在中国，钛合金技术成为钛及钛合金材料技术领域绝对的发展重点及方向，而钛基复合材料则保持相对平缓的发展趋势。纯钛技术由于受到其应用范围偏小的制约，总体申请量较低。

2）钛基材制备

全球和中国钛基材制备技术均处于增长期。进入21世纪后，全球钛基材制备技术的发展再次进入增长期，其年申请量基本呈现交替上升的趋势，表明全球钛合金制造与应用业开始快速发展，对钛基材的需求量不断增加。与之相应，2001～2012年，国内钛基材制备技术专利申请经过了连续12年的持续增长，于2012年达到峰值。相比较而言，中国专利申请增长更为活跃，已成为全球专利申请量增长的主导力量。

日本、中国和美国既是全球专利技术的产出国，也是目标国。国内以及来华专利申请量差距明显，国内申请集中在陕西、北京、辽宁和江苏；国外申请主要来自日本、美国、澳大利亚。日本、中国与美国的首次申请量排名世界前三位。其中，日本首次申请量占全球申请量的43.7%，中国为25.7%，美国为12.9%。与此同时，日本、中国与美国也是全球专利申请布局量最多的国家，分别为1724项、1014项和510项，由此表明日本、中国、美国既是专利申请的产出国，也是目标国。国外来专利申请量远低于国内专利申请量，国内专利申请总量为1325件，来华专利申请量为85件，表明国外申请人对华采取观望态度。陕西、北京、辽宁和江苏为国内专利申请的主要分布区，它们的申请量与国内申请总量之比分别为：16.55%、10.92%、9.98%和9.11%，明显高于国内其他地区。国外申请主要来自日本、美国、澳大利亚，它们的来华申请量与国内申请总量之比分别为2.43%、1.73%和0.73%。

国外申请人均来自企业，国内申请人高校、科研机构占据相当比例。全球主要的国外申请人包括日本的新日铁住金株式会社、日本株式会社神户制钢、三菱综合材料株式会社、住友金属工业株式会社等以及美国的通用电气公司，来华主要申请人包括日本株式会社神户制钢、BHP公司、新日铁住金株式会社、东邦钛、ATI公司等均为生产企业；相比较而言，国内主要申请人包括西北有色金属研究院、哈尔滨工业大学、中国船舶重工集团公司第七二五所等，高校、科研机构占据相当大的比例。

全球、中国主要技术分布一致，包括板带箔、棒线丝材、管材以及检测，其中，板带箔的制备技术系最受关注的组成部分。在板带箔和棒线丝材方面，来华申请人以日本为主；在管材方面，来华申请人以美国为主；在检测技术方面，则以美国和法国为主。在国内申请人方面，陕西在各技术分支均占据申请量排名第一的位置。

1.8.3 产业链下游钛合金应用领域

长期来看，医疗领域、石化和体育休闲将成为钛合金应用快速增长的主要着力点。整体来看，钛用量在民用航空和军用飞机领域的占比在过去半个多世纪里一直在逐步提高，成为钛合金产业应用最大的领域，也是确保钛消费需求稳定的重要因素。随着航空航天发展速度日趋企稳，长期来看，随着钛合金民用化步伐的加快，由市场发展、专利先行可知，医疗领域、石化和体育休闲或成为钛合金应用快速增长的主要着力点（见图 1-19）。

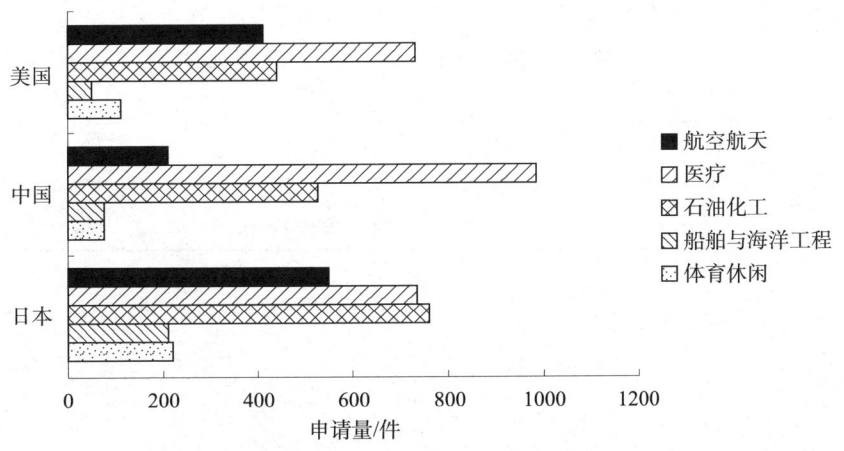

图 1-19 主要国家钛合金应用领域的专利分布

欧美和日本在钛合金民用的专利技术上具有先发优势，但其来华有效专利数量仍较少，为我国在上述领域的技术改进和专利布局提供了发展空间。由表 1-18 可知，虽然欧美和日本在民用的专利技术上起步较早，在全球范围内布局了较多数量的专利，但其来华专利申请量并不高。因此，可以认为我国当前在钛合金多数民用领域（如医疗、体育休闲应用、海洋工程）的专利风险不高，从而为我国在上述领域的技术改进和专利布局提供了一定的空间（见表 1-18）。

表 1-18 主要应用领域的来华和国内专利分布 单位：件

应用领域	来华	国内
医疗领域	46	571
体育休闲	41	93
海洋领域	11	89

欧美钛合金应用的龙头企业类型差异巨大反映其钛合金下游应用发展模式的不同，为我国确立自身应用发展模式提供了借鉴。与医疗领域类似，在体育休闲等领域，美、欧、韩的钛合金应用主体主要是专业化的公司，技术相对更为聚焦，且仅仅对研发出的性能高的钛合金进行后续的生产，投入的研发力度小于日本的传统企业。而日本企业则多为综合性公司。

表 1-19 主要应用领域不同国家龙头企业特征

国家	体育休闲领域		医疗领域	
	龙头企业代表	企业特征	龙头企业代表	企业特征
日本	新日铁住金株式会社、住友金属工业株式会社	综合性企业	京瓷株式会社、大同特殊钢、日本株式会社神户制钢	综合性企业
美国	卡拉韦、阿库施耐特	专业化企业	德普伊、美敦力	专业化企业
欧洲	—	—	贝朗医疗	专业化企业
韩国	—	—	奥齿泰种植体	专业化企业

2

面向信息安全的高性能处理器*

近年来,受到"棱镜门""Windows 黑屏"等重大事件的影响,信息安全已经成为全球各国瞩目的焦点。诸多的信息安全事件也表明,互联网基础设施及计算设备存在后门,掌握信息技术的国家能够轻松通过后门窃取他国信息。解决信息安全问题的关键在于核心部件实现自主可控。但高性能处理器(CPU)作为核心部件,其产业化过程中的知识产权问题始终困扰着我国信息产业的发展。

采用完全自主模式研发 CPU 固然能解决信息安全问题,但是无法得到市场认可,进而无法实现产业安全。在兼容主流架构的基础上实现自主可控发展是目前业内普遍认可的 CPU 产业发展模式。主流 CPU 架构包括 X86 架构、ARM 架构、MIPS 架构以及 Power 架构。我国企业在上述主流架构下均开展了研发工作。但国外相关企业经过几十年的发展已经积累了大量专利,兼容国际主流 CPU 架构就要面对国外相关企业的严密专利布局。因而专利成为我国 CPU 芯片难以自主的重要原因,并导致我国 CPU 产业受制于人。

---

* 本章节选自 2014 年度国家知识产权局专利分析和预警项目《面向信息安全的高性能处理器关键技术专利分析和预警研究报告》。

(1)项目成员:李永红(负责人)、陈燕(负责人)、骆素芳(组长)、孙全亮(组长)、邓鹏(副组长)、马克(副组长)、田冰、王宇锋、顾雯雯、王海涛、曲凤丽、章放、饶俊、唐文森、吴荻、王强、彭齐治。

(2)政策研究指导:孟海燕。

(3)研究组织与质量控制:李永红、陈燕、骆素芳、孙全亮。

(4)项目主要统稿人:李永红、陈燕、孙全亮、马克、骆素芳、田冰。

(5)审稿人:李永红、陈燕。

(6)课题组秘书:邓鹏。

(7)本章执笔人:田冰、邓鹏。

2.1 知识产权在 CPU 产业中的作用

2.1.1 技术许可成为 CPU 产业的主流商业模式

全球逾 600 亿美元的 CPU 芯片市场中，约 270 亿美元市场是基于 "IP 核" 技术许可模式，对应 94 亿颗 CPU 芯片。技术许可已覆盖了 CPU 产业 45% 的市场份额，以及超过 78% 的 CPU 芯片销售量。

在 CPU 产业四大主流架构中，ARM 与 MIPS 均是基于技术授权的商业模式，IBM 主导的 Power 架构逐步转向这一模式，2014 年 Intel 也通过许可的方式将 X86 CPU 内核授权给清华紫光。

通过技术许可，实现年度技术使用费收入约 5.3 亿美元，占基于许可模式的 CPU 芯片 270 亿美元市场规模的 2%。CPU 芯片技术许可使用费约为每颗芯片 0.05 美元。同集成电路设计所付出的研发成本相比，0.05 美元是非常低廉的价格。

技术许可模式已经超越了传统的产品销售模式，成为 CPU 产业中的主流商业模式，并得到 CPU 产业内的广泛认可。基于传统产品销售模式的 CPU 企业也在逐步转向技术许可模式（见图 2-1）。

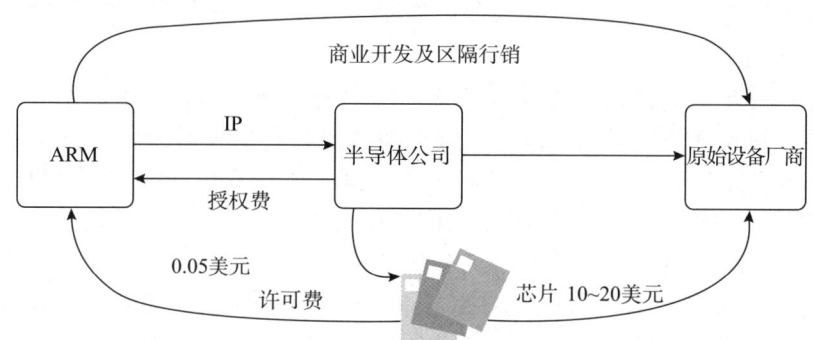

图 2-1 ARM 公司 "IP 核" 授权商业模式

2.1.2 知识产权是支撑 CPU 技术许可商业模式的核心要素

CPU 产业中的许可主要分为内核许可和架构许可。在内核许可中，CPU 技术许可的直接对象是 CPU 内核，而其间接对象则是 CPU 内核中承载的专利、商标、版权等知识产权。专利保护 CPU 的指令功能、电路部件、外围接口、操作系统中的技术方案；编程接口以及操作系统等软件；集成电路布图设计保护 CPU 芯片的电路设计版图；商标保护在 CPU 企业或 CPU 架构在产业链生态中积累的商誉。

在架构许可中，架构许可的间接对象来源于指令集所蕴含的知识产权。

主要包括指令集相应的专利、指令集手册著作权以及指令集架构所积累的商誉。

为支持技术许可，提供许可的各 CPU 架构主导企业均拥有大量专利，这些专利的使用权成为技术许可的重要内容。在 CPU 产业早期的许可中，专利是许可的主要对象。而随着商业模式的转变，CPU 内核或架构是当前 CPU 产业需要的主要对象。知识产权就成为许可方约束被许可方的重要手段。正是得益于知识产权制度，才支撑起 CPU 技术商业模式（见表 2 - 1）。

表 2 - 1 主流 CPU 架构许可实例

年份	地点	被许可方	许可方	涉及产品	许可类型
1982	美国	AMD	Intel	X86 CPU	专利许可
2003	中国台湾/美国	VIA/Intel	VIA/Intel	X8 CPU	专利许可
2005	中国大陆	北大众志	AMD	X86 CPU	技术转让
2007~2008	美国	Intel	Transmeta	X86 CPU	专利许可
2009	美国	Nvidia	Inter	CPU 以外技术	专利许可
2013	中国大陆	上海兆芯	威盛	X86 CPU	内核许可
2014	中国大陆	清华紫光	Intel	X86 CPU	内核许可
2010	中国大陆	苏州国芯	IBM	PowerPC CPU	架构许可
2014	中国大陆	中晟宏芯	IBM	Power8 CPU	架构许可
2009	中国大陆	龙芯	MIPS	CPU	架构许可
2006	美国	高通	ARM	手机 SoC	架构许可
2008	美国	苹果	ARM	手机 SoC	架构许可
2013	中国大陆	联发科	ARM	手机 Soc	内核许可
2013	中国大陆	威盛	ARM	芯片组	内核许可
2013	中国大陆	华为	ARM	手机 SoC	架构许可
2014	美国	AMD	ARM	双指令集 CPU	架构许可

2.1.3 专利是 CPU 行业建立并保持市场地位、实现经济收益并排挤竞争对手的重要手段

分析表明，X86 架构中，主导企业 Intel 通过专利限制竞争对手进入 X86 架构 CPU 市场，并将自身的市场份额保持在 80%。历史上威盛、Transmeta、NVidia 先后尝试研发 X86 架构 CPU 芯片与芯片组。Intel 通过专利诉讼将后两者彻底挤出，而威盛只剩下不到 0.3% 的市场份额。目前全球仅有 3 家 X86 架构 CPU 供应商，其中的 AMD 与威盛都是受益于美国联邦贸易委员会的反垄断调查，才保留了 X86 架构 CPU 市场的准入权。

通过向 ARM 转让专利，MIPS 公司相当于向 ARM 阵营的所有企业收取了相当于 ARM 内核 CPU 使用费 4% 的专利许可费。MIPS 架构的主导企业也曾利用专利诉讼将 Lexra 等公司挤出市场，并威胁其他试图自主设计 MIPS 架构 CPU 芯片的公司。按 4% 专利许可费率以及当前的 MIPS 架构 CPU 市场规模计算，Imagination 所保留的 MIPS 核心专利在 2015 年的价值约为 1520 万美元。

专利许可费率 × 年产品出货量 × 产品单价 × 专利平均有效年限 =
4% × 8 亿 × 0.068 美元 × 7 年 = 0.152 亿美元

ARM 架构的主导企业通过消除其客户所面临的知识产权风险方式来保持自身的市场地位。

2.1.4 标准组织降低了专利使用费，促进了技术传播，有利于后加入 CPU 产业的企业发展

在 CPU 接口技术上已成立多家全球化的标准组织。这些标准组织都规定遵循 FRAND（合理无歧视）原则要求标准组织成员之间彼此提供专利许可，从而大幅降低了组织成员在接口技术上的专利使用成本。

CPU 领域内的专利许可费率约为销售价格的 4%，而在 FRAND 规则下，接口标准必要专利的许可费率约为 0.02%。标准组织的 FRAND 规则在一定程度上缓解了接口标准必要专利造成的垄断，使缺乏专利积累的后加入 CPU 产业的企业能够以较低成本获得通用技术，促进了产业发展。

2.2 CPU 产业总体专利态势分析结论

2.2.1 移动互联网产业的兴起成为 CPU 芯片产业创新活动的新方向

CPU 芯片是信息技术产业的核心部件，全球市场规模超过 3600 亿元，约占整个集成电路产品的 20%。我国信息产业中对 CPU 芯片的需求还主要依赖于进口，不仅制约我国信息技术产业总体发展，而且对网络信息安全造成巨大的隐患。

影响我国自主 CPU 芯片发展的根源在于国外竞争对手对 CPU 芯片技术专利的控制。研究表明，全球 CPU 芯片技术专利总量已超过 35 万件，而在中国布局的专利申请总量超过 1.6 万件。中国专利申请中，国外企业首次申请占总量的 57%（见表 2 – 2）。

在 20 世纪 90 年代中后期以及 21 世纪初，CPU 技术飞速发展，这与全球范围内个人计算机的普及是密切相关的。此后，从 2005 年起，个人计算机市场基本饱和，加之产业中无人能挑战 Intel 的统治地位，CPU 技术研发趋势放缓，专利申请量有所回落。而 2010 年之后，CPU 技术专利申请量出现新一轮上涨。与之相伴的是移动互联网的发展给移动终端 CPU 带来新的市场与市场

需求。据此预测,全球 CPU 技术专利申请在 2010 年后已进入新一轮的增长期(见图 2-2)。

表 2-2　CPU 技术全球专利申请概况

全球范围专利情况	发展态势	总申请量:353856 件,峰值 2004 年 14049 件		
		20 世纪 80~90 年代,日本引领了一波全球 CPU 专利快速增长,由于"五代机"项目失败,并未对产业产生影响; 90 年代后期,美国企业主导了新一轮 CPU 专利申请的增长,于 2004 年到达顶峰,随后平稳下滑; 2010 年起受到智能移动终端市场兴起的影响,出现新一轮增长			
	主要国家/地区专利申请(近五年占比)	日本 118584 (3.5%)	美国 114508 (13.2%)	中国 16166 (35.3%)	欧洲 18272 (9.5%)
	主要专利申请人(近五年占比)	Intel:17031(16.8%);IBM:12084(15.8%); 高通:1560(28.5%);飞思卡尔:1519(10.7%); ARM:2761(32.6%);AMD:1226(32.8%)			
	主要技术领域(近 5 年占比)	X86 架构 21238(20%)	ARM 架构 7948(49%)	MIPS 架构 762(49%)	Power 架构 19788(21%)

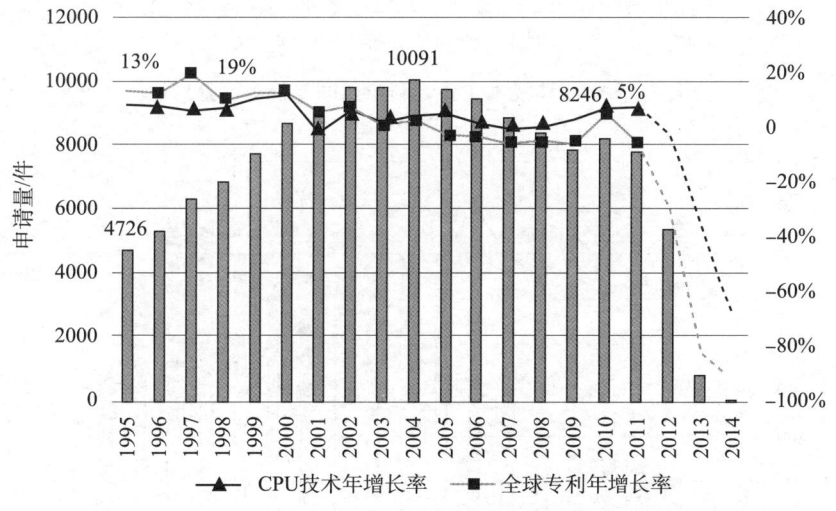

图 2-2　CPU 技术全球专利年度申请量与增长率趋势

2.2.2　CPU 技术研发活动已开始向中国转移

CPU 技术在 2002 年以前的增长率要高出全球总体专利增长,在这个阶段

CPU 技术属于热点研发领域。而在 2002 年以后，CPU 技术专利申请的年增长率已经开始低于年度其他技术的专利增长。类似地，CPU 技术中国专利申请的年增长率在 2003 年后也出现了回落。可见，全社会对 CPU 技术的研发关注度已经逐步降低。在此情况下，CPU 技术研发将难以吸引社会资本进入，我国要发展 CPU 技术需要国家层面提供充足的政策与资金投入。

由于国内企业以及产业政策对 CPU 技术的持续关注，2009 年，中国 CPU 技术的专利申请中，来自国内申请人的专利申请量已经超过了国外申请人，表明 CPU 技术研发活动已开始向中国转移（见图 2-3、图 2-4）。

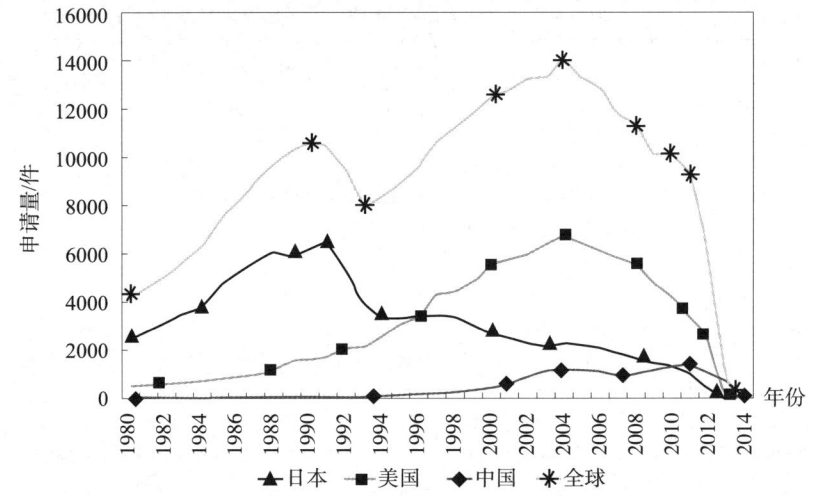

图 2-3　CPU 技术主要专利申请国年份申请量对比

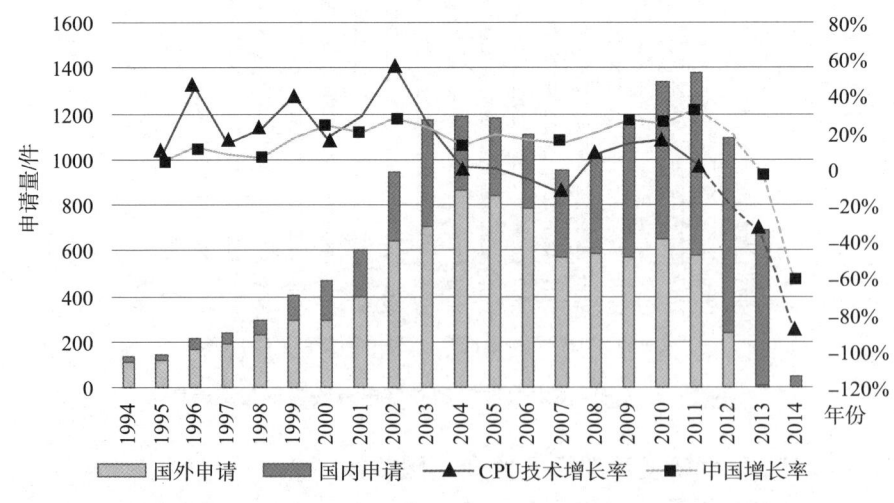

图 2-4　CPU 技术中国专利年度申请量与增长率趋势

2.2.3 美欧CPU芯片企业借助专利优势垄断全球市场发展

数据显示，CPU芯片专利申请量排名靠前的企业中，美国企业占主导地位。其中，美国的Intel公司就有超过1.7万件CPU芯片相关专利申请，IBM拥有1.2万件专利申请，其他美国公司如高通（1560件）、AMD（1225件）、苹果（714件）也分别拥有相当数量的CPU芯片专利申请。此外，英国ARM公司在CPU芯片上部署了2761件全球专利申请，并不断通过专利收购等手段强化其对ARM架构的产业生态体系的控制。中国台湾威盛公司拥有2531件CPU芯片技术专利申请，是唯一一家具有相当专利储备实力的非美欧企业。

在研发活跃度方面，老牌CPU企业如Intel、IBM等近5年申请量占比在17%左右，而新兴的CPU企业如苹果、高通等达到30%甚至40%。这些研发活跃的企业均属于ARM架构阵营，表明ARM架构CPU研发正成为行业热点（见表2-3）。

表2-3 CPU技术主要竞争对手专利布局与活跃度 单位：件

申请人	数量	主要布局地区	近5年占比
Intel	17031	US [6548]；CN [1974]；WO [1853]；EP [1045]	17%
IBM	12084	US [7967]；EP [1535]；JP [1304]；CN [1090]	16%
ARM	2761	US [1039]；GB [396]；JP [374]；CN [213]	33%
威盛	2531	US [1077]；TW [613]；CN [539]；EP [144]	16%
高通	1560	US [282]；WO [231]；JP [229]；CN [203]	29%
AMD	1226	US [410]；WO [157]；JP [124]；EP [125]	27%
博通	1161	US [573]；EP [168]；WO [30]；CN [33]	13%
苹果	714	US [350]；WO [84]；EP [44]；JP [31]	42%
MIPS	553	US [256]；WO [67]；EP [43]；CN [32]	10%

2.2.4 X86架构与ARM架构是近年来全球研发重点

X86架构CPU芯片全球专利大约有2.1万件，源自美国的专利最多，占94%，专利申请量排名前列的多是美国企业，如Intel公司（1.7万件）、AMD公司（1225件）等，表明美国在该领域具有无可争议的霸主地位。中国X86架构CPU芯片专利申请94%来自台湾威盛公司。

ARM架构CPU芯片专利布局中，ARM公司与高通公司两强相争。ARM公司是ARM架构CPU技术的原创与主导企业，拥有专利2761件，而高通公司正强势赶上，已在全球范围布局专利1560件。来自中国的申请人的专利数量相对较少,且主要集中在外围专利。

MIPS 架构 CPU 芯片全球专利中,MIPS 公司的申请活跃度已经不及我国龙芯公司。龙芯公司近 5 年在该领域申请专利 70 件,远超 MIPS 公司的 21 件(见图 2-5)。

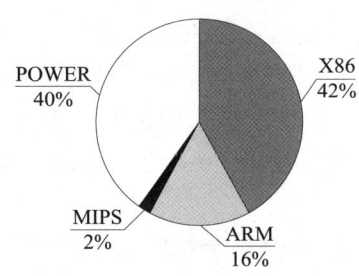

图 2-5 四大主流 CPU 架构专利申请量占比

Power 处理器架构下的 CPU 芯片全球专利大约有 19788 件,IBM 在 Power 架构的研发上牢牢占据了主导地位,拥有该领域专利 12084 件,占全球总量的 76.3%。我国企业的申请量还非常少(21 件),处于起步阶段(见图 2-6)。

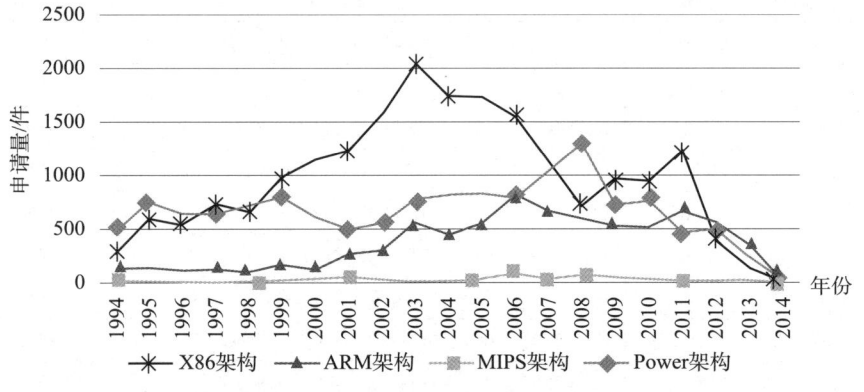

图 2-6 四大架构历年专利申请趋势

2.2.5 国外指令系统专利布局严密、产业控制力强

截至 2014 年 7 月,全球 CPU 芯片指令系统专利申请量已达 25055 件。在国家知识产权局受理的 1375 件专利中,国外在华专利申请 892 件(占 65%),国内专利申请 483 件(占 35%)。国外在华申请主要来自美国(78%)、日本(11%)和英国(6%),核心专利也主要掌握在 Intel(122 件)、IBM(94 件)、高通(美,85 件)、ARM(英,52 件)和 MIPS(14 件)等国外大公司手中。

Intel 公司凭借 893 件全球专利申请以及 308 件在华专利申请,成为在指令系统技术上全球和中国专利布局最多的申请人，自1995年起Intel公司已经依次完成了对MMX（多媒体扩展指令集）、SSE（数据流单指令序列扩展指令集）和AVX（高级矢量扩展指令集）等核心指令集的专利布局，有效地构筑了指令系统事实标准的地位。

ARM公司和MIPS公司则凭借"IP核"授权和知识产权保护相结合的商业模式，通过对指令系统关键核心技术的专利布局，有效地维护了其指令架构授权的发展模式，从而占据了以智能手机为代表的嵌入式芯片产业的绝大部分市场份额。在跨国公司严密的专利保护网下，我国每年不得不为获得国外厂商的指令系统授权而付出大量许可费用。

2.2.6 中国CPU研发正在加紧追赶

我国的CPU技术专利中，源自国内申请人的专利已近7000件，虽然在总量上还略少于国外竞争对手的近9000件，但自2009年起国内申请人的年专利申请量已开始超越国外竞争对手。

我国的CPU技术专利申请已公开16166件，其中源自国外的有8839件，而国内有近7000件申请。虽然在总量上源自国内的CPU技术专利还少于国外，但2005年起，源自国内的CPU技术专利年增长率已超过国外申请，至2009年，源自国内的CPU技术专利年申请量593件，已超过源自国外的申请量570件。

美国的CPU技术专利申请在2005年后已呈现明显的下降趋势，欧洲、日本、韩国等地的申请量也未见增长，仅有源自中国的CPU技术专利近年来保持增长，意味着中国CPU研发正在加紧追赶行业领先者（见表2-4）。

表2-4　CPU技术中国专利申请概况

发展态势及申请量	中国16166件，峰值2011年1375件			
	1999年起中国CPU技术专利申请开始快速增长，并在2003年达到一个高峰；2007年申请量稍有回落后，随后出现新一轮增长，在2011年达到最高值1375件			
	来华申请	8839件	国内申请	6940件
区域占比	美国66%，日本17%，欧洲4.5%，韩国3.8%		台湾地区30%，北京29%，上海13.5%，广东9%	
主要技术领域（活跃度）	X86架构	ARM架构	MIPS架构	POWER架构
	2674（20%）	808（49%）	210（49%）	1329（21%）

续表

主要申请人（近5年）	Intel 1974 件（23%）	威盛 610 件（3.5%）
	IBM 571 件（15.2%）	华为 214 件（70%）
	ARM 213 件（50%）	龙芯 174 件（42%）
	高通 203 件（22%）	北大众志 36 件（80%）
	AMD 113 件（29%）	苏州国芯 21 件（43%）
	MIPS 32 件（25%）	国防科大 126 件（62%）

2.2.7 我国CPU研发呈现百花齐放的局面

对比四种主流CPU架构在华的专利申请，X86架构下的首次申请占到57%，明显高于其他架构，POWER架构和ARM架构分别占28%和14%，MIPS架构仅占1%。不同于国外申请人在华申请，国内申请人中，X86、POWER、ARM以及MIPS的占比较为接近，X86架构占比32%，与ARM架构27%、MIPS架构25%以及Power架构16%的占比差距不大。在绝对数量上，在四种主流CPU架构上国内原创的专利申请量规模均在100~200件，在ARM与MIPS上，国内企业的专利活跃度已超过40%，表明在重大专项等支持下，我国已经积累了一批主流CPU技术专利，拥有了一定的CPU研发力量。

但这也体现出国内在研发重点、指令系统技术路线、产业化格局与方向、专利布局等方面体现出分散、缺乏系统性的特点。这些问题已经成为制约我国芯片产业发展的主要因素（见图2-7）。

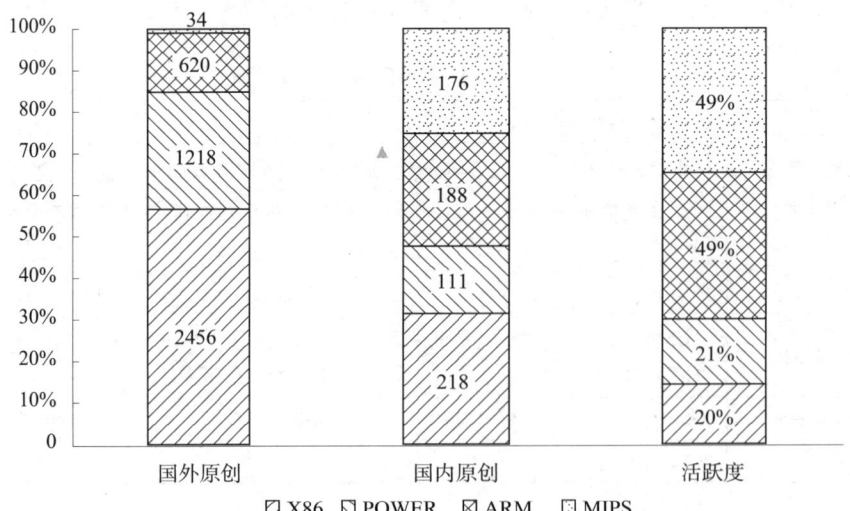

图2-7 主流CPU架构中国专利申请量与活跃度对比

2.3 我国发展 CPU 产业面临的知识产权问题

2.3.1 Intel 公司主导了 X86 架构的事实标准,并依靠指令集专利实现对事实标准的控制,迫使 X86 阵营中其他企业难以规避

Intel 公司掌握着 X86 架构发展的主导权,依靠 X86 指令积累的丰富软件生态资源成为 X86 架构的事实标准以及对产业的控制,并且通过严密且持续性的专利布局,尤其是对 X86 指令集的强大专利保护,完成了对 X86 架构事实标准的控制(见图 2-8)。

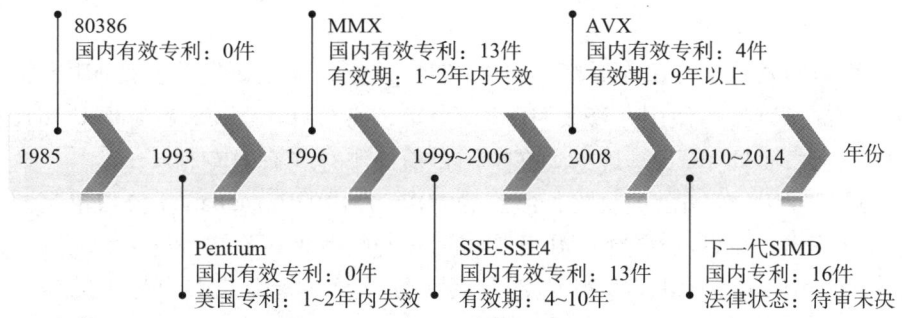

图 2-8 Intel 指令技术发展路线及其在华专利布局情况

研究发现,针对每次技术升级和指令集扩展,Intel 公司都会提前 1~2 年进行专利组合的设置和部署,此外,还对已有专利通过分案或改变撰写形式的方式进行重新申请,以试图扩大保护范围和延展保护时间。

因此,X86 阵营中其他企业若直接使用 X86 指令集,特别是其新推出的 SSE1-4 等 X86 指令集扩展,几乎必然会侵犯到 Intel 公司部署的指令集专利。针对这些核心专利,Intel 公司已在世界主要国家进行了严密的专利部署,其中我国就至少有 308 件 Intel 公司的指令专利申请(见表 2-5)。

表 2-5 X86 指令集专利布局情况　　　　　　　　　　单位:件

技术引入时间/年	指令集扩展名称	国内有效专利量	剩余有效期
1978~1985	8086-80386	0	已失效
1989~1993	80486-Pentium	0	绝大多数已失效 少数美国专利 1~2 年
1996	MMX	16	中国专利 1~2 年 美国专利 1~5 年
1999~2006	SSE	17	4~10 年
2008	AVX	4	9 年以上
2010 年至今	下一代 SIMD 指令	14	处于专利审批环节

2.3.2 我国 X86 架构的专利无法与国外竞争对手抗衡，严重缺乏交叉许可谈判的筹码

我国在 X86 架构方面的专利储备严重不足，目前有效的专利只有 513 件，且专利质量不高，技术点分散，无法形成合力。与国外跨国公司动辄上千件甚至上万件的专利积累差距明显。因此，在发展 X86 架构方面，我国和国外存在专利储备严重不对称的问题，极大地限制了我国在发展 X86 架构方面与国外技术拥有者的谈判筹码。

2.3.3 我国企业拥有 MIPS 架构 CPU 授权，需要关注其他架构阵营的相关专利

我国的龙芯、君正先后获得 MIPS 架构授权，自主研发了支持 MIPS 指令的 CPU，可以自主使用并修改 MIPS 指令集，有再许可 MIPS 架构 CPU 芯片技术的权利。而且 MIPS 基础指令在中国目前尚不存在有效专利。

虽然 MIPS 公司已被收购，但收购 MIPS 公司的 Imagination 公司也是同样的商业模式，并表示将继续 MIPS 架构研发与技术许可，更为主要的是 Imagination 公司保留了 MIPS 的 84 件涉及多线程以及多指令集兼容技术的核心专利。这些专利对主流架构 CPU 均有可能形成牵制，从而对 MIPS 阵营形成保障。

基于 MIPS 架构授权而改进的 CPU，应重点关注来自 ARM、X86 阵营的相关专利。SIMD、多媒体指令是所有三大架构共同的发展方向，研究发现 Intel 公司已经在该领域部署了大量的专利。研究发现，2006 年、2008 年和 2009 年，Intel 公司曾三次购入 Imagination 公司的股票。2009 年增持之后，Intel 公司已经持有 Imagination 16% 的股份，成为其第二大股东。

2.3.4 我国 ARM 阵营企业大多获得了 ARM 的许可，需要关注许可期限及内容，以及源于 NPE 或 X86 阵营的相关专利

我国的华为海思公司已于 2013 年获得 ARM 的架构许可，国防科技大学也获得了 ARM 的架构许可。这些研究机构均可合法对 ARM 架构 CPU 进行自主改进。但仍要高度关注专利授权的期限授权范围，以及授权到期的再谈判；同时，注意规避其他阵营的相关专利。

已经发生的诉讼案例表明，NPE 公司所拥有的接口标准以及 CPU 技术专利对 ARM 阵营的 CPU 构成威胁值得加以关注。

2.3.5 我国 POWER 阵营企业从 IBM 获得合法授权，可借助 IBM 强大的专利储备来应对来自第三方的专利挑战

我国中晟宏芯已获得 POWER 8 CPU 以及尚未完成设计的 POWER 9 CPU

的许可，许可的期限没有限制，基于 CPU 产品的服务器销售范围也没有限制，并有权改进现有设计以及获得知识产权。因此在中短期内，我国基于 POWER 架构开展服务器用 CPU 芯片的自主设计和开发，不会存在知识产权合法使用的壁垒。

而且 IBM 长期经营 POWER 架构 CPU，拥有 POWER 架构 CPU 专利 12000 余件，是 CPU 行业中专利数量最多的申请人，其专利质量也较好，庞大的专利储备既覆盖了 POWER 架构技术，又足以应对大部分竞争对手的专利威胁。

但是在生产能力方面，我国发展 POWER 架构 CPU 或依然受到限制。IBM 已将其芯片业务出售给格罗方德（GLOBALFOUNDRIES），并约定未来 10 年内格罗方德是 IBM 的 22 纳米、14 纳米以及 10 纳米服务器 CPU 的独家供应商。如若我国 CPU 芯片制造商不能获得 22 纳米以下的 POWER 架构 CPU 的制造权，我国企业设计制造的 POWER 架构 CPU 或将只能在格罗方德制造，而没有其他可选择的供应商。

2.3.6 我国从事 CPU 芯片研发和产业化的机构在专利创造环节普遍存在专利质量不高、缺乏系统性规划等突出问题

- 专利质量不高，缺乏统筹设计。国内所有 CPU 研发机构专利总和尚不及 Intel 公司一家的专利数量，专利数量的悬殊是导致国内外知识产权强弱格局的基础体现。此外，国内专利质量普遍不高，缺乏能与竞争对手进行交叉许可的重量级武器。上述差距显现出我国历来重资金投入和产业扶持，而缺乏配套的知识产权统筹设计。

- 专利侧重防御，缺乏牵制思维。国内产业化较好的华为海思、龙芯等专利优势企业，已完成的专利部署都还主要侧重于防御性，在市场竞争环境下，真正能形成对国外竞争对手威胁的专利还不多，总体专利布局尚缺乏牵制性思维。

- 专利技巧单一，缺乏核心维护。Intel 公司非常注重对核心专利的持续维护，采取群组和续展等多种方式获得强有力的专利组合，甚至是将一些并不高深但是产业势必要用的普适性原理也申请了专利，上述做法一是达到了威慑竞争对手的目的，二是设置了很强的进入壁垒和进入成本，这一点恰恰是我国所欠缺的专利技巧。相比之下，我国在 CPU 芯片方面的专利手段单一，对核心专利的组合式保护也非常欠缺。

- 专利举证困难，缺乏应用价值。CPU 芯片的技术特性，决定了其具有专利侵权不易判定的特点。Intel、ARM、MIPS 和高通等国外较为成功的企业对此采取了分层保护的专利策略：最内层是在最核心也是专利侵权最易判定

的指令定义或功能方面集中部署专利，中间层在 CPU 外部总线接口、存储器访问、功耗管理等易侵权举证的环节进行重点部署，最外层则对运算电路结构、寄存器文件等较难侵权举证的环节采取防御性公开的策略。目前，我国绝大部分企业和机构的 CPU 芯片专利都是处于最外层，即侵权难举证的范围。这与国外差距明显，不利于未来市场竞争中激烈的专利对抗。

2.3.7 国外 CPU 芯片企业在专利运用中的表现更积极主动，我国则相对封闭，缺少国际化的专利运用经验

- 核心专利收储意识不强。近年来，国际上针对 CPU 核心专利的并购和交易频繁，专利收储已经成为 CPU 芯片企业获取市场竞争优势、防止 NPE 恶意使用和保护产业生态体系的重要手段。分析表明，全球近年来 CPU 芯片的企业并购或专利交易金额至少 5.96 亿美元，涉及近 755 件专利，其中竞买方基于收购的专利进行专利起诉或许可的至少 4 起。参与资本并购的双方均是美欧企业，没有一家中国背景企业参与过类似的专利收储行为，究其原因，一是国内企业缺少核心专利价值辨识能力，二是国内缺乏国际化专利收储的经验和人才。

- 专利运营管理经验欠缺。全球专利竞争趋势正在向多极化发展，信息技术领域尤为明显，但越来越多的专利储备逐渐成为企业经营的负担，为此，联合经营专利的跨企业间组织正在成为专利运营的重要主体，企业间由此建立更为广泛的利益共享或是攻守同盟。CPU 芯片产业也不例外，包括 Intel、ARM、高通等公司不仅自己拥有大量专利，还通过多种方式参与各种专利组织，通过合纵既能实现产业利益平衡，又能减少专利维护成本。如上述 ARM 公司牵头组织的投资联盟 Bridge Crossing 就是这种模式，在其完成对 MIPS 公司的收购后，投资联盟就可注销，各成员间按照协议约定合理使用获得的专利。这一点，我国 CPU 芯片产业还远未形成市场化的专利联合运营实体，而这也是困扰我国专利国际化运营不畅的主要原因。

3

超材料关键技术*

超材料（Metamaterial）是指一类具有特殊人工结构的复合结构或复合材料。通过在材料的关键物理尺度上的结构有序设计来突破某些表观自然规律的限制，获得超常的材料物理性质。特别是超材料可以控制微波段电磁波传播的方式，实现电磁波往法线同一侧折射，制造出负折射率超材料。超材料可以根据具体应用电磁波的需求采用逆向设计，设计制造出具有相应功能的材料。迄今已经发展出的超材料包括左手材料、光子晶体、频率选择表面等，其技术发展路线如图 3-1 所示。

超材料技术属于目前国际科技发展前沿，Science 期刊将光子晶体评为 1998 年和 1999 年度十大科学进展，将左手材料评为 2003 年度十大科学进展，将隐身衣评为 2006 年十大科学进展，并在 2010 年评选超材料为 21 世纪前十年十大科学进展。Materials Today 期刊评选超材料为材料科学 50 年中十项重要突破之一。美国、俄罗斯、日本等国家对于超材料研究非常重视，美国军方确立超材料技术率先应用于最先进的军事装备。日本和俄罗斯亦将超材料技术列为下一代隐形战斗机的核心关键技术。美国超材料项目包括：美国海军基地超材料研究项目、美国 ARMY 超材料研究项目、美国国防部波音超材

---

* 本章节选自 2014 年度国家知识产权局专利分析和预警项目《超材料关键技术专利分析和预警研究报告》。

（1）项目成员：卜方（负责人）、陈燕（负责人）、魏玮、丰学民、王雷、姜山、孙玮、伯梅、宋作志、胡瑾、张冰青、李芳。

（2）政策研究指导：徐海燕。

（3）研究组织与质量控制：卜方、陈燕、魏玮、丰学民、孙全亮。

（4）项目主要统稿人：魏玮、王雷、伯梅、丰学民、姜山。

（5）审稿人：卜方、陈燕。

（6）课题组秘书：王雷。

（7）本章执笔人：胡瑾、张冰青、王雷。

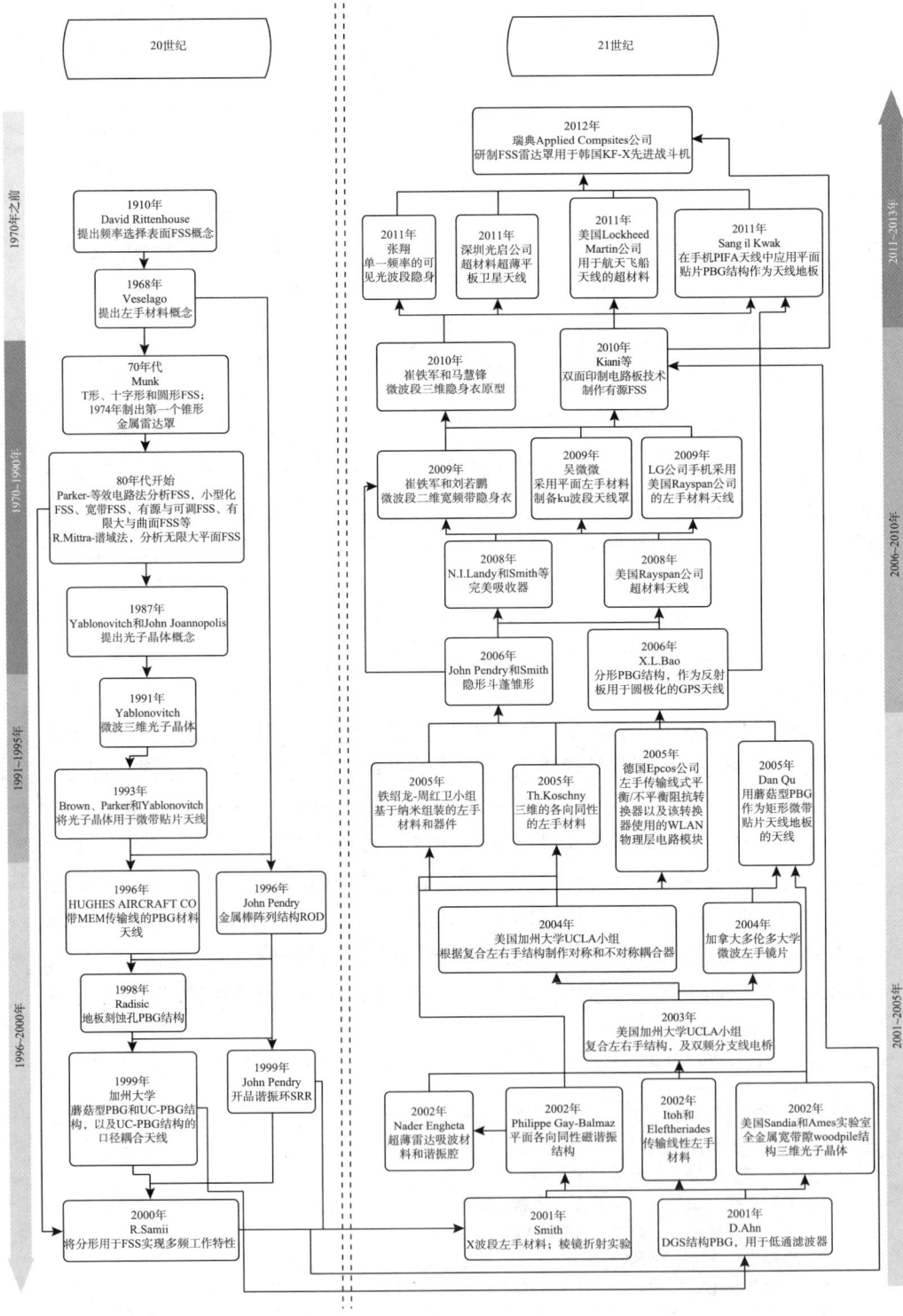

图 3-1 超材料技术发展路线

料研究项目、美国空军科学研究办公室超材料研究项目。美国波音公司、雷神公司、洛克希德马丁公司都开展了大量的超材料技术研发和应用。

我国对于超材料技术发展也非常重视，国家科技部建立了超材料电磁调制技术国家重点实验室，进行超材料及电磁调制技术的科学研究；国家标准化管理委员会成立了全国电磁超材料技术及制品标准化技术委员会，开展超材料及相关产业的标准化工作；国家人力资源和社会保障部与全国博士后管委会建立了相关领域的博士后工作站，培养超材料行业领域博士后人才。国家民政部批准成立超材料产业联盟。产业界已经涌现如深圳光启这样的龙头企业，推出的超材料产品包括超材料超薄平板卫星天线、无线互联解决方案、特种电磁超材料等。

本章以微波波段超材料关键技术全球和中国专利布局状况为研究主体，以专利数据库中收录的涉及微波波段超材料技术的专利申请为主要研究对象，采用定量分析和定性分析的方法对微波波段超材料关键技术的五大分支：结构、制备、天线、吸波和电磁屏蔽、隐身，以及重点企业和关键专利作了重点分析。

3.1 超材料技术总体专利状况

目前全球范围超材料技术专利申请 2896 项，中国专利申请 2108 件。2000 年之前，这一领域的专利申请尚处于起步状态，每年的申请量较少。从 2001 年开始，申请量呈缓慢增长趋势，并于 2008 年达到峰值。随后在 2009~2010 年，申请量又有所下滑。随着深圳光启开始大批量申请专利，全球申请量在 2011 年出现了迅猛增长。

中国、美国、日本、韩国是全球超材料技术相关专利申请的主要来源国家。在全球专利申请中，来自中国的申请量最多，为 1985 件，占全球专利申请总量的 69%，主要申请人包括深圳光启（1170 件）、东南大学（73 件）、西北工业大学（55 件）、电子科技大学（28 件）、西安电子科技大学（27 件）；来自美国的申请量为 437 件，占全球专利申请总量的 15%，主要申请人包括希尔莱特（42 件）、波音（27 件）、雷斯潘（27 件）、雷神（22 件）和洛克希德马丁（19 件）；来自日本的申请量为 189 件，占全球专利申请总量的 7%，主要申请人包括 NEC（30 件）、山口大学（13 件）、村田制作（13 件）；来自韩国的申请量为 175 件，占全球专利申请总量的 6%，主要申请人包括韩国电信（44 件）、三星（38 件），EMW（15 件）。

从全球专利申请量排名来看，深圳光启位居第一，东南大学、西北工业大学、电子科技大学、西安电子科技大学、中科院光电所等高校和研究院所以及国外的韩国电信、希尔莱特、三星、NEC、波音、雷斯潘等公司申请量也较大。除深圳光启之外，排名靠前的中国申请人以高校和科研院所为主，而申请量大的外国申请人则主要是企业，由此可见，中国的超材料技术研究很大程度上还停留在研发阶段，与实现较大范围内的产业化还有不小的差距。

全球专利申请中，1823 项涉及结构技术，1912 项涉及应用技术，431 项涉及制备技术。在涉及超材料应用技术分支的 1912 项申请中，1224 项涉及天线器件、251 项涉及吸波材料、69 项涉及隐身技术、368 项涉及微波器件。天线器件、吸波材料、隐身技术和微波器件等主要技术分支占应用技术分支申请总量的比例分别为：天线器件 64.02%、吸波材料 13.13%、隐身技术 3.61%、微波器件 19.25%。从技术分支来看，中国更为重视结构技术分支，而起步较早的美国、日本、韩国更为重视应用技术分支。

中国专利申请中，来自广东的申请总量大幅度超过其他省市，占国内总申请量的 59%，江苏、陕西、北京、四川也都是申请量较多的省市。国外的专利申请主要来自美国、日本、韩国、法国、瑞士等国，来自上述 5 个国家的申请量占据了全部国外申请人在华专利申请总量的 93%，其他国家的申请量仅占 7%；其中，美国和日本申请人在中国提交的申请最多，分别占全部国外申请人在华专利申请总量的 36% 和 33%。

从中国专利的申请量排名来看，除深圳光启外，排名靠前的以东南大学、西北工业大学、电子科技大学、西安电子科技大学等国内高校以及中科院光电技术研究所、中科院长春光机所等国内研究所为主，国内企业也有诸如上海联能科技有限公司、深圳航盛电子有限公司、中兴通讯申请量进入前 20 名（见表 3-1、表 3-2）。

表 3-1 超材料全球专利申请概况　　　　　单位：项

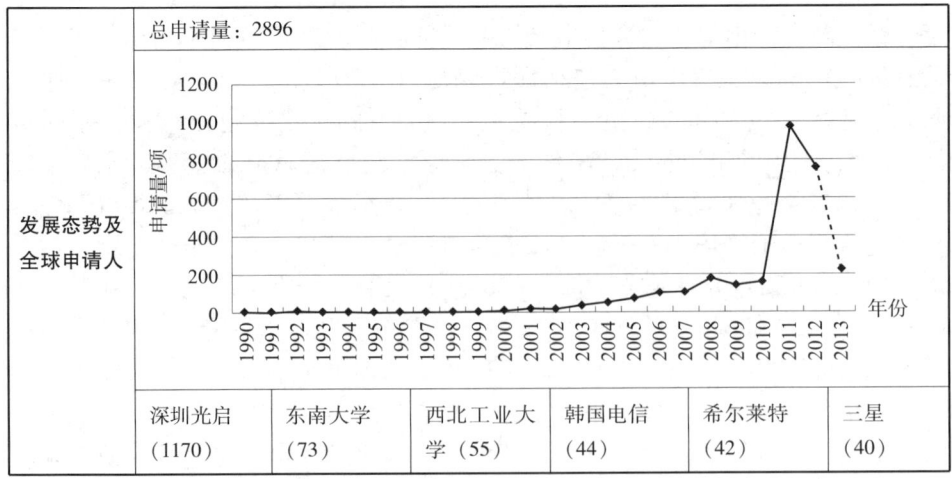

续表

主要目的地及其申请人	中国（2108）	美国（637）	日本（245）
	深圳光启（1170）	希尔莱特（42）	NEC（28）
	东南大学（73）	深圳光启（36）	山口大学（13）
	西北工业大学（55）	雷斯潘（27）	村田制作（13）
	电子科技大学（28）	三星（27）	雷神（9）
	西安电子科技大学（27）	韩国电信（26）	三星（9）
主要来源地及其申请人	中国（1985）	美国（437）	日本（189）
	深圳光启（1170）	希尔莱特（42）	NEC（30）
	东南大学（73）	波音（27）	山口大学（13）
	西北工业大学（55）	雷斯潘（27）	村田制作（13）
	电子科技大学（28）	雷神（22）	三菱（9）
	西安电子科技大学（27）	洛克希德马丁（19）	丰田（6）
技术分布	结构（1823）	应用（1912）	制备（431）

3.2 关键技术领域的专利状况

本节对超材料结构、超材料制备、应用超材料的天线技术、应用超材料的吸波和电磁屏蔽技术、应用超材料的隐身技术等五个关键技术领域的专利申请进行了深入分析和研究。

3.2.1 超材料结构技术

超材料结构技术领域全球专利申请量为1823项，中国专利申请量为1276件。全球申请量自1999年起平稳迅速增长，2011年由于中国地区专利申请的拉动出现陡增，总体呈波动式增长趋势；中国的技术研发起步较晚，相关专利申请从2005年才开始平稳增长，国内专利申请在数量上占据主导地位。

全球主要申请人集中在中国、美国、韩国、日本四国。中国的主要申请人为深圳光启、东南大学、西北工业大学和上海联能；美国申请总量较大，主要申请人包括雷斯潘、哈里、丰田北美，但这些申请人实力较为平均，集中度不高；韩国的主要申请人包括韩国电信和三星。外国申请人中雷斯潘和NEC较为重视超材料结构技术在中国的专利布局。

全球和中国的专利申请主要围绕周期性结构、非周期性结构和非阵列型结构三个主题。国内申请人在非周期性结构，特别是相异叠层型非周期结构方面具有优势，但欠缺国外布局；在非阵列型结构方面相对薄弱。

表3-2 超材料中国专利申请概况

单位：件

发展态势	总申请量：1942 2010年之前，超材料技术的中国专利申请人的中国申请数量增长缓慢。其中，国外申请人的申请量增幅小于国内申请量增幅。从2004年开始，国内申请人的年度申请量就超过了国外申请人的年度申请量。2011~2012年，中国专利申请的年度申请量激增，国外申请量变化不明显。主要贡献来自于国内申请人的申请激增，国外申请人的申请量变化不明显。					
申请类型	国内申请（1819），授权（443）； 国内发明申请（1719），授权（344）； 国内实用新型（100），授权（99）					
		来华申请（123），授权（48）； 来华发明申请（122），授权（47）； 来华实用新型（1），授权（1）				
申请人分布及特征	区域分布	广东 1073 (58.98%)	江苏 104 (6.03%)	陕西 84 (4.87%)	北京 60 (3.48%)	四川 54 (3.13%)
		申请人	申请量	发明量	发明授权量	近三年活跃度
		深圳光启	1048	1036	142	1.66
		东南大学	58	50	25	0.96
		西北工业大学	55	54	30	0.37
		电子科技大学	28	27	10	1.4
		西安电子科技大学	27	23	5	0.67
		美国 44 (35.77%)	日本 40 (32.52%)	韩国 14 (10.91%)	法国 9 (7.31%)	瑞士 7 (5.69%)
		申请人	申请量	发明量	发明授权量	近三年活跃度
		雷斯潘	14	13	6	0.51
		日本NEC	13	13	1	0.85
		法国国家科研中心	5	5	4	0
		EMW	5	5	4	0.27
		加利福尼亚大学	4	4	3	0.67
技术分布	结构（1276）		应用（1192）		制备（359）	

发展态势图：2002—2013年国内申请人与国外申请人年度申请量变化（纵轴：申请量/件，0~900）

在超材料结构技术领域,大多数基础专利和重要专利被美国掌握,且保护范围较大,中国专利申请量虽处高位,但大部分属于改进型发明或具体化应用,整体技术含量不高,与国外申请数量少、质量高的状况产生鲜明反差。日本、韩国近年申请较为活跃并注重在华进行全面布局,而中国国内1300余件专利申请在日本、韩国专利布局为零,不利于国内企业开拓日本、韩国市场(见表3-3、表3-4)。

表3-3 超材料结构技术全球专利申请概况　　单位:项

发展态势	总申请量:1823					
	全球范围内超材料结构领域在1999年之前申请较少,属于初步发展阶段,随后相关专利申请量迅速增长,2011年出现大幅增长,原因是深圳光启在这一年开始申请了大量相关专利。2012年申请量有所回落,当前该技术总体呈波动增长趋势					
全球申请人及布局区域	深圳光启(929)	东南大学(46)	西北工业大学(43)	韩国电信(36)	NEC(30)	雷斯潘(22)
全球申请人及布局区域	中国(929) 欧洲(18) 美国(17)	中国(46)	中国(43)	韩国(36) 美国(24) 日本(3)	日本(27) 美国(18) WO(18) 中国(10)	美国(22) 中国(14) 欧洲(13) 韩国(9) 日本(2)
主要目的地及前五位申请人	中国(1427)		美国(344)		日本(132)	
主要目的地及前五位申请人	深圳光启(929)		韩国电信(24)		NEC(27)	
主要目的地及前五位申请人	东南大学(46)		三星(22)		山口大学(13)	
主要目的地及前五位申请人	西北工业大学(43)		雷斯潘(22)		村田制作(10)	
主要目的地及前五位申请人	雷斯潘(22)		NEC(18)		三星(7)	
主要目的地及前五位申请人	上海联能(22)		深圳光启(17)		哈里(7)	
主要来源地及前五位申请人	中国(1358)		美国(211)		韩国(100)	
主要来源地及前五位申请人	深圳光启(929)		雷斯潘(22)		韩国电信(36)	
主要来源地及前五位申请人	东南大学(46)		哈里(13)		三星(27)	
主要来源地及前五位申请人	西北工业大学(43)		丰田北美(10)		EMW(6)	
主要来源地及前五位申请人	上海联能(22)		波音(7)		延世大学(5)	
主要来源地及前五位申请人	西安电子科技大学(21)(1.55%)		美国海军(6)(2.84%)		LG(3)	
技术分布	周期性结构(1104)		非周期性结构(484)		非阵列型结构(276)	

表3-4 超材料结构技术中国专利申请概况　　　　单位：件

发展态势	总申请量：1276 中国超材料结构技术领域的专利申请自2005年开始平稳增长，2011年申请量出现大幅增长并达到峰值，主要原因是深圳光启从2011年开始大量提交专利申请，同时来华申请也在这一年达到最大。来华专利申请总体数量较少，专利布局尚未形成									
申请类型	国内申请（1213），授权（292）；国内发明申请（1140），授权（219）；国内实用新型（73），授权（73）					来华申请（69），授权（26）；来华发明申请（68），授权（25）；来华实用新型（1）				
区域分布	广东	陕西	江苏	北京	四川	美国	日本	韩国	瑞典	法国
	835 68.84%	71 5.85%	68 5.61%	45 3.71%	34 2.80%	26 37.68%	26 37.68%	11 15.94%	1 1.45%	1 1.45%
申请人分布及特征	申请人	申请量	发明量	发明授权量	近三年活跃度	申请人	申请量	发明量	发明授权量	近三年活跃度
	深圳光启	807	807	113	1.66	雷斯潘	14	13	8	0.45
	东南大学	37	30	12	0.80	NEC	11	11	1	0.97
	西北工业大学	43	42	24	0.22	佳能	4	4	0	0.67
	西安电子科技大学	21	17	3	0.67	EMW	4	4	2	0.56
	电子科技大学	20	19	7	1.19	三星	3	3	2	0.67
	合计	928	915	159	—	合计	36	35	13	—
技术分布	周期性结构（710）				非周期性结构（430）			非阵列型结构（153）		

3.2.2 超材料制备技术

超材料制备技术领域全球专利申请量为431项，中国专利申请量为359件。全球和中国地区申请在2010年以前大体呈波动式增长，2011年申请量出现大幅增长；国内专利申请在数量上占据主导地位，来华申请数量很少，且无增长趋势。

全球主要申请人集中在中国、美国、日本。中国的主要申请人包括深圳光启、西北工业大学和清华大学；美国的主要申请人包括丰田北美和洛克希德马丁；日本的主要申请人包括 NEC 和旭硝子株式会社，其中 NEC 在该技术领域起步虽晚，但重视在我国的专利布局。

超材料制备技术领域专利申请主要涉及基板制备、微结构制备和复合制备，其中复合制备布局数量最多且包括当今研究热点可调型超材料制备和三维超材料制备技术，中国地区在基板制备方面专利申请全球占比最大。

国内申请人在复合制备技术的可调型超材料制备方面具备一定的技术优势，但国外布局工作尚未开展；在三维超材料制备工艺方面，国外重要专利较为分散，在华鲜有布局，国内企业和高校院所应抓紧时机尽快布局，同时注意研发深度和系统性；在基板制备技术领域、微结构制备技术领域的仿真计算方面，国外申请人申请量极少，国内申请人应提高技术创新度，加快核心技术的专利布局；在三维超材料设计和微结构设计方面，国外申请人的专利申请起步较早，掌握不少基础性专利，其中，在华申请对国内相关申请构成较大专利风险（见表3-5、表3-6）。

表3-5 超材料制备技术全球专利申请概况　　　　　单位：项

发展态势	总申请量：431						
	2010年之前（含2010年），全球申请量和申请人数量的整体发展趋势是缓慢上升，于2008年达到峰值。2011年，申请量出现了大幅度增长，虽然2012年略有下滑，但也保持了较高的数量，申请人数量则保持缓慢增长的趋势						
全球申请人及布局区域	深圳光启(262)	西北工业大学(9)	清华大学(6)	电子科技大学(6)	丰田北美(5)	洛克希德马丁(4)	
	中国(262) WO(20)	中国(9)	中国(6)	中国(6)	美国(5)	美国(4) 澳大利亚(1)	
主要目的地及其申请人	中国(358)			美国(59)		欧洲(16)	
	深圳光启(262, 73.2%)			丰田北美(5, 8.47%)		NEC(3, 18.8%)	
	西北工业大学(9, 2.5%)			洛克希德马丁(4, 6.78%)		波音(1, 6.25%)	
主要来源地及其申请人	中国(344)			美国(44)		日本(24)	
	深圳光启(262, 76.2%)			丰田北美(5, 11.4%)		NEC(4, 16.7%)	
	西北工业大学(9, 2.6%)			洛克希德马丁(4, 9.09%)		旭硝子株式会社(3, 12.5%)	
技术分布	基板制备(83)			微结构制备(123)		复合制备(225)	

表 3-6 超材料制备技术中国专利申请概况 单位：件

类别	内容								
发展态势	总申请量（359）								
发展态势	2010年之前，涉及超材料制备技术的中国专利申请量增长缓慢，这一时期中，国内申请人的申请量保持趋势平稳的振荡，而国外申请人的年度申请量较少。2011年，国内申请人的申请量出现迅猛增长，并于2011年达到顶峰，在2012年又有所下降，国外申请人的申请量在2011年也有所增长								
申请类型	国内申请（344），授权（85） 国内发明申请（343），授权（85） 国内实用新型（1），已放弃				来华申请（15），授权（8），全部为发明专利				
区域分布	广东 262，76%				陕西 23，7%	日本 10，67%		美国 2，13%	
申请人分布及特征	申请人	申请量	发明量	发明授权量	近三年活跃度	申请人	申请量	发明量	发明授权量	近三年活跃度
申请人分布及特征	深圳	262	262	39	1	NEC	3	3	0	1
申请人分布及特征	西北工业大学	9	9	6	0	加利福尼亚大学董事会	1	1	1	0
申请人分布及特征	清华大学	6	6	4	0.33					
申请人分布及特征	电子科技大学	6	6	2	0.89					
技术分布	基板制备（83）				微结构制备（100）		复合制备（176）			

3.2.3 应用超材料的天线技术

应用超材料的天线技术领域全球申请量为1224项，中国申请量为849件。全球申请量自2004年起快速增长，2011年由于中国地区专利申请出现陡增，总体呈稳定增长趋势，处于上升阶段；中国地区的技术研发起步较晚，相关专利申请从2005年才开始平稳增长，国内申请是主要来源。

在应用超材料的天线技术领域，全球主要申请人集中在中国、美国、日本。中国的主要申请人既包括深圳光启、上海联能和深圳航盛等公司，也包括西北工业大学和西安电子科大等；美国和日本申请人则以企业类型为主，美国创新主体覆盖军企（洛克希德马丁和波音）、民企（雷斯潘和丰田北美）和技术先导（希尔莱特）三大领域；日本的主要申请人包括NEC、松下、三菱等。外国申请人中，雷斯潘、NEC、法国国家科研中心、EMW等较为重视在我国进行专利布局。

从技术主题来看，应用超材料的天线技术领域专利申请主要侧重透波材料、辐射单元、天线反射板和天线介质板方面的应用，而天线介质板方面布局量相对较少。

应用超材料的天线技术在国外起步较早，虽然超材料光学变换原理及梯度折射率原理的早期基础专利掌握在国外申请人手中，但是国内申请人在这些基础理论之上，通过改变超材料片层组成方式、人造微结构形状或排列组合方式等，获得了一定技术优势，并且在微结构改进方面布局了较多专利。一方面，国外申请人的部分核心专利未在华布局，国内申请人可以借鉴并注意规避潜在风险；另一方面，一些在华申请的基础专利，如杜克大学申请的涉及折射率分布的专利，波音申请的涉及负折射率超材料透镜相控阵列天线的专利，值得国内申请人加以关注，国内申请人可以围绕这些国外在华布局的基础专利部署外围专利，谋求保护范围的最大化形成交叉许可的态势（见表3-7、表3-8）。

表3-7 应用超材料的天线技术全球专利申请概况   单位：项

发展态势	总申请量：1224 初始阶段，全球年度申请量缓慢增长，年平均申请量比较少，2004年开始出现快速增长，2008年以前年度申请量未过50；2008年以后年度申请量保持在50项以上。2011年出现大幅度增长，这与深圳光启开始大规模提交专利申请有关					
全球申请人及布局区域	深圳光启(684)	雷斯潘(22)	西北工业大学(19)	上海联能(16)	西安电子科技大学(15)	丰田（含丰田北美）15
	中国大陆(684) 欧洲(11) 美国(10) 中国台湾(11)	美国(21) 中国大陆(13) 日本(4) 韩国(12) 欧洲(12) 中国台湾(5) 越南(1) 印度(2) 中国香港(1)	中国(19)	中国(16)	中国(15)	美国(11) 德国(1) 日本(5)
主要目的地及前五位申请人	中国(957)		美国(265)		日本(91)	
	深圳光启(684)		雷斯潘(21)		NEC(7)	
	西北工业大学(19)		希尔莱特(14)		EMW(5)	
	上海联能(16)		丰田北美(11)		松下(5)	
	西安电子科技大学(15)		深圳光启(10)		法国国家科研中心(5)	
	江苏大学(14) 深圳航盛(14)		洛克希德马丁(10)		丰田(5)	

续表

主要来源地及前五位申请人	中国（901）	美国（200）	日本（45）
	深圳光启（684）	雷斯潘（22）	NEC（7）
	西北工业大学（19）	希尔莱特（14）	松下（5）
	上海联能（16）	丰田北美（11）	三菱（4）
	西安电子科技大学（15）	洛克希德马丁（10）	丰田（4）
	江苏大学（14）	波音（9）	NTT（3）
	深圳航盛（14）		
技术分布	辐射单元（514）	天线反射板（214）	天线介质板（146）	透波材料（365）

表3-8 应用超材料的天线技术中国专利申请概况   单位：件

发展态势	总申请量：849									
	自2002年度开始平稳发展，2005年出现迅速增长，这与上海联能提交10件专利申请、西北工业大学提交8件专利申请有关。2006年申请量回落，之后缓慢增长；2011年度申请量出现大幅度增长，这与深圳光启从2011年开始大量提交专利申请有关									
申请类型	国内申请（793），授权（184）					来华申请（56），授权（23）				
	国内发明申请（742），授权（133）					来华发明申请（55），授权（22）				
	国内实用新型（51），授权（51）					来华实用新型（1），授权（1）				
区域分布	广东	陕西	江苏	上海	福建	美国	日本	法国	韩国	意大利
	603	37	25	20	16	26	13	7	6	2
	75.94%	4.66%	3.15%	2.52%	2.01%	47.27%	23.64%	12.73%	10.91%	3.64%
申请人分布及特征	申请人	申请量	发明量	发明授权量	近三年活跃度	申请人	申请量	发明量	发明授权量	近三年活跃度
	深圳光启	595	584	82	1.95	雷斯潘	13	12	6	0.51
	西北工业大学	19	19	10	0	NEC	6	6	0	1
	西安电子科技大学	15	11	2	0.62	法国国家科研中心	5	5	4	0
	深圳航盛	14	0	0	0.33	EMW	5	5	4	0.27
	上海联能	13	7	4	0.21	松下	3	3	3	0
	厦门大学	13	12	9	0.62	古河	3	3	0	0.33
						手持产品公司	3	3	0	0.33
	合计	669	633	98	—	合计	38	37	17	—
技术分布	辐射单元（359）			天线反射板（171）		天线介质板（93）			透波材料（231）	

3.2.4 应用超材料的吸波和电磁屏蔽技术

应用超材料的吸波和电磁屏蔽技术领域全球申请量为251项，中国申请量为113件。全球申请量自2006年起呈波动式迅速增长，2012年达到峰值；中国地区研究工作起步较晚，2004年才开始小幅波动式增长，2011年开始大幅增长，来华申请数量持续较少，且无明显增长趋势。

在应用超材料的吸波和电磁屏蔽技术领域，全球主要申请人集中在中国、日本、美国、韩国。中国的主要申请人包括深圳光启、电子科技大学和哈尔滨工业大学，而通信龙头企业华为和中兴也开始涉足该领域；日本主要申请人包括NEC、三菱和凸版印刷，其中NEC十分重视该领域的在华布局；美国着重军事方面应用，申请人包括三大军工企业雷神、波音和洛克希德马丁。国内对外专利布局刚刚起步，国外在华专利布局数量较少，其中日本企业占据过半的份额。

国内申请人在应用超材料的吸波材料和电磁屏蔽技术的具体结构改进方面尤其是涉及参数可调的吸波材料方面，具有一定优势，符合当前该领域发展趋势，然而国内在使用电磁带隙结构的吸波材料方面与国外仍存在明显差距。国内申请人应加大研发力度，关注国外重点企业的研发动态，抓紧做好专利布局（见表3-9、表3-10）。

表3-9 应用超材料的吸波和电磁屏蔽技术全球专利申请概况　　单位：项

发展态势	总申请量：251					
	2008年之前，全球年度申请量缓慢增长，年平均申请量比较少；2006年度，申请量出现小幅增长；2008年开始，年度申请量出现明显增长，2010年度稍有回落，2011年度又出现迅速增长。当前该技术仍然有着稳定的增长趋势，仍处于上升阶段					
全球申请人及布局区域	深圳光启(38)	三星(16)	NEC(16)	韩国电信(11)	电子科技大学(10)	哈尔滨工业大学(7)
	中国(38) 欧洲(2) 美国(2)	韩国(15) 美国(12) 日本(3) 中国台湾(3) 中国大陆(1) 俄罗斯(1)	日本(15) 美国(11) 中国(5) 欧洲(1)	韩国(11) 美国(8)	中国(10)	中国(7)

续表

主要目的地及前五位申请人	中国（114）	美国（86）	日本（54）
	深圳光启（38）	三星（12）	NEC（15）
	电子科技大学（10）	NEC（11）	三菱（5）
	哈尔滨工业大学（7）	韩国电信（8）	凸版印刷（5）
	西北工业大学（6）	宾夕法尼亚州研究基金会（3）	藤森（4）
	NEC（5）	雷神（3）	三星（3）
主要来源地及前五位申请人	中国（102）	日本（49）	美国（48）
	深圳光启（38）	NEC（16）	宾夕法尼亚州研究基金会（3）
	电子科技大学（10）	三菱（5）	雷神（3）
	哈尔滨工业大学（7）	凸版印刷（5）	波士顿学院（2）
	西北工业大学（6）	藤森（4）	波音（2）
	东南大学（5）	夏普（3）	洛克希德马丁（2）

表 3-10 应用超材料的吸波和电磁屏蔽技术中国专利申请概况　　单位：件

发展态势	总申请量：113 自 2004 年度开始平稳发展，申请量较少，2010 年以前申请量未超过 10 件；2011 年申请量出现大幅增长，这与深圳光启从 2011 年开始大量提交专利申请有关，自 2008 年开始来华申请基本保持在每年 2~3 件
申请类型	国内申请（100），授权（27）　　来华申请（13），授权（3） 国内发明申请（93），授权（20）　来华发明申请（13），授权（3） 国内实用新型（7），授权（7）　　来华实用新型（0）

区域分布	广东	四川	江苏	陕西	黑龙江	日本	美国	韩国	荷兰	—
	42	11	9	8	8	8	3	1	1	—
	42%	11%	9%	8%	8%	61.54%	23.08%	7.69%	7.69%	—

申请人分布及特征	申请人	申请量	发明量	发明授权量	近三年活跃度	申请人	申请量	发明量	发明授权量	近三年活跃度
	深圳光启	38	35	4	0.89	NEC	5	5	0	0.6
	电子科技大学	10	10	4	0.83	三菱瓦斯化学	2	2	2	0
	哈尔滨工业大学	7	7	2	0.71	NTT	1	1	0	0

续表

申请人分布及特征	申请人	申请量	发明量	发明授权量	近三年活跃度	申请人	申请量	发明量	发明授权量	近三年活跃度
申请人分布及特征	西北工业大学	6	6	3	0.5	美国德克萨斯仪器	1	1	0	0.33
	东南大学	4	4	3	0.5	HRL	1	1	0	0.33
	中兴	3	1	0	0.89	三星	1	1	1	0
	中科院长春光机所	3	3	0	0.33	飞思卡尔半导体	1	1	0	0.33
	华中科技大学	3	3	0	0.33	NXP	1	1	0	0
	合计	74	69	16	—	合计	13	13	3	—

3.2.5 应用超材料的隐身技术

应用超材料的隐身技术领域全球申请量为69项，中国申请量为34件。全球申请量自2009年起迅速增长，处于上升阶段；中国地区的技术研发起步较晚，相关专利申请从2006年才开始平稳增长，国内专利申请在数量上占据主导地位，来华申请数量很少，且无增长趋势。

全球主要申请人集中在中国、美国，其中，中国主要申请人包括东南大学、西安电子科技大学、中科院长春光机所、深圳光启和北京航空航天大学，美国主要申请人包括杜克大学、希尔莱特、雷神、BAE和波音。可见主要申请人以军工企业、高校院所和技术先导性公司为主，多涉及军事应用。国内对外布局工作还未开展，国外在华专利布局也刚刚开始。

应用超材料的隐身技术领域专利申请主要涉及主动隐身技术和被动隐身技术，其中主动隐身技术专利布局数量很少；中国地区在主动隐身技术方面专利申请还未开展，在被动隐身中的隐身大衣技术方面申请量与国外差距较大。

国内在反射隐身技术分支提出了很多改进技术，特别是在基于频率选择表面的反射隐身技术方面提出了多种结构设计；在吸波隐身方面国内研究的也较多，新型吸波结构单元不断被提出，材料的电磁特性也得到明显改进。然而，国内在隐身大衣和主动隐身方面投入的关注度不够，开创性的工作都是以外国人为首提出的。在主动隐身方面，国外没有专利申请进入中国，在隐身大衣方面，国外仅有一件专利申请进入中国，而国内在主动隐身方面也没有在中国申请专利，在隐身大衣方面仅有一件专利申请，国内企业可以借鉴和改进国外主要竞争对手的重要专利和技术，迅速在国内进行专利布局（见表3-11、表3-12）。

表3-11 应用超材料的隐身技术全球专利申请概况　　　　单位：项

发展态势	总申请量：69				
	全球专利申请经历2006年的快速增长后又经历了两年的下降期，然后从2009年开始平稳增长				
全球申请人及分布特征	东南大学（6）	西安电子科技大学（5）	中科院长春光机所（5）	深圳光启（4）	北京航空航天大学（4）	杜克大学（2）
	中国（6）	中国（5）	中国（5）	中国（4）	中国（4）	美国（2）加拿大（1）日本（1）欧洲（1）
主要目的地及前五位申请人	中国（36）				美国（26）
	东南大学（6）				杜克大学（2）
	西安电子科技大学（5）				希尔莱特（2）
	中科院长春光机所（5）				雷神（2）
	深圳光启（4）				BAE（2）
	北京航空航天大学（4）				波音（1）
主要来源地及前五位申请人	中国（34）				美国（23）
	东南大学（6）				杜克大学（2）
	西安电子科技大学（5）				希尔莱特（2）
	中科院长春光机所（5）				雷神（2）
	深圳光启（4）				BAE（2）
	北京航空航天大学（4）				波音（1）
技术分布	主动隐身（2）	雷达波隐身（25）		隐身大衣（16）	反射（28）

表3-12 应用超材料的隐身技术中国专利申请概况　　　　单位：件

发展态势	总申请量：34								
	经历2006年的快速增长后又经历了四年的下降期，然后从2011年开始快速增长									
申请类型	国内申请（32），发明授权（7）								来华申请（2），1件已授权，1件正在实审中	
区域分布	陕西	吉林	江苏	广东	北京	四川	黑龙江	湖南	湖北	美国	瑞典
	6	5	4	4	4	2	2	1	1	1	1
	18.8%	15.6%	12.5%	12.5%	12.5%	6.3%	6.3%	3.1%		50%	50%

续表

	申请人	申请量	发明量	发明授权量	近三年活跃度	申请人	申请量	发明量	发明授权量	近三年活跃度
申请人分布及特征	西安电子科技大学	5	5	1	8/15	希尔莱特	1	1	1	0
	中科院长春光机所	5	5	0	1/3					
	东南大学	4	4	2	0	贝以系统哈格伦斯	1	1	0	1/3
	深圳光启	4	4	1	2/3					
	北京航空航天大学	4	4	1	1					
	合计	22	22	5	—	合计	2	2	1	—
技术分布	主动隐身（0）			雷达波隐身（16）		隐身大衣（2）		反射（18）			

3.3 重点企业分析

本节对超材料领域国内申请人重点关注的七家国外公司和一家国内公司进行分析（见表3-13），包括美国的军工企业波音、洛克希德马丁、雷神，民用企业的美国雷斯潘、日本丰田、法国阿尔卡特朗讯，美国高智发明，以及我国企业深圳光启。上述七家国外公司很大程度上体现了超材料领域的技术发展水平和未来的发展方向，深圳光启则是超材料领域国内最大的研发和生产企业。

3.3.1 军工企业

波音是世界上最大的民用与军用飞机制造商，"幻影工作室"是波音主要的研究和开发部门。从1990年开始，波音陆续申请频率选择表面的相关专利，用于天线和天线罩的设计，从2000年开始，波音与加州大学圣地亚哥分校等大学的物理学家共同致力于一个美国国防部高级研究计划署（DARPA）的合同项目，研究负折射率现象，于2003年制造出负折射率超材料并申请了超材料制备专利。波音在超材料技术领域的专利申请总量为27项，其中在中国进行专利布局的有2件。其专利申请量在2008年开始显著增加并持续到2009年，2010年开始呈下降趋势，主要涉及天线、超材料制备和频率选择表面等。

洛克希德马丁是全世界营业额最高的国防工业承包商。其在超材料技术领域的专利申请总量为19项，未在中国申请相关专利。其专利申请始于1991年，从2008年开始呈增长趋势并稳定增长到2012年，主要涉及天线和超材料透镜。

表3-13 重点企业专利布局概况

单位：项

申请人类别	申请人概况	布局区域	技术分布	趋势变化
军工企业	波音 申请量：27 近三年活跃度：1.70	美国：26 欧洲：9 中国：2	天线和天线罩：13 超材料制备：3 传输线：2	
	美国洛克希德马丁 申请量：19 近三年活跃度：3.86	美国：18 欧洲：9 澳大利亚：4	天线：7 超材料透镜：6 谐振器：3	

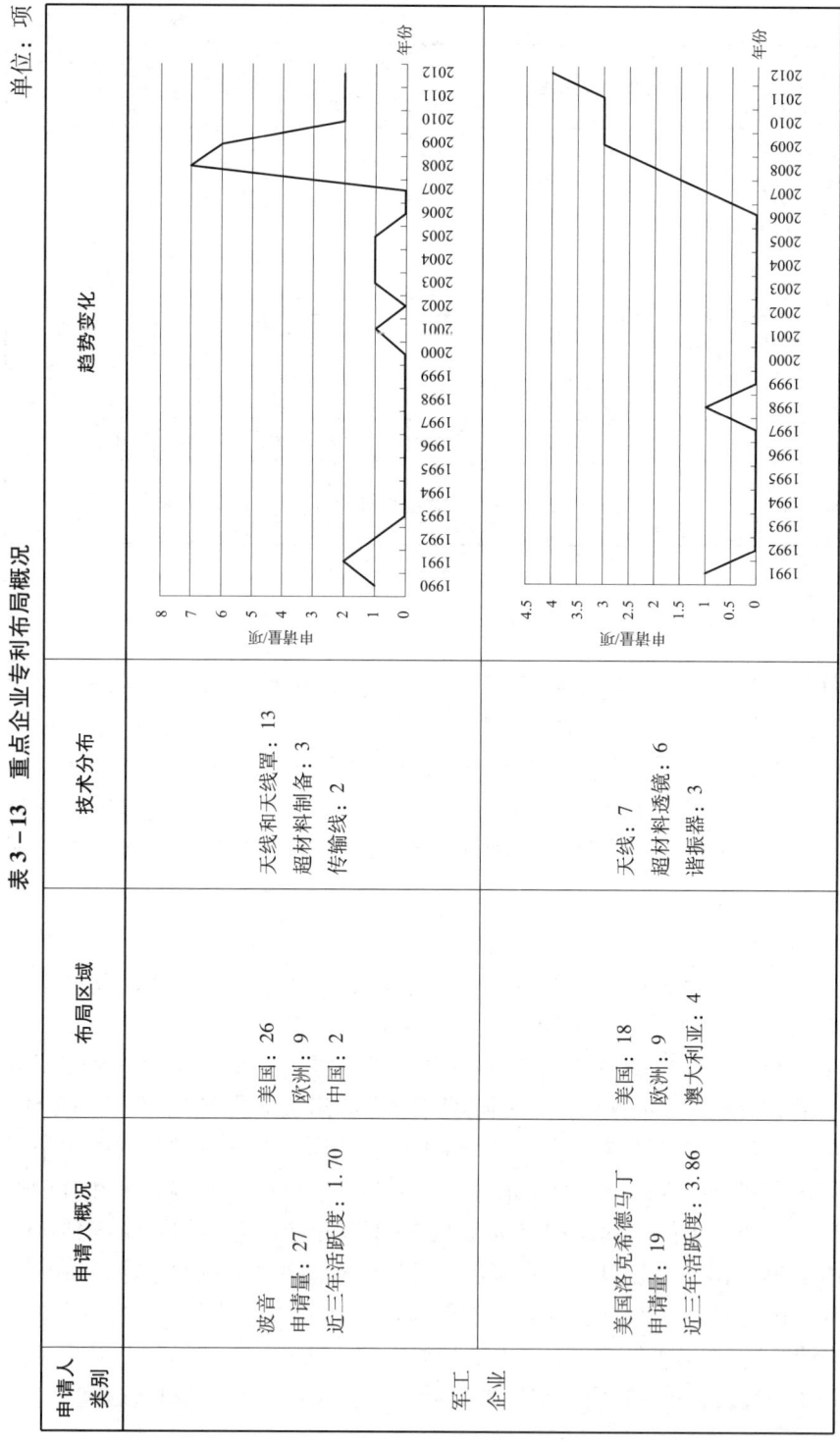

续表

申请人类别	申请人概况	布局区域	技术分布	趋势变化
军工企业	雷神 申请量: 22 近三年活跃度: 1.38	美国: 22 欧洲: 10 日本: 9	光子晶体和电磁带隙: 9 天线: 7 负折射率透镜: 3	(折线图, 2000—2012年)
民用企业	雷斯潘 申请量: 27 近三年活跃度: 0.44	美国: 27 欧洲: 14 中国: 14	天线: 16 功放: 3 射频模块和天线系统: 3	(折线图, 2007—2010年)

续表

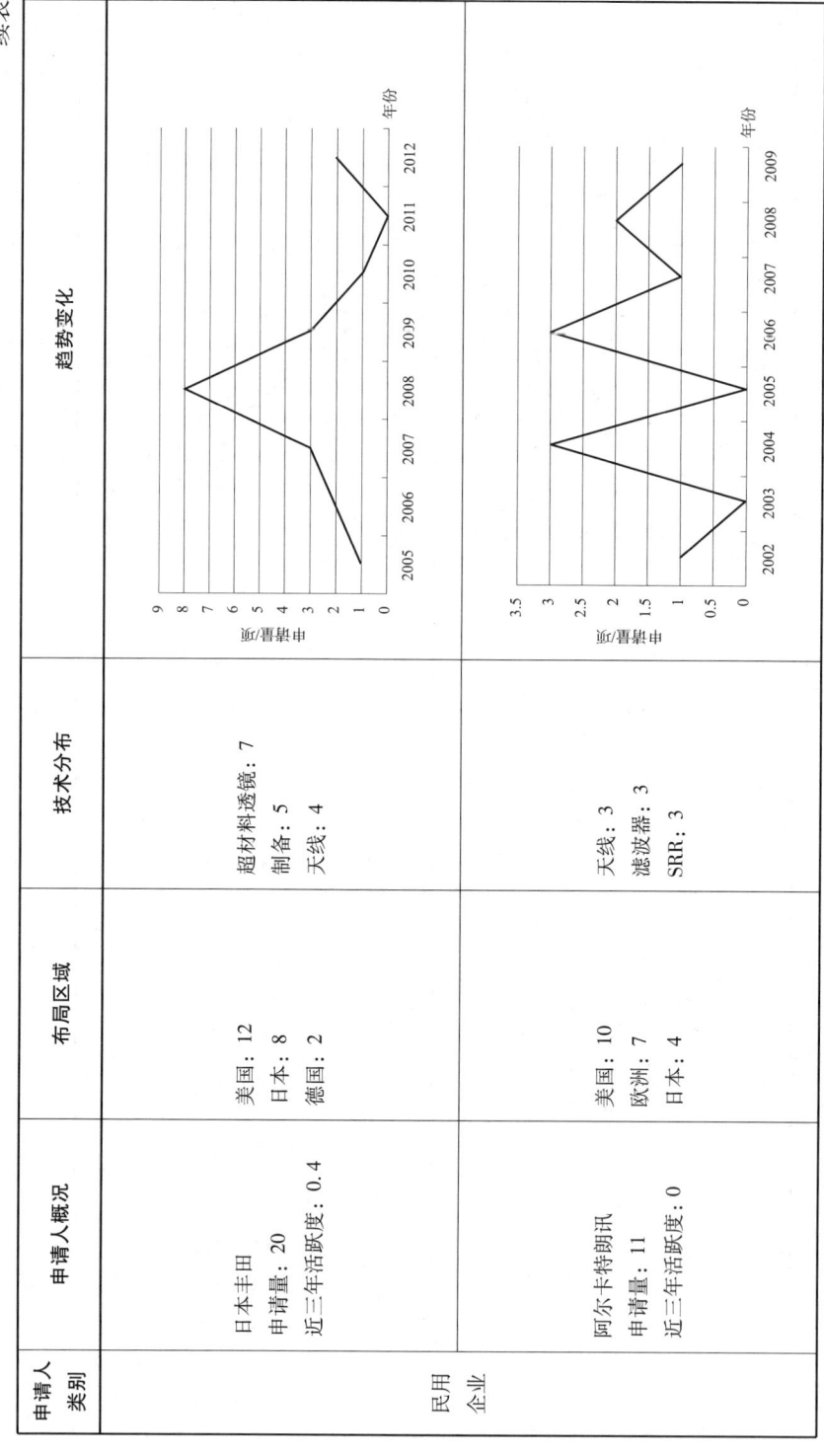

申请人类别	申请人概况	布局区域	技术分布	趋势变化
民用企业	日本丰田 申请量：20 近三年活跃度：0.4	美国：12 日本：8 德国：2	超材料透镜：7 制备：5 天线：4	
	阿尔卡特朗讯 申请量：11 近三年活跃度：0	美国：10 欧洲：7 日本：4	天线：3 滤波器：3 SRR：3	

续表

申请人类别	申请人概况	布局区域	技术分布	趋势变化
专利授权公司	希尔莱特 申请量：42 近三年活跃度：0.22	美国：42 欧洲：7 中国：4	电磁聚焦：14 光子晶体：12 反应性复合材料：4	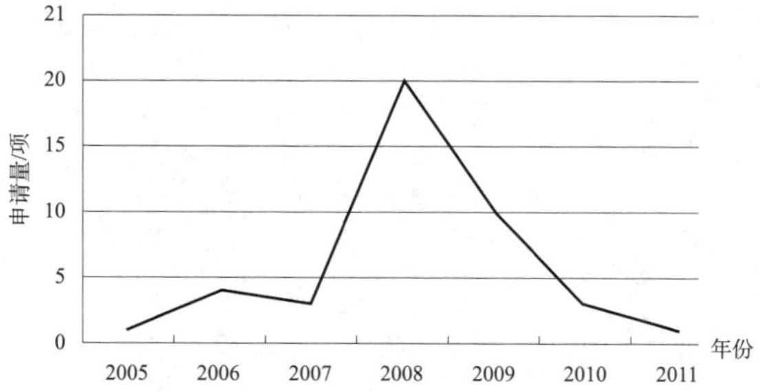
中国公司	深圳光启 申请量：1170 近三年活跃度：1.96	中国：1170 欧洲：39 美国：36	天线：684 制备：262 微波器件：106	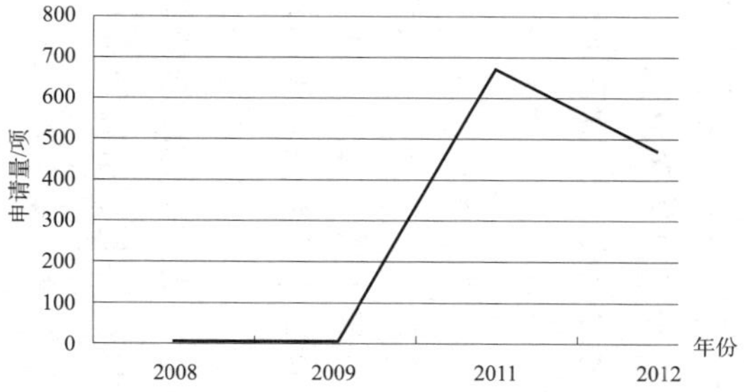

75

雷神是美国的大型国防合约商，其全世界营业额的90%来自国防合约。雷神与美国密歇根大学、南佛罗里达大学和普渡大学等合作在射频领域和光电领域进行超材料研究。雷神在超材料技术领域的专利申请总量为22项，未在中国申请相关专利。其专利申请开始于2000年，基本呈波动增长趋势，主要涉及天线、光子晶体和电磁带隙结构、负折射率透镜等。

波音、洛克希德马丁和雷神是美国排名前三位的军工企业，都有近百年的发展历史。三家公司都与DARPA有合作，这也说明了超材料在军事用途方面的前景。三家公司在超材料领域的专利申请量较少，在华布局更少。造成这种情况的原因，一方面与其产品的销路有关，对于军工企业而言，中国不是它们的主要市场；另一方面，由于超材料技术在军事上的重要应用，涉及国家安全和国家战略的重大问题，美国政府也会参与，因此，存在保密技术未申请专利。三家公司都参与了临近空间飞行器的研究。目前，临近空间飞行器的技术挑战之一是研制超轻质天线，且其未来的发展趋势之一是外形隐身化，这些都需要超材料技术来解决。

3.3.2 民用企业

雷斯潘是开发基于超材料技术的微型天线和射频前端组件的企业。雷斯潘从2007年开始申请超材料技术专利，2008年和2009年申请量逐年增加，2010年申请量回落，并于2010年转让给泰科电子。雷斯潘在超材料技术领域的专利申请总量为27项，有24项获得美国专利授权，其中涉及天线的15项专利已转让给泰科电子，因此，泰科电子是美国市场超材料天线领域的强大竞争对手；另有涉及放大器、功分器/合成器及滤波器的9项专利转让给了豪沃基金。雷斯潘十分重视在国外的专利布局工作，在中国申请了14件专利，其中有6件已获得授权。

丰田是日本最大的汽车公司，也是日本军用汽车与装甲车的最大生产商。丰田在超材料技术领域的专利申请总量为20项，未在中国申请相关专利。其专利申请始于2005年，在2008年开始增加，2008年和2009年申请量较大，之后呈下降趋势，主要涉及超材料透镜、制备、电磁参数可调的超材料和超材料天线。丰田还与杜克大学的Smith团队合作开发基于超材料的超级透镜，且申请了7项相关专利。

阿尔卡特朗讯是一家提供电信软硬件设备及服务的跨国公司。其在超材料技术领域的专利申请总量为11项，其中在中国进行专利布局的有2件。阿尔卡特朗讯的专利申请始于2002年，2004~2006年申请量增加，2007年开始申请量下降，主要涉及天线、复合左右手结构滤波器、三维SRR阵列超材料结构、左手材料波导、补偿器等，有1件涉及超材料谐振天线技术的在华申请已获授权。

3.3.3 专利授权公司

高智发明是全球最大的专利授权公司,与超材料技术领域的知名专家 John B. Pendry 及 David R. Smith 等科学家长期合作,进行超材料研究及其商业化。其在超材料领域的相关专利主要由其下属公司希尔莱特作为申请人提交申请。

希尔莱特在超材料技术领域的专利申请总量为 42 项。2005～2007 年,申请量较少;2008 年,专利申请量显著增长,2008 年和 2009 年两年的申请量较大,2009 年的申请量略有下降;2010 年和 2012 年申请量显著下降并趋于平稳。主要涉及天线、隐身大衣、光子晶体、电磁透镜。除美国外,希尔莱特在其他国家的专利布局较少,在华相关申请有 4 件,分别涉及光子晶体、电磁隐身、倏逝波转换以及表面散射天线。

Kymeta 是 2012 年从高智发明中分拆出来专注超材料卫星天线商业化的产业公司,其核心产品是超材料平板卫星天线（mTenna）,预计 2015 年推向市场。经检索未发现以 Kymeta 作为申请人的公开专利申请,然而 Kymeta 的执行副总裁兼首席技术官 Nathan Kundtz 作为发明人在杜克大学和希尔莱特有 4 件专利申请,由于 Kymeta 与高智发明、希尔莱特、杜克大学有着密不可分的关系,因此这些专利申请都有可能用于 Kymeta 的产品研发。2013 年,Kymeta 获得 5000 万美元的融资,用于超材料卫星天线的商业化,而我国相关企业也已开发出相关平板天线产品,因此,Kymeta 很可能成为我国企业的强大竞争对手,国内企业应警惕 Kymeta 的后续动作并有所防范,抓紧国内外相关专利布局工作。

3.3.4 中国企业

深圳光启公司是我国最大的超材料研发和生产企业。2010 年,刘若鹏和其他四位共同创业的博士回国,成立深圳光启,并于 2011 年开始申请大量专利,2011 年的申请量为 671 件,2012 年的申请量略有下降,有 467 件。深圳光启在超材料技术领域的专利申请总量为 1170 件,包括发明专利申请 1037 件和实用新型专利申请 133 件。发明专利申请中,142 件（14%）的专利已获得授权,877 件（85%）还处于在审状态,驳回和视撤的专利仅占 1%。深圳光启在超材料领域的专利申请主要涉及天线、超材料制备和微波器件。深圳光启在超材料领域的专利申请总量居全球第一,对我国超材料技术的研发和产业化做出了较大贡献。然而,通过对其专利申请的分析可以发现两个问题:第一,核心技术较少;第二,授权专利的权利要求保护范围过窄。

3.4 政策建议

3.4.1 企业、研究机构层面

（1）专利申请从追求数量逐步转变为追求质量；提升撰写质量，适当扩充发明实施例，以便权利要求进行适当提炼概括，实现对创新的最佳保护；结合自身情况制定专利申请策略，考虑适当进行重要专利的全球专利布局工作。

（2）把握非周期性超材料结构、可调型超材料制备等技术优势，围绕核心技术开展多方位布局保护。

（3）在超材料非阵列型结构、隐身大衣、主动隐身等技术，国内布局有所欠缺，但国外公司多已有针对性地开展在华专利布局，需迎头赶上并注意规避相关专利。

（4）与传统材料融合的超材料结构和制备比特编码型数字超材料技术的研究是目前研究热点，国内企业可加大投入。

（5）国内企业可注意开发利用国外失效专利，在其基础上展开进一步创新，以充分利用现有资源，降低研发投入，缩短研发周期。

（6）把握已有优势，建立国内竞争性战略联盟，积极寻求产业化路径。目前国内较有规模的超材料企业仅深圳光启一家，其余大部分属于高校和科研机构，产业化仅是零散分布或处于正在布局阶段。同时，超材料结构领域产业化的发展受计算机大规模计算和仿真能力、微结构加工工艺手段以及超材料领域技术人才稀缺等几方面因素的制约。因此，为加快推进超材料结构领域的产业化，国内企业和研究机构应根据自身优势和劣势，考虑与其他机构建立合作关系，比如通过建立专利池，共享专利和技术的方式，进行优势互补，共同发展壮大。在这方面，深圳光启已经开始尝试。深圳光启于2010年成立当年，便与国民技术签订合作协议。此外，2011年7月，深圳光启、中兴通信、华为等共同发起成立深圳超材料产业联盟，目标是在深圳建立原创性的超材料研发基地，带动超材料产业集群。

3.4.2 政府层面

（1）促进产学研相结合，借鉴国外先进经验，使企业、高校和科研院所形成优势互补，加大对超材料基础研究工作的扶持力度。建议政府相关主管部门出台应对政策，积极引导相关企业关注并参与超材料行业，并加大对超材料基础研究工作的扶持力度。目前通信龙头企业华为和中兴已经开始在超材料领域有所尝试，但申请数量很少，质量偏低，此外还有上海联能、深圳航盛等一批中小企业已经参与进来，但实力有限，研发能力不足。对此政府应多给予引导和扶持，鼓励企业与高校、科研院所建立合作关系，学习借鉴国外超材料技术领域普遍存在的产学研合作的模式，促进企业和高校及科研院所在某些关键技术上进行联合技术创新，以进行优势互补，走产学研结合之路，共创多赢局面。

（2）建议超材料技术标准化委员会参考基础专利和重要专利，继续推进超材料产业标准制定工作，实现技术专利化、专利标准化、标准产业化，以标准促进产业发展，以产业发展赢得标准制定权。从以下三方面推进产业标准制定工作：第一，加大政府各相关管理部门之间的协调力度，统筹专利与标准的理论与实践问题，为标准中纳入专利提供专业性技术支持；加强政府部门、产业界、标准化组织和学术界之间的交流，促进信息共享和功能互补，在有一定核心专利的积累后，我国企业应当考虑专利标准化的推进，并建议超材料技术标准化委员会在参考课题组分析确定的基础专利和重要专利基础上，有针对性地推动超材料产业标准制定工作。第二，引导鼓励我国企业创造基础专利，掌握标准制定的话语权。政府可以出台相关政策，鼓励企业按照市场需求进行技术研发并申请专利，也可以采取与企业联合攻关的方式，组织国内主导企业对标准进行联合攻关，突破核心技术，整合各方优势，促进标准的制定和推广。第三，学习借鉴美国、日本、欧洲等发达国家和地区的标准化战略，充分发挥政府职能，建立标准联盟和专利联盟，在推动国内标准制定的同时，积极推动国际标准化和地区标准化工作，支持企业参与国际标准化活动并给予政策扶持与帮助，同时利用我国自身的市场力量，提升我国企业在国际标准化制定工作中的话语权。

4

新型基因工程重点药物——疫苗[*]

　　疫苗能够便捷、有效和可靠地预防疾病、促进国民健康，同时具有极高的经济效益比，在各国公共卫生体系中占据着任何药物都无法取代的重要地位。2011年12月22日由国务院办公厅下发的《疫苗供应体系建设规划》中提出了对新型疫苗的研发和产业化的要求，2012年12月29日由国务院下发的《生物产业发展规划》提出了与疫苗这一重点领域相关的主要任务。

　　尽管我国拥有世界上最多的疫苗生产企业，也是全球疫苗年生产剂数最多的国家，但整体来说以传统疫苗产品为主，仍处于全球疫苗产业价值链低端，面临传统疫苗产品如何改造升级、新型疫苗产品如何抓住专利机遇进行技术突破、市场化重磅疫苗产品如何规避专利风险再创新等制约全产业发展的问题。因此，本章围绕上述我国疫苗产业面临的三大关键问题，深入分析疫苗产业全球专利竞争态势、七大类疾病55种重点适应症疫苗品种的专利布局的重点及热点，探索为国内疫苗产业发展指明方向；并以重要疫苗品种专利布局为突破，力图揭示国内传统疫苗产品、新型疫苗产品、市场化重磅产品的产业问题的解决之道；并寻找我国疫苗产业创新团队，为推动我国疫苗产业产学研合作提供相关参考。

---

[*] 本章节选自2014年度国家知识产权局专利分析和预警项目《新型基因工程重点药物——重要疫苗专利分析和预警研究报告》。
　（1）项目成员：陈伟（负责人）、陈燕（负责人）、林峻凯（组长）、孙全亮（组长）、刘庆琳（副组长）、廖雅静（副组长）、贾涛、李振鹏、潘俊宇、张艳霞、邓鹏、寿晶晶、王瑞阳。
　（2）政策研究指导：丁文佳。
　（3）研究组织与质量控制：陈伟、陈燕、林峻凯、孙全亮。
　（4）项目主要统稿人：林峻凯、贾涛、李振鹏、刘庆琳。
　（5）审稿人：陈伟、陈燕。
　（6）课题组秘书：邓鹏、王瑞阳。
　（7）本章执笔人：林峻凯、刘庆琳、贾涛、李振鹏。

4.1 疫苗产业情况及专利分析切入点

疫苗是针对疾病的致病原或其蛋白、多糖或核酸,以单一实体或通过载体经免疫接种进入机体后,能诱导产生特异的体液和细胞免疫,从而使机体获得预防该病的自动免疫制剂。

疫苗分类有多种形式,按是否纳入国家免疫计划,分为一类疫苗和二类疫苗;按预防种类,可分为单一疫苗、多价疫苗和联合疫苗;按生物材料,可分为细菌性疫苗、病毒性疫苗和类毒素疫苗;按技术路线,可分为传统疫苗和新型疫苗,传统疫苗是指采用病原微生物及其代谢产物,经过人工减毒、脱毒、灭活等方法制成的疫苗,而新型疫苗是指采用生物化学合成技术、人工变异技术、分子微生物学技术、基因工程技术等现代生物技术制造出的疫苗。

4.1.1 疫苗产业特点及产业链构成

疫苗产业具有鲜明而独特的产业特点,一方面,疫苗产业是一个没有明显生命周期的常青型产业,不仅产业地位重要,而且市场需求十分稳定;另一方面,疫苗产业又是一个潜在市场规模极为庞大的朝阳产业,在全世界60亿以上的庞大人口基数之下,蕴藏着巨大的疫苗需求。

疫苗产业链上游主要涉及培养基和化学试剂等疫苗生产的主要原材料,对疫苗产业的控制力和影响力不高。产业链中游的疫苗研发生产企业是整个产业链核心和基础,受政府相关部门的严格审批和监控。疫苗产业领域中,专利申请主要集中在疫苗研发和生产环节,是疫苗产业中专利影响和作用最为显著的产业链环节。疫苗产业链下游主要是流通环节,涉及冷链运输和储藏(见图4-1)。

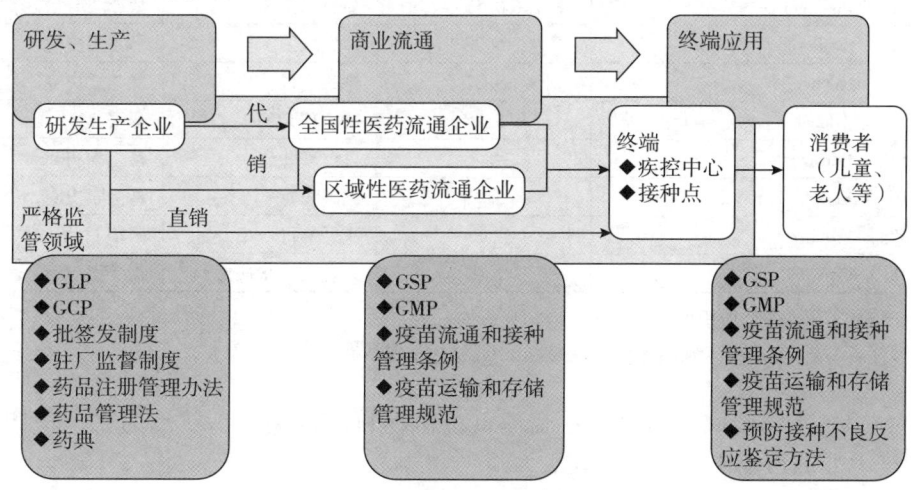

图4-1 疫苗核心产业链及其政策监管

4.1.2 疫苗产业全球市场竞争态势

1)全球疫苗产业市场竞争态势

2013年,全球疫苗制品销售额合计约305亿美元,年增长率多年来保持在10%以上。

(1)产业格局:全球疫苗产业目前呈寡头化垄断格局。

目前全球疫苗产业寡头化垄断格局主要表现为以下两个特点:一是五大跨国药企(葛兰素史克(GSK)、默沙东(MERCK)、赛诺菲(SANOFI)、辉瑞(Pfizer)和诺华(NOVARTIS))垄断了全球疫苗产业的主要市场份额;二是由五大跨国药企控制的全球最畅销的18种疫苗产品销售额占据了全球疫苗产业的大部分产值(参见表4-1)。

表4-1 2013年最畅销的18种疫苗产品

序号	产品名称	销售额/亿美元	疫苗类型	生产商
1	Prevnar系列	40.48	肺炎球菌	辉瑞
2	Gardasil	21.67	人乳头瘤状病毒	默克
3	PENTAct-HIB	15.25	百白破-脊灰-Hib	赛诺菲
4	Fluzone/Vaxigrip	13.96	流感病毒	赛诺菲
5	ProQuad/MMR II/Varivax	13.77	麻腮风-水痘病毒	默克
6	Pediarix	13.49	百白破-脊灰-Hib	葛兰素史克
7	Hepatitis vaccine franchise	9.84	甲肝-乙肝病毒	葛兰素史克
8	Zostavax	8.26	带状疱疹	默克
9	RotaTeq	6.91	轮状病毒	默克
10	Menactra	6.70	脑膜炎	赛诺菲
11	Pneumovax	6.53	肺炎球菌	默克
12	Synflorix	6.28	肺炎球菌	葛兰素史克
13	Rotarix	5.81	轮状病毒	葛兰素史克
14	Adacel	5.28	人用狂犬病	赛诺菲
15	Boostrix	4.46	百白破联合	葛兰素史克
16	Fluarix/Flulaval	3.89	流感病毒	葛兰素史克
17	Fluvirin	3.58*	流感病毒	诺华
18	Cervarix	2.67	人乳头瘤状病毒	葛兰素史克

信息来源:各公司年报。

注:*表示2013年年报未披露,根据2012年销售情况估算。

(2)市场地域分布格局:全球疫苗市场目前以美国、欧洲为主,中国、印度、非洲市场未来潜力巨大。

目前美国和欧洲的市场规模最大,其疫苗销售额之和占全球疫苗总销售额的65%，但已经趋于饱和。中国、印度、非洲等国家和地区虽然现阶段市场规模不大，但由于人口基数大、出生率高，未来产业成长潜力巨大，市场前景令人乐观。

（3）细分市场格局：传统儿童疫苗市场趋于饱和，创新儿童疫苗市场具有较大发展空间；成人疫苗市场受到关注。

产品上市历史悠久的传统儿童疫苗，如百白破、脊髓灰和麻疹等疫苗，市场容量趋于饱和；近年研发的 Hib、肺炎球菌和轮状病毒等创新疫苗，上市推广时间短，接种率普遍未过半，距离市场饱和容量还存在较大空间；各种成人疫苗的接种率远低于儿童疫苗，市场容量更大，近年来一直是各大跨国药企的研发热点。

2）中国疫苗产业市场竞争态势

与欧美疫苗市场相比，中国疫苗市场属于特殊的政策性市场，政府不仅负责针对疫苗的质量和安全性对疫苗进行审批和监管，而且还参与疫苗生产和流通多个环节的规范和管制。

（1）一类疫苗受政府管制，国内企业处于垄断地位，产品以传统疫苗为主。

我国一类疫苗的生产和采购受到政府的严格管制，其采购量和采购价格均需要以国家免疫规划为依据。2013年，一类疫苗占疫苗批签发总数的70%以上，其中超过80%为传统疫苗，中国生物技术集团下属的六大研究所及其控股的天坛生物获批数量占一类疫苗总数75%，处于强势的产业垄断地位。

（2）二类疫苗属开放性市场，国内疫苗企业虽占较大市场份额，但企业多而散、弱，面临国外疫苗企业的强力冲击。

自2005年6月我国《疫苗流通和预防接种管理条例》实施后，政府放开了二类疫苗市场。2013年，国产二类疫苗以约6倍于进口疫苗的产能，只获得了约2倍于进口疫苗的销售额。可见，尽管我国是目前世界上疫苗生产企业数量最多的国家，但企业多而散、弱，国内疫苗市场在大型跨国药企进口疫苗冲击下不断被蚕食。

（3）二类疫苗中，B型流感嗜血杆菌、甲肝、乙脑等疫苗市场发展空间有限，肺炎、水痘、轮状病毒、脑膜炎等疫苗市场空间广阔。

B型流感嗜血杆菌等疫苗的国内市场已经基本达到饱和，甲肝和乙脑疫苗的价格和市场容量受到同类型一类疫苗强力挤压，国内市场空间有限；肺炎、水痘、轮状病毒和脑膜炎疫苗市场空间广阔；狂犬病和流感疫苗受季节和疾病流行程度影响，市场空间难以预测。

4.1.3 疫苗产业发展专利分析

本章的研究对象为人用疫苗领域，针对产业调研中得到的现象"大多数上市疫苗产品仍是传统疫苗,新型疫苗研发水平与国际同行相比差距不小,缺少能打入全球市场的重磅疫苗产品",提出了三个关键的产业问题"传统疫苗产品如何改造升级,新型疫苗产品如何抓住专利机遇进行技术突破,市场化重磅疫苗产品如何规避专利风险再创新",依托疫苗产业全球专利竞争态势的分析结果,选取三个分别代表传统疫苗(轮状病毒疫苗)、新型疫苗(阿尔茨海默病疫苗)和市场化重磅疫苗(宫颈癌疫苗)的重要疫苗品种进行研究,从中寻找能有效解决上述产业问题的相关措施;还调查了国内外疫苗产业创新团队,为推动国内疫苗行业产学研合作提供相关有用信息。

本章的项目分解如图4-2所示。

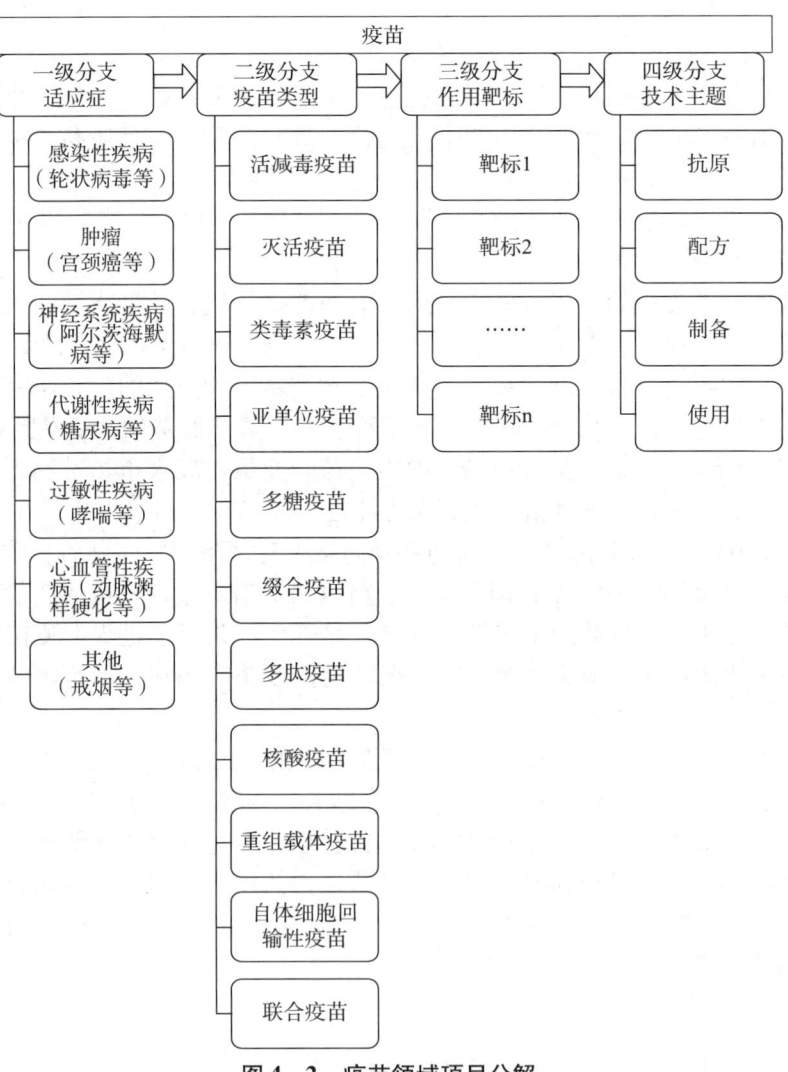

图4-2 疫苗领域项目分解

本章的主要研究内容包括五个部分：①疫苗技术与产业概述；②疫苗产业专利布局全景分析；③重要疫苗品种的国内外专利竞争态势；④疫苗产业创新团队分析；⑤主要结论和建议。

4.2 疫苗产业专利竞争全景分析

全球疫苗相关专利申请量进入 21 世纪以来较为稳定，预计随着人们对疫苗需求的增加以及新型疫苗研发的不断积累，今后专利申请量会呈现稳中有升的态势。受我国日益扩大的市场需求吸引，我国在专利申请目的地中仅排在美国、欧洲和日本之后，位列第四；而从申请来源来看，来自中国的申请占全球专利申请总量的 14.5%，虽然与来自美国 51.6% 的申请量差距较大，但也说明我国申请人在疫苗领域具有一定的实力。在重要申请人中，葛兰素史克等五大跨国制药企业具有较大的优势。从适应症上来看，感染性疾病疫苗持续发展，肿瘤疫苗等新适应症疫苗处于研发到上市的过渡期；从疫苗类型上看，安全高效的基因工程新型疫苗是研发的主流。从中国专利申请来看，来华申请量略高于国内申请量，授权量略低于国内申请授权量，国内申请 2010～2012 年活跃指数远高于来华申请，来华前五位申请人都是美国、日本、欧洲的制药公司，而国内前五位申请人都是高校和科研院所，说明国外制药公司仍然占据优势，我国申请人虽然近几年研发活跃，但缺少具有一定规模的大公司，产学研结合、培育在疫苗领域占据优势的大制药公司是未来的突破方向之一（参见表 4-2、表 4-3）。

表 4-2 全球和中国疫苗专利整体情况

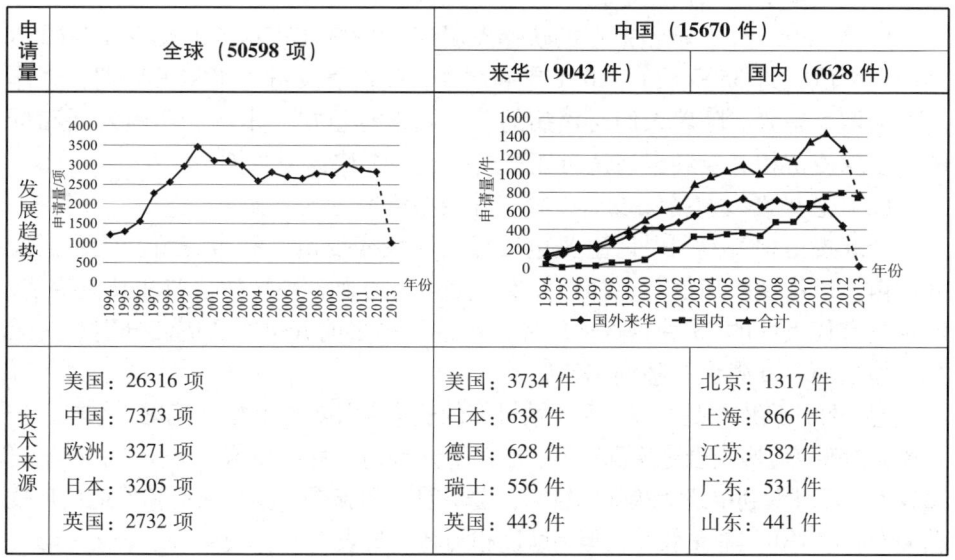

续表

申请量	全球（50598项）	中国（15670件）	
		来华（9042件）	国内（6628件）
主要申请人	葛兰素：1568项 美国卫生部：869项 赛诺菲：757项 诺华：741项 罗氏：681项	诺华：335件 葛兰素：307件 辉瑞：188件 默沙东：92件 赛诺菲：72件 罗氏：72件	复旦大学：145件 第三军医大学：142件 浙江大学：140件 军科院微生物流行病研究所：93件 中山大学：77件
适应症	艾滋病：6574项 糖尿病：4139项 乳腺癌：3776项 肺癌：3772项 流感：3688项	艾滋：1433件 流感：1227件 大肠癌：1150件 白血病：978件 肺癌：919件	流感：621件 乙肝：495件 大肠癌：376件 结核：341件 狂犬病：287件
疫苗类型	多肽疫苗：35223项 核酸疫苗：16418项 灭活疫苗：3670项 减毒疫苗：3523项 亚单位疫苗：2896项	多肽：7029件 核酸：1756件 多糖：815件 灭活：784件 联合：713件	多肽：4544件 灭活：831件 核酸：671件 亚单位：553件 多糖：425件

4.2.1 全球疫苗专利竞争态势

据德温特世界专利索引数据库（WPI）检索结果，最早优先权日在1994年1月1日至2014年5月31日，全球疫苗专利申请总量为50598项。

（1）全球疫苗专利申请长期处于高位平稳发展期，疫苗研发活动稳中有进，有望迎来下一轮快速增长。

1994～2000年是疫苗产业的快速发展期，2000年疫苗专利全球申请量达到历史峰值（近3500项），2001年起至今，疫苗研发进入平稳发展期，整体呈波动增长态势。随着人们对疾病的预防越来越重视，市场的不断发展和酝酿，全球疫苗相关专利申请量可能将进入下一个快速增长期。

（2）感染性疫苗持续发展，肿瘤等新型疫苗方兴未艾。

全球疫苗相关专利申请主要包括感染性疾病疫苗、肿瘤疫苗、代谢性疾病疫苗、过敏性疾病疫苗、神经性疾病疫苗、心血管性疾病疫苗和其他疫苗，涉及具有代表性的55种重点适应症，申请量排名前五位的适应症分别为艾滋病、糖尿病、乳腺癌、肺癌和流感。

感染性疾病疫苗是全球专利申请最多的适应症类型。其中，流感、结核、破伤风、白喉、呼吸道合胞病毒感染、麻疹等几种适应症的疫苗，不仅专利申请总量较大，而且专利申请活跃度也较高；登革热、腮腺炎、流行性乙脑等适应症疫苗的专利申请虽然总量较小，但活跃度相当高（见表4-4、表4-5、表4-6）。

4 新型基因工程重点药物——疫苗

表4-3 疫苗产业主要申请人专利技术情况对比

区域		申请人	传统				新型					
			减毒	灭活	亚单位	类毒素	核酸	多肽	多糖	缀合	重组载体	自体细胞	联合
全球五大申请人		葛兰素	133	142	87	60	781	1428	77	73	17	17	106
		赛诺菲	123	66	47	36	278	591	114	43	87	20	119
		默沙东	19	16	28	8	141	302	7	21	37	15	16
		辉瑞	66	65	33	30	126	286	45	47	23	4	31
		诺华	28	97	93	73	262	561	61	89	22	29	67
来华五大申请人		葛兰素	21	44	65	50	63	254	65	69	10	1	33
		赛诺菲	9	18	4	5	8	54	14	6	4	0	2
		默沙东	1	3	7	1	14	80	2	9	6	4	14
		辉瑞	31	31	21	16	34	136	35	20	9	4	16
		诺华	1	38	48	59	68	277	46	18	7	4	25
国内五大申请人		复旦大学	3	7	17	2	29	119	7	0	6	7	2
		中国人民解放军第三军医大学	6	6	32	0	13	120	2	0	8	7	11
		浙江大学	1	8	4	1	5	88	3	0	4	5	6
		军科院微生物流行病研究所	13	16	12	2	5	78	4	0	8	2	7
		中山大学	4	10	14	0	7	65	1	0	4	2	1

注：全球五大申请人专利数量单位为项，国外来华五大及国内五大申请人专利数量单位为件。

表4-4 疫苗产业各品种专利竞争情况对比（一）

区域		艾滋病	流感	乙肝	结核	丙肝	疟疾	单纯疱疹	金黄色葡萄球菌感染	破伤风	白喉	霍乱	呼吸道合胞病毒感染	麻疹	EB病毒感染	巨细胞病毒感染	脊髓灰质炎	风疹	狂犬病	百日咳	甲肝	水痘带状疱疹病毒	炭疽	登革热	鼠疫	轮状病毒感染	肺炎球菌感染	幽门螺杆菌感染	SARS	伤寒	腮腺炎	流行性乙脑	脑膜炎球菌感染	流感	戊肝	痢疾	丁肝
首次申请地	美国	4384	2163	1211	1011	1135	1001	1051	939	710	715	655	788	620	623	618	548	558	474	428	444	498	517	466	415	369	417	306	293	256	190	141	95	109	100	85	50
	日本	252	243	93	59	117	64	42	41	36	38	53	10	43	28	21	43	48	31	47	21	21	9	32	11	36	8	21	33	13	17	34	7	4	4	8	3
	欧洲	433	259	131	128	146	112	72	82	91	64	71	80	89	72	64	61	77	60	52	47	39	37	60	39	42	30	39	29	23	27	17	11	8	12	6	4
	中国	375	385	335	209	103	46	69	120	103	55	95	30	41	29	50	43	36	157	43	93	37	30	28	44	48	27	46	113	22	15	42	33	11	31	19	7
	韩国	58	85	82	29	45	21	37	18	15	16	35	14	15	9	12	18	15	12	13	22	17	3	5	4	26	9	18	10	22	7	6	2	1	0	3	4
目标市场地	美国	4402	2328	1369	1153	1212	1091	1057	645	852	791	703	786	708	669	640	631	643	505	533	501	533	519	474	419	392	391	326	307	300	200	164	137	137	112	102	58
	日本	2474	1361	807	623	710	618	548	535	510	472	383	422	401	348	326	376	384	293	338	291	306	200	235	182	208	244	213	137	139	117	97	92	98	47	36	22
	欧洲	3402	1759	1063	898	948	869	755	771	695	623	503	616	541	513	487	497	493	406	437	376	399	327	353	289	286	304	283	200	216	151	119	126	114	77	67	36
	中国	1476	1256	826	575	509	397	347	357	430	361	316	310	304	203	226	266	261	361	232	271	241	158	197	154	193	123	134	213	116	97	105	97	78	58	45	28
	韩国	769	649	386	237	285	236	229	163	218	207	170	194	174	127	131	156	159	140	138	126	155	68	113	58	110	76	73	62	83	62	48	31	50	19	16	15
全球		6585	3706	2263	1892	1781	1554	1513	1490	1281	1156	1105	1066	982	919	918	908	881	874	811	764	740	713	700	655	594	582	572	515	444	293	271	207	203	184	149	88
中国	来华申请	1433	1227	651	562	581	335	348	354	406	397	255	269	268	148	193	255	184	255	250	180	238	147	195	127	210	366	95	142	151	176	111	420	319	44	44	37
	国内申请	261	621	495	341	142	39	120	119	123	85	86	34	50	44	37	61	33	287	43	99	43	29	40	26	70	57	57	154	61	29	99	77	49	38	34	17

注：全球和技术首次申请地为"项"，其他为"件"。

4 新型基因工程重点药物——疫苗

表 4-5 疫苗产业各品种专利竞争情况对比(二)

区域		肿瘤								代谢性疾病		过敏性疾病		神经性疾病		心血管性疾病		其他	
		乳腺癌	肺癌	前列腺癌	大肠癌	黑素瘤	胰腺癌	卵巢癌	白血病	宫颈癌	糖尿病	高血脂症	哮喘	尘螨	老年痴呆	戒烟	动脉粥样硬化	高血压	骨质疏松	避孕
首次申请地	美国	2747	2696	2501	1985	1769	1534	1488	1170	1036	2875	212	2326	85	1714	174	1089	809	811	529
	日本	149	191	155	165	104	108	76	141	51	148	43	183	12	79	8	22	55	37	36
	欧洲	237	306	199	200	186	133	117	141	123	371	27	240	24	204	31	199	105	78	41
	中国	189	175	120	142	86	71	60	84	100	126	39	161	17	50	11	25	38	19	89
	韩国	50	64	48	69	21	28	33	11	45	83	11	50	3	24	5	9	24	23	21
目标市场地	美国	2739	2665	2451	2049	1779	1507	1404	1321	1065	2845	242	2387	120	1653	188	1105	773	779	517
	日本	1285	1373	1206	1025	997	841	682	1046	520	1685	226	1478	76	898	94	569	493	524	282
	欧洲	1775	1834	1599	1358	1361	1068	943	1177	699	2233	227	1881	108	1269	123	840	633	647	365
	中国	837	901	704	663	587	494	435	570	407	823	127	804	72	403	83	263	199	193	219
	韩国	494	540	425	402	350	290	293	372	243	547	71	477	34	263	40	181	117	138	94
全球		3787	3786	3386	2864	2578	2085	1936	1766	1514	4146	360	3518	202	2396	261	1582	1186	1135	810
中国	来华申请	652	919	781	1150	586	485	475	978	514	848	93	843	66	517	102	354	514	301	195
	国内申请	201	202	144	376	96	67	93	180	199	86	8	101	29	48	8	21	34	10	105

注:全球和技术首次申请地为"项",其他为"件"。

肿瘤疫苗的全球专利申请量仅次于感染性疾病疫苗。其中，胰腺癌、卵巢癌、宫颈癌三种疫苗的专利申请活跃度相对较高。代谢性疾病疫苗中，糖尿病疫苗是业界研发活动和专利申请关注的重点。过敏性疾病疫苗和神经性疾病疫苗中，哮喘疫苗、阿尔茨海默病疫苗是业界研发投入的重点。心血管性疾病疫苗中，技术研发和专利申请的重点主要集中在动脉粥样硬化疫苗和高血压疫苗上。

表4-6 疫苗全球相关专利申请涉及的适应症及研发热点

	适应症	申请量/项	占比	研发活跃程度		适应症	申请量/项	占比	研发活跃程度
感染性疾病	艾滋病	6585	13.00%	0.81	感染性疾病	伤寒	444	0.90%	1.19
	流感	3706	7.30%	1.61		腮腺炎	293	0.60%	1.82
	乙肝	2263	4.50%	1.15		流行性乙脑	271	0.50%	1.82
	结核	1892	3.70%	1.28		脑膜炎球菌	207	0.40%	1.1
	丙肝	1781	3.50%	1.15		流感嗜血杆菌	203	0.40%	1.64
	疟疾	1554	3.10%	1.03		戊肝	184	0.40%	1.63
	单纯疱疹	1513	3.00%	1.09		痢疾	149	0.30%	1.3
	金黄色葡萄球菌	1490	2.90%	1.18		丁肝	88	0.20%	1.36
	破伤风	1281	2.50%	1.5	肿瘤	乳腺癌	3787	7.50%	1.16
	白喉	1156	2.30%	1.36		肺癌	3786	7.50%	1.24
	霍乱	1105	2.20%	1.08		前列腺癌	3386	6.70%	1.18
	呼吸道合胞病毒	1066	2.10%	1.45		大肠癌	2864	5.70%	1.1
	麻疹	982	1.90%	1.44		黑素瘤	2578	5.10%	1.18
	EB病毒	919	1.80%	1.04		胰腺癌	2085	4.10%	1.37
	巨细胞病毒	918	1.80%	1.47		卵巢癌	1936	3.80%	1.37
	脊髓灰质炎	908	1.80%	1.4		白血病	1766	3.50%	0.85
	风疹	881	1.70%	1.23		宫颈癌	1514	3.00%	1.44
	狂犬病	874	1.70%	1.48	代谢性疾病	糖尿病	4146	8.20%	1.01
	百日咳	811	1.60%	0.95		高血脂症	360	0.70%	1.02
	甲肝	764	1.50%	1.11	过敏性疾病	哮喘	3518	7.00%	0.82
	水痘-带状疱疹病毒	740	1.50%	1.33		尘螨	202	0.40%	1.19

续表

适应症		申请量/项	占比	研发活跃程度	适应症		申请量/项	占比	研发活跃程度
感染性疾病	炭疽	713	1.40%	1.08	神经性疾病	老年痴呆	2396	4.70%	0.8
	登革热	700	1.40%	1.97		戒烟	261	0.50%	1.38
	鼠疫	655	1.30%	1.22	心血管性疾病	动脉粥样硬化	1582	3.10%	1.15
	轮状病毒	594	1.20%	1.44		高血压	1186	2.30%	0.67
	肺炎球菌	582	1.20%	0.84	其他	骨质疏松	1135	2.20%	0.56
	幽门螺旋杆菌	572	1.10%	0.86		避孕	810	1.60%	0.99
	SARS	515	1.00%	0.93					

(3) 多肽疫苗和核酸疫苗占据主要份额,近期多糖疫苗、联合疫苗、亚单位疫苗技术研发也较为活跃。

疫苗全球相关专利申请主要涉及11种不同的疫苗技术类型,其中,多肽疫苗、核酸疫苗是当前全球疫苗研发的主流发展方向和专利申请重点。此外,灭活疫苗、减毒疫苗、联合疫苗等8种疫苗类型的专利申请量相对接近,差距不大。其中,多糖疫苗、联合疫苗、亚单位疫苗近期的技术研发和专利申请相当活跃。

(4) 美国在疫苗领域占据绝对优势;欧洲是最受全球疫苗产业关注的市场,其次是日本、中国。

在疫苗领域,美国技术实力最为雄厚,拥有26316项专利申请,中国以7373项专利申请排在第二位,欧洲(3271项)和日本(3205项)分列第三位和第四位。在55种不同适应症上,美国均占据绝对主导地位,肿瘤疫苗是美国疫苗研发最为集中的领域,而中国、日本、欧洲、韩国则在不同适应症上各有侧重。就全球疫苗产业关注的目标市场区域而言,在美国布局的疫苗专利仍然主要是美国自身庞大的本国专利申请,欧洲是全球疫苗产业进行海外专利布局时最受关注的疫苗市场,其次是日本、中国(见表4-7、表4-8)。

(5) 葛兰素史克和诺华专利技术竞争力突出,赛诺菲、辉瑞、默沙东各擅胜场。

全球疫苗产业最具影响力的五大疫苗公司均位列疫苗全球专利申请人前十位,葛兰素史克排第一位。五大巨头专利申请重点都集中在核酸与多肽新型疫苗技术领域。五大巨头研发侧重关注的疾病各有不同,葛兰素史克在很多适应症上均拥有大量疫苗专利,明显多于其他四家企业;诺华的疫苗专利竞争实力主要体现在感染性疾病疫苗上,其专利布局与葛兰素史克可形成良好的互补关系,由此促成2014年葛兰素史克收购诺华除流感之外的其他疫苗事业部门。赛诺菲在糖尿病、动脉粥样硬化、肺癌等疫苗上具有较强专利实力;默沙东和辉瑞两家企业的疫苗专利分布较为平均,没有特别突出的优势领域(见表4-7)。

表4-7 全球疫苗相关专利申请各适应症技术首次申请地和目标市场地

适应症	首次申请地申请量/项					目标市场国申请量/件				
	美国	日本	欧洲	中国	韩国	美国	日本	欧洲	中国	韩国
炭疽	517	9	37	30	3	519	200	327	158	68
霍乱	655	53	71	95	35	703	383	503	316	170
白喉	715	38	64	55	16	791	472	623	361	207
甲肝	444	21	47	93	22	501	291	376	271	126
乙肝	1211	93	131	335	82	1369	807	1063	826	386
丙肝	1135	117	146	103	45	1212	710	948	509	285
丁肝	50	3	4	7	4	58	22	36	28	15
戊肝	100	4	12	31	0	112	47	77	58	19
流感	2163	243	259	385	85	2328	1361	1759	1256	649
流行性乙脑	141	34	17	42	6	164	97	119	105	48
脑膜炎球菌	95	7	11	33	2	137	92	126	97	31
麻疹	620	43	89	41	15	708	401	541	304	174
腮腺炎	190	17	27	15	7	200	117	151	97	62
百日咳	428	47	52	43	13	533	338	437	232	138
鼠疫	415	11	39	44	4	419	182	289	154	58
脊髓灰质炎	548	43	61	43	18	631	376	497	266	156
狂犬病	474	31	60	157	12	505	293	406	361	140
风疹	558	48	77	36	15	643	384	493	261	159
破伤风	710	36	91	103	15	852	510	695	430	218
结核	1011	59	128	209	29	1153	623	898	575	237
伤寒	256	13	23	22	22	300	139	216	116	83
水痘-带状疱疹病毒	498	21	39	37	17	533	306	399	241	155
EB病毒	623	28	72	29	9	669	348	513	203	127
巨细胞病毒	618	21	64	50	12	640	326	487	226	131

续表

适应症	首次申请地申请量/项					目标市场国申请量/件				
	美国	日本	欧洲	中国	韩国	美国	日本	欧洲	中国	韩国
登革热	466	32	60	28	5	474	235	353	197	113
单纯疱疹	1051	42	72	69	37	1057	548	755	347	229
艾滋病	4384	252	433	375	58	4402	2474	3402	1476	769
疟疾	1001	64	112	46	21	1091	618	869	397	236
SARS	293	33	29	113	10	307	137	200	213	62
幽门螺旋杆菌	306	21	39	46	18	326	213	283	134	73
痢疾	85	8	6	19	3	102	36	67	45	16
金黄色葡萄球菌	939	41	82	120	18	645	535	771	357	163
流感嗜血杆菌	109	4	8	11	1	137	98	114	78	50
呼吸道合胞病毒	788	10	80	30	14	786	422	616	310	194
轮状病毒	369	36	42	48	26	392	208	286	193	110
肺炎球菌	417	8	30	27	9	391	244	304	123	76
黑素瘤	1769	104	186	86	21	1779	997	1361	587	350
肺癌	2696	191	306	175	64	2665	1373	1834	901	540
宫颈癌	1036	51	123	100	45	1065	520	699	407	243
乳腺癌	2747	149	237	189	50	2739	1285	1775	837	494
前列腺癌	2501	155	199	120	48	2451	1206	1599	704	425
大肠癌	1985	165	200	142	69	2049	1025	1358	663	402
卵巢癌	1488	76	117	60	33	1404	682	943	435	293
胰腺癌	1534	108	133	71	28	1507	841	1068	494	290
白血病	1170	141	141	84	11	1321	1046	1177	570	372
哮喘	2326	183	240	161	50	2387	1478	1881	804	477
尘螨	85	12	24	17	3	120	76	108	72	34
阿尔茨海默病	1714	79	204	50	24	1653	898	1269	403	263
戒烟	174	8	31	11	5	188	94	123	83	40
动脉粥样硬化	1089	22	199	25	9	1105	569	840	263	181
高血压	809	55	105	38	24	773	493	633	199	117
高血脂症	212	43	27	39	11	242	226	227	127	71
糖尿病	2875	148	371	126	83	2845	1685	2233	823	547
避孕	529	36	41	89	21	517	282	365	219	94
骨质疏松	811	37	78	19	23	779	524	647	193	138

表 4-8 全球五大疫苗公司产业技术专利竞争情况　　　　单位：项

适应症	葛兰素史克	诺华	赛诺菲	辉瑞	默沙东
炭疽	4	10	6	0	5
霍乱	14	27	14	16	0
白喉	67	106	37	26	7
甲肝	41	34	13	10	13
乙肝	82	102	23	21	23
丙肝	36	83	4	18	50
丁肝	0	1	1	1	1
戊肝	7	1	2	1	3
流感	95	149	57	49	18
流行性乙脑	3	2	9	0	0
脑膜炎球菌	13	54	5	3	0
麻疹	19	39	15	21	8
腮腺炎	12	7	5	13	1
百日咳	48	84	31	12	5
鼠疫	8	15	5	1	0
脊髓灰质炎	35	74	32	12	6
狂犬病	2	34	34	27	7
风疹	19	46	16	16	11
破伤风	77	101	41	27	7
结核	52	33	15	7	6
伤寒	19	16	13	4	0
水痘-带状疱疹病毒	33	22	6	8	12
EB 病毒	23	15	10	11	4
巨细胞病毒	31	26	11	7	4
登革热	23	5	38	2	2
单纯疱疹	46	35	21	23	16
艾滋病	355	122	66	38	73
疟疾	75	25	13	8	3
SARS	6	11	1	0	1
幽门螺旋杆菌	89	39	6	8	0
痢疾	4	2	0	0	0
金黄色葡萄球菌	232	56	16	32	24

续表

适应症	葛兰素史克	诺华	赛诺菲	辉瑞	默沙东
流感嗜血杆菌	36	35	7	2	1
呼吸道合胞病毒	44	61	32	27	6
轮状病毒	11	13	13	12	14
肺炎球菌	177	31	56	19	4
黑素瘤	53	27	13	17	13
肺癌	104	41	71	22	20
宫颈癌	11	12	2	16	9
乳腺癌	79	41	8	25	14
前列腺癌	111	36	10	18	14
大肠癌	58	26	10	19	9
卵巢癌	41	21	4	13	14
胰腺癌	50	21	6	11	13
白血病	62	18	8	8	9
哮喘	277	38	22	42	24
尘螨	7	0	1	1	0
阿尔茨海默病	200	29	21	29	48
戒烟	5	7	4	3	2
动脉粥样硬化	119	17	80	17	11
高血压	151	8	7	6	21
高血脂症	8	4	4	6	3
糖尿病	252	35	107	25	45
避孕	24	4	0	9	6
骨质疏松	181	12	4	7	9

4.2.2 中国疫苗专利竞争态势

根据中国专利文摘数据库（CNABS）检索结果，在1994年1月1日至2014年5月31日，中国疫苗专利申请总量为15670件。

（1）中国疫苗专利申请持续增长，国内疫苗产业技术研发日趋活跃。

中国疫苗专利申请总量从1994年到2011年整体上呈持续增长的态势，国内疫苗专利申请量从2010年起开始超越来华专利申请量。从各适应症的专利申请活跃度来看，国内疫苗专利申请活跃度整体高于来华专利申请活跃度。

(2) 来华专利申请和国内专利申请的布局重点均是重大、多发性疾病，前者优势明显。

整体上，疫苗领域来华专利申请普遍占据优势。国外疫苗产业来华布局专利的重点主要是中国国内常见的重大、多发性疾病，最为突出的适应症如艾滋病、流感等感染性疾病，大肠癌、白血病、肺癌等多发性肿瘤，以及哮喘、糖尿病等常见的多发疾病。国内疫苗产业专利申请的重点也主要是我国常见的重大、多发性疾病，除流感、乙肝、艾滋病等国外疫苗产业也十分关注的领域外，国内疫苗产业还十分重视结核疫苗、狂犬病疫苗的研发（见表4-9）。

表4-9 来华与国内疫苗产业技术研究重点和热点   单位：件

适应症	来华申请量			国内申请量			中国申请总量		
	数量	比重	活跃度	数量	比重	活跃度	数量	比重	活跃度
流感	1227	13.6%	1.49	621	9.4%	2.87	1848	11.8%	1.94
艾滋病	1433	15.8%	1.08	261	3.9%	1.82	1694	10.8%	1.20
大肠癌	1150	12.7%	1.46	376	5.7%	1.91	1526	9.7%	1.57
白血病	978	10.8%	1.40	180	2.7%	2.01	1158	7.4%	1.50
乙肝	651	7.2%	0.97	495	7.5%	1.72	1146	7.3%	1.29
肺癌	919	10.2%	1.73	202	3.0%	1.85	1121	7.2%	1.75
哮喘	843	9.3%	1.40	101	1.5%	2.36	944	6.0%	1.50
糖尿病	848	9.4%	1.56	86	1.3%	2.27	934	6.0%	1.62
前列腺癌	781	8.6%	1.47	144	2.2%	1.75	925	5.9%	1.51
结核	562	6.2%	1.27	341	5.1%	2.28	903	5.8%	1.65
乳腺癌	652	7.2%	1.65	201	3.0%	1.93	853	5.4%	1.71
丙肝	581	6.4%	1.04	142	2.1%	1.85	723	4.6%	1.20
乳头瘤病毒	514	5.7%	1.54	199	3.0%	2.34	713	4.6%	1.76
黑素瘤	586	6.5%	1.34	96	1.4%	1.94	682	4.4%	1.42
卵巢癌	475	5.3%	1.46	93	1.4%	1.42	568	3.6%	1.45
阿尔茨海默病	517	5.7%	1.42	48	0.7%	2.50	565	3.6%	1.51
胰腺癌	485	5.4%	1.58	67	1.0%	2.05	552	3.5%	1.64
高血压	514	5.7%	1.65	34	0.5%	2.55	548	3.5%	1.70
狂犬病	255	2.8%	1.29	287	4.3%	2.85	542	3.5%	2.09
破伤风	406	4.5%	1.15	123	1.9%	2.56	529	3.4%	1.47
脑膜炎球菌	420	4.6%	1.21	77	1.2%	2.88	497	3.2%	1.46
白喉	397	4.4%	1.04	85	1.3%	2.20	482	3.1%	1.24
金黄色葡萄球菌	354	3.9%	1.58	119	1.8%	2.17	473	3.0%	1.73

续表

适应症	来华申请量			国内申请量			中国申请总量		
	数量	比重	活跃度	数量	比重	活跃度	数量	比重	活跃度
单纯疱疹	348	3.8%	0.96	120	1.8%	1.62	468	3.0%	1.13
肺炎链球菌	366	4.0%	1.29	57	0.9%	2.67	423	2.7%	1.47
动脉粥样硬化	354	3.9%	1.56	21	0.3%	2.22	375	2.4%	1.60
疟疾	335	3.7%	1.21	39	0.6%	2.91	374	2.4%	1.39
流感嗜血杆菌	319	3.5%	1.04	49	0.7%	2.99	368	2.3%	1.30
霍乱	255	2.8%	0.89	86	1.3%	2.78	341	2.2%	1.36
麻疹	268	3.0%	1.34	50	0.8%	2.00	318	2.0%	1.45
脊髓灰质炎	255	2.8%	1.36	61	0.9%	2.60	316	2.0%	1.59
骨质疏松	301	3.3%	1.09	10	0.2%	3.70	311	2.0%	1.16
呼吸道合胞病毒	269	3.0%	1.44	34	0.5%	3.53	303	1.9%	1.67
避孕	195	2.2%	0.68	105	1.6%	1.15	300	1.9%	0.85
SARS	142	1.6%	1.46	154	2.3%	0.43	296	1.9%	0.92
百日咳	250	2.8%	1.01	43	0.6%	3.02	293	1.9%	1.30
水痘	238	2.6%	1.20	43	0.6%	2.17	281	1.8%	1.35
轮状病毒	210	2.3%	1.24	70	1.1%	2.90	280	1.8%	1.65
甲肝	180	2.0%	1.15	99	1.5%	1.86	279	1.8%	1.40
登革热	195	2.2%	1.23	40	0.6%	3.16	235	1.5%	1.55
巨细胞	193	2.1%	1.24	37	0.6%	2.41	230	1.5%	1.43
风疹	184	2.0%	1.41	33	0.5%	2.08	217	1.4%	1.51
伤寒	151	1.7%	0.71	61	0.9%	2.71	212	1.4%	1.27
乙脑	111	1.2%	1.26	99	1.5%	2.61	210	1.3%	1.89
腮腺炎	176	1.9%	1.40	29	0.4%	2.47	205	1.3%	1.54
EB病毒	148	1.6%	1.44	44	0.7%	1.36	192	1.2%	1.42
炭疽	147	1.6%	1.36	29	0.4%	2.53	176	1.1%	1.55
鼠疫	127	1.4%	1.42	26	0.4%	1.54	153	1.0%	1.44
幽门螺旋杆菌	95	1.1%	1.26	57	0.9%	2.14	152	1.0%	1.58
戒烟	102	1.1%	1.50	8	0.1%	3.81	110	0.7%	1.65
高血脂症	93	1.0%	1.08	8	0.1%	1.67	101	0.6%	1.12
尘螨	66	0.7%	1.82	29	0.4%	0.92	95	0.6%	1.54
戊肝	44	0.5%	1.21	38	0.6%	1.90	82	0.5%	1.52
痢疾	44	0.5%	0.61	34	0.5%	1.04	78	0.5%	0.79
丁肝	37	0.4%	1.26	17	0.3%	2.08	54	0.3%	1.51

(3) 美国来华专利申请具有显著优势；国内环渤海、长三角、珠三角较集中。

在来华专利申请人中，美国占据绝对主导地位，其后依次是日本、德国、瑞士、英国。我国东部沿海地区是国内疫苗研发最为集中的区域，特别是环渤海、长三角以及珠三角三大区域。

(4) 以葛兰素史克为代表的大型跨国企业占据来华专利申请的主导地位，国内专利申请主要由高校和科研院所掌握。

来华专利申请人在中国疫苗专利申请中占据优势地位，诺华、葛兰素史克、辉瑞、默沙东等跨国公司专利申请量排名靠前。疫苗产业国内专利申请主要控制在以复旦大学、中国人民解放军第三军医大学、浙江大学、军事医学科学院微生物流行病研究所为代表的高校和研究院所手中。可见，在国内疫苗领域研发主体以高校和研究院所为主的情况下，促进产学研结合、培育形成具有较强竞争实力的龙头企业仍是我国疫苗产业发展亟待解决的问题（见表4-10）。

表4-10 来华和国内主要研发主体在华专利申请重点　　单位：件

适应症	来华主要研发主体					国内主要研发主体			
	诺华	葛兰素史克	辉瑞	默沙东	赛诺菲	复旦大学	中国人民解放军第三军医大学	浙江大学	军科院微生物流行病研究所	中山大学
流感	115	109	45	1	16	6	1	2	12	6
艾滋病	37	54	19	21	6	10	4	2	7	2
大肠癌	20	37	16	4	2	7	5	17	0	3
白血病	12	9	15	3	0	1	2	5	0	0
乙肝	37	54	10	4	8	26	16	2	2	2
肺癌	19	21	13	2	1	4	4	3	0	0
糖尿病	10	9	11	21	3	4	5	0	1	0
哮喘	19	14	13	7	2	0	2	0	0	0
前列腺癌	8	17	11	2	0	2	4	0	0	0
乳腺癌	10	16	7	2	0	1	3	3	0	1
结核	6	16	8	0	3	24	0	1	1	2
狂犬病	3	2	24	1	4	4	1	3	0	0

4.3 传统疫苗优化升级之路——轮状病毒疫苗

轮状病毒是引起婴幼儿腹泻的主要病原体之一，接种轮状病毒疫苗可有效地降低病毒感染概率。

4.3.1 产业技术发展历程

轮状病毒疫苗的研制工作大致可分为以下三个阶段：第一代轮状病毒疫苗以动物轮状病毒的天然活减毒株为主，代表产品为目前我国唯一上市的兰州生物制品研究所研发的罗特威®。为克服第一代疫苗由于株型单一造成缺乏异型保护的缺陷，第二代轮状病毒疫苗的研发重心转移到多价重配疫苗上，第一个上市的轮状病毒疫苗 RotaShield®，和目前市场上在售的轮状病毒疫苗——葛兰素史克的 Rotarix® 和默沙东的 RotaTeq® 都是使用这一代技术生产的。鉴于第二代疫苗在使用过程中暴露出的肠套叠和外源 DNA 污染问题以及对于减毒活疫苗阳转风险的担忧，不少公司和科研机构将目光转向了采用基因工程技术研发的第三代轮状病毒疫苗。

4.3.2 全球和中国专利竞争情况

全球和中国轮状病毒疫苗专利整体情况如表 4-11 所示。

表 4-11 全球和中国轮状病毒疫苗专利整体情况

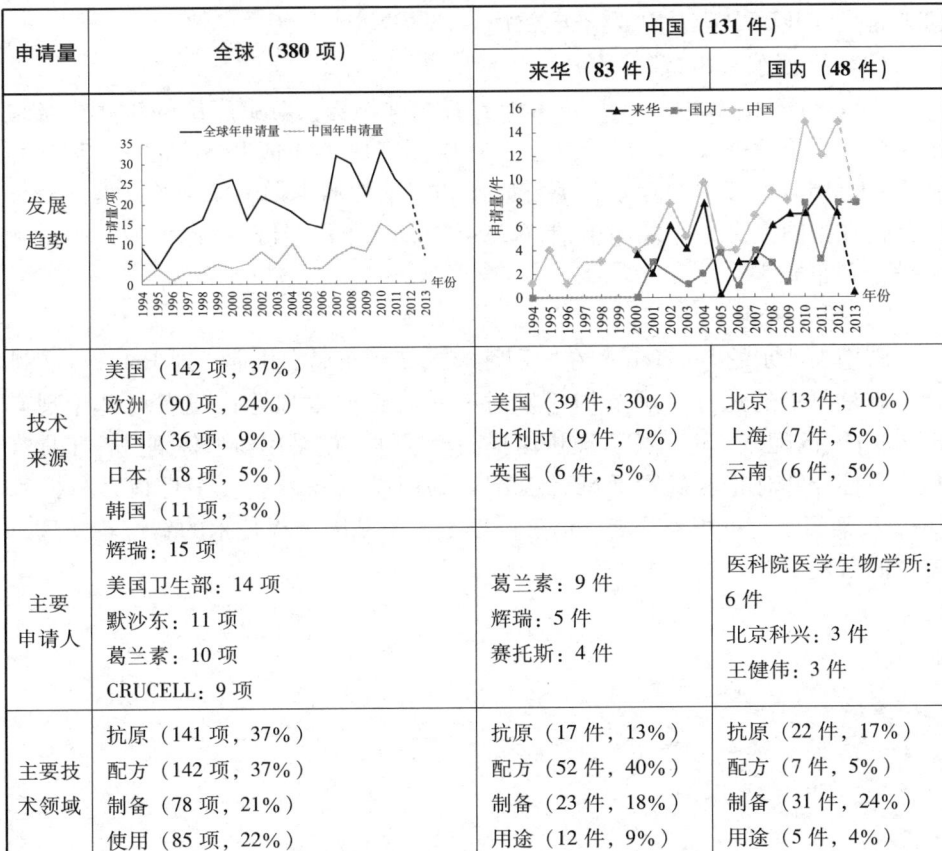

申请量	全球（380 项）	中国（131 件）	
		来华（83 件）	国内（48 件）
发展趋势			
技术来源	美国（142 项, 37%） 欧洲（90 项, 24%） 中国（36 项, 9%） 日本（18 项, 5%） 韩国（11 项, 3%）	美国（39 件, 30%） 比利时（9 件, 7%） 英国（6 件, 5%）	北京（13 件, 10%） 上海（7 件, 5%） 云南（6 件, 5%）
主要申请人	辉瑞：15 项 美国卫生部：14 项 默沙东：11 项 葛兰素：10 项 CRUCELL：9 项	葛兰素：9 件 辉瑞：5 件 赛托斯：4 件	医科院医学生物学所：6 件 北京科兴：3 件 王健伟：3 件
主要技术领域	抗原（141 项, 37%） 配方（142 项, 37%） 制备（78 项, 21%） 使用（85 项, 22%）	抗原（17 件, 13%） 配方（52 件, 40%） 制备（23 件, 18%） 用途（12 件, 9%）	抗原（22 件, 17%） 配方（7 件, 5%） 制备（31 件, 24%） 用途（5 件, 4%）

全球和中国轮状病毒疫苗专利申请主要呈现以下特点：

① 全球专利申请量稳中有升，技术领域不断成熟。

② 研发力量分散，技术集中度不高，政府机构积极主导和参与技术研发。

③ 中国国内申请人的近五年研发活跃度显著高于国外申请人。

④ 减毒疫苗、多肽疫苗、新型佐剂和新型载体属于研究热点。

4.3.3 在华重点专利与研发机遇

针对国外重点申请人、重点上市品种分析轮状病毒疫苗领域的在华专利风险与研发机遇。

1）在华重点专利

（1）葛兰素史克（Rotarix®）

虽然 Rotarix® 在华尚未上市，但葛兰素史克已在中国完成了 Rotarix® 的临床试验，并对其核心和外围专利进行完整布局，申请了9件相关专利，4件得到授权。其中 ZL00814349.8、ZL200480031559.5 授权权利要求的保护范围非常大，我国申请人需要给予关注。

（2）默沙东（RotaTeq®）

RotaTeq® 相比 Rotarix®，由于含有5种毒株，对更广泛的轮状病毒血清型具有预防免疫效果。尽管默沙东在中国完成了评估 RotaTeq® 三剂疗程在6~12周龄婴儿中的疗效、免疫原性和安全性的Ⅲ期临床试验，但针对该产品仅在中国提交1件外围申请（CN95192967.4），且已视撤失效，因此无有效专利布局。

2）研发机遇

利用默沙东的 RotaTeq® 在中国无有效专利布局的机遇，对 RotaTeq® 进行仿制是不错的选择，可节约研发时间并降低研发风险；或者可基于现有 RotaTeq® 的配方，进行配方改进以提高稳定性，或采用新型佐剂进一步提高免疫原性。针对轮状病毒活减毒疫苗容易引发的肠套叠安全性以及外源性 DNA 污染问题，可积极开展灭活疫苗以及基于基因工程技术的新型轮状病毒疫苗的研发工作（见图4-3）。

4 新型基因工程重点药物——疫苗

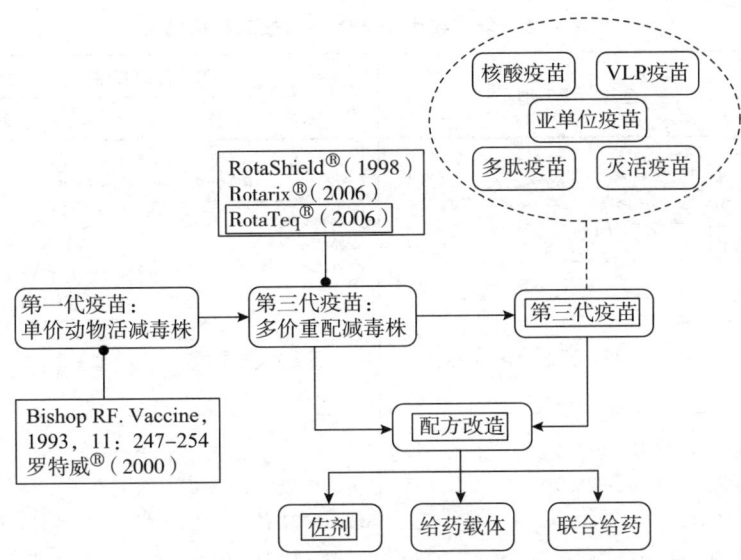

图 4-3 轮状病毒疫苗的技术发展路线

4.4 新型基因工程疫苗产业发展突破之路——阿尔茨海默疫苗

阿尔茨海默病（AD）是最常见的中枢神经系统退行性疾病，目前我国约有 800 万名 AD 患者，且以每年约 30 万名以上的新发病例递增。针对 AD 的免疫治疗（包括疫苗和抗体）有望阻止甚至逆转 AD，是当前研究治疗 AD 的热点。

4.4.1 产业技术发展历程

1999 年，Schenk 等首次证实主动免疫 Aβ 治疗可减轻 AD 病理、改善 AD 患者的认知。2000 年，英国首次进行了以 Aβ42 完整肽为免疫原的 AN1792 疫苗的临床试验，但由于脑膜炎的副作用，Ⅱ期临床试阶段被迫中止。人们为提高 Aβ 疫苗的安全性和免疫应答能力，开发了 Aβ 短肽疫苗。核酸疫苗具有安全性好、成本低、纯化方便等优点，在 AD 的免疫治疗研究中，也受到高度重视。tau 蛋白片段也被作为免疫疫苗进行动物试验，并获得积极结果。2013 年，针对新靶标——髓鞘源性的神经抑制因子（NOIs）的重组 DNA 疫苗应用于 AD 模型的治疗，为 DNA 疫苗治疗开拓了新的思路。目前全球尚无上市 AD 疫苗产品。

4.4.2 全球和中国专利情况

全球和中国 AD 疫苗专利整体情况如表 4-12 所示。

表4-12 全球和中国AD疫苗专利整体情况

申请量	全球（881项）	中国（193件）	
		来华（162件）	国内（31件）
发展趋势	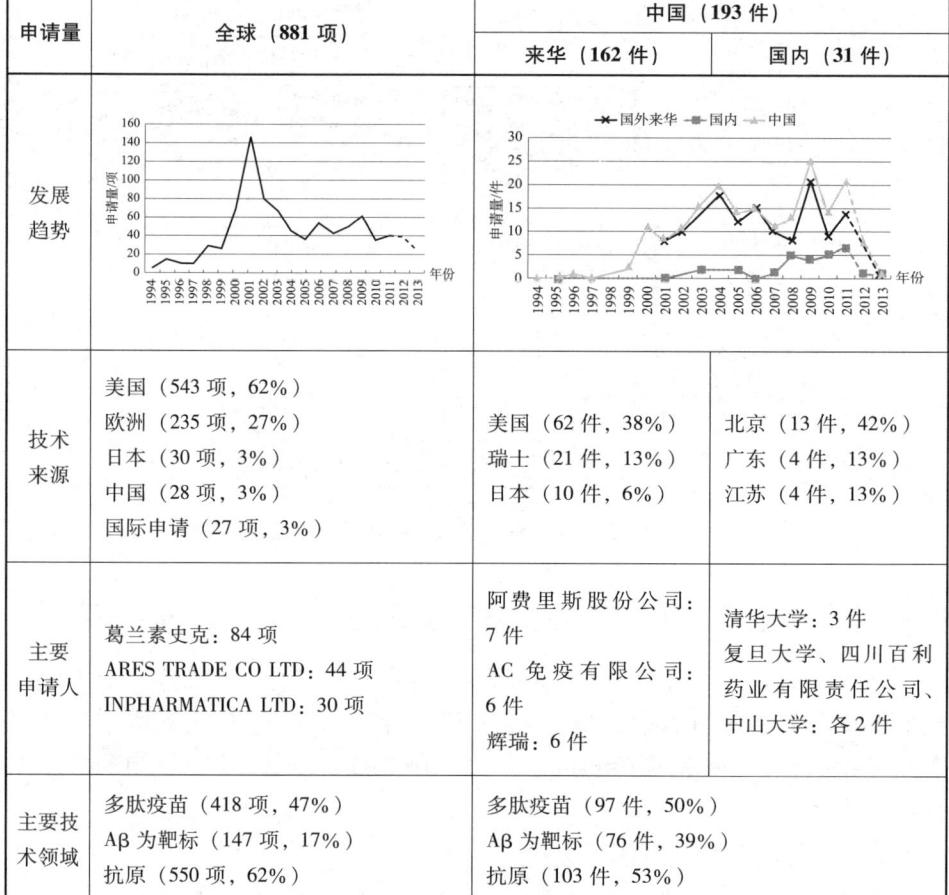		
技术来源	美国（543项，62%） 欧洲（235项，27%） 日本（30项，3%） 中国（28项，3%） 国际申请（27项，3%）	美国（62件，38%） 瑞士（21件，13%） 日本（10件，6%）	北京（13件，42%） 广东（4件，13%） 江苏（4件，13%）
主要申请人	葛兰素史克：84项 ARES TRADE CO LTD：44项 INPHARMATICA LTD：30项	阿费里斯股份公司：7件 AC免疫有限公司：6件 辉瑞：6件	清华大学：3件 复旦大学、四川百利药业有限责任公司、中山大学：各2件
主要技术领域	多肽疫苗（418项，47%） Aβ为靶标（147项，17%） 抗原（550项，62%）	多肽疫苗（97件，50%） Aβ为靶标（76件，39%） 抗原（103件，53%）	

全球和中国AD疫苗专利申请主要呈现以下特点：

① AD疫苗领域申请量波动较大，全球与中国发展趋势分化。

② 绝大多数申请通过PCT途径申请，美国是主要技术来源国，我国为第四大技术来源国。

③ 垄断度低，专利所有权分散，国外申请人以企业为主，来华申请人也以企业为主，国内申请人以大学和研究机构为主。

④ 以基因工程为技术手段的新型疫苗是AD疫苗的主要研发方向，主要研究仍集中于基础的对抗原本身的研发，对Aβ靶标的多肽疫苗研发是该领域研究的热点，对新靶标的开发值得关注（见图4-4、图4-5）。

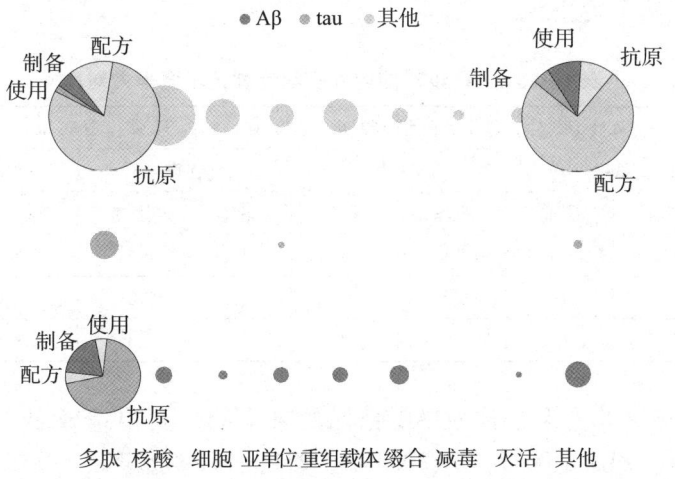

图4-4 全球AD疫苗专利申请技术分支比例

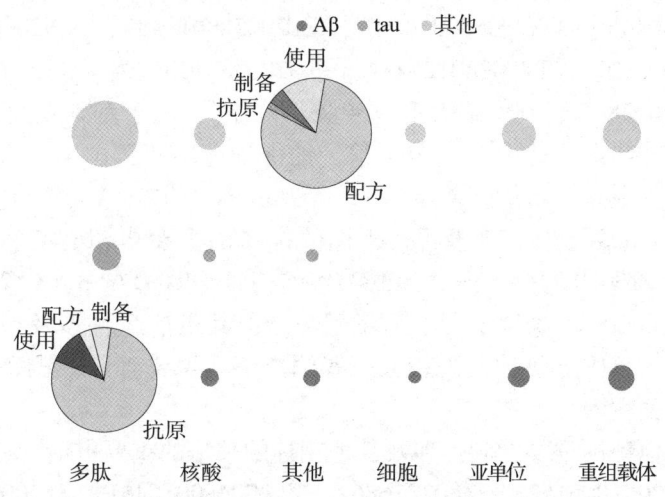

图4-5 中国AD疫苗专利申请技术分支比例

4.4.3 在华重点专利与研发机遇

针对靶标、国外重点申请人分析AD疫苗领域在华专利风险与研发机遇。

1)在华重点专利

(1)靶标

表4-13展示了AD疫苗在华专利申请中各种靶标相关专利申请的法律状态,反映出来华申请人非常重视Aβ靶标相关疫苗技术的保护,而各靶标相关专利申请无论从总量还是法律状态来看,均以来华申请为主,整体上国

内企业需要给予关注。

表 4-13 AD 疫苗国内外在华专利技术竞争力对比　　　　　单位：件

靶标	总共 193 件，其中，来华 162 件，占 84%，国内 31 件，占 16%							
	总量		有效		在审		无效	
	来华	国内	来华	国内	来华	国内	来华	国内
Aβ	61	16	18	6	19	4	24	6
Tau	7	0	3	0	4	0	0	0
其他	94	15	18	7	38	3	38	5

Aβ 靶标重要专利：涉及 Aβ 靶标的来华的重要申请较多，主要包括：ZL01805360、ZL02810621、ZL200810169274、ZL03808858、ZL201010003325、ZL200980150209、ZL201080031742、ZL200480002213、CN00818137、ZL02803867、ZL03819734、CN200910179761、ZL02816326、ZL200910204496、CN200480041798、CN200680046466、CN200680046697、ZL200580012587、CN200880010918、CN200880126599、ZL200980122412、CN200980130677、CN200980153253、CN201180020228 等，其中绝大多数涉及"抗原"，属于基础专利，这些有效专利及在审专利申请总体上涵盖了很大的保护范围，我国申请人需要对 Aβ 靶标领域相关专利布局予以关注。

tau 靶标重要专利：涉及 tau 靶标的来华的重要申请有 7 件，具体为：ZL03816647、ZL201180005511、CN201080024398、CN201080036213、CN201080040148、ZL03816645、CN201280033143，尽管数量不多，但其中前 5 件涉及"抗原"，属于基础专利，总体上保护范围较大，我国申请人需要对 tau 靶标领域相关专利布局予以关注。

涉及其他靶标重要专利：涉及其他靶标的来华的重要申请有 14 件，主要包括：ZL200610051522、ZL03816862、ZL200480016461、ZL200980155946、CN201080010540、CN201180060393、CN201180039095 等，由于研发方向极度分散，这些有效专利及在审专利申请尚未形成有效专利布局。

2）国外重点申请人

阿费里斯股份公司通过自身开发的 AFFITOMICS® 策略（包括 AFFITOPEs® 和 AFFITOME® 技术）进行疫苗临床前研发，快速发现可作为抗原的目的短肽，然后进入 I 期和 II 期临床试验，最迟在 II 期临床试验后将试验药物的专利权许可给其他制药企业。如图 4-7 所示，在 AD 疫苗领域，该公司针对 AD01-04 系列疫苗产品进行了产业和专利布局。

其从 2004 年开始在中国进行专利布局，截至目前共有 7 件专利申请，其中 2 件为分案。目前只有 1 件授权（ZL200480002213）并维持，1 件失效，其他申请（CN200980131375、CN200980131376、CN201180061862、CN201110311038、CN201210557396）均处于在审状态，主要涉及以 Aβ 为靶标的多肽疫苗，研发重点在于模拟天然存在 Aβ 肽和其变体表位的短肽，其通过分案申请等策略进行了合理完善的专利布局，我国申请人对此应予以关注（见图 4-6）。

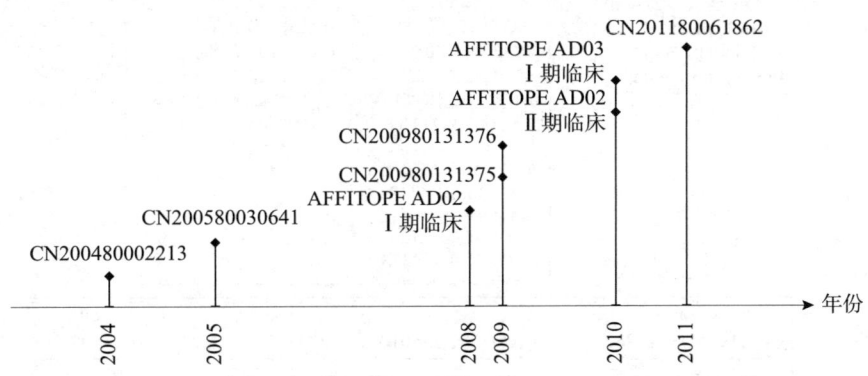

图 4-6 阿费里斯股份公司 AD 系列疫苗的产业和专利布局

2）研发机遇

对 Aβ 和 tau 靶标，虽然存在大量有效及在审专利，留给我国申请人的布局空间较小，但是该技术分支尚无成熟产品上市，且垄断度较低，重要申请人多为中小企业（包括阿费里斯股份公司、AC 免疫公司、阿克松神经科学研究和发展股份有限公司、希托斯生物技术股份公司等），我国企业可以考虑通过专利权购买、专利许可或其他形式引进相关技术或产品，进行后继研发改进。对除 Aβ 和 tau 之外的其他靶标，可以考虑密切跟踪目前的基础研究成果，充分利用并深入分析基因组高通量测序、关键蛋白质三维结构解析所得到的生物信息数据，寻找新靶标；或针对现有靶标进行评估，如有价值则在分析知识产权风险后，进行相应的后继研发，形成一批具有交叉许可价值的外围衍生专利，借此探寻与海外大型制药企业合作机会，在取得投资回报的同时，亦可加快产品研发进度（见图 4-7）。

4.5 市场化重磅疫苗再创新之路——宫颈癌疫苗

宫颈癌是妇科常见的恶性肿瘤之一。全世界每年有 50 万新发病例，每年约有 25 万人死于宫颈癌。人乳头瘤病毒（HPV）在宫颈癌的发病中起重要作用，近年来科学家已明确，几乎所有的宫颈癌都由 HPV 引起。鉴于宫颈癌是惟一明确病因，明确发病机理，可通过早期检查、早期预防的癌症，因此，HPV 预防性疫苗的市场前景非常广阔。

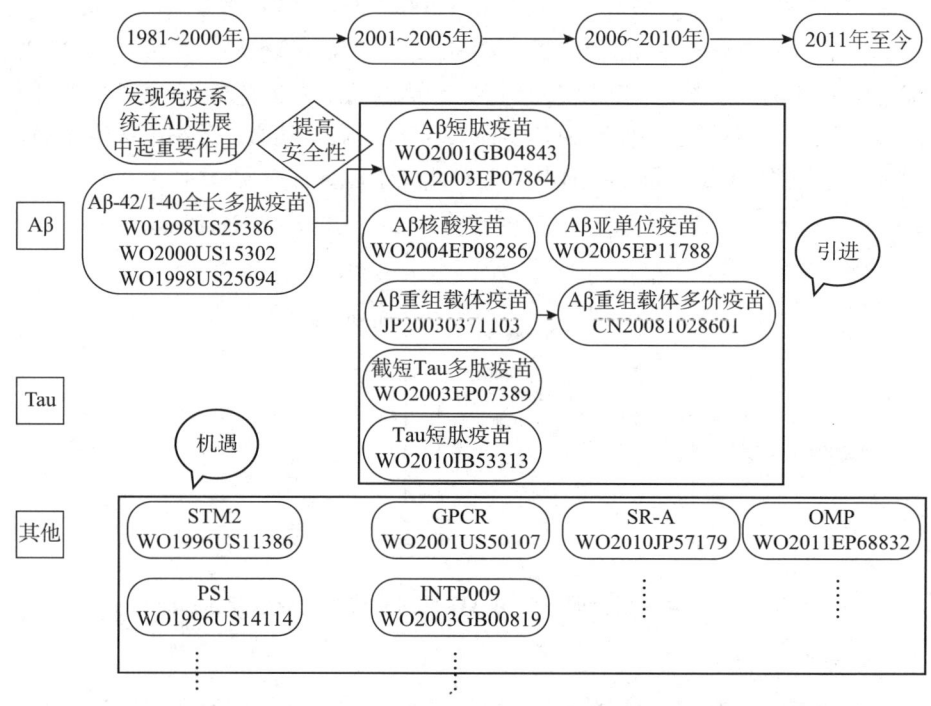

图4-7 AD疫苗技术发展路线及研发机遇

4.5.1 产业技术发展历程

1991年，澳大利亚昆士兰大学的周健等人和CSL公司首次用重组的DNA分子表达组装成病毒样颗粒（VLP），奠定了宫颈癌疫苗研制的基础技术。目前，全球已上市的HPV预防性疫苗共有两种，分别是默沙东的四价疫苗Gardasil（中文名为"佳达修"），可预防HPV6、11、16、18这4种亚型引起的宫颈癌，以及葛兰素史克的二价疫苗Cervarix（中文名为"卉妍康"），可预防HPV16、18亚型引起的宫颈癌，这两种疫苗均通过重组技术来表达L1结构蛋白，经自行组装后形成病毒样颗粒。默沙东近年仍在继续研发Gardasil的升级产品V-503，即一种含有9种HPV病毒亚型的VLP多价疫苗。在国内，厦门万泰沧海生物与厦门大学合作开发的基于大肠杆菌表达平台的HPV16/18 VLP型宫颈癌疫苗已进入Ⅲ期临床研究阶段。上海泽润生物研发的基于毕赤酵母表达平台的HPV16/18 VLP型宫颈癌疫苗也已拿到批件，进入临床试验阶段。

4.5.2 全球和中国专利竞争情况

全球和中国宫颈癌疫苗专利整体情况如表4-14所示。

表 4-14 全球和中国宫颈癌疫苗专利整体情况

申请量	全球（2161项）	中国（713件）	
		来华（516件）	国内（197件）
发展趋势	（全球申请量趋势图，1993—2014年，标注 Cervarix 上市、Cardasil 上市）	（中国申请量趋势图，1994—2014年，含全部、国内申请人、国外来华申请人）	
技术来源	国际申请（1400项，65%） 美国（441项，20%） 中国（145项，7%） 欧洲（71项，3%）	美国（236件，33%） 德国（56件，11%） 日本（35件，7%） 比利时（26件，5%）	北京（59件，30%） 上海（28件，14%） 深圳（11件，6%）
主要申请人	霍普金斯大学：39项 默沙东：38项 美国卫生部：36项 肿瘤治疗科技有限公司：32项 葛兰素史克：28项 厦门大学：11项	默沙东：38件 葛兰素史克：28件 肿瘤疗法：20件 阿尔扎公司：11件	厦门大学：11件 上海泽润生物：6件
疫苗种类	多肽疫苗（606项） 核酸疫苗（198项） 亚单位疫苗（108项） 重组载体疫苗（109项）	多肽疫苗（186件） 核酸疫苗（32件） 亚单位疫苗（49件） 重组载体疫苗（50件）	
靶标蛋白	L1（169项） L2（78项） E6（109项） E7（168项）	L1（94件） L2（31件） E6（48件） E7（71件）	
病毒亚型	16、18亚型（240项） 6、11亚型（56项） 58亚型（48项）	16、18亚型（121件） 6、11亚型（32件） 58亚型（20件）	
技术领域	抗原（732项） 配方（482项） 制备（114项） 使用（69项）	抗原（293件） 配方（59件） 制备（38件） 使用（21件）	

全球和中国宫颈癌疫苗专利申请主要呈现以下特点:

① 全球宫颈癌技术发展较为平均,美国研发优势明显,我国也有一定实力(见表4-15)。

表4-15 宫颈癌疫苗专利领域全球主要申请人　　　　　　　单位:项

申请人	申请量	疫苗种类					靶标蛋白					靶标病毒亚型						技术主题				
		多肽	核酸	亚单位	重组载体	其他	L1	L2	E6	E7	其他	6亚型	11亚型	16亚型	18亚型	58亚型	其他	抗原	配方	制备	使用	其他
霍普金斯大学	39	9	13	3	2	2	4	7	5	8	4	1	1	7	7	1	9	24	6	1	2	8
默沙东	38	10	6	16	2	1	21	14	4	4	1	15	15	12	12	5	12	25	6	8	0	0
美国卫生部	36	7	2	3	4	4	1	1	2	3	6	0	0	2	0	0	7	8	10	0	2	16
肿瘤治疗科技有限公司	32	21	2	0	3	7	0	0	1	1	20	0	0	0	0	0	32	22	2	1	0	7
葛兰素史克	28	3	4	10	0	4	8	7	3	3	4	2	3	10	11	2	3	13	8	1	0	1
TRANSGENE SA(法国)	17	5	4	1	3	8	0	0	2	2	13	0	0	3	2	0	13	7	4	1	1	4
罗彻斯特大学	16	2	0	5	1	8	3	3	1	5	0	3	0	3	2	0	11	8	0	0	1	7
CHIRON公司	16	3	6	1	1	6	1	1	0	0	14	1	0	1	0	0	15	6	2	2	1	5
诺华	15	0	1	0	1	13	0	0	0	0	15	0	0	0	0	0	15	2	0	0	0	7
厦门大学(含厦门万泰沧海生物)	11	8	0	2	0	2	9	0	0	0	2	2	2	2	2	5	9	1	0	0	0	2

② 中国专利申请量自1994年起平稳增长,国内申请活跃,国际大药企仍占优势。

③ 国外大药企积极进行专利布局,厦门大学和上海泽润生物近年表现活跃。

4.5.3 在华重点专利与研发机遇

针对国外重点申请人、上市产品分析宫颈癌疫苗领域在华专利风险与研发机遇。

(1)在华重点专利

默沙东和葛兰素史克作为目前世界上仅有的两家宫颈癌疫苗的拥有者,积极在中国进行专利布局,其产品Gardasil和Cervarix目前均已处于临床试验阶段。全球宫颈癌疫苗研发的靶点集中于HPV病毒的L1和L2蛋白,默沙东和葛兰素史克与此相关的在华重要专利申请分别有6件和3件,保护范围从编码病毒基因型的 DNA，到病毒蛋白的优化表达，直至形成包含 HPV 的病毒样颗粒的药物组合物的最终疫苗产品，相关分析见表 4-16。

表 4-16 宫颈癌疫苗领域默沙东和葛兰素史克在华重点专利分析

技术领域	专利数量		重要专利及申请人	保护范围	结论
抗原	来华	有效 9 件	默沙东： ZL96194121 ZL96194196 ZL200480007725 CN101622008A	默沙东的有效专利要求保护编码 HPV6、18、31、45、52、58 等病毒亚型 L1 蛋白的 DNA 及其在酵母中的表达；一项在审申请，要求保护多种亚型的 HPV VLP，是 Gardasil 升级产品 V-503 的核心专利；	默沙东和葛兰素史克的专利基本反映了其对 HPV 的研究进展，对从编码病毒基因型的 DNA，到病毒蛋白的优化表达，直至形成包含 HPV 的病毒样颗粒的药物组合物的最终疫苗产品，脉络清晰，保护范围全面
		在审 3 件	葛兰素史克： ZL03806347 CN102631670A CN103080304A	葛兰素史克的有效专利要求保护 HPV16、18、31、45 的 L1 蛋白及相应的 VLP	
制备	来华	有效 0 件，在审 1 件	葛兰素史克： CN103080304A	葛兰素史克的在审申请涉及改进的疫苗制备方法	—
配方	有效 0 件，在审 2 件		葛兰素史克： CN102631670A CN103405764A	葛兰素史克的两件在审申请，涉及疫苗的配方	葛兰素史克和默沙东的专利申请中部分涉及疫苗配方、佐剂，在疫苗的稳定性和免疫效率上有重要意义
使用	在审 1 件		葛兰素史克： CN102159239A	葛兰素史克的 1 件在审申请，涉及疫苗的使用	—

（2）研发机遇

如果考虑采用"仿制"重磅产品策略进入宫颈癌疫苗研发领域，则进入前一定要对该领域的中国专利布局进行全面调查分析，尤其要针对已有产品上市或将有产品上市的企业及其相关机构进行调查分析，评估专利风险，避免可能的专利纠纷。如果考虑在"仿制"的基础上有所突破创新,则可选择现有专利布局未覆盖到的亚型组合,开发新多价疫苗,亦可针对HPV各亚型L1/L2蛋白进行进一步的改造修饰模拟,规避现有基础专利风险,同时应积极布局相关基础和外围衍生专利,保障自身利益,增加谈判筹码(见图4-8)。

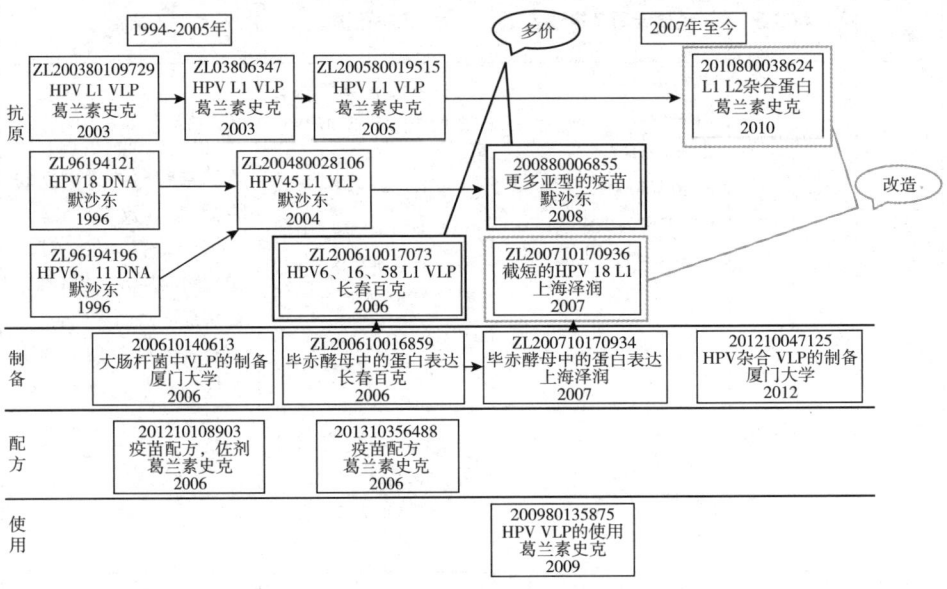

图4-8 宫颈癌疫苗技术领域中国专利技术研发脉络及研发机遇

4.6 疫苗产业产学研合作关键之路——创新团队的遴选与整合

通过对国内外疫苗产业创新团队的核心发明人、研发方向、技术平台、持有专利等分析,有助于推动我国疫苗行业的产学研合作,帮助我国疫苗企业吸引集聚外部创新性人才,逐步培育形成高水平疫苗研发团队。

4.6.1 国内疫苗产业创新团队

根据专利申请情况、新药审批情况等综合考虑,考察了疫苗领域不同研究方向的几个国内发明人团队,具体情况见表4-17。

表4-17 国内疫苗产业知名研发创新团队

疫苗品种	单位	发明人团队	主要研发方向	备注
轮状病毒	医学科学院医学生物学研究所	孙茂盛、李泓钧、吴晋元、张光明、易 山、陈元鼎	和嵌合疫苗多肽、灭活疫苗	5件有效专利

续表

疫苗品种	单位	发明人团队	主要研发方向	备注
宫颈癌（HPV）	厦门大学	夏宁邵、张军、李少伟、颖 顾、罗文新	大肠杆菌表达 PV16/18 VLP	Ⅲ期临床试验
	上海泽润生物	张高峡、沈琼、雷建强、袁靖宇	毕赤酵母生产 VLP	6件有效专利
阿尔兹海默病（老年痴呆）	清华大学	刘瑞田、赵敏	Aβ 表位多肽、PEMX 多肽、PEOZ 多肽	3件有效专利
肺炎疫苗	民海生物	魏文进、黄秋香、张现臣、孟红彦	13价肺炎结合疫苗	进入审评程序
戊肝疫苗	厦门大学	夏宁邵、张军、李少伟、顾颖、罗文新	大肠杆菌表达 VLP	完成Ⅲ期临床试验
艾滋病疫苗	中国疾病预防控制中心	邵一鸣、刘颖、刘勇	复合型艾滋病疫苗	Ⅱ期临床试验
乙肝疫苗	复旦大学	闻玉梅、袁正宏	HBsAg 抗原混合 HBIg 抗体	完成Ⅲ期临床试验
	中国人民解放军第三军医大学	吴玉章、杨瞾、李晋涛、王莉、何畏、梁志清	治疗性乙肝合成肽	Ⅱb临床试验

4.6.2 国外疫苗产业创新团队

根据疫苗研发和生产中涉及的重要技术平台，对有代表性的国外相关研发团队进行了分析研究，具体情况见表 4-18。

表 4-18 国外疫苗研发重要技术平台创新人才

主要发明人	所属机构	专利技术特点
MANDLER M	阿费里斯公司（Affiris AG）	中国相关专利申请7件。主要涉及抗原筛选。采用 AFFITOMICS® 技术，通过使用一种分子模拟技术，可一次递送整个待测产物的混合物池（pool），而不是仅仅递送单一的待测疫苗，从而快速有效地进行抗原筛选。其 AFFITOMICS® 技术平台已经成功用于多种慢性病的疫苗开发，如第4章所述的 AD 疫苗等。目前，该公司的 AFFITOMICS® 技术平台尚未对中国相关企业提供服务
MATTNER F		
SCHMIDT W		

续表

主要发明人	所属机构	专利技术特点
彼得·M. 普什科 G. 史密斯	NOVAVAX 公司	中国相关专利申请 8 件。主要涉及重组病毒样颗粒 VLP 的设计和表达。研发内容主要涉及基于禽流感病毒的 VLP 技术，同时兼顾了其他几种病毒相关的 VLP 技术
汉斯·亨宁·冯霍尔斯滕 沃尔克·桑迪希 英戈·乔丹	ProBioGen 公司	中国相关专利申请 5 件。主要涉及高表达细胞开发。具体涉及永牛化禽类细胞系、提高生产率的蛋白因子和生产含有岩藻糖结构的蛋白分子的方法
Mark Kendall G. J. 费尔南多 X. 陈、T. 普劳	VAXXAS 公司/昆士兰大学	中国相关专利申请 3 件。主要涉及贴剂给药技术。具体采用 Nanopatch™ 一种正在开发中的贴剂给药技术，可以用于疫苗给药。该技术是由默沙东投资合作开发的，这种 Nanopatch 大小为 $1m^2$，含有约 10000 个微小突起，能够将疫苗递送至人类皮肤下的免疫细胞内，可贴于手臂或肩膀，并在几秒至几分钟内产生保护性免疫反应。Nanopatch 无须冷藏，如果大批量生产，成本可能低于 1 美元。在此前的动物实验中，VAXXAS 公司发现，这种 Nanopatch 能够保护小鼠免受流感的攻击，而抗原用量仅为注射针剂的 1%
希恩·N. 塔克	Vaxart 公司	中国相关专利申请 2 件。主要涉及口服给药技术。具体涉及载体-佐剂结合物可与多数的重组抗原结合后用于口服方式接种。目前所应用的成熟产品有口服流感疫苗和禽流感疫苗（均处于 I 期临床研究阶段），其正在研发的产品还包括乙肝疫苗、埃博拉疫苗、马尔堡出血热疫苗、单纯疱疹病毒疫苗、HPV 疫苗等。随着这一技术的日渐成熟，该技术平台也值得引起国内疫苗行业的关注

4.7 疫苗产业发展整体建议和应对措施

根据疫苗技术和产业概况、疫苗产业专利布局全景分析、重要疫苗品种国内外专利竞争分析以及疫苗产业创新团队的分析结果，针对上述报告提出的我国疫苗产业的三大关键问题，提出以下建议和措施。

① 在传统疫苗产品领域，改进现有疫苗配方和给药方式，拓展现有疫苗适应症和适应对象，延长传统疫苗生命周期；着力推进多价疫苗、联合疫苗以及新型疫苗研发，推动传统疫苗产品升级换代。

② 在新型疫苗产品领域，加强产学研分工合作，跟踪国际前沿疫苗靶标

动向，重点关注如 AD 的 Aβ 等具有一定研究基础的靶标，加强国际间合作交流，缩短产品研发周期，加速新型疫苗产品的突破。

③ 在宫颈癌疫苗、肺炎疫苗等市场化重磅疫苗产品领域，国内疫苗企业可以"仿创结合"策略进行产品研发，加强相关领域的专利布局调查分析，可选择现有专利布局未覆盖到的亚型组合，开发新多价疫苗，亦可针对抗原蛋白进行改造修饰模拟，积极布局专利，突破现有市场化重磅疫苗产品专利壁垒。

5

高性能硅弹性材料*

高性能硅弹性材料是一种具有高弹性的有机高分子材料，也称硅橡胶，其具有良好的弹性、优异的抗疲劳强度、良好的耐磨耗性和耐热性等优点，在电子电器、造船、航空航天、汽车、农业、医疗卫生和日常生活等方面应用广泛。

硅弹性材料是有机硅产业链下游的一种深加工产品，约占有机硅产量的75%。从硅橡胶产业链来讲，硅弹性材料又是上游的原材料，下游是由其制成的各种密封胶、黏合剂、婴儿用品及医疗个护用品等。随着我国有机硅单体生产技术获得突破、产能出现过剩，硅氧烷价格达到历史低位，再加上有机硅材料的应用领域逐步扩展，硅弹性材料正在成为一种名副其实的高性价比材料。

中国的硅弹性材料产业近年来发展十分迅猛，预计到2015年，中国硅弹性材料将占国内橡胶消费总量的10%~15%，即硅弹性材料消费量有望达到100~150万吨；而到2020年，硅弹性材料占橡胶消费总量的比例有望达到20%~33%，即硅弹性材料消费量有望达到300~500万吨。

---

* 本章节选自2014年度国家知识产权局专利分析和预警项目《高性能硅弹性材料专利分析和预警研究报告》。

（1）项目成员：崔军（负责人）、陈燕（负责人）、李开扬（组长）、孙全亮（组长）、寿晶晶（副组长）、蔡林歆（副组长）、汤冬梅、李丽、薛海蛟、刘晓波、王瑞阳、邓鹏。

（2）政策研究指导：冯小兵。

（3）研究组织与质量控制：崔军、陈燕、李开扬、孙全亮。

（4）项目主要统稿人：朱芳、李开扬、薛海蛟、蔡林歆。

（5）审稿人：崔军、陈燕。

（6）课题组秘书：王瑞阳。

（7）本章执笔人：王瑞阳、蔡林歆。

在产业发展过程中,专利始终伴随着硅弹性材料技术和产品的创新,并且在市场竞争中发挥着日益重要的作用。目前,全球范围内与硅弹性材料相关的专利申请数量达到20465项,并且在2011年以来重新呈现出快速增长的态势。从产业类型来看,硅弹性材料属于准入门槛较低但技术壁垒较高的行业,产业的发展方向更多掌握在具有较高市场支配地位的主导型厂商手中。为维持其市场竞争优势,这些行业主导企业的专利申请特点大都具有保护范围宽、技术结构难以突破的特点,大量的专利布局有效提升了这些大型企业在硅弹性材料产业发展过程中的专利影响力和控制力。

5.1 高性能硅弹性材料产业发展方向

高性能硅弹性材料种类很多,按其硫化机理可以分为混炼型、缩合型和加成型。混炼型硅橡胶主要是由硅橡胶生胶加到双辊炼胶机上或密闭捏合机中逐渐加入白炭黑、硅油等及其他助剂反复炼制而成的合成橡胶。混炼胶成型需要在硫化剂的作用下,施加一定的温度和压力(固态才需要,目的是为了防止产生气泡)。其制品具有优异的热稳定性、耐高低温性(能在 $-60℃ \sim +250℃$ 状态下长期工作)、抗臭氧、耐候以及良好的电性能(抗电晕、电弧、电火花极强)、具有化学稳定性、耐气候老化、耐辐射,具有生理惰性、透气性好。目前混炼型硅橡胶的全球专利为5783项,中国专利申请为980件。缩合型硅橡胶是20世纪60年代问世的新型有机硅弹性体,通过空气中的湿气产生化合反应进而达到固化。缩合型硅橡胶不仅具有硅橡胶所特有的耐高低温性、耐候性、电绝缘性、生理惰性、疏水性等一系列优异性能;而且相对于混炼胶而言,其硫化温度低,能在常温常压下硫化,使用方便,操作简单,易于成型,适用面广,被广泛用于黏接、密封、灌封等。应用领域对性能的需求使得缩合型硅橡胶领域的研究开发主要集中于基础胶结构的调整和改变,开发使用新的交联剂和催化剂,引入其他树脂和聚合物,或者选择适当填料等,在性能改进方面获得了很大的进展,不断提高和完善缩合型硅橡胶的性能,以及不断扩大应用范围拓宽下游产品。目前涉及缩合型硅橡胶的全球专利为4944项,中国专利申请为678件。加成型硅橡胶是一种以含有与硅连接的乙烯基($Si—CH=CH_2$)的聚硅氧烷为基础聚合物,以含有与硅连接的氢原子($Si—H$)的聚硅氧烷为交联剂,在催化剂的作用下,通过氢化硅烷化反应形成交联网络结构的弹性体。除传统硅橡胶所具有的优良性质外,加成型硅橡胶还具有成型快速方便、不产生副产物、固化收缩率小、能深层固化等优点,其物理机械性能也比传统硅橡胶有所提高,主要体现在抗张强度、伸长率和撕裂强度等性质上。除了在铂催化剂作用下进行固化外,加成型硅橡胶还可通过光固化、过氧化物固化得到弹性体,这拓宽了其应用范围。目前涉及加成型硅弹性材料的全球申请共5528项,中国申请773件。

5.1.1 硅弹性材料产业发展形势和特点

及时把握高性能硅弹性材料产业发展的趋势和特点,有助于我们判断硅弹性材料产业的主要技术推动者、主要技术演进方向和未来市场走势。从高性能硅弹性材料问世之初至今,其产业发展与专利技术的进步密不可分,主要呈现如下几个特点:

一是产业链上游的聚硅氧烷单体产能过剩现象加重,下游中高端产品盈利前景良好,应用市场逐渐拓宽。自2008年全球经济危机以来,硅弹性材料产业链上游的聚硅氧烷单体的产能出现过剩现象,危及上下游一体化特性明显的大型跨国企业的发展。为及时消化掉上游过剩的原料,以道康宁、瓦克、信越和蓝星为代表的跨国巨头开始增强与其他厂商之间的合作联合,同时在现有规模的基础上增开分公司,扩大在世界各地的生产能力,巩固自己的市场地位。道康宁公司指定Biesterfeld特种化学品公司为其XIAMETER品牌硅橡胶制品在欧洲的总代理,扩大与分销商的合作;同时加大了对于光伏器件封装材料的研究,同时还新增2种双组分、热硫化苯基硅光学灌封胶。瓦克公司日前为太阳能发电工业开发出了一种新型有机硅胶黏剂Elastosil Solar 2200;此外,瓦克公司分别扩大了与西班牙硅橡胶混炼胶生产商Siliconas Silam S. A和意大利硅橡胶混炼胶生产商TSFs. r. l. 的合作。

二是硅弹性材料产业全球范围内的行业整合已经蔓延到中国,全球寡头垄断特征继续维持,中国上市公司业绩分化,有望全面进入整合阶段。从2007年法国罗地亚被蓝星收购,到如今宏达新材的上游业务被浙江新安兼并,再到迈图高新申请破产保护,可以看出近几年世界有机硅行业正在上演一出兼并、整合、重组的大戏。全球范围内的行业整合效应全面波及中国,企业差异化发展态势明显。未来部分小厂商或因为效益不佳而关停,或被行业龙头并购,行业去产能进程有望加速。造成的结果就是龙头企业愈加突出的规模效应使其专利布局的重点极有可能成为未来的技术发展热点,龙头企业的市场关注点未来就可能成为市场竞争热点。

三是中国的产业结构正在调整和转型,从产业链的单一环节向全产业链发展。从产业链的角度,国外大公司一般涵盖了硅橡胶上中下游的各个环节,自成体系,能够依靠自主创新开拓下游市场;而国内企业比较分散,各自发展不同的产业链环节,主要依靠下游产品应用市场推动中上游发展,如此一来,容易导致供需失衡。近几年连续过剩的上游产能也让国内企业意识到了自身的不足之处,2013年浙江新安收购江苏宏达就是一个明显的例子,收购之后的新安资源配置更加优化,上游业务进一步做强做大,有利于拓宽新的下游空间。同时对于宏达来讲，上游硅氧烷资产转让有利于其强化高温胶系列产品的核心地位，进一步延长产业链，提高产品的技术含量及附加值，同时扩大市场份额。

5.1.2 硅弹性材料产业发展基本方向

经过了新一轮的寡头企业重组兼并之后，高性能硅弹性材料领域的发展于近几年出现新的转机，尤其在中国发展更为迅速，且开发出了具有特色硅弹性体类型（混炼型）。经过之前几十年的积累，高性能硅弹性材料领域目前依然是日本、美国、德国等保持着全球领先的地位，掌握着硅弹性材料发展的主要方向；大部分核心专利技术仍然掌握在几家巨头企业手中，这几年的不断并购整合使它们的地位越发稳固。

我国在该领域起步较晚，各企业之间缺乏合作意识，对专利技术的认识不足等，导致了我国高性能硅弹性材料的上游产能过剩，企业数量多、规模小、技术分散的现状。但也应该看到，对我国的硅弹性材料产业而言，近些年不断有新的企业进入，专利申请量连年升高，为中国高性能硅弹性材料的发展营造了良好的环境。

1) 产业发展整体趋势走向

整体来看，不论全球还是中国，硅弹性材料领域在2011年之后均呈现出良好发展态势。近年来全球有机硅的消费结构显示出中国已成为世界上的硅橡胶消费大国，其硅橡胶的消费量占到有机硅消费总量的70%以上，远超出美国、西欧和日本（30%~50%）。尤其是近五年来，中国的有机硅消费市场是全球增长最快的市场，年均增长率超过了18%。中国的有机硅深加工及其应用，正在形成一批以高温胶、液体硅橡胶、纺织助剂等为主打产品的有特色的企业和产业群，活跃在国内外市场，主要集中在广东、江苏、浙江和江西这几个地区。专利层面显示了全球硅弹性材料产业在经历了近十年的成熟期平稳发展之后于2011年出现新的转机，技术上有了新的突破（2012年的专利申请量就高达1146项）。预计未来几年将进入新的快速增长阶段。就中国本身来看，硅弹性材料领域的发展呈现出指数增长态势，尤其近几年的申请量更是连创新高，从专利申请来看未来仍将持续快速发展（见图5-1、图5-2）。

未来一段时间混炼型硅弹性材料的发展势头明显优于加成型和缩合型硅弹性材料。高性能硅弹性材料的3类主要技术分支自2010年以来的发展速度快慢不一，技术研发者所关注的硅弹性体类型出现转变。就全球来看，混炼硅橡胶生产技术复杂、产品附加值高，在世界有机硅市场上，其销售量份额约占10%，销售额则高达30%~40%。在发达国家，高温硫化硅橡胶生胶及

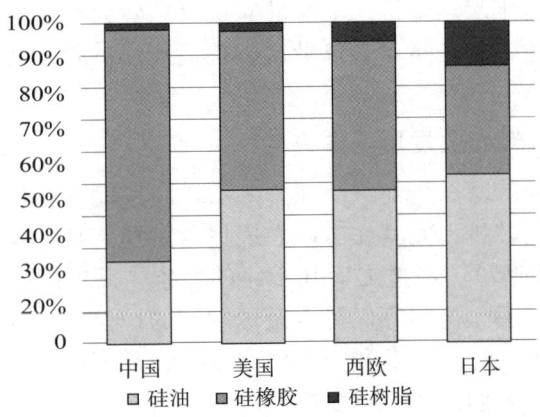

图 5-1 有机硅的消费结构

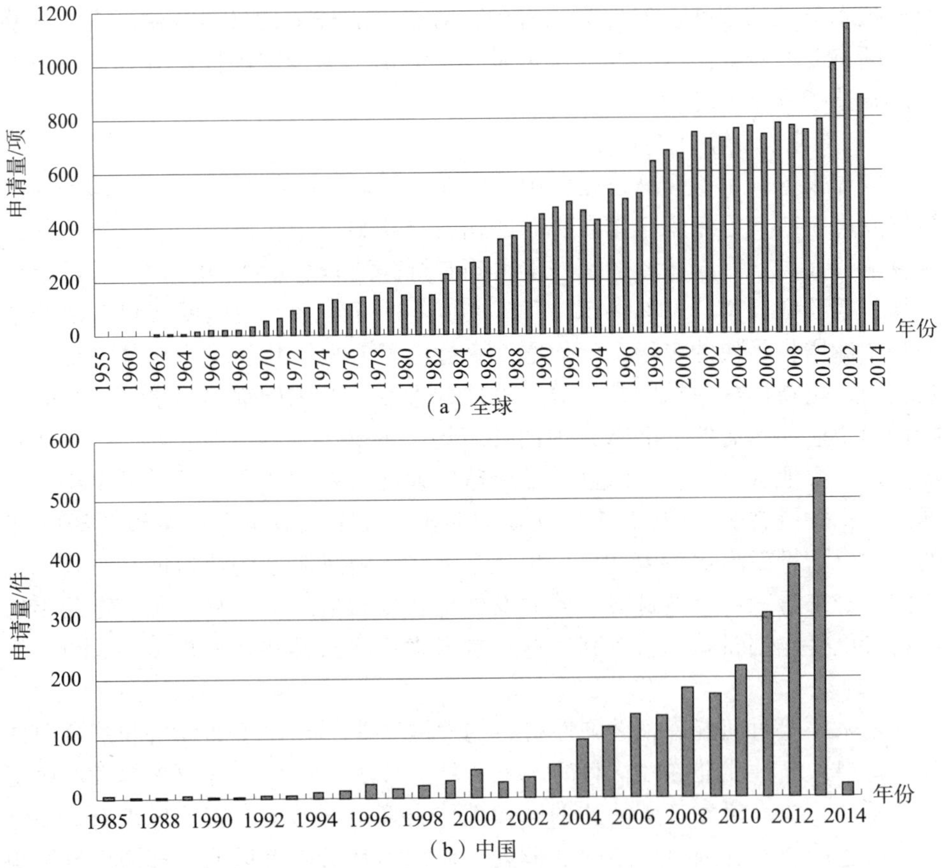

(a) 全球

(b) 中国

图 5-2 高性能硅弹性材料领域发展趋势分布

混炼胶的生产规模和生产技术已达到较高水平，目前国外几家大型有机硅生产厂家的混炼硅橡胶均已形成系列化成熟产品，如瓦克公司的 ELASTOSIL plusR 系列高温硫化加成硅橡胶。随着国民经济的发展，国内高温硫化硅弹性体硅橡胶产业正由生胶向规模化、混炼胶向系列化方向发展，对混炼硅橡胶的需求正以每年不低于 20% 的速度增长（见图 5-3）。

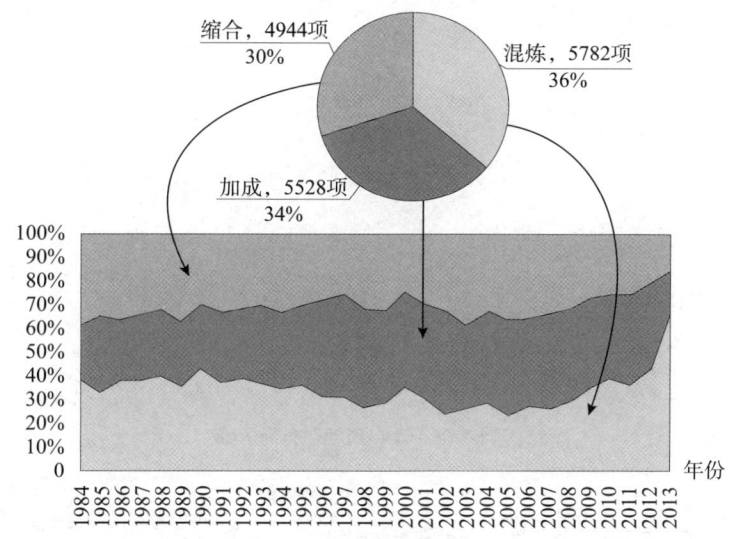

（a）全球

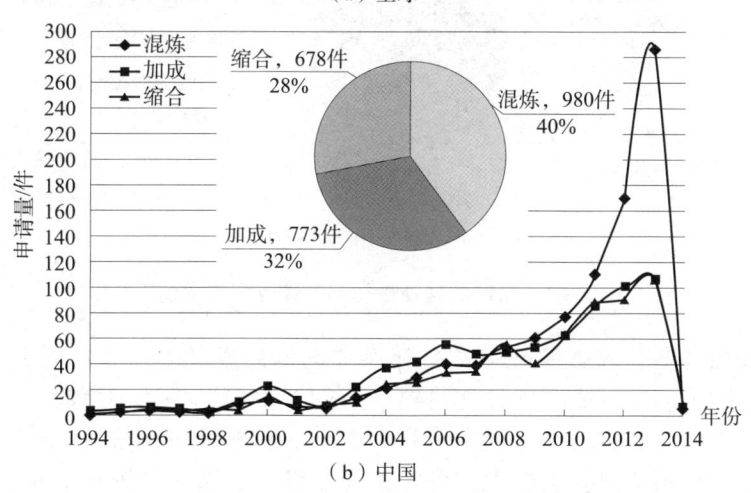

（b）中国

图 5-3 硅弹性材料技术分支占比及发展趋势

2）产业区域分布

短期内，日本、中国、美国和德国既是高性能硅弹性材料的专利技术主要原创区域，同时又是专利技术布局的主要区域；全球专利布局重点区域的各个国家也非常重视在中国进行专利技术布局。以德国为例，中国是其有机硅巨头——瓦克的全球第一大市场，其2013年度在华销售额达10.7亿欧元，比2012年增长8.5%。据悉，2014年瓦克将继续对南京和张家港的生产装置进行扩能。中国本土的专利技术产出区域中江苏、广东和山东位列前三位，显示出这几个区域的硅弹性材料企业众多，研发创新能力较强，未来以技术制胜的可能性极大（见图5-4）。

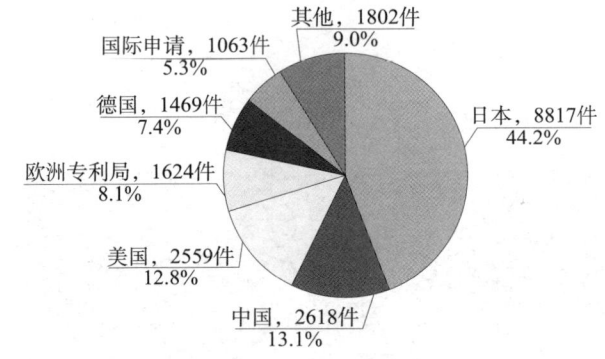

（a）全球专利首次申请地与布局区域

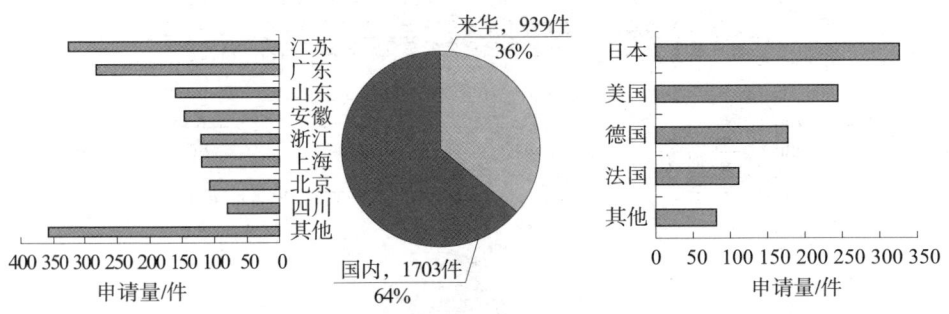

（b）中国专利产出区域与布局地

图5-4 高性能硅弹性材料整体专利布局情况

扩展缩合型和混炼型硅弹性材料产业的国内发展地位，同时突破日本、美国、德国等国在加成型硅弹性材料产业的技术壁垒是大势所趋。一般的室温缩合、加成型硅橡胶被广泛用于LED封装、汽车领域；目前国内市场10%的电子、汽车用室温胶主要被国外厂家所垄断，上市公司财报数据显示，目前该部分产品的毛利率在30%~40%。加成型硅橡胶高端技术主要应用在汽车高性能零部件、医疗用品领域，其要求的性能更高、各项指标更为严苛，对国内中小企业来讲是个不小的挑战，因此其技术力量仍然依靠国外进口。从另一个角度，由于这些技术在中国尚属空白，在中国硅橡胶产业发展上拥有崭新的空间，因此也就具有了巨大的发展潜力和市场前景。专利分析显示，加成型硅弹性材料来华专利量占据60%，比国内申请量多出将近160件专利；同时加成型来华专利申请量（465件）远多于缩合型和混炼型的来华专利申请量（分别为241件、159件）。可见，在我国突破国外的技术壁垒，发展好加成型硅橡胶技术任重而道远（见图5-5）。

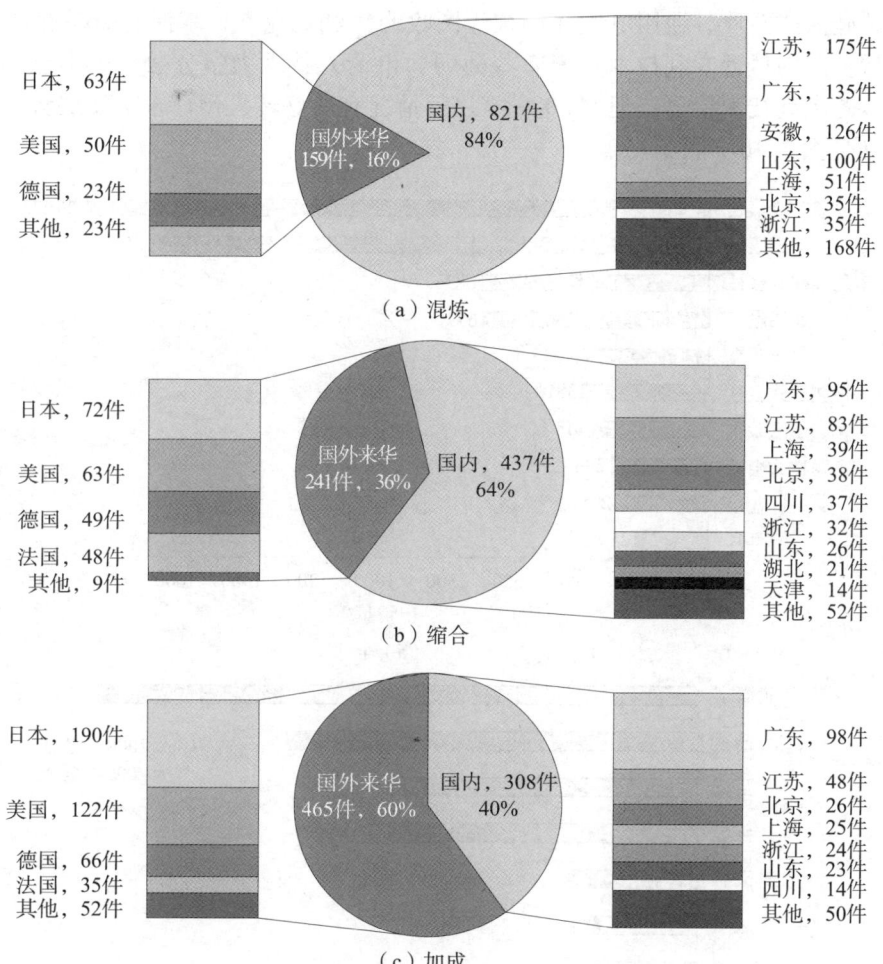

图5-5 硅弹性材料技术分支专利布局与产出区域

3）产业发展的技术推动者发展动向

高性能硅弹性材料产业技术发展的推动者保持稳定发展，国内相关产业的技术推动者呈爆发性增长态势，未来或将占领主要市场。从产业链上看，目前国内的硅橡胶企业可以满足基本的终端行业需求；但是在高端、精细的制造领域，例如航天航空、军事装备等，国内很少能够达到要求，大多数都赖于国际进口，主要来自道康宁和瓦克两大公司。硅弹性材料属于技术密集型行业，虽然国内处于技术不断提升的过程，部分企业的产能涉及从金属硅到深加工的全产业链，但与国外先进水平依然存在较大差距。在产业链下游领域，处于深加工产品阶段的龙头企业主要是硅宝科技和回天胶业。从专利层面来看，硅弹性材料技术集中度高：少数几家跨国巨头，如信越、道康宁、东芝硅株式会社、通用电气（已被迈图收购）和瓦克等，掌握着26%的专利数量。国内尽管专利技术积累有些薄弱，申请人技术力量分散，尚不能形成有效的专利技术集群；但在2009年之后情况有所好转，预计未来发展势头良好（见图5-6、图5-7）。

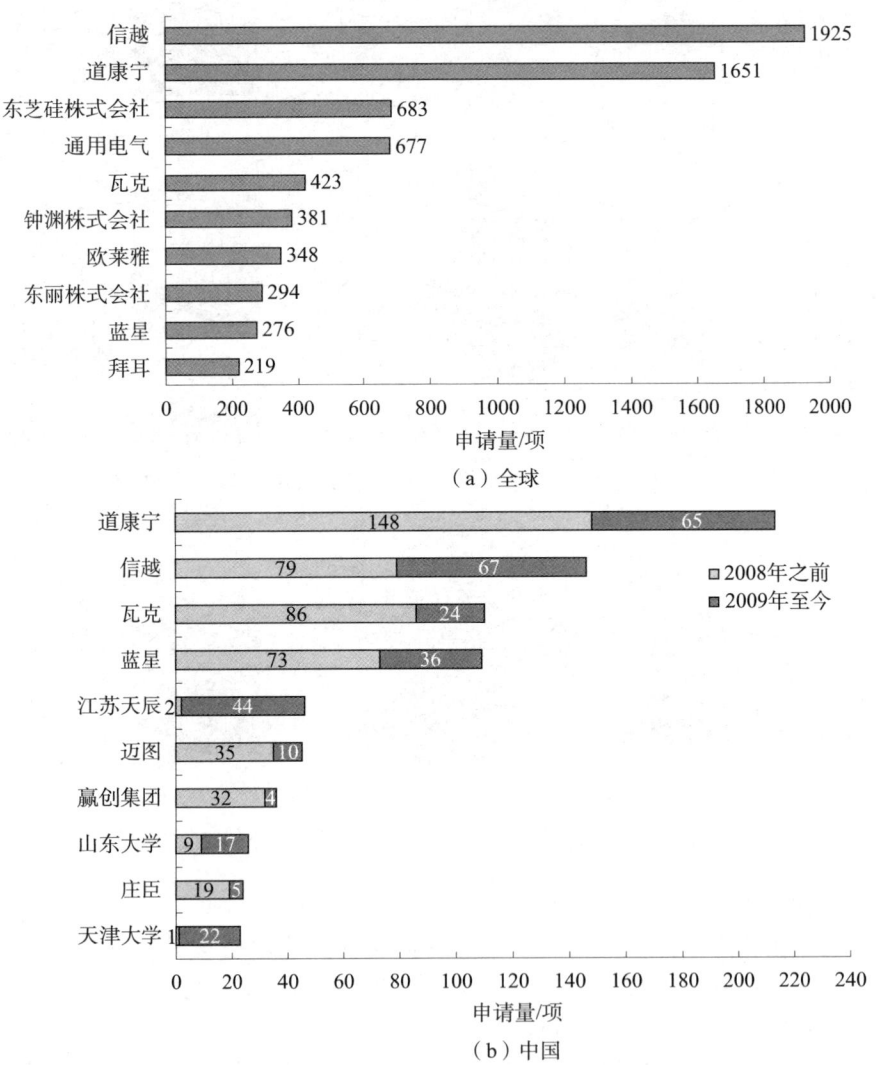

图5-6 高性能硅弹性材料专利技术掌握者分布

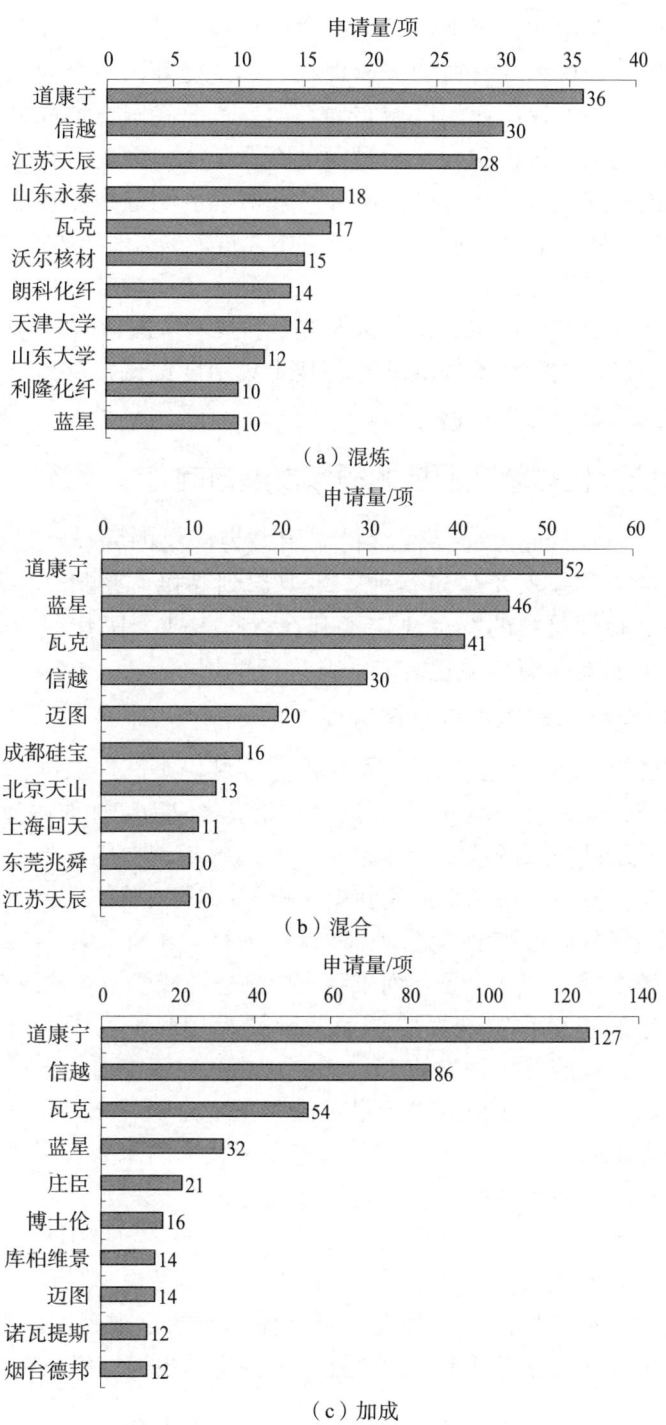

图 5-7 高性能硅弹性材料主要技术分支专利掌握者分布

合理调整产业结构，打破加成型硅弹性材料环节国外企业掌控现象，保持混炼型和缩合型硅弹性材料的产业现状，尽量提升国内企业在这两个领域的市场竞争力。与上述产业的区域布局类似，目前我国在加成型硅橡胶产业方面的专利布局主动权仍掌握在大量国外企业手中，因此，在保持混炼型和缩合型硅橡胶良好发展的同时打破国外企业对加成型硅橡胶产业的垄断地位就成为当前发展我国硅弹性材料产业的重中之重。另外，专利分析也显示出，国内申请人的数量按照混炼、缩合、加成的顺序依次递减，申请人集中度依次升高的现状。说明混炼型硅弹性材料的专利技术掌握者以国内申请人为主，国内申请人数量占优的技术领域其专利技术集中度偏低，从另一方面显示出国内企业专利控制力仍然偏低。

5.2 国内硅弹性材料产业技术领域发展方向

产业上，建筑行业是硅弹性材料应用最为广泛的领域，硅弹性材料在电子电器上的应用仅次于建筑行业，主要起到黏接、密封、绝缘、导热等作用；另外硅弹性材料的特性决定了其在汽车工业、医疗卫生领域及最近中国大力发展的新能源领域也有着非常广泛的用途。

5.2.1 硅弹性材料整体市场发展方向

短期内建筑/密封、电子电气/器和汽车领域仍是高性能硅弹性材料应用量最大的领域，未来电子电气/器和汽车工业或将成为高性能硅弹性材料的主要消费市场。从硅橡胶的消费市场来看，中国每年消费的硅橡胶量分别是美国和西欧的三倍左右，中国仅应用在电子电气/器❶领域的硅橡胶量就相当于美国和西欧全年的硅橡胶消费总量；此外中国每年还有3%~4%的硅橡胶被使用在新能源领域上。从市场层面来看，中国硅橡胶仍以在建筑/密封领域的应用为主，年消费量约占硅橡胶总消费量的45.3%；电子电气/器稍次之，年消费量约占硅橡胶总消费量的35.4%。从专利层面来看，硅弹性材料在电子电器领域和电力电缆领域的申请量远高于土木建筑领域，且汽车工业领域的专利申请量也略胜土木建筑一筹。基于专利技术的未来预见性，且考虑到未来对硅弹性材料各项性能指标的要求日益提高，未来电子电气/器和汽车工业或将取代土木建筑成为高性能硅弹性材料应用最广泛的领域。

硅弹性材料的机械性、稳定性、黏合性、热学及电学性质一直都是市场关注的焦点，未来对高性能硅弹性材料环保性能的重视程度将进一步提高。目前，市场上罕见关于硅橡胶环保性能如何提升的报道，但从专利层面来看，

---

❶ 该"电子电气/器"同时包括"电子电器"和"电力电缆"。

几大热门领域都在环保性能的提高上布局了一定数量的专利。可以预见，随着人们对周围环境、对自身健康的关切度日益提高，硅弹性材料的环保性能必将备受关注（见图5-8、图5-9）。

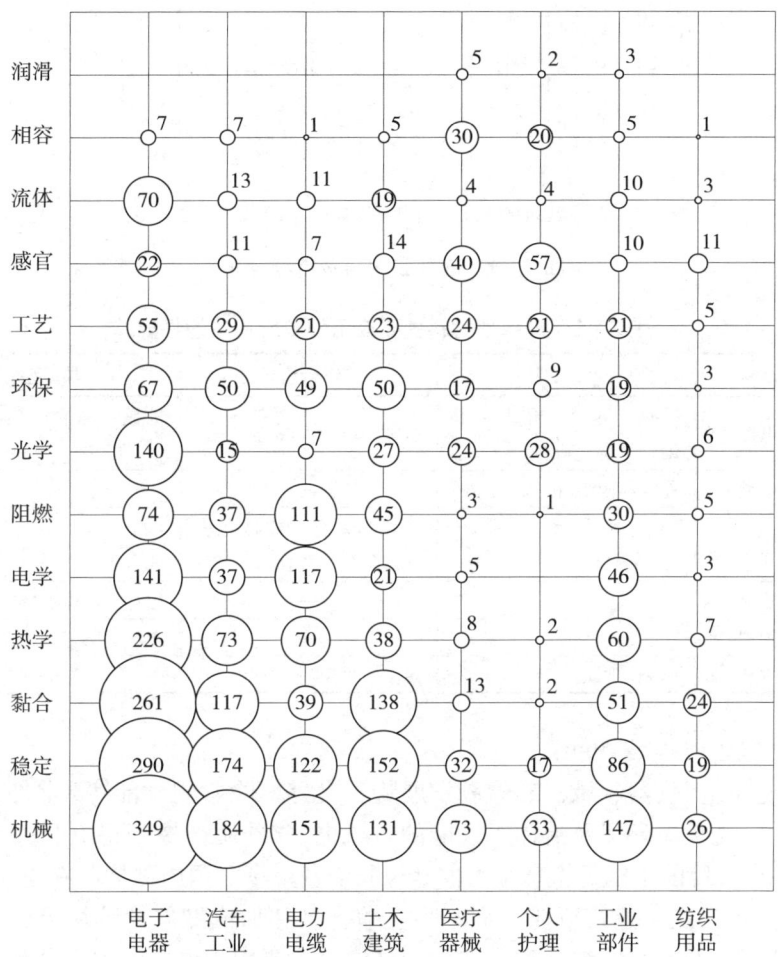

图5-8　硅弹性材料产业专利技术应用领域-性能分布

注：图中数字表示申请量，单位为项。

5.2.2　硅弹性材料热门市场发展趋势

硅胶行业是一个资本密集型而且科技含量较高的行业，相比于劳动密集型行业将有更好的发展势头，未来硅胶原料主要用于电子电器、医疗器械、婴儿用品等多个行业，涉及面广，而且很多以前用橡胶的产品将逐步被硅橡胶所代替（见表5-1）。

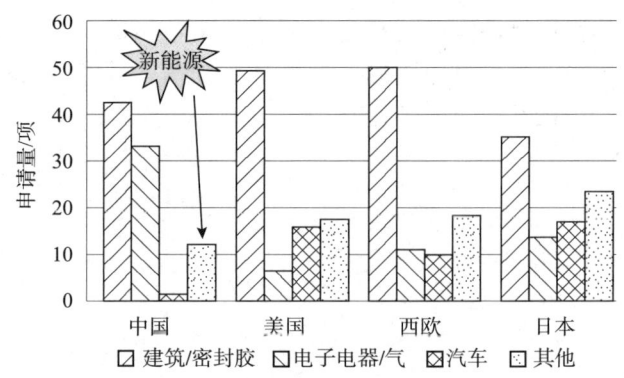

图 5-9 硅橡胶的消费市场分布

表 5-1 硅弹性材料主要应用领域所关注的性能

领域	混炼型	缩合型	加成型
电子电器	导热、导电、介电、阻燃、光学、机械	机械、电学、黏合	机械、黏合、热学、光学、电学
电力电缆	稳定、阻燃/耐火、机械	—	—
土木建筑	—	稳定、黏合、机械、热学及阻燃、环保	—
医疗器械	—	—	相容、环保、感官
个人护理	—	—	光学、感官、工艺
汽车工业	撕裂、阻尼	热学、稳定	—

1) 电子电气/器市场

在电子电气/器领域,硅橡胶发展势头良好,除常规性能❶要求外,高阻燃/耐火、光学、环保及流体等性能的电子电气/器用硅橡胶将更受关注(见图 5-10)。目前中国是全球最大的硅橡胶消费市场,国内硅橡胶在电子电气/器上的用量仅次于建筑行业。混炼型、缩合型和加成型硅橡胶均可成为电子电气/器制品的原料;缩合型、加成型硅橡胶主要用于电子电器设备和元器件的黏接、灌封、密封以及 LED 等的封装,起固定、填缝、绝缘、导热、防震、防潮等作用。从专利数据层面分析,电子电器领域的专利申请量自 2009 年之后激增(近五年的专利申请量为总申请量的 63.8%),且增长速度还在继续提高;尽管中国的电子电器市场仍由国际硅橡胶巨头控制,但众多国内厂家业已进入该专利技术领域布局圈地,将来有望在本国市场开辟出一片空间(见图 5-11)。

---

❶ 电子电气/器常规性能是指:机械性、稳定性、黏合性和热学性质。

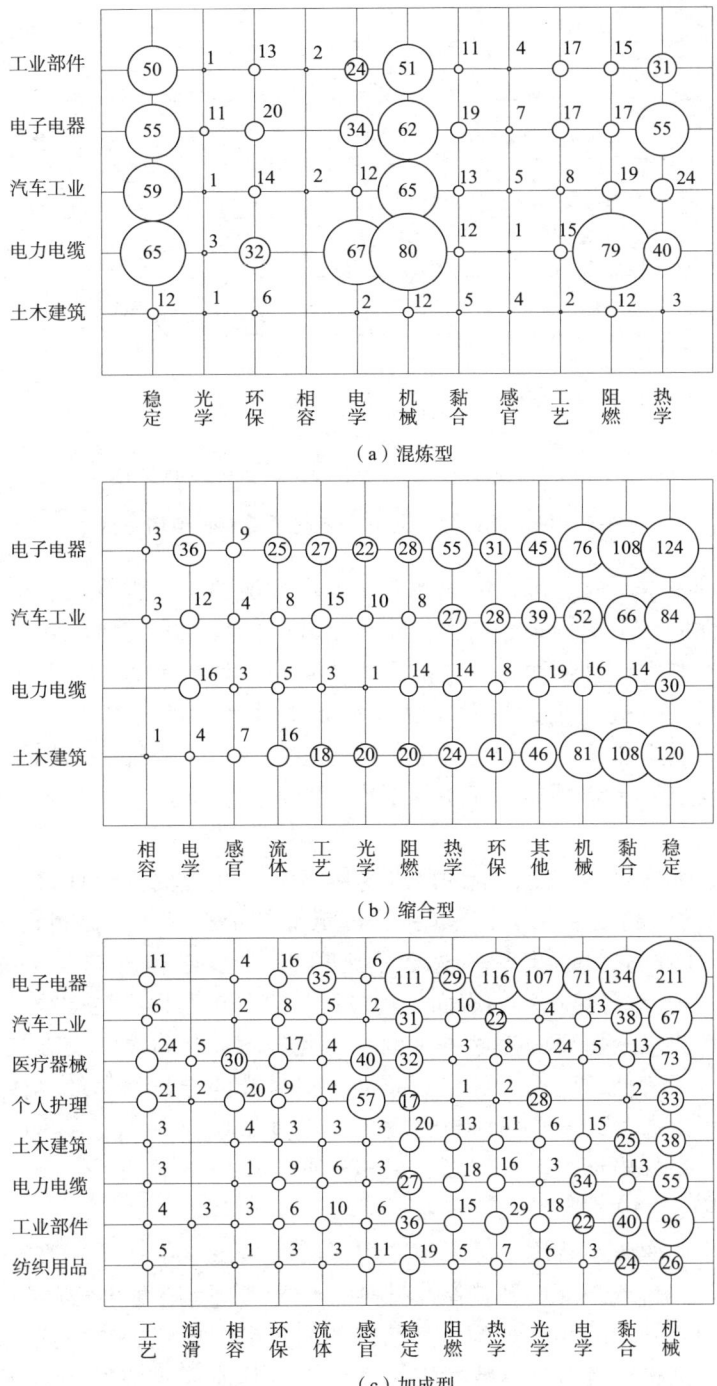

图 5-10　硅弹性材料主要技术分支应用领域及所关注的性能分布

注：图中数字表示申请量，单位为项。

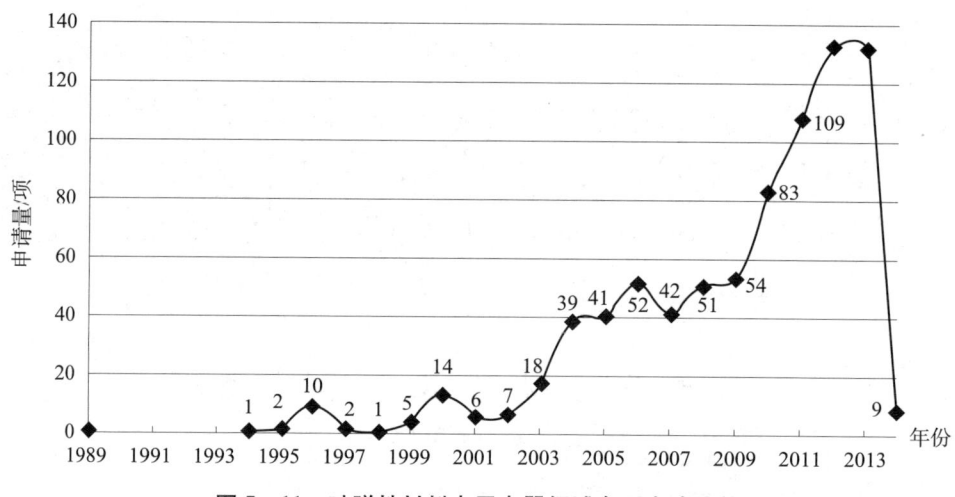

图 5-11 硅弹性材料电子电器领域专利申请趋势

从专利技术层面分析，机械性能和稳定性能属于硅弹性材料电子电器领域的基本性能，申请量必然最大；除此之外，国内专利更关注热学和电学性能，来华专利则以黏合和光学性能为主，且在阻燃性能方面，几乎全部为国内专利布局；更进一步分析发现黏合和光学性能的改进往往触及分子层面（来华），而热学、电学、阻燃性能的改进手段目前仍以外部功能添加剂为主（国内），因此，专利质量乃至更深层次的技术提高方面，国内企业仍要持续借鉴学习。

以对硅弹性材料热学性能的改进为例（主要是提高硅弹性材料的导热性能），目前的专利技术手段主要包括：降低导热填料尺寸、提高其比表面积；对导热填料进行表面处理；改变导热填料的形态和分布排列情况三种（见表 5-2）。在导热填料的表面处理方面，来华申请保护范围很大，涵盖了所有导热填料以及主要的表面处理剂，因此技术风险较高，突破较难。降低粒径方面，尽管信越已有多件专利布局，但涉及的导热填料较具体，因此国内申请人可以通过改变导热填料种类来突破其壁垒。在改变导热形态和分布排列方面，来华申请人很少涉及，风险较低，国内申请人可加强在该方向的优势（见图 5-12）。

混炼型硅橡胶主要用于电线电缆以及各类按键、绝缘子、避雷器及电气设备附件等。另外，混炼型硅弹性材料的电气性能受温度和火焰的影响很小，是一种优异且稳定的绝缘材料，其制备的耐火电线电缆因集耐热、耐火、阻燃、低烟及高绝缘性等优良特性于一体，较之其他普通型耐火电线和电缆更具有突出的安全可靠性。从专利技术角度来看，电线电缆领域（主要为混炼型）近五年的专利申请量占比更是高达 77.2%，且增速仍在继续提高。另外,由于我国对大规模建设和改造电网的需求巨大,因此十分看好混炼型硅橡胶在电力电缆领域的发展前景。

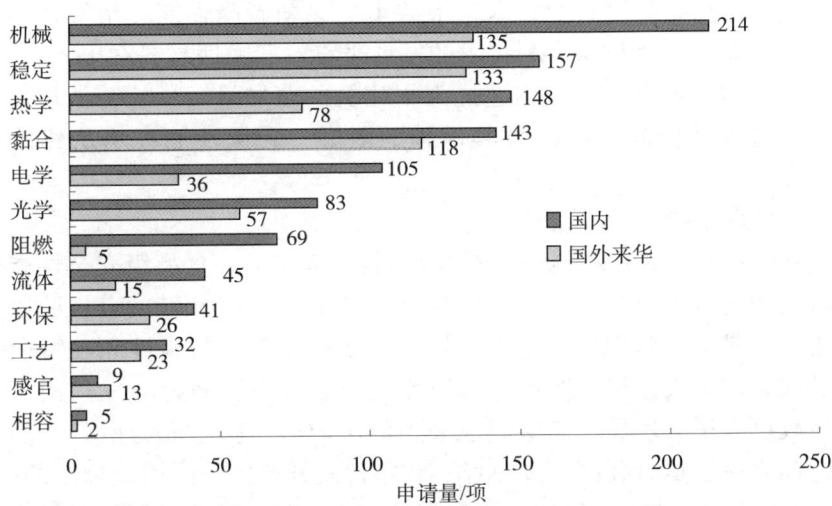

图 5-12　硅弹性材料电子电器领域国内外专利主要性能分布

表 5-2　硅弹性材料热学性能方面主要申请人的改进手段

技术手段	申请号	申请人	法律状态
降低尺寸,提高比表面积	201310024248	信越	在审
	021560013		有效
	200610064231		有效
	201010544346		有效
表面处理	200410055033	信越	有效
	200510005613		有效
	200580046051	道康宁	有效
	200680010405		有效
改变形态和分布排列情况	201210254356	上海利隆	在审
	201310629967	中科院金属研究所	在审
	201110119782	合肥博发	有效
	201210259107	广东工业	有效
	201210408055	江苏大学	有效

2) 建筑/密封市场

短期内仍是世界各主要国家硅弹性材料最重要的应用市场,长久看来可能会被电子电气/器或汽车工业、医疗卫生所取代。尽管目前在产业上中国的硅橡胶市场还是以建筑密封胶为主,但我们应该意识到硅橡胶行业是资本、技术高度密集型行业,未来下游市场会朝着高性能、精细化和高附加值的方向发展。而且从专利技术的发展来看,硅弹性材料在电子电气/器和汽车工业的技术布局已远远超过土木建筑的布局量。另外,从长远发展来看,缩合型硅橡胶或许依靠其优越的阻燃、环保性能成功从建筑行业升级。

3) 医疗/个护市场

硅弹性材料在医疗/个护领域的应用将持续扩大,食品级安全性能的硅橡胶将出现在未来市场。首先,目前应用在医疗/个护领域的硅橡胶以加成型为主,这是源于其优异的生理惰性、化学稳定剂、防腐性和独特的质感等。其次,许多大公司把医用硅橡胶作为开发的主要目标,发达国家的医用硅橡胶已有很大发展,如道康宁公司的医用产品就已成为该公司的五大产业部门之一。尽管我国在 20 世纪 70 年代就开始进行医用硅橡胶的研发,可直至 90 年代才注重了医用硅橡胶产品的产业化。目前我国医用硅橡胶市场领域处于规模和技术的不断拓展之中。此外,硅橡胶高撕裂强度、高回弹等优异的机械性能,使其适合应用于食品、婴儿用品等领域。丰田化工公司于 2013 年就推出了食品保鲜用硅胶,将其用作干燥剂载体制成小包装置于食品袋中,异味小,是低成本、高功效的存储方法。当然,从专利技术的发展来看,医疗/个护尚属高技术价值领域,目前仍是美国、日本、欧洲等占据主导权,相信随着中国硅橡胶产业的发展,必将在未来市场上占据一席之地。

5.3 硅弹性材料潜在专利技术创新方向

高性能硅弹性材料产业链可以分为上游的聚硅氧烷单体、中游的硅弹性材料和下游的深加工产品。近年来高性能硅弹性材料行业一直受到上游单体产能过剩和国外巨头强力冲击的双重压力。2013 年,中国聚硅氧烷单体市场依旧没有迎来所谓的"行业拐点"。如何以创新为动力,大力拓展应用市场,发展下游高精尖/高附加值产品就成为亟待解决的问题。

解决上游产能过剩的途径有很多,本节主要从专利视角发掘硅弹性材料产业链各环节潜在技术创新发展趋势,为硅弹性材料的长远发展提供参考(见表 5-3)。

表 5-3　高性能硅弹性材料潜在专利技术创新方向

创新方向	具体范畴	近五年申请比例❶	主要申请人	弹性体类型
设备	设备	80%	深圳市新劲力机械有限公司	混炼
原材料	发泡材料	41.6%	信越、四川大学	
	膜材料	66.7%	苏州金禾新材料	
	回收利用	66.7%	华南理工大学	
产品	太阳能光伏密封胶	90%	陶氏环球、江苏天辰、华南理工大学、广州白云、霍尼韦尔中国、杭州之江、道康宁东丽、道康宁	缩合
	LED及光学元件密封胶	90%	上海大学、成都硅宝、东莞兆舜、浙江新安、杭州师范大学、宁波爱使、深圳欧普特、惠州永卓	
	涂层	51%	蓝星、道康宁、信越、迈图、大连海洋大学、海洋化工研究院、阿克佐诺贝尔国际涂料、广东电网公司电力科学研究院	
	分离/渗透膜	70%	清华大学、江南大学、北京工业大学	
	传感材料	67%	合肥工业大学、武汉大学	
	电子封装黏合剂	75%	信越、道康宁、烟台德邦	
	隐形眼镜	28%	庄臣、博士伦、库柏维景	
	医疗卫生用品	61%	道康宁、信越	

5.3.1　硅弹性材料上游设备改进创新方向

硅弹性材料生产加工设备的改进有效提高了弹性体的各项性能。硅弹性材料产业下游市场的纵深化拓展需要性能更高的硅橡胶产品。目前对于混炼硅橡胶设备方面的改进主要是为了生产出高性能的热硫化硅弹性体，提高产品稳定性及质量。主要从工艺优化的角度对设备进行一定的微调。

5.3.2　硅弹性材料中游材料技术创新方向

一是硅弹性体发泡材料和膜材料的出现有效拓宽了硅弹性材料的中游发展空间，也为下游市场提供了更多选择。发泡材料和膜材料目前还只是主要针对混炼型硅弹性体：国内外在混炼型硅橡胶泡沫材料方面的研究都比较活跃，在制备方法及性能上都取得了长足的进步——混炼硅橡胶发泡材料主要

---

❶ 近五年申请比例为该技术近五年专利申请量占该技术全部专利申请量的比例。

是通过配方调整得到具有泡孔均匀或高开孔率的硅氧烷橡胶海绵，或是通过一定工艺的改进得到满足使用要求的硅橡胶泡沫材料；将硅橡胶制备成膜材料，不但保持硅橡胶的基本性能，而且还能体现出膜的特性，大大拓宽了其应用范围，尤其是在一些普通高分子膜不能使用或应用效果不理想的场所，硅橡胶膜则能发挥良好的作用。高性能硅弹性体泡沫材料和膜材料的发展将朝着高性能、多功能化、操作简单、无毒环保、质量均一等方向发展，以此来满足社会日益增长的需求。

二是硅橡胶废料的回收利用越来越引起市场参与者的重视。下游产品应用领域的扩大导致硅橡胶产量随之迅速增长，由此也带来了硅橡胶生产和产品加工废料的迅速增多。当前合理回收利用废硅橡胶已显得十分迫切和重要。对于混炼型硅橡胶废料，可以将其直接破碎成硅橡胶微粉，用作橡胶及塑料的改性填料，以达到降低产品成本、改进某些性能的目的；同时，废旧硅橡胶大都交联，但交联密度不大，因而通过适度的裂解反应可将其转化成能再次配合加工硫化应用的胶料。

5.3.3 硅弹性材料下游产品应用环节创新方向

1）太阳能光伏电池密封胶发展方兴未艾，前景良好

自我国的光伏产业21世纪形成完整的产业链以来，光伏电池用密封胶就如影随形，近年来光伏产业下游的不断发展也带动了光伏电池用密封胶的蓬勃发展。从应用的硅弹性体类型看，光伏电池用密封胶以缩合型为主。从专利申请来看，光伏密封胶近五年的专利申请量占比高达90%。在太阳能光伏组件用硅弹性材料产品的专利申请中：来华申请人比较注重降低太阳能电池的生产成本、提高生产效率以及延长系统的工作寿命，因此其主要关注太阳能电池板密封剂的固化特性、使用强度、耐湿热防潮特性以及耐UV老化性等。国内申请所关注的性能中，与来华申请相同的是将快速固化性置于改进产品性能的首位，其次是耐黄变、耐候、阻燃、无腐蚀、储存稳定等。

2）LED及其他电子光学元件封装胶发展迅速，未来对性能的要求更高

LED产业的不断发展，必将带动其下游产业LED封装产品的快速发展，目前我国已成为世界第一大照明电器生产国和第二大照明电器出口国。LED用缩合型密封胶近五年的专利申请比例也随之达到90%，加成型LED封装剂近五年的专利申请比例也有75%。随着LED发光效率、亮度和功率的提高，对其封装材料的要求也越来越高，使用高折射率、高耐紫外线的耐热老化能力、低应力的封装材料可明显提高照明器件的光输出功率和使用寿命；此外，还要求其透光率高，折射率高，热稳定性好，流动性好，易于喷涂。目前中

国专利中，针对 LED 密封产品，主要关注黏结性能、光性能等。

3）各种涂层产品将硅弹性材料的应用扩大到海洋生物领域

除作为常规的密封胶以外，缩合型硅弹性材料还可作为涂料用于在特殊领域形成涂层。涂层产品主要分为两大类：一类是用于海洋船舶中形成的防污涂层，防止船舶在海洋行时，海洋生物附着而造成船舶行进受阻，导致污损，能保持浸水部位光滑无污物附着；另一类是用于电力电缆中形成的防污闪涂层，其可以防止在恶劣气象条件下（如雾、露、毛毛雨等），沿着潮湿的绝缘子表面发生的闪络，减少电力系统污闪事故。

以缩合型硅橡胶为基料构成的防污涂料，兼有有机和无机材料的优点，是非常好的低表面能材料。从环保的角度看，低表面能的防污涂料是最具发展前途的防污涂料之一，其必将成为防污涂料的重要发展趋势。

4）隐形眼镜将成为硅弹性材料市场的潜力产品

由加成型硅弹性体原料制成的硅水凝胶是一种具有亲水性的有机高分子材料，呈"蜂窝状"结构，可通过有机硅相和水凝胶相两种通道输送氧气，从而具有更高的氧气透过性能，适用于制造高档隐形眼镜。

目前市场上为大众所普遍接受的隐形眼镜是由水凝胶聚合物制备而成的，其透氧性与含水量成正比。但材料本身的水分会因蒸发而流失，进而吸收泪液以保持原含水量，以致造成双眼脱水干涩；而提高含水量又会降低材料的机械性能。在各类硅弹性材料中，加成型硅弹性体是最适于制造隐形眼镜的——硅水凝胶与传统水凝胶相比，完美地解决了高透氧性和低含水润湿性不能共存的问题。硅是一种具有较好透氧能力的物质，使氧气能通过双重途径透过隐形眼镜而达到眼部；另外，有机硅的加入也起到了增强材料机械性能的作用。因此，对于长时间佩戴隐形眼镜者及容易眼干者，硅水凝胶隐形眼镜有着巨大的优势。

5.4 硅弹性材料产业发展的重要技术力量

在对高性能硅弹性材料的产业发展态势、技术领域发展方向及其潜在专利技术创新市场进行详细分析的基础上，本节拟从专利技术力量角度分析当前国内外比较有影响力的研发团队及其研发方向，以为我国高性能硅弹性材料的长远发展寻找合作研发或技术引进目标。

5.4.1 国内主要科研机构

以山东大学为代表的众多高校是国内硅弹性材料产业向前发展的重要技术力量。科研机构的研发创新力度在硅弹性材料领域不可小觑。尤其是山东大学以冯圣玉教授为带头人的学术团队，其研究起步早（专利申请始于1985

年)、技术覆盖面广。杜作栋、冯圣玉、余静等组成的混炼胶发明团队,研究内容涉及催化剂/基胶的改进、与其他类型的橡胶并用等基础应用的各个方面,尤以新型交联体系研究较为深入;冯圣玉、刘少杰、赵玉萍等组成的缩合胶研发团队集中于通过助剂获得相应的性能,尤其在耐低温/耐辐射方面的研究较为深入。

其他如天津大学形成了以郑俊萍、汪浩和万怡灶为代表的混炼型硅弹性材料技术团队,尤其是郑俊萍、汪浩团队,除对硅橡胶复合材料电学性能等展开研究外,还利用有机硅领域近些年较为前沿的笼状倍半硅氧烷,开展碳纳米管接枝笼型倍半硅氧烷对硅橡胶的改性研究。华南理工大学有关混炼硅橡胶的研究以发明人曾幸荣、郭剑华等为团队代表,其研究领域较为全面,涉及基胶的改进、与其他类型的橡胶并用、阻燃硅橡胶、硅橡胶环保再生等有关混炼胶应用的各个方面(见表5-4)。

表5-4 高性能硅弹性材料国内主要研究高校

机构	研发方向	申请量/件	核心人员	弹性体
山东大学	催化剂、基胶的改进,与其他类型的橡胶并用,新型交联体系等	12	杜作栋、冯圣玉、余静	混炼
	调整基胶结构,使用助剂改善密封胶性能	7	冯圣玉、刘少杰、赵玉萍、贾明岳、李磊	缩合
天津大学	碳纳米管接枝笼型倍半硅氧烷对硅橡胶的改性研究	14	郑俊萍、汪浩、万怡灶	混炼
华南理工大学	阻燃硅橡胶、共混硅橡胶等	8	曾幸荣、郭剑华	
四川大学	发泡硅橡胶、阻尼硅橡胶等	8	黄光速、刘鹏波	
北京化工大学	导电、导热等应用性能	8	党智敏、张立群	
浙江大学	使用助剂改善密封胶性能	7	郑强、高传花、林薇薇、徐晓明、陶小乐	缩合

5.4.2 国内主要企业

国内主要硅弹性材料企业自2009年以来发展势头良好,以技术推动市场进步的意识渐强,不少企业都在硅弹性材料下游产品市场树立了自己的特色品牌。

在专利层面技术水平较高、保护意识较强的企业主要有江苏天辰和成都硅宝。江苏天辰是国内首家集混炼、缩合和加成型硅橡胶三大领域为一体的专业硅弹性材料生产商,产品广泛用于国民经济的各个领域。与中科院、浙江大学、青岛科技大学等多个国内著名科研院所长期保持产学研合作关系,具有较强的科技研发和成果转化能力。近几年其研发团队在保持稳定的前提下不断壮大,分工明确,先后形成了以王栋葆、徐文俊为带头人,徐庆琨、姚恒玺为骨干力量,郝冬冬、张薇薇等为新生力量的混炼胶研发团队;以阚新宇、徐文俊为带头人的缩合胶研发团队和以王超、陆磊等为主要带头人的加成胶研发团队。另外,还申请了几件以产品本身或解决某种性能问题为目的的基础性专利,说明该公司已经初步形成了专利布局意识。成都硅宝是集室温胶生产、研发和制胶专用设备制造于一身的企业,其技术实力处于国内同行业领先地位。其发明团队的代表人有袁素兰、王有治、邹百军以及卢麟。该公司共有16件专利申请,其中12件申请技术主题涉及助剂、催化剂、交联剂以及基胶,说明整体上成都硅宝在各个技术主题方面均有开发和研究。16件专利申请中,除2件正在审查中以外,其余14件均处于专利权保护中,而且部分专利的保护已经在十年以上,反映出成都硅宝专利保护的意识比较强。

在生产环节较有特色的企业主要有:深圳沃尔核材——在混炼胶方面拥有以周和平、赵源等为代表的团队,产品主要围绕电线电缆;山东永泰——以导电、耐高温、耐火、耐油混炼胶为研发对象,团队以李洋、张国栋、王显涛等为代表;东莞兆舜——主要生产阻燃、导热密封胶;烟台德邦——产品种类涉及缩合型和加成型密封胶,主要用在电子电器和太阳能光伏上,性能改进集中在机械性、黏接性和热学性。这些企业的专利数量虽然不多,但是技术领域很集中(见表5-5)。

表5-5 高性能硅弹性材料国内主要企业

机构	研发方向	申请量/件	核心人员	弹性体
蓝星	催化剂	46	C. 马利维尔尼	缩合
江苏天辰	陶瓷化硅橡胶、高阻燃电缆、绝缘子、钢化玻璃密封条等	28	王栋葆、徐文俊、徐庆琨、郝冬冬	混炼
江苏天辰	使用助剂改善性能	10	阚新宇、徐文俊、徐古月	缩合
江苏天辰	密封胶	8	王超、陆磊等	加成
山东永泰	导电、耐高温、耐火、耐油等性能	18	尤晓明、李洋、张国栋、王显涛	混炼

续表

机构	研发方向	申请量/件	核心人员	弹性体
成都硅宝	催化剂，通过基胶、交联剂或助剂改善性能	16	王有治、袁素兰、卢麟、李莉、李步春、邹百军等	缩合
沃尔核材	电线电缆相关产品	15	周和平、赵源	混炼
朗科化纤	导热硅橡胶	14	卢贤生	混炼
北京天山	通过基胶或使用偶联剂改善性能	13	翟海潮、李印柏、王兵、苏丹、林新松等	混炼
上海回天	通过助剂或者交联剂改善性能	11	戴宏程、廖江涛、陈文、章锋、潘仕荣、金小林	缩合
东莞兆舜	使用助剂改善性能	10	陈芳、翁祝强、王地林、陈超	缩合
烟台德邦	催化剂，使用助剂改善性能	9	解海华、王建斌、白纯勇	缩合
	电子电器	12	陈维、陈田安	加成
成都拓利	电子、医疗	7	陶云峰	加成
株洲时代	电子、交通	6	赵慧宇、姜其斌	加成
深圳森日	电缆、部件	6	许二建	加成

5.4.3 来华企业

道康宁、信越和瓦克将在很长一段时间内保持行业内的龙头地位，其产品市场丰富，技术范围覆盖面广，领域涉及混炼、缩合和加成三大类硅弹性材料。具体研发方向上，信越来华专利申请的技术领域针对性比较强，如樱井郁男、桥本毅为带头人的研究小组侧偏重于混炼胶片材方面的研究；瓦克在华以缩合胶研究较广，内容涉及基胶、交联剂、催化剂以及助剂改性等方面；道康宁来华专利申请量按加成、缩合、混炼的顺序依次递减，在硅橡胶各类原料方面均有布局，应用领域主要涉及电子电器、汽车工业及医疗器械（见表5-6）。

表 5-6 高性能硅弹性材料来华主要企业

机构	研发方向	申请量/项	核心人员	弹性体
道康宁	含氟硅氧烷弹性体	36	I. 乔瓦斯、I. 乔尔瓦特	混炼
	催化剂、基胶、交联剂及助剂	52	冈部一利、G. 拉维纳罗、J. B. 霍斯特曼、西蒙·库克等	缩合
	电子电器、汽车、医疗器械	127	—	加成
信越	硅橡胶片材	30	樱井郁男、桥本毅	混炼
	助剂改性	30	木村恒雄	缩合
	电子电器	86	—	加成
瓦克	基胶、交联剂、催化剂、以及助剂改性	41	乌韦·谢姆	缩合
迈图	助剂改性以及基胶、催化剂	20	谢恩·J. 兰登、鲁本·科雷亚	
庄臣	隐形眼镜	21	—	加成
博士伦		16	—	
库柏维景		14	—	

6

植介入医疗器械*

随着老年化程度的加剧,心脑血管疾病患病率的逐年提高,中国心脏介入手术和冠脉支架需求快速增长。"介入支架"已被列入医疗器械科技产业"十二五"专项规划的产品发展重点方向之一。在我国,近年心血管介入和植入器械行业市场规模都在百亿元之上,年复合增长率达24%,预计2015年,市场需求量将达到300亿元。

相比国际医疗行业势不可当的发展势头,我国植介入医疗器械企业起步相对较晚,关键的介入治疗产品和医用材料依赖进口,在正式发布的《国家"十二五"科学和技术发展规划》中,生物技术纳入战略性新兴产业,要求重点突破生物医用材料及器械的优化设计和评测等关键技术,重点开展微创介入等高端医疗设备研究,新型可降解血管支架、PTCA球囊扩张导管等重大产品列为重点突破的方向。因此,对心脑血管无源介入医疗器械领域国内外专利情况开展专利分析研究,对提高我国心脑血管无源介入医疗器械的技术研发和产业利用水平以及促进产业发展,具有十分重要的意义。

---

* 本章节选自2014年度国家知识产权局专利分析和预警项目《植介入医疗器械专利分析和预警研究报告》。

(1) 项目成员:崔伯雄(负责人)、陈燕(负责人)、陈海英(组长)、孙全亮(组长)、刘庆琳(副组长)、颜涛、王洋、崔文昊、王金晶、桂林、寿晶晶、王雷、李岩。

(2) 政策研究指导:马宁。

(3) 研究组织与质量控制:崔伯雄、陈燕、陈海英、孙全亮。

(4) 项目主要统稿人:陈海英、崔文昊、颜涛。

(5) 审稿人:崔伯雄、陈燕。

(6) 课题组秘书:寿晶晶。

(7) 本章执笔人:陈海英、寿晶晶、崔文昊。

6.1 产业状况及研究内容

在介入医学工程的发展过程中,心脑血管疾病的微创介入治疗是最有代表性的技术,相关器械产业发展最为迅速和庞大,这主要是由于心脑血管疾病是人类的主要疾病,致死率和致残率很高,同时由于相关的器械是聚集了众多高新技术的产业,并且是一次性耗材,使用量大面广,大约占整个微创介入器械产业80%。因此通过对心脑血管无源介入医疗器械产业的了解,可基本把握整个植介入医疗器械行业的产业现状。

6.1.1 国外现状

2011年,全球介入性心脑血管疾病治疗市场的规模已经达到158.219亿美元,根据市场分析公司的预测,在2010~2018年间,整个市场将以年均6.8%的速度快速增长,预计在2018年整个市场规模将会达到251.837亿美元,其中,北美介入器械市场2011年占据了全球市场份额的39%。但是由于新兴经济体如亚洲等地区的发展及这些地区心脑血管疾病的高发病率,在预期的时间段内北美的市场份额将在2018年降至36.6%。亚洲市场的份额将从2011年的14.9%提高到2018年的16.7%。

目前世界上生产心脑血管介入医疗器械的主要外国公司为:美国波士顿科学公司(BOSTON SCIENTIFIC)、美国雅培公司(ABBOTT)、美国美敦力公司(MEDTRONIC)、美国强生公司(JOHNSON&JOHNSON)、美国库克公司(COOK)、美国巴德公司(BARD)、日本泰尔茂株式会社(TEROMO)、德国百多力(BIOTRONIK)公司,其中尤以波士顿科学公司、雅培公司、美敦力公司以及强生公司规模较大,涉及的产品线也较为全面。

6.1.2 国内现状

我国的心血管介入器械行业自进入21世纪以来也在迅猛发展,以冠脉支架植入手术为例,2000年仅有7000例,而到了2012年已增长到39万例。预测到2015年,全国心血管介入器械行业的产能将达到187.45万套,而全国的市场容量将达到177.76万套。

尽管我国的心血管介入器械行业发展迅速,但发展并不均衡。冠脉药物支架产品国内企业市场占有额度最大,达四分之三,2012年的销售额高达85亿元人民币。但不得不看到,支架材料、导管材料、微导管、微导丝100%地依赖进口,是我国自主医疗产品行业的空白点。由于过度依赖进口而导致的产品价格偏高。目前国内生产心脑血管介入器械的企业主要包括微创医疗、乐普医疗、山东吉威、先健科技、苏州唯科、业聚医疗等。

结合产业状况,研究内容分为三个部分:通过产业分析、宏观专利数据分析，揭示了心血管无源介入器械行业整体态势和市场格局；通过血管支架、其他血管介入器械和通路器械三大领域的分析，展示了主要领域技术现状、专利布局，揭示产品热点；通过对药物洗脱支架、全降解支架、介入生物瓣膜等7个主要技术领域的产业状况、技术趋势、专利风险等进行分析，揭示热点产品的开发方向；在此基础上，又进一步对全降解支架领域深入分析。

围绕图6-1所列出的技术内容，在中国专利文献数据库（CNPAT）和德温特数据库（WPI）中根据确定的分类号和关键词，并进一步通过人工筛选获得检索结果。最终获得的检索结果如表6-1所示。

表6-1 介入医疗器械各技术领域中英文库检索结果

技术领域	细分技术	英文库/项（WPI）	中文库/件（CNPAT）
血管支架	裸支架	3199	363
	药物洗脱支架	4078	425
	覆膜支架	3773	364
	全降解支架	2574	204
	密网支架	244	17
其他血管介入器械	栓塞器械	2250	267
	封堵器	2610	325
	介入生物瓣膜	900	181
	血栓滤器	2274	103
	远端保护器	1270	70
通路器械	输送系统	7281	581
	导引导管	468	87
	导引导丝	2650	254
	球囊导管	8050	602
	造影导管	215	36

6.2 专利整体状况

通过对心脑血管无源介入医疗器械领域的专利进行分析，了解了全球与中国心脑血管无源介入医疗器械领域的专利申请量、发展趋势、区域分布、主要申请人以及技术主题的状况，如表6-2所示。

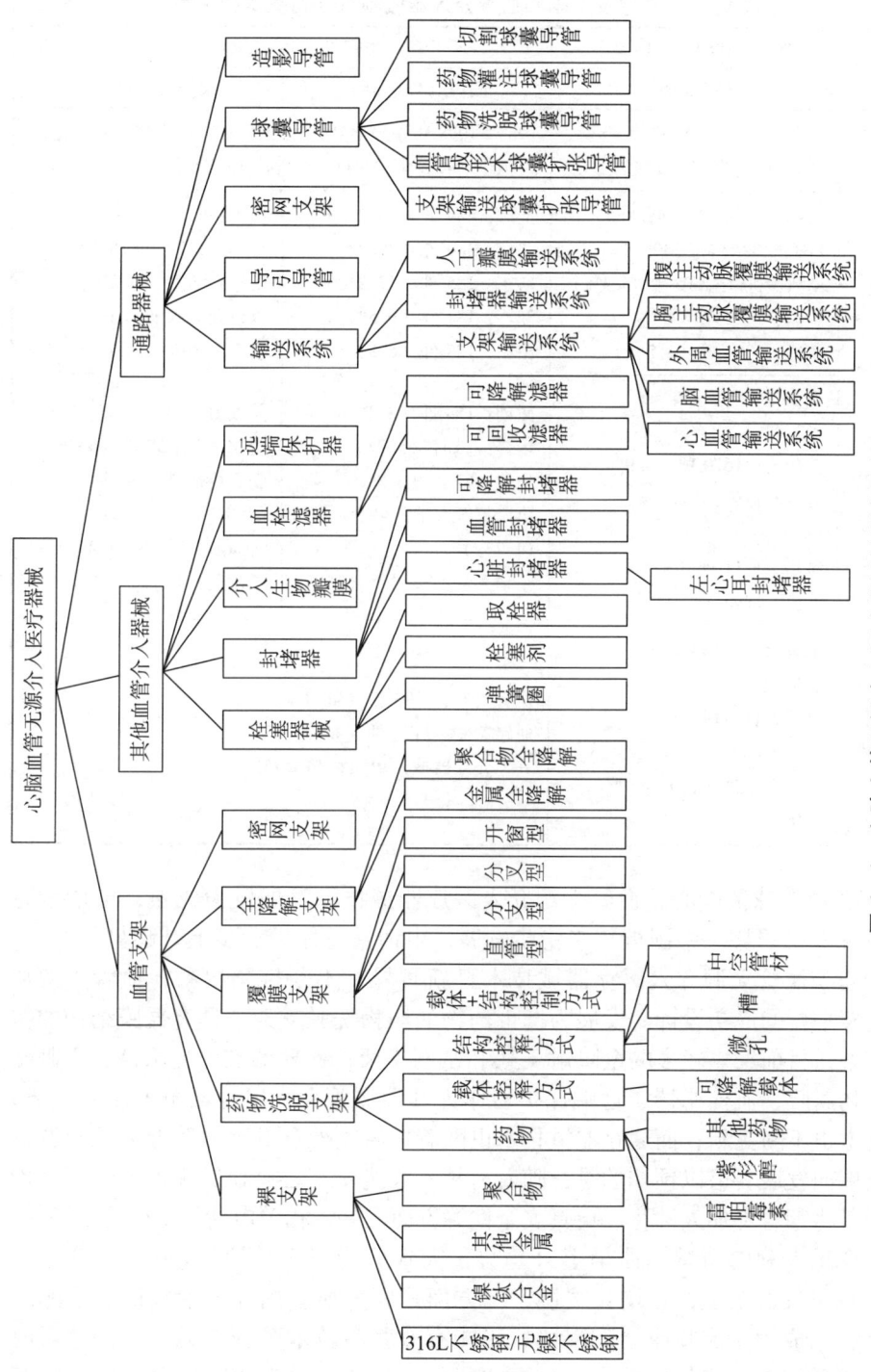

图 6-1 心脑血管无源介入医疗器械的技术分解

表6-2 全球及中国心血管介入器械领域专利基本状况表

	全球（1963~2014年）	中国（1988~2014年）	
	（33783项）	国内（1914件）	来华（1211件）
发展趋势	近年整体呈现平稳趋势，2011年达到峰值2119项。	1988~1998年缓慢增长；1999~2011年发展较快；之后呈稳步增长趋势，2011年达到峰值408件。	
区域分布	美国：16497项（48.8%） PCT：10247项（30.3%） 欧洲专利局：2505项（7.4%） 中国：1376项（4.1） 德国：1094项（3.2%）	上海：444件（23.2%） 北京：383件（20.0%） 广东：235件（12.3%） 江苏：181件（9.5%） 山东：125件（6.5%）	美国：657件（54.3%） 日本：202件（16.68%） 德国：63件（5.2%） 以色列：51件（4.2%） 瑞士：30件（2.5%）
主要申请人	波士顿科学：3867项（11.4%） 美敦力：1670项（4.9%） 先进心血管：1533项（4.5%） 雅培：1311项（3.9%） 库克：1293项（3.8%）	微创：158件（8.3%） 乐普：70件（3.7%） 先健：67件（3.5%） 第二军医大学：33件（1.7%） 东华大学：22件（1.1%）	美敦力：64件（5.3%） 爱德华兹：57件（4.7%） 朝日英达科：54件（4.5%） 科迪斯：51件（4.2%） 泰尔茂：46件（3.8%）
技术领域	血管支架：12230项（36.1%） 通路器械：14818项（43.9%） 其他介入器械：6738项（20%）	血管支架：1393件（41.5%） 通路器械：1473件（43.8%） 其他介入器械：494件（14.7%）	

（1）全球范围心脑血管无源介入医疗器械技术发展较为成熟，申请量总体呈现平稳趋势，中国近年来稳步发展，申请量总体呈稳步上升趋势。

心脑血管无源介入医疗器械技术日新月异，不断推陈出新，血管支架从裸支架平台的最初设计，发展为携带药物的药物洗脱支架、具有覆膜结构的覆膜支架，目前聚焦较多的全降解支架和密网支架；栓塞器械、封堵器、心脏介入生物瓣膜、血栓滤器、远端保护器作为其他血管介入医疗器械的主要代表，其技术也不断更新；而通路器械技术也随着血管支架和其他血管介入医疗器械的发展而发展。可以预期的是，随着科技不断进步，心脑血管无源介入医疗器械设备将朝着更加人性化、更具安全性等方面发展，相关申请量也会稳步增加。

全球专利申请量总体呈上升趋势，大致分为三个阶段。1963~1983年，申请总量仅百余项，且增长缓慢，一方面是因为血管内介入治疗的雏形刚刚出现，未成为主流临床治疗手段，不能有效刺激技术革新，另一方面这段时期主要采用较为成熟的手术治疗方法或保守疗法，具有手术的高风险，将其应用于人体尚需较为成熟的技术和长期的临床实验，导致该阶段专利申请量增长缓慢；1983～2003年，经皮腔内血管成形术以及管腔内支架治疗技术的兴起，使得这段时间申请量有大幅增长，2003年的申请量为1965项，与1983年仅73项申请相比，增长二十多倍；2003年至今，申请量一直稳定地维持在较高的水平，这表明该领域的技术发展稳定。

中国技术发展迅速，近年专利申请量稳步上升。由于该类器械的高风险性以及特殊性，属于审批最为严格的第三类医疗器械，1988～1998年属于起步摸索阶段；1999～2003年，技术稳定发展，申请量有一定的增长；2003年，正式进入高速发展阶段，整体呈加速上升趋势，血管支架、其他血管介入器械、通路器械三大心脑血管无源介入医疗器械的申请量均进入快速增长期，申请总量也呈现快速增长。

(2) 美国是全球技术主要产出地；中国专利申请的国内申请多于来华申请量。

从全球申请来看，美国在心脑血管无源介入医疗器械领域的研发投入较大，也是专利布局的重要区域，仅2003年当年美国在该领域的申请量就达到1200项。同时，美国在该领域具有多家国际知名的企业，其拥有的专利申请总量也最大，达到16497项，占总量的48.8%，几乎占据全球申请量的一半。日本和德国发展相对平稳，也具备着相当的实力。

在中国专利申请中，国内申请的数量占到该领域总申请量的61.2%，申请数量多于来华申请量。专利类型上，实用新型占有不小的数量。国内专利申请中，位于申请量前三位的上海、北京、广东这三个地区的申请量占据了国内申请总量的55.5%，逐渐形成产业聚集区。来华专利申请中，美国在中国申请量最大且专利布局最完善，占来华申请总量的21%。位于美国之后的是日本和德国，分别拥有占来华6.5%和2.0%的比例，其专利布局重点针对通路器械领域。

(3) 全球专利重点申请人持有专利量集中度高；国内申请人较为分散，在核心领域专利申请较少。

全球申请量前五位专利申请人均为美国企业，波士顿科学（3867项）、美敦力（1670项）、先进心血管（1533项）、雅培（1311项）和库克（1293项），专利申请量总和占总申请量的28.5%，尤其波士顿科学公司占总申请量的11.4%。

我国经过近几年发展，也逐渐出现具有代表性的公司，如微创医疗和乐普医疗，但是与全球巨头相比，仍有很大的差距。除申请量排名第一的微创医疗专利申请量超过100件（具体为158件），其他申请人均未超过百件。并且国内申请人较分散，涉及核心技术的发明专利量少，其中实用新型占有相当的比例，有些在具体技术方案上缺少详细的说明，整体专利有效性较低。

(4) 国外企业技术实力较强，且关注在中国的布局；国内企业发展迅速，正努力赶超。

从全球主要申请人来看，波士顿科学申请量最大，其次是美敦力和先进心血管公司，在血管支架、其他血管介入器械、通路器械三个技术领域的申请量均遥遥领先。且这些企业比较关注在中国的专利布局，主要偏重通路器械的专利申请。中国前三位申请人是微创医疗、乐普医疗和先健科技（见图 6-2，文前彩插第 1 页）。微创医疗和乐普医疗，主要侧重于血管支架和通路器械，而先健科技在其他血管介入器械领域申请更胜一筹。

上海、北京、广东、江苏等地申请量总和基本占全国申请总量的 3/4，地区分布较集中。一方面是由于这些地区经济较为发达，许多国内本行业的龙头企业如微创医疗、乐普医疗、业聚医疗、山东吉威等坐落在这些地区，另一方面也是由于很多科研院所申请人也主要位于上述地区。

(5) 血管支架、通路器械和其他介入器械三大领域，血管支架、通路器械受关注程度高于其他介入器械。

血管支架作为介入医疗器械的主流产品，自问世以来一直不断更新换代，推陈出新，其申请量也不断增长。而通路器械由于往往是配合血管支架和其他介入医疗器械的发展而发展，其申请量和申请趋势与血管支架和其他介入医疗器械相类似。全球范围，血管支架和通路器械的申请量分别为 12230 项和 14818 项，各占 36.2% 和 43.8%，这说明全球范围内血管支架和通路器械两大领域的技术发展较受重视。其他介入器械发展起步较晚，技术相对较新，所占比重为 19.9%。总体上看，三大领域呈现良好发展的态势。

中国范围，血管支架申请量约占 41.5%，通路器械约占 43.9%，其他介入器械占 14.7%。血管支架由于起步相对较早，国内企业在研发中形成彼此追赶的竞争形态，产生了较多的新技术；通路器械伴随着血管支架发展。其他介入医疗器械发展起步晚、技术准入门槛相对高，虽然近年来也处于加速发展的阶段，但是与已成规模的血管支架技术的发展相比还略为失色，其申请量也最低。

我国虽然在数量上多于来华申请，但主要由于介入医疗器械产品进入国内市场较为严格，导致国外实力较强的公司只是根据国内技术发展状况，针对性、选择性布局。个别国内企业在某些领域具备相当实力，但多数处于单打独斗的状态。在血管支架领域中，纵观六十年的发展历史，技术更新换代比较迅速，而国内企业在这一领域的起步较晚，虽然奋起直追，投入较大的研发精力，但无论从技术的发明高度而言，还是从专利的撰写角度来看，目前有效的授权专利涉及核心技术、基础技术的数量仍然较少。而来华的专利申请则主要注重于针对性和有效性的考虑,对于核心技术、基础技术有所突破的专利申请,往往会在多国申请。国内企业需要与国内的科研院所合作,利用高校和企业的研发优势,做好先进技术的实施转化利用,集中优势资源,以期在血管支架领域站稳脚跟,逐步扩大市场。以通路器械为例,通路器械以及材料产业的特点是拥有共性的行业关键技术,如 PCTA 球囊扩张导管设计及制造技术、导引导管设计及制造技术、导引导丝设计及制造技术,这些共性技术涉及通路器械产品量大面广。我国介入类器械以及材料企业都急需这些技术,但没有一个企业有能力全面掌握这些技术,并保持与国际同步的升级和创新。

6.3 血管支架领域专利状况

心脑血管植入器械产品呈现多样化、专业化趋势(见图 6-3)。从产品和技术看,如支架类似的明星产品,是第一梯队的产品,也是产业界、资本界竞相追逐的热点;PCI 手术中除支架外,造影导丝、造影导管、导引导丝、预扩球囊等是第二梯队;封堵器、瓣膜等心脑外科其他产品是第三梯队。由于血管支架作为介入医疗器械的主要产品,引领着整个行业的发展。全球支架市场规模稳定增长,预计到 2016 年全球市场将达到 95 亿美元,药物洗脱支架逐渐成为当前主流产品。

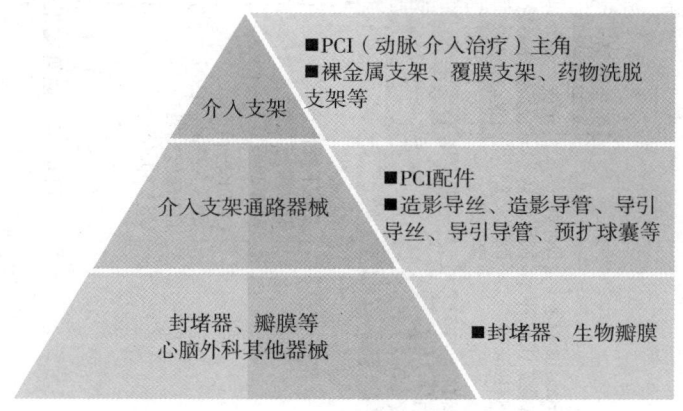

图 6-3 心脑血管介入器械主要产品

6.3.1 血管支架发展脉络

血管支架是冠状动脉介入治疗手术的主角,其发展经历球囊扩张、裸金属支架、药物洗脱支架、全降解支架等时期,如图 6-4 所示。

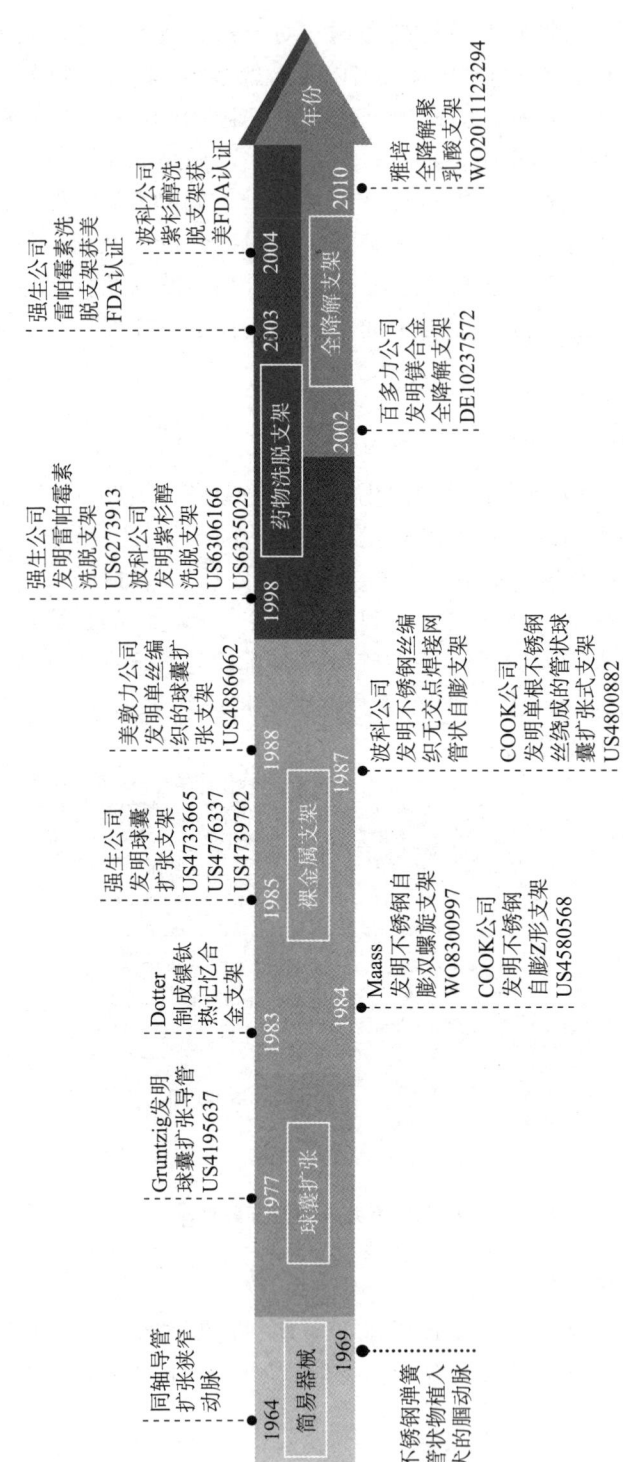

图 6-4 血管支架全球重点技术发展脉络

20世纪60年代，通过介入器械治疗心血管疾病的想法逐渐形成，但大部分研究仅处于试验阶段。Dotter于1969年首次将弹簧管状物置入犬的腘动脉进行实验。

在20世纪70年代，经皮腔内血管成形术成为微创治疗方向发展的焦点，球囊扩张导管被应用于治疗血管有斑块、狭窄。球囊导管通过通路器械递送到病灶部位，球囊扩张将血管撑开，从而恢复血管的正常供血功能。1977年，Gruntzig等人将球囊装置小型化，研制出聚氯乙烯双腔单端孔球囊扩张导管（US4195637）；在苏黎世为一名37岁男性患者施行世界上首例经皮冠状动脉腔内血管成形术（PTCA）。随着PTCA技术在血管狭窄/闭塞性病变的治疗中得以推广，逐渐运用到冠状动脉、肾动脉、髂动脉、腹腔动脉以及周围四肢动脉狭窄等。然而，其后的临床观察表明，球囊扩张会带有并发症，在球囊扩张过程中，血管内的斑块掉落，容易造成急性血栓；并且该治疗的术后再狭窄率很高，明显影响了心血管和外周血管疾病PTCA治疗的中远期疗效。

为了解决球囊导管血栓以及血管回缩的问题，管腔内支架发展成为介入医学领域的焦点，将裸金属支架植入血管，利用支架的支撑力，支撑血管，解决了内膜的回缩和血栓的问题。众多研究成果和产品不断涌现，且这段时间内，主要是由金属/合金制成的管腔内金属支架。其中，自膨式Z形EMS（库克公司，US4580568）、Palmaz EMS（强生旗下的科迪斯公司，US4733665、US4776337、US4739762）、Wallstent（波士顿科学公司）、Gianturco – Roubin Flex EMS（波士顿科学公司）和Strecker EMS（波士顿科学公司），几经改进后均由大公司，例如波士顿科学、库克、科迪斯等，转化为产品。多数还获得美国食品药物监督管理局（FDA）批准，进入国际市场，被认为是"经典的"裸金属支架，其应用和特性各有特点。在此基础上，各种新型管腔内支架日益涌现，多达百余种。但是植入裸金属支架后，由于人体的排异反应，将支架识别为异物，血管内膜细胞会不断增生包裹支架，使血管再次发生狭窄。

为了解决内膜增生导致再次狭窄的问题，20世纪90年代开始，强生、波士顿科学公司研发了药物洗脱支架，将抑制细胞生长的药物放在支架的表面，支架植入后，通过不断释放药物，抑制血管内膜增生，从而避免了内膜增生导致的再狭窄问题。1998年，科迪斯公司的Wright等人发明了雷帕霉素药物洗脱支架，波士顿科学公司的Barry等人发明了紫杉醇药物洗脱支架（US6273913）。2003年4月科迪斯公司的这款雷帕霉素药物洗脱支架（Cypher）首先获得美国FDA认证，由此诞生全球第一枚药物洗脱支架。2004年3月，波士顿科学的紫杉醇洗脱支架（Taxus）紧接着获得美国FDA

认证（US6306166、US6335029）。FDA 批准的 Cypher 和 Taxus 两个药物洗脱支架成为该领域一个标志性的进步，也被通称为第一代药物洗脱支架。2005年4月，美敦力公司的 Zotaroliums 洗脱支架（Endeavor）获得欧洲 CE 认证，该款支架采用了钴合金的支架结构和新型的支架输送系统，支架表面包被抗增殖药物 Zotaroliums，采用生物可吸收的磷酸胆碱（PC）聚合物控制其药物释放，被称为第二代药物洗脱支架。

由于支架植入人体后在体内长期留存，存在风险。行业内都在思考能不能有一种血管支架，植入体内一段时间，将血管腔内的斑块治愈后，支架本身可以逐渐降解，最后完全消失，也就是能够完全降解的支架。由于全降解支架存在诸多优点，已经成为国内外各大企业的研发重点。第一支生物全降解支架（Biodegradable stent，BDS）于20世纪80年代初由 Duke 大学医学中心首先研制成功。1998年，Yamawaki 等第一次研制出一种由左旋聚乳酸和酪氨酸及酶抑制剂构成的完全生物可降解支架。日本 Igaki – Tamai 公司研发的 Igaki – Tamai（IT）支架是第一种在人体内进行临床评估的完全可降解生物支架，由左旋聚乳酸组成，完全降解需要 18~24 个月。首款药物洗脱生物全降解支架（BVS，WO2011123294）——Absorb 支架由美国雅培公司开发，是目前较为成熟、证据较为充分的高分子聚合物全降解支架。它以左旋聚乳酸为骨架，右旋聚乳酸为涂层，依维莫司为抗增殖药物，该款支架是目前唯一用于临床研究的药物洗脱 BDS，并于 2011 年 1 月 10 通过了欧洲 CE 标志认证。

除了高分子聚合物全降解材料的选用之外，金属材料的研究也是全降解支架的一项重点。目前应用于可吸收合金支架的材料有两种：铁合金和镁合金。铁和镁都是人体的必需元素，具有良好的组织相容性。百多力公司发明镁合金全降解支架（AMS，DE10237572），正处于预临床阶段。目前尚未有铁及铁合金支架的临床试验报道，还处于动物实验阶段证明其安全性和可行性，尚需进一步研究。目前全降解支架仍有其特有的限制性，主要体现在其降解速率和力学性能及两者间相互关系方面。但支架完全可吸收降解，保证疗效同时不在体内留下"痕迹"等特点将是未来支架的一个重要发展方向。

6.3.2 血管支架专利发展态势

图 6-5 列出了已上市的血管支架产品，目前市场上的主流产品是药物洗脱支架，国外强生、波士顿科学、美敦力等，国内微创医疗、乐普医疗和吉威等都有较成熟的产品。

6 植介入医疗器械

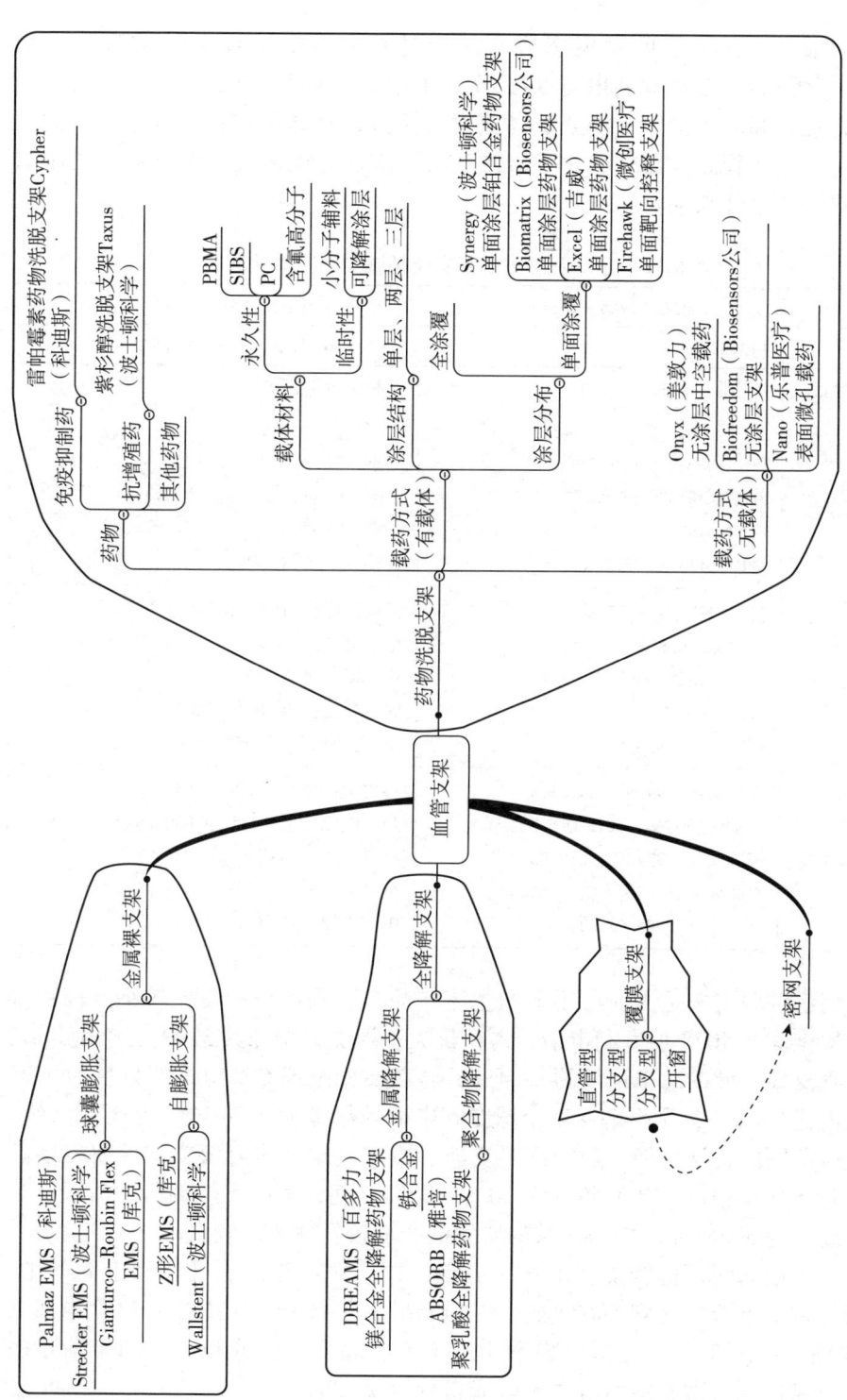

图 6-5 已上市的血管支架主要产品

149

目前血管支架整体发展态势全球保持稳定，中国技术研发活跃（如表 6-3 所示）。全球专利申请量自 2003 年近十年期间，申请量变化不大，一直维持在较高的水平。中国处于高速发展阶段，整体呈加速上升趋势，血管支架、其他血管介入器械、通路器械三大心脑血管无源介入医疗器械的申请量均进入快速增长期。

表 6-3 全球及中国血管支架领域专利基本状况表

	全球（1968~2014 年）	中国（1992~2014 年）	
	（12235 项）	国内（961 件）	来华（432 件）
发展趋势	近期保持平稳	专利申请快速增长	
区域分布	美国：5867 项（48.0%） PCT：4043 项（33.0%） 欧洲专利局：865 项（7.1%） 中国：481 项（3.9） 德国：433 项（3.5%）	上海：249 件（17.9%） 北京：222 件（15.9%） 江苏：93 件（6.7%） 广东：77 件（5.5%） 辽宁：55 件（3.9%）	
主要申请人	波士顿科学：1473 项（12%） 美敦力：668 项（5.5%） 先进心血管：665 项（5.4%） 雅培：653 项（5.3%） 库克：504 项（4.1%）	微创医疗：101 件（7.3%） 乐普医疗：37 件（2.7%） 科迪斯：34 件（2.4%） 先健科技：30 件（2.2%） 雅培：28 件（2.0%）	
技术领域	裸支架：3199 项（26.2%） 药物洗脱支架：4078 项（33%） 覆膜支架：3773 项（30.8%） 全降解支架：2574 项（21%） 密网支架：244 项（2%）	裸支架：363 件（26.1%） 药物洗脱支架：425 件（30.5%） 覆膜支架：364 件（26.1%） 全降解支架：206 件（14.8%） 密网支架：17 件（1.2%）	

药物洗脱支架是当前市场上的主流产品，专利申请量占比较高。药物洗脱支架全球共 4078 项专利申请，占比最大；裸支架全球共 3199 项专利申请，占血管支架领域的总申请量的 23.1%；覆膜支架全球专利申请的数量为 3773 项，占比 27.2%；全降解支架全球专利申请的数量为 2574 项，占比 18.6%。在全球范围内，裸支架、药物洗脱支架、覆膜支架和全降解支架的研发活跃度（近 5 年申请的占比）维持在 20%~30% 之间，密网支架的研发活跃度相对较高，为 50.41%。中国区域的研发活跃度较全球普遍较高。

美国依旧引领血管支架的技术方向，国内主要聚集在北京和上海等地。美国的首次申请量达到 5867 项，占总申请量的 48.0%；其次是 PCT 申请共 4043 项，占比 33.1%。国内申请中，上海、北京、江苏和广东的申请量较多，申请量总和占到国内申请人申请总量的 65.3%。

医疗器械巨头依然引导行业方向；国内企业经过近几年追赶逐渐占据主动。全球主要申请人中，排名前五位的分别是波士顿科学（1473 项）、美敦力（668 项）、雅培（665 项）、先进心血管系统公司（653 项）、库克（504 项），均为美国公司。中国申请人中，主要以国内申请人为主，微创医疗、乐普医疗等企业经过近几年的追赶，在中国区域逐渐占据主动。

6.4 热点产品技术分析

血管支架、其他介入医疗器械和通路器械三个技术领域中，分别存在不同的热点产品，掌握其技术研发和专利布局情况对行业发展具有重要意义。如图 6-6 所示，热点产品包括血管支架领域的全降解支架、药物洗脱支架、密网支架；其他介入医疗器械的左心耳封堵器、介入生物瓣膜；通路器械中的药物球囊导管和覆膜支架输送系统。

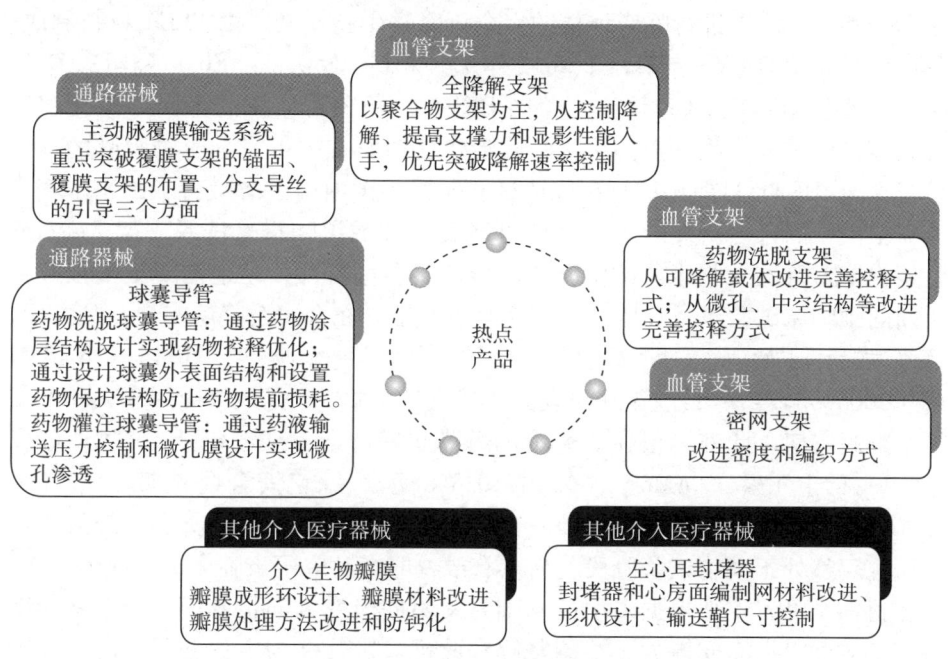

图 6-6 热点产品技术改进方向

6.4.1 全降解支架

由于全降解支架可以在体内完全降解，现在已经成了各大厂商的研发热点。可降解血管支架根据采用的降解材料可以分为金属全降解支架和聚合物全降解支架。而在金属支架中，又根据采用的主要金属材料分为镁合金全降解支架和铁合金全降解支架，而采用的聚合物主要为聚乳酸、聚羟基乙酸、聚乳酸-羟基乙酸共聚物、聚乳酸-己内酯共聚物等材料。

全降解支架技术未来市场前景可观，预计将快速增长。根据对产业的了解，目前全球有多款聚合物全降解支架已经上市，另有多款金属可降解的支架处于临床实验阶段，全降解支架的市场前景十分可观。

全球范围全降解支架技术专利申请量今年来稳步增长，中国也呈稳步增长态势。全球与全降解支架技术直接或间接相关的专利申请有2574项，近几年专利申请量增长较快。其中波士顿科学、美敦力、百多力和雅培的专利申请量居前四位。中国国家知识产权局（SIPO）受理的全降解技术直接相关的专利申请共有205件。其中国内申请人申请的专利共计158件（77.1%）；国外申请人在华申请47件（22.9%）。

全降解支架产品目前主要处于临床阶段，尚未有产品上市（如图6-7所示，文前彩插第1页）。在可降解聚合物支架产品方面，Igaki-Tamai（IT）是第一种在人体内进行临床评估的完全可降解生物支架，由PLLA材料制成。雅培公司开发的BVS支架，于2011年1月获得CE认证。Elixir公司的DESolve支架也已经获得CE认证。美国REVA医药公司研发的多聚（碘化酪氨酸烷基）碳酸酯支架和美国生物吸收治疗公司研发的可完全生物吸收的球囊扩张支架IDEAL目前正进行预临床试验阶段。国内由上海微特、山东华安合作完全由中国自主研发的国产完全可降解聚乳酸雷帕霉素洗脱支架Xinsorb，骨架为聚L乳酸，临床前试验已经初步证实了可行性，但还需要更多以及长时间的预临床试验以及临床试验证实其可行性。在金属全降解支架产品方面，百多力公司研发了世界上首个金属全降解支架ARMS（WE43）（WO2004043474），目前正在研发第2代支架。ARMS是最早应用于人体的金属全降解支架。此外，正在研究中的可降解镁合金支架还包括：AE21（2%铝、1%稀土元素）、AM60（6%铝、0.3%锰）、铼钇镁合金支架（5.2%~9.9%铼，3.7%~5.5%钇）、镁锌锂合金支架等。目前对金属铁全降解支架的研究仍然处于动物试验阶段，尚未有成熟的产品应用于临床试验或者上市。

目前全降解支架根据采用的基础材料不同研发方向也不同，聚合物全降解支架方面以提高支撑力、控制降解和改进显影性能为主；金属全降解支架方面以控制降解和改善生物相容性为主。

由于聚合物全降解支架的强度不如金属支架，使得支架在植入后容易发生早期回缩，另外该类支架在植入后局部炎症反应较强，支架在体内成像效果差、降解速度比较慢等问题，构成了聚合物全降解支架的局限性，也成为各大企业主要研究攻克方向（如图6-8所示）。例如，波士顿科学提出的WO2008008126、WO2008130530、US2013053946涉及了在支架中添加不透射线的编织材料、毫微粒或金属结构以改进显影性能。在控制降解速度方面，先进心血管公司申请的 US2006041102 提出一种具有良好降解曲线特性的可降解聚合物材料，雅培提出的 WO2008016670 涉及一种支架在可降解聚合物材料的基底上混合有生物陶瓷颗粒。在提高支撑力方面，在聚合物全降解支架中适当添加金属和陶瓷材料，可以增强支架的支撑力。波士顿科学申请的 US2013053946 提出一种合成支架，由生物可吸收的聚合物以及设置于其上的多个金属结构构成，通过采用金属材料增强了系统的径向和环向强度、射线不可透过性以及刚性。

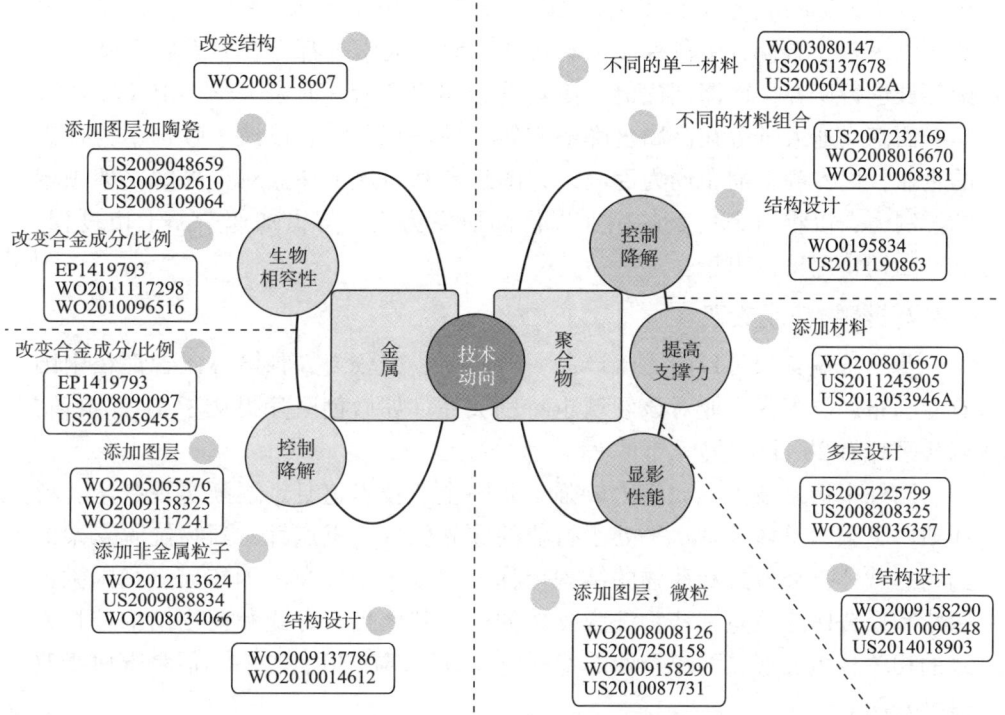

图 6-8　全降解支架主要性能改进手段及代表专利

（2）如果镁合金支架的降解速度过快，在短时间内基本降解完毕，会过早地失去支撑作用，容易造成再狭窄，因此各大公司主要的研发方向在于控制镁合金在体内的降解速度以及由于降解速度过快而带来的生物相容性问题。例如，百多力申请的 EP1419793、波士顿科学申请的 WO2010096516 以及美敦力 2012 年提出的 US2013090741 均涉及通过改进镁合金成分中各元素比例来改进生物相容性。而波士顿科学申请的 US2009048659 通过添加陶瓷涂层来改进生物相容性。另外，百多力提出的 WO2012113624、雅培提出的 US2009088834、波士顿科学提出的 WO2008034066 等均是通过添加非金属粒子，具体为陶瓷材料、腐蚀修改材料、其他粒子等来控制降解速度。此外还通过在支架表面添加涂层、改进结构、改进支架本身的组分等手段来控制降解速度。而铁基合金支架的缺点在于，降解速度较慢、腐蚀方式为点蚀、铁为磁性材料、相容性较差等，而从专利角度分析发现，国内外已经有多个企业，如波士顿科学申请了可降解铁基合金的成分（WO2010096516、WO2011119573）相关专利，以进行早期基础专利布局。

企业产品研发和专利布局呈现不同的策略。国外研发全降解支架的企业包括雅培、Igaki医疗、百多力、REVA医药、Orbus Neich等。国内山东华安公司、乐普、微创、中科院成都有机所、北京大学等都有在聚合物全降解支架领域进行研究，而深圳先健、中科院金属研究所、北京大学、上海交通大学、西南交通大学等在金属全降解支架领域进行研究。以波士顿科学为代表的企业，以专利全面布局为手段，力图从专利布局上建立对全降解支架领域的控制力；以雅培为代表的企业以产品研发为主，努力加速产品上市进程，从产品销售上抢占市场。

6.4.2 药物洗脱支架

药物洗脱支架是目前主流产品，科迪斯、美敦力、雅培心血管都在中国有专利布局。国内企业对该领域也特别关注，如微创医疗提交了31件申请，乐普医疗有26件申请。

国外申请人技术全面实力较强，我国企业技术追赶，逐渐实现赶超。科迪斯、美敦力整体技术水平处于行业的领先位置，重点针对药物洗脱支架的药物的载体控释方式和药物的结构控释方式技术领域在中国布局。我国微创医疗和乐普医疗也重视药物洗脱支架的药物载体控释方式和药物结构控释方式的相关技术发展，两家企业的专利申请数量都在30件左右，但是都属于改进型发明。

药物结构控释方式改进是药物洗脱支架技术的主要发展方向。药物的结构控释方式由于其无需额外药物载体，减少支架负荷，减少人体对内降解产物的负担，而且药物承载点相对固定，靶向性明确，必将成为药物洗脱支架的主要发展方向之一。以美敦力为代表的外国公司在该技术中投入了较大的研发力量，在中国有着为数不少的专利申请，美敦力主要采用凹槽载药（CN201180034232）、空心线材载药（CN201180044293），而科迪斯主要采用通孔贮存（CN201180055163）、储药槽（CN201080015661）等结构控释方式。而国内公司微创和乐普也在结构控释方式技术方面申请了可观专利（ZL20062013523、ZL200720068723等），可见该技术是药物洗脱支架技术的主要发展方向之一。

药物载体设计联合结构控释成为药物洗脱支架改进的热点技术。科迪斯和雅培均持有在审专利，科迪斯主要采用载药开口（CN201010102996）、药物洗脱容器（CN201110054023），而雅培采用沟槽腔（CN201280039635）的载体+结构的控释方式。国内微创和乐普等公司也均有涉及。微创主要采用载药凹槽和在凹槽内携带磁性粒子（CN200910050767）的方式来载药物，而乐普主要采用在材料中直接形成孔洞（CN200620138308）或纳米级孔洞来释放药物（CN200620138309）。该技术弥补了单纯采用载体控释方式或结构控释方式的缺点，又保留了两者的优点，通过结构和载体配合，既具备了药物释放的靶向性优点，又适当减少了支架所需载体和药物的携带量，这也是药物洗脱支架的发展方向之一。但是这对于支架微结构的制造，以及微结构和载体的配合，均提出了一定的挑战。

6.4.3 密网支架

密网支架不需要使用其他的栓塞物质或封闭结构，栓塞效果好，并且不影响瘤口旁的分支血管的血液运输，还大大减少了手术所需的费用，也减少了患者的创伤和痛苦。在全球范围内，密网支架目前是各大公司的研发热点。

治疗潜力受关注，开始出现基础性专利布局。目前来华申请人与密网支架相关的专利主要涉及密网支架的编织方法，如泰科保健集团的授权专利CN200780023229，菲偌克斯有限公司的授权专利CN200880014926，另外涉及的技术是控制网格密度，如AGA医药有限公司授权专利CN200810003317，以及泰科保健集团有限合伙公司申请的CN201080024873均涉及网格密度可调。而在国内申请人中，微创率先在密网支架领域进行了基础专利布局，如授权专利CN200810202854涉及对密网支架网孔孔隙率的限定，授权专利CN200910194688涉及调整网格密度。但密网支架目前市场走向尚不明朗，临床试验数据还不足，尤其在国内市场上，传统的覆膜支架技术相对成熟，医生和患者更乐于选择成熟的技术。这可能也是我国申请人在研发过程中持有观望态度的顾虑之一。

6.4.4 左心耳封堵器

左心耳封堵器的发展涉及材料的进步、生物科学以及医学等多学科的发展和高度融合。国外已有PLAATO封堵器、WATCHMAN左心耳封堵器、Amplatzer心耳封闭系统等多种产品进入市场，而国内的研发主要有先健科技的LAmbre™左心耳封堵装置。目前涉及左心耳封堵器的中国专利申请一共有33件，来华申请共有13件，我国主要申请人有先健科技、第二军医大学、上海形状记忆、湖南埃普特医疗等。

来华申请少但技术含量高；国内申请人技术水平仍有差距。来华申请专利的主要有波士顿科学、AGA医药、戈尔控股、奥特鲁泰克控股等，这些公司尤其是波士顿科学在左心耳封堵器领域有较强的技术实力。专利申请的技术方向主要涉及左心耳封堵器的具体结构等技术。阿普利瓦医学的重点专利 ZL99815453 涉及用于左心耳闭塞的方法和装置，通过扩张体上的阻挡层防止栓塞材料通过左心耳，该申请是较早在中国申请的有关左心耳封堵器的专利。我国企业先健科技重视在左心耳封堵器领域的相关技术发展，并且专利申请量在该领域处于领先，其申请主要研发方向为左心耳封堵器的具体结构的一些变化或改进，如重点专利 ZL201110146287 涉及左心耳封堵器，提供了阻断血液流入左心耳、在左心耳腔体稳定固定及可重复定位的左心耳封堵器。

6.4.5 介入生物瓣膜

国内公司在生物科学及医学发展方面缺乏基础研究，介入生物瓣膜的发展在材料方面受到制约。

来华申请占据专利布局优势，国内申请人整体情况较弱。介入生物瓣膜中国专利申请共有 145 件，来华申请共有 64 件，其中有效专利 47 件。爱德华兹、梅德坦提亚国际有限公司、美敦力、西美蒂斯股份公司、科迪斯公司向中国提交了大量专利申请，占来华申请总量的 60% 左右。这些公司都是医疗设备领域处于技术领先的跨国公司，专利申请主要涉及介入生物瓣膜及瓣膜成形环的技术改进和发展方向。爱德华兹的重点专利 ZL200680025325 涉及用于修复性心脏瓣膜的缝合环，是瓣膜成形环领域的基础专利之一，其技术方案是一种用于修复性心脏瓣膜的缝合环；美敦力的重点专利 ZL01812371 涉及瓣环成形设备，是瓣膜成形环领域的早期专利之一，其技术方案是一种用于心脏瓣膜修补的设备。国内申请 81 件，其中有效专利 50 件，主要研发方向为介入生物瓣膜或瓣膜成形环的结构改进或处理方法。我国的公司申请人仅微创医疗和北京市普惠生物医学工程有限公司拥有少量的专利，技术方案较为简单，技术点比较单一，未形成有效的专利布局。

6.4.6 药物球囊导管

大公司如雅培、科迪斯、美敦力、拜耳等在中国药物球囊导管（包括药物洗脱球囊导管和药物灌注球囊导管）领域均有布局。国内申请人例如微创医疗、硕创生物等企业也非常重视该领域的发展。

药物球囊导管根据给药方式的不同，研发的方向也有所差异。根据给药的方式，药物球囊导管可分为药物洗脱球囊导管和药物灌注球囊导管。近年来，药物洗脱球囊导管领域新技术的发展一直为国内外公司所重视，在治疗药物、控制药物的释放以及防止导管在血管穿行过程中药物的损失方面，国内外公司做了许多的研究。在治疗药物方面，拜耳在中国早期的授权专利

（ZL03824274、ZL200610099821、ZL200710141690）涉及紫杉醇药物，是药物洗脱球囊领域重要的基础性专利，而科迪斯提出的申请CN200910134174、CN201180020037、CN201280025333分别涉及雷帕霉素、利莫司、紫杉醇三种不同的药物；在药物控释方面，雅培申请的发明CN201080063591、CN201080063725、CN201080027624涉及具有可调分子结构的涂层，为涂层中的两种治疗剂提供不同的溶解速率；在防止导管在血管穿行过程中药物的损失方面，因瓦泰克公司的申请CN200880105021、CN201080070799、CN200780101613提出了通过设置保护件或是将药物保持在球囊折叠部下来防止药物的提前损耗。成都维德医疗和先健科技的专利ZL201010121627、ZL01110176942则分别通过设计凹凸非平面的球囊外表面结构和设计静电自组装载药层来减少药物的损失。

在药物灌注球囊导管领域，研发的方向则主要是压力渗透技术方面。如特苏詹尼斯公司的专利ZL200780032216采用低压渗透技术来递送细胞或治疗剂，耐克森麦德系统公司的专利ZL200980134724提出球囊的孔由预定压力控制开闭，微创医疗的专利ZL201210106423提出设置由具有微孔的高分子膜制成的外球囊。

来华申请侧重药物洗脱球囊导管，药物灌注球囊导管方面国内已开始专利布局。目前传统的球囊成形术和先进的药物洗脱技术的结合产物——药物洗脱球囊导管，作为治疗血管再狭窄的有效治疗方式，仍然是国外企业关注的焦点。相对来说，国外大公司尚未进入药物灌注球囊导管领域，以微创医疗为首的个别国内公司在该领域进行研发和专利布局，且主要集中在双球囊结构设计以及球囊导管的微孔渗透技术，具有一定的研发水平。

6.4.7 覆膜支架输送系统

在覆膜支架输送系统（包括胸主动脉覆膜支架和腹主动脉覆膜支架的输送系统）领域中，微创医疗提出的申请最多，一共有13件，阿普特斯内系统公司紧随其后，有8件，另外国际上血管介入治疗技术的大公司，如库克、科迪斯、美敦力、戈尔控股等公司以及国内的华脉泰科、先健科技等公司也均有向中国提交一定数量的专利申请。

国外申请人在覆膜支架输送系统的各个重点研究方向上都有较强的技术实力，我国在该领域也具有相当的整体技术水平，但偏重胸主动脉覆膜支架输送系统，在腹主动脉覆膜支架输送系统领域申请较少。

为治疗主动脉瘤特别是主动脉弓部动脉瘤或肾旁腹主动脉瘤，需要设计分支、分叉或开窗型的覆膜支架，这些复杂结构的覆膜支架给与之配套的输送系统带来了众多技术难点，目前覆膜支架输送系统的重点研究方向包括覆膜支架的定位、覆膜支架的布置、分支或分叉支架的引导等。在覆膜支架的定位方面，阿普特斯内系统公司的专利 ZL02823552 涉及一种腔内固着器释放器，用于将支架锚固在位，该专利于 2002 年申请，2008 年授权并维持至今，是在中国申请的有关覆膜支架输送系统的重要早期申请之一。在覆膜支架的布置方面，波顿医疗公司的专利 ZL200980125034 涉及一种用于精准布置覆膜支架顶端捕获装置；华脉泰科的专利 ZL201110380897 公开了一种覆膜支架的输送释放装置。另外在分支或分叉支架的引导方面，各大公司也做了大量的工作：科迪斯的申请 CN201310713650、CN201310713680 就提供了一种管腔内的导向装置，该导向装置包括定位在分叉支架对侧腿部内的促进进入腿部的预加载第二丝；微创医疗的申请 CN201210008588 提供了一种引导分支导丝进入相应的分支血管腔内的导引导管。国内偏重胸主动脉覆膜支架输送系统，在腹主动脉覆膜支架输送系统领域申请较少。国内的申请人，除了微创医疗在这两个技术方向上具有一定的专利申请和布局以外，其余的国内专利大都偏向于胸主动脉覆膜支架输送系统。

7

大气污染防治技术*

目前全球的大气污染问题日益严重,给各国造成了巨大的经济损失。各发达国家对大气污染的重视程度日益提高,已纷纷出台各种具有针对性的措施。

大气污染防治关键技术主要包括:大气监测技术、烟气脱硫技术、烟气脱硝技术、脱硫脱硝一体化技术等。其中大气监测技术是治理之前的必要过程应用,为后续的治理规划和措施提供科学依据,脱硫脱硝一体化技术则是近年来的研发热点。大气污染产业链如图7-1所示。

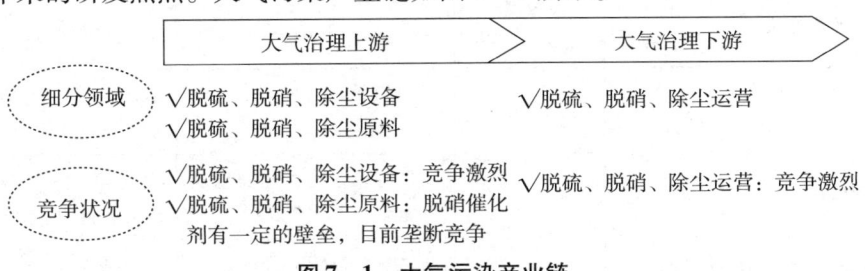

图7-1 大气污染产业链

---

* 本章节选自2014年度国家知识产权局专利分析和预警项目《大气污染防治技术专利分析和预警研究报告》。

(1) 项目成员:夏国红(负责人)、陈燕(负责人)、王娇丽(组长)、孙全亮(组长)、聂春艳(副组长)、王雷(副组长)、王丽、于丽娜、杜骁勇、殷晶、王燕、郑丽丽、佟振霞、张攀、布文峰、邓娜、谢文静、向启雄、李芳。

(2) 政策研究指导:张小凤。

(3) 研究组织与质量控制:夏国红、陈燕、王娇丽、孙全亮。

(4) 项目主要统稿人:王丽、聂春艳、李芳。

(5) 审稿人:夏国红、陈燕。

(6) 课题组秘书:李芳。

(7) 本章执笔人:李芳。

作为一个宽泛的概念,大气污染防治技术涉及的各个主要技术领域都各为独立的系统,为此,本章针对大气污染监测(包括PM2.5监测)、烟气脱硫、烟气脱硝、脱硫脱硝一体化等四个重点技术领域的技术和专利情况进行了分析研究。

7.1 大气监测技术

大气中的有害物质来自人类生产生活的各个方面。随着科学研究的进一步深入,人们逐渐认识到,导致城区人群患病和死亡率增加的主要因素是大气中存在的可吸入颗粒物,尤其是PM2.5。因此,在对大气监测技术(主要包括大气颗粒物监测、大气无机气体污染物监测、大气有机气体污染物监测、通用技术监测等)的专利情况开展研究的同时,特别是对PM2.5监测技术的相关专利情况进行了专题研究。

表7-1列举了目前常见的大气监测方法,除了上述三种方法外,光散射的原理测定颗粒物浓度(未纳入标准)也是监测方法之一。利用光散射仪测定PM2.5,至少有30%~40%的不确定性,这种不确定性是这类仪器固有的,所以不常用于测量PM2.5质量浓度。

表7-1 三种大气监测方法比较

监测方法	利用原理	灵敏度/$(mg \cdot m^{-3})$	特点	应用
重量法	重力	与天平有关	原理简单,数据可靠,操作较复杂	基本方法,膜捕集后可进行其他分析
β射线法	光学	0.01	结果与颗粒物粒径颜色成分无关	大气颗粒物,粉尘浓度的自动检测
微量震荡天平法	力学	0.0001	结果与颗粒物粒径颜色成分无关,受湿度影响大	大气颗粒物,粉尘浓度的自动检测

7.1.1 大气监测技术专利整体状况

截至2014年6月,共检索到大气监测技术专利57545项,在2012年达到峰值3468项。全球大气监测技术专利申请趋势总体呈现持续增长态势❶,可划分为三个阶段,即起始萌芽期(1990年以前)、缓慢发展期(1991~2007年)、快速发展期(2008年至今)(见图7-2)。

---

❶ 由于专利申请公开滞后的原因,2013年和2014年的申请量数据不全,相对量较少。下同。

7 大气污染防治技术

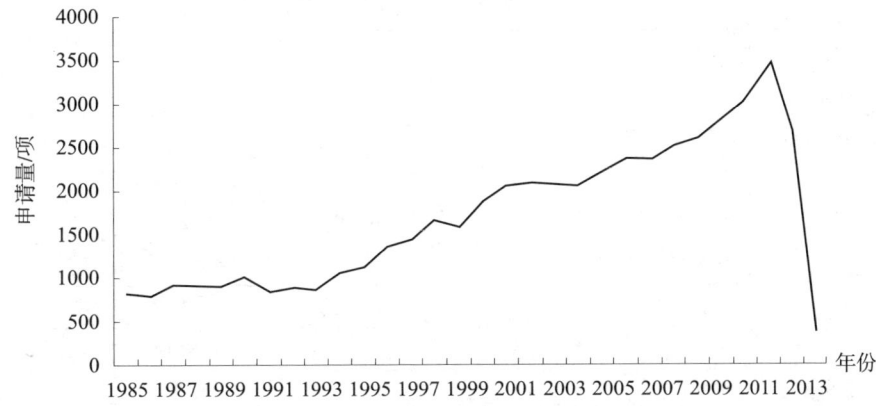

图 7-2 全球大气监测技术专利申请趋势

由图 7-3 可知,美国是最大的相关专利产出国。日本专利数量位居全球第二。德国、中国以及欧洲各国持有的大气监测技术专利水平相当,均在 8500~9500 项之间。澳大利亚、加拿大、韩国以及英国,这些国家位于大气监测技术产出国的第三梯队,数量均在 2500~3500 项之间。

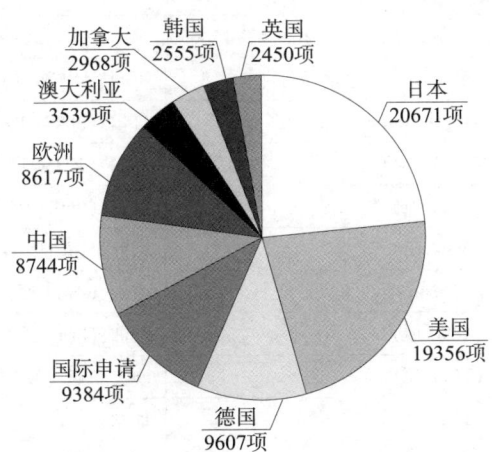

图 7-3 大气监测技术主要技术产出国/地区

主要申请人基本来自美国和日本,其中日本的企业占绝大多数。排名领先的企业还呈现出多元化和专业化的特点,如日本电装、日本特殊陶业、日本三菱、日本日立、德国博世等公司不仅在大气监测领域进行了探索和研发,还涉足各行各业多个领域。全球专利集中程度较高,前五位申请人申请项数占总量的 10.29%,前十位申请人申请项数占总量的 15.63%(见表 7-2)。

表7-2　大气监测技术全球专利申请情况

总申请量	57545（项）	
时间范围	截至2014年	
申请量峰值	2012年（3468项）	
主要申请人	申请人	申请项数
	电装	1392项
	特殊陶业	1310项
	三菱	1163项
	日立	1060项
	博世	997项
	丰田	781项
	松下	722项
	岛津	669项
	堀场	470项
	西门子	429项
技术集中度	前五位申请人申请项数占总量的10.29%	
	前十位申请人申请项数占总量的15.63%	
主要国家/地区	重要市场（按申请项数计算）	技术来源（按优先权项数计算）
	日本（17405项）	日本（20671项）
	美国（13511项）	美国（19356项）
	中国（7933项）	德国（9607项）
	德国（5644项）	国际申请（9384项）
	俄罗斯（5246项）	中国（8744项）
	韩国（1690项）	欧洲（8617项）
	英国（1611项）	澳大利亚（3539项）
	法国（1223项）	加拿大（2968项）
	欧洲专利局（1108项）	韩国（2555项）
	国际申请（907项）	英国（2450项）
主要技术分支	颗粒物监测技术（6606项，8.38%）	
	无机物监测技术（14596项，18.51%）	
	有机物监测技术（20730项，26.29%）	
	通用监测技术（36909项，46.81%）	

大气监测技术主要技术分支专利申请分布为：颗粒物监测占6606项；无机物监测技术占14596项；有机物监测技术占20730项；通用监测技术占36909项。其中颗粒物监测所占比例较少，这是由于近几十年全球才越来越关注颗粒物污染对环境和人体带来的危害，该技术分支刚进入发展期，年申请量仅在500件左右，而其他技术分支也一直发展良好，均处于技术稳定发展期，年申请量均在1000件以上。

7.1.2 我国专利申请情况

我国大气监测相关专利申请量为9905件，其发展趋势与全球发展趋势大致相同，但快速发展期相对于全球起步较晚。来华申请占国内申请总量的近10%，说明我国大气监测技术研发能力有待提高。主要来华申请的国家为日本、美国和德国，这与全球技术产出国排名一致，并且来华企业以日本企业为主。

在来华的939件申请中，除了25件是实用新型申请（其中6件是实用新型PCT申请）外，其余全部是发明专利申请，并且其中的423件是通过PCT申请的方式进入中国国家阶段。发明专利申请以及通过PCT申请的方式进入中国国家阶段的国际专利申请的数量约占来华专利申请总量的97%。

由表7-3可知，在大气监测技术领域来华的专利申请国别对比中，排名第一位的是日本（共329件，占来华专利申请总量的35%），其次是美国（共234件，占来华专利申请总量的25%），来自这两国的申请远多于其他国家，其申请量之和占来华申请总量的一半以上，这说明日本和美国在大气监测技术的研发方面具有很强的技术实力，并且也较为重视在中国的布局，是我国相关大气监测企业必须重点防范的对手。

表7-3 中国大气监测技术专利申请情况摘要

	总量9905件；其中：发明专利5691件，占57%		
中国申请量	国内申请		来华申请
	8966件		939件
	发明4758件，实用新型4208件		发明914件，实用新型25件
目前趋势	目前处于快速发展期，申请量增长迅猛		
来华主要国家/区域	国家/地区	申请量	重点来华布局技术领域
	日本	329件	颗粒物、无机物、通用监测
	美国	234件	有机物、颗粒物、无机物监测
	德国	86件	无机物、颗粒物、有机物监测
	中国台湾	55件	颗粒物、通用监测
	法国	36件	无机物、有机物、通用监测

续表

	申请人名称	申请量	重点来华布局技术领域
重点的来华申请人及专利布局	丰田自动车	43件	颗粒物监测
	堀场	27件	颗粒物监测
	岛津	25件	有机物监测
	日立	17件	通用监测技术

7.1.3 小　结

研究发现,在大气污染监测方面,专利布局具有以下特点:

① 全球专利申请态势处于稳步增长阶段,欧洲、美国、日本等来华企业专利申请布局逐步开始。

随着对可吸入颗粒物排放的管控日益严格,监测对象逐渐从空气监测拓宽到烟气排放和尾气排放上来。我国目前对烟气排放监测的研发势头比较迅速,但在尾气排放监测方面比较落后。

地域分布方面,全球申请仍旧以美国、日本、欧洲等技术研发较早的国家为主导,我国虽然申请量较多,但是核心专利少,核心技术仍掌握在这些国家的老牌仪器生产企业手中,技术集中度较高。

在技术研究布局方面,目前全球研究热点向新监测技术转移,而国内企业仍然停留在对基本的监测技术的掌握和提升阶段,这点值得国内企业关注。

来华申请的专利在现阶段得到保护的权利并不多,并未形成规模性的"圈地"现象,因而我国企业、高校等科研机构应该抓住当前的机遇,加强技术投入和研发,提高知识产权保护力度。

② 国内部分企业掌握了可吸入颗粒物监测的核心技术,但是创新能力仅初步显现,还有待进一步提高。如何引导企业做好专利布局,对未来几年进一步稳固国内市场走向国际市场至关重要。

③ 国内企业未来面临的知识产权风险严峻。由于我国企业选择的技术路线与欧洲、美国、日本相似,来华专利申请几乎涉及了全部关键技术。国内自主企业在引进吸收的过程中,如果不能灵活地利用专利制度,未来可能面临较多的侵权诉讼风险。

④ 国外企业越来越重视在我国进行专利布局,而我国申请人在国外就可吸入颗粒物监测技术提出的专利申请非常少,国内企业应当加强关注在国外的专利布局。

7.2 烟气脱硫技术

烟气脱硫技术有湿法烟气脱硫技术（WFGD）、半干法烟气脱硫技术（SDFGD）、干法烟气脱硫技术（DFGD）以及其他烟气脱硫技术，其中主要为湿法、干法、半干法三种。因此，烟气脱硫技术发展路线涉及湿法、半干法、干法烟气脱硫技术三条主线，三者形成一个统一的整体。图7-4显示了烟气脱硫技术整体发展路线。

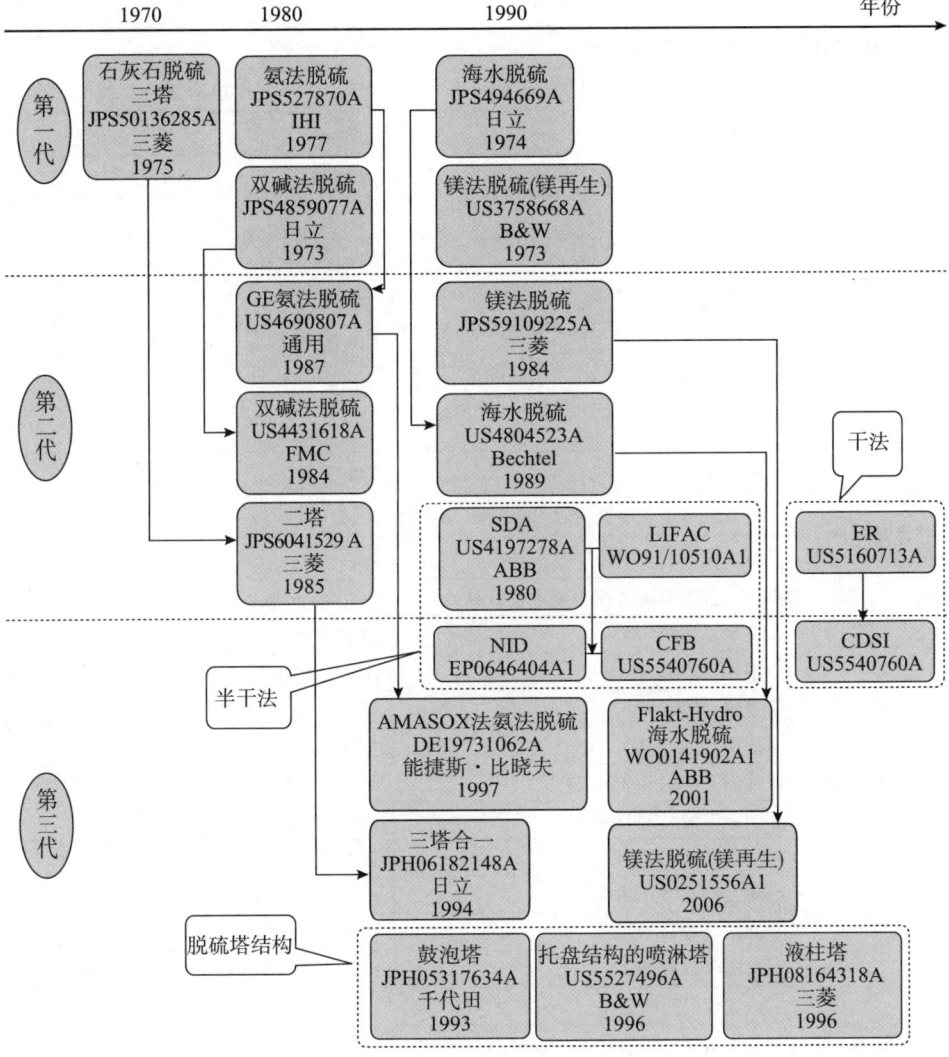

图7-4 烟气脱硫技术整体发展路线

7.2.1 烟气脱硫技术专利整体状况

截至 2014 年 6 月，全球烟气脱硫技术的专利申请总量超过 25000 项。全球专利集中程度高，前五位申请人申请项数占总量的 14.36%，前十位申请人申请项数占总量的 17.97%（见表 7-4）。

表 7-4 烟气脱硫技术全球专利申请情况

总申请量	26017 项	
时间范围	截至 2014 年 6 月	
申请量峰值	2012 年（1824 项）	
主要申请人	申请人	申请量
	三菱	1373 项
	日立	1264 项
	石川岛播磨	541 项
	住友	283 项
	千代田	274 项
	壳牌	247 项
	新日本制铁	236 项
	川崎	231 项
	中石化	225 项
技术集中度	前五位申请人申请项数占总量的 14.36%	
	前十位申请人申请项数占总量的 17.97%	
主要国家/地区	重要市场（按申请项数计算）	技术来源（按优先权项数计算）
	日本（10865 项）	日本（8653 项）
	中国（9365 项）	中国（8020 项）
	美国（5700 项）	美国（4045 项）
	德国（3992 项）	德国（2277 项）
	欧洲专利局（3067 项）	韩国（527 项）
	国际申请（2707 项）	法国（526 项）
	加拿大（2505 项）	俄罗斯（511 项）
	澳大利亚（1490 项）	欧洲专利局（462 项）
	韩国（1241 项）	英国（320 项）
	法国（1171 项）	国际申请（313 项）
主要技术分支	湿法烟气脱硫技术（16926 项，67.21%）	
	半干法烟气脱硫技术（2351 项，9.34%）	
	干法烟气脱硫技术（5905 项，23.45%）	

7 大气污染防治技术

总体来说，从专利申请态势看，全球烟气脱硫技术的发展经历了起始萌芽期（1960~1965年）、第一快速发展期（1966~1975年）、稳定发展期（1976~2004年），目前处于第二快速发展期（2005~2014年）。

在此期间，随着各国的大气污染防治法规日趋完善，硫化物的排放标准也日趋严格，人们对烟气脱硫技术越来越重视，认识逐步加深。从而促使各国投入人力和财力研发新的烟气脱硫技术，以提供效率更高、脱除污染物种类更多、二次污染更少的烟气脱硫技术。由图7-5所示，全球烟气脱硫技术的专利申请量由2004年的400项左右迅速增长至2012年的1800项左右，年均增幅达到43%，可见全球对于烟气脱硫技术的研发力度以及研发热情日益高涨。

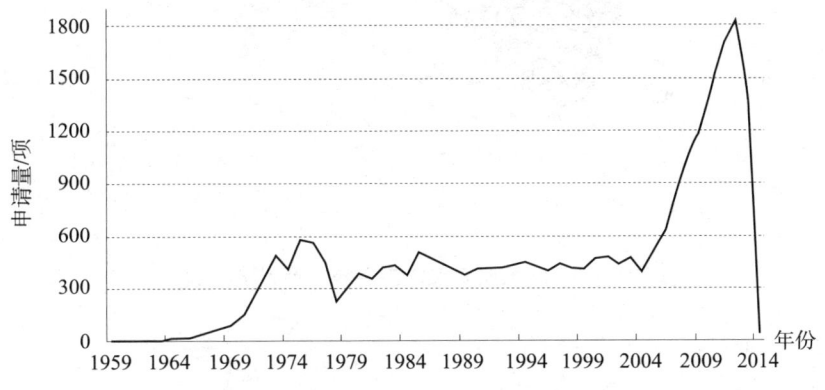

图7-5 全球烟气脱硫技术专利申请趋势

在申请人方面，日本具有绝对技术优势。申请量排名前九位的申请人中有7位为日本申请人。这与日本脱硫技术的积累密不可分。首次申请于日本、中国、美国和德国的专利申请量接近烟气脱硫领域申请总量的近85%。

美国、德国烟气脱硫产业已经非常成熟，而且主要采用自主研发的烟气脱硫技术和设备，目前主要是对设备进一步改进。

技术分支方面，我们将烟气脱硫技术发展划分为四个阶段（即第一阶段：1980年以前，第二阶段：1981~1989年，第三阶段：1990~1999年，第四阶段：2000~2014年），在四个阶段中，湿法烟气脱硫技术专利申请量均大幅超过半干法和干法，占据主导地位，这与湿法脱硫技术的产业现状相符。湿法烟气脱硫技术出现最早，产业应用最成熟，总体来说，投入的研发精力最多，市场参与者最多，竞争最充分，进行专利保护的积极性也最高（见图7-6）。

半干法和干法烟气脱硫技术专利申请虽然在1980年之前就已出现，但申请量较少，在第二阶段和第三阶段，干法烟气脱硫技术专利申请量稳步提升，

2000年以后中国脱硫技术专利申请量显著增加，尤其是半干法烟气脱硫专利申请量的增加，带动了全球半干法和干法烟气脱硫申请量的增长（见图7-7）。

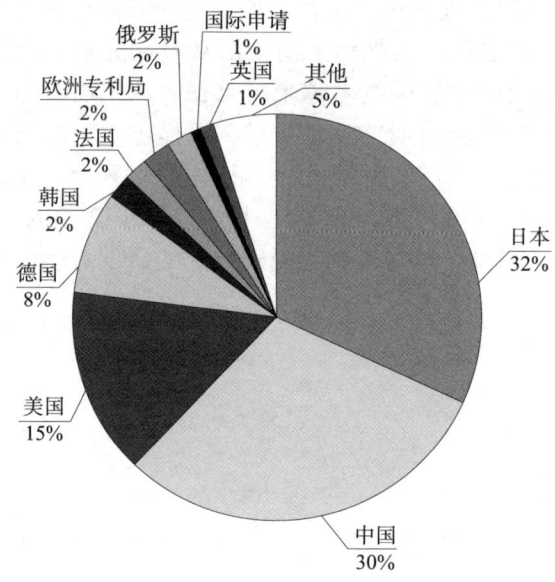

图7-6 烟气脱硫技术主要技术产出国/地区

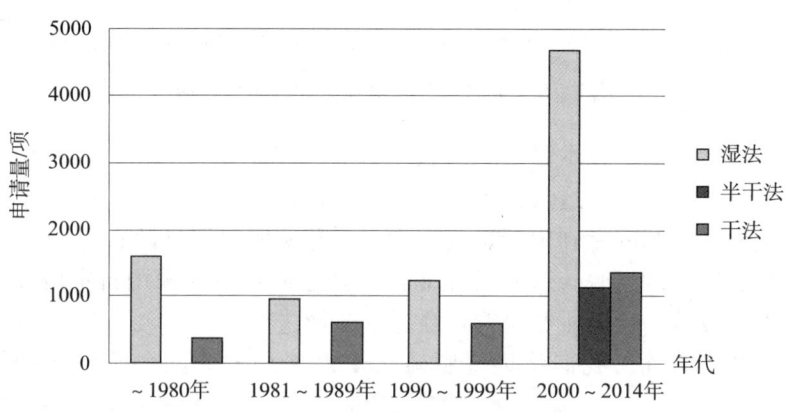

图7-7 湿法、半干法、干法烟气脱硫技术全球专利申请趋势

7.2.2 我国专利申请情况

截至2013年底，在中国申请的关于烟气脱硫的专利申请总量为10969项，其中发明和实用新型几乎各占一半。来华申请占国内申请总量的8%，主要来华申请的国家为日本、美国和德国，并以日本企业为主（见表7-5）。

表 7-5 烟气脱硫技术中国专利申请情况

中国申请量	总量 11153 件；其中：发明专利 6111 件，占 55%	
	国内申请	来华申请
	10265 件	888 件
	发明 5263 件，实用新型 5002 件	发明 848 件，实用新型 40 件
目前趋势	目前处于快速发展期，申请量增长迅猛	
来华主要国家/区域	国家	申请量	重点来华布局技术领域
	日本	264 件	石灰/石灰石湿法、活性炭干法
	美国	237 件	湿法、联合脱硫脱硝、干法
	德国	85 件	湿法、循环流化床半干法
	法国	34 件	未研究
	英国	23 件	未研究
重点来华申请人及专利布局	申请人名称	申请量	重点来华布局技术领域
	三菱	107 件	石灰/石灰石湿法、海水法
	阿尔斯托姆技术有限公司	25 件	湿法、循环流化床半干法、喷雾干燥半干法
	巴布考克威尔考克斯	15 件	湿法、联合脱硫脱硝、干法

我国最早关于烟气脱硫技术的专利申请为 CN85103364A，其申请日为 1985 年 5 月 13 日，授权公告日为 1990 年 4 月 4 日，申请人为联邦德国兰德股份公司，属于自中国专利制度于 1985 年正式成立起最早一批申请的专利。此后至 1997 年，烟气脱硫技术专利申请量增长缓慢，属于缓慢发展期；1998~2006 年，专利申请量开始提速，进入快速发展期；2007~2013 年，专利申请量急速增长，属于高速发展期（见图 7-8）。

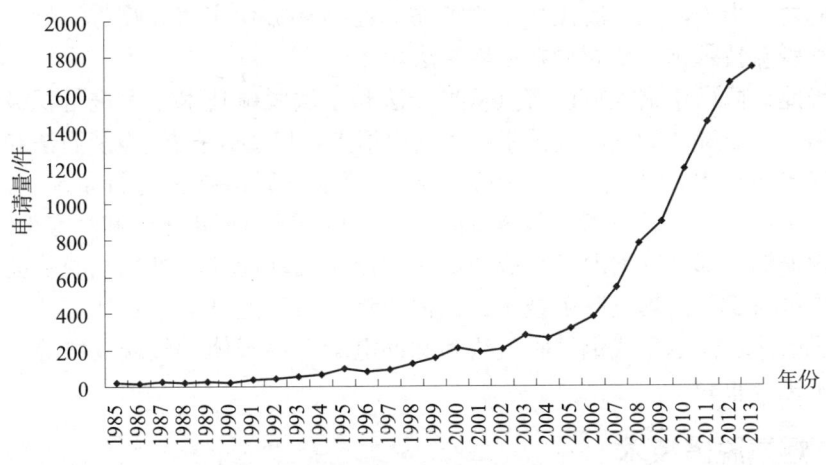

图 7-8 烟气脱硫技术中国专利申请量趋势

在烟气脱硫技术领域来华的888件申请中，仅有40件是实用新型申请，其余全部是发明专利申请，发明专利申请占来华专利申请总量的96%，并且其中有433件是通过PCT申请的方式进入中国国家阶段的国际专利申请，约占来华申请总量的49%。

目前烟气脱硫领域来华申请中授权专利申请为229件，占来华申请总量的26%，在审的专利申请为287件，占来华申请总量的32%，失效的专利申请为372件，占来华申请总量的42%。

7.2.3 小结

总体来说，烟气脱硫技术方面的专利布局具有以下特点：

① 来华的专利申请布局相对集中，主要布局在湿法烟气脱硫技术，半干法和干法烟气脱硫技术布局则相对薄弱。如三菱、阿尔斯通技术有限公司、巴布考克威尔考克斯公司、巴布考克日立株式会社、千代田和荏原等主要申请人来华的专利申请主要布局在湿法脱硫及其控制、吸附塔结构（如液柱塔）、泥浆溶液的处理、电子束照射法、活性炭法、湿法干法组合等技术分支。

② 烟气脱硫技术的目标市场国主要为日本、中国、美国和德国，同时也是脱硫设备需求市场，在这些国家做专利布局，有利于保护自己公司的烟气脱硫设备和技术，并能够在和同行对手的竞争中占据有利地位。

③ 在来华发明专利申请中，引用频次10以上的专利中61%已失效，国内企业可以利用这些专利技术进行产业应用，改善国内企业烟气脱硫领域存在的诸多问题；施引频次10以上的专利中39%处于受保护的阶段，这些重要专利和来华的前三位主要申请人有效专利主要布局在湿法烟气脱硫技术，尤其是在石灰/石灰石法和海水法脱硫，在半干法和干法烟气脱硫技术的布局则较薄弱，半干法烟气脱硫技术主要布局在循环流化床法和喷雾干燥法，干法烟气脱硫技术则主要布局在活性炭法。

因此，国内申请人可以着重从半干法和干法脱硫技术入手进行积极的专利布局。对于湿法烟气脱硫技术，国内申请人可以避开石灰/石灰石法和海水法烟气脱硫技术，从镁法、氨法和双碱法等烟气脱硫技术进行布局。另外，对于半干法烟气脱硫技术，国内申请人可以避开循环流化床法和喷雾干燥法，从炉内喷钙尾部烟气增湿活化脱硫法、增湿灰循环脱硫法等烟气脱硫技术进行布局；对于干法烟气脱硫技术，国内申请人可以避开活性炭法，从电子束照射脱硫法、荷电干式烟气脱硫法和脉冲电晕等离子体烟气脱硫法等烟气脱硫技术进行布局。

7.3 烟气脱硝技术

从技术发展角度上看，脱硝技术主要包括选择性催化还原脱硝技术

（SCR）、非选择性催化还原脱硝技术（SNCR）和活性炭脱硝技术。其中 SCR 是最早引起研究者注意的技术，也是目前最主流的烟气脱硝工艺。其后 SNCR 及其与 SCR 联用技术也得到了快速发展。活性炭脱硝技术由于其具有同时脱除多种污染物的优点也受到了研究者重视，有可能是未来特定行业的技术发展方向。

从 20 世纪 50 年代开始探索烟气脱硝技术，经历了 70 年代的发展阶段，并在 90 年代技术成熟并得到商业应用，在 21 世纪工艺整合的新技术开始浮现。这些时间点的出现往往伴随着世界产业重心的转移以及各国的政策导向的转变（见图 7-9）。

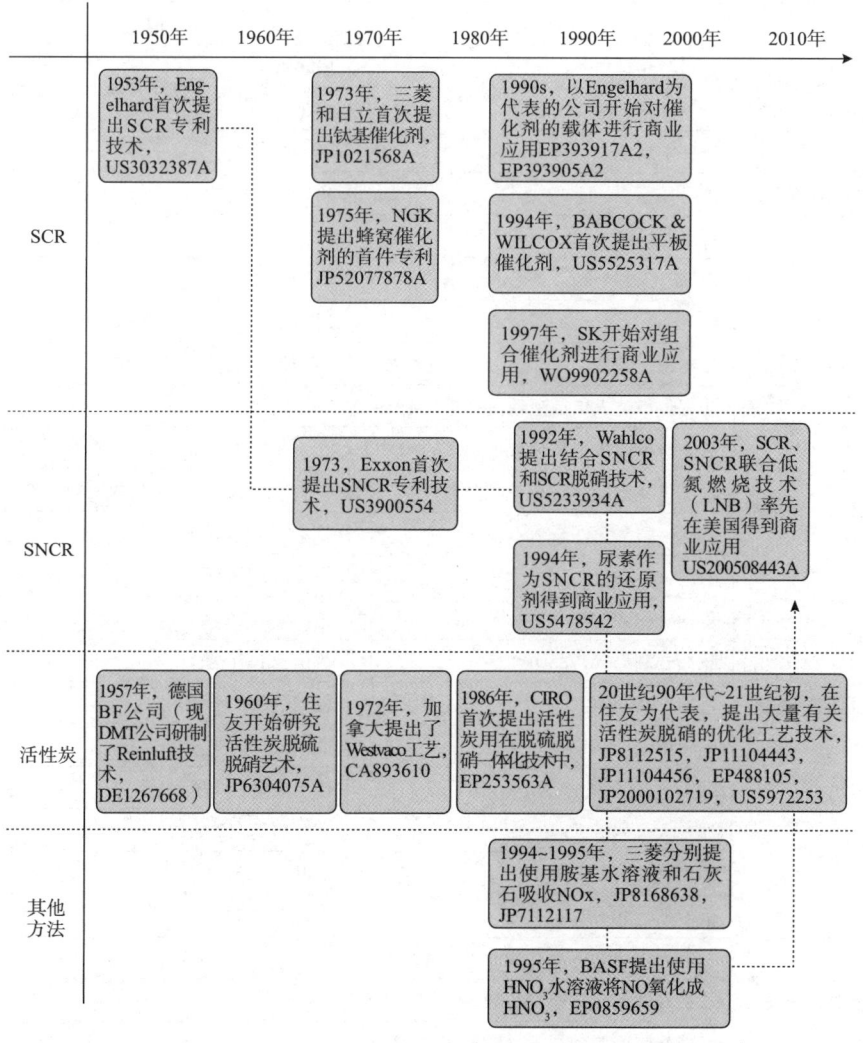

图 7-9　烟气脱硝技术发展路线

7.3.1 烟气脱硝技术专利整体情况

全球烟气脱硝技术的专利申请总量超过16000项,2007年申请量最大。该技术与我们研究的大气污染的其他技术相比,技术的垄断性相对较强。烟气脱硝技术的主要目标市场国为日本、中国和美国,包括德国、法国在内的欧洲国家也得到较大重视(见表7-6)。

表7-6 烟气脱硝技术全球专利申请情况

总申请量	16261项	
时间范围	截至2014年6月	
申请量峰值	2007年(2411项)	
主要申请人	申请人	申请量
	巴布考克日立	1354项
	三菱	1273项
	新日本制铁	619项
	住友	403项
	石川岛播磨	237项
	川崎	192项
	松下	188项
	日本神户钢铁	147项
技术集中度	前五位申请人申请项数占总量的19.96%	
	前十位申请人申请项数占总量的28.04%	
主要国家/地区	重要市场(按申请项数计算)	技术来源(按优先权项数计算)
	日本(9169项)	日本(8139项)
	中国(2968项)	中国(3706项)
	美国(6499项)	美国(1846项)
	欧洲专利局(1985项)	德国(1076项)
	德国(1934项)	韩国(558项)
	国际申请(1653项)	欧洲(269项)
	韩国(1099项)	俄罗斯(220项)
	加拿大(940项)	国际申请(203项)
	澳大利亚(749项)	加拿大(64项)
	俄罗斯(704项)	奥地利(53项)
主要技术分支	选择性催化剂还原(7897项,48.56%)	
	非选择性催化还原(1752项,10.77%)	
	活性炭吸附脱硝技术(873项,5.37%)	

总体来说,从专利申请趋势看,烟气脱硝技术经历了小高潮的阶段(1970~1978 年)、稳步增长阶段(1979~2006 年)后,目前仍处于快速发展阶段(2007~2014 年)。这一阶段专利申请量的主要贡献者为中国(见图 7-10)。

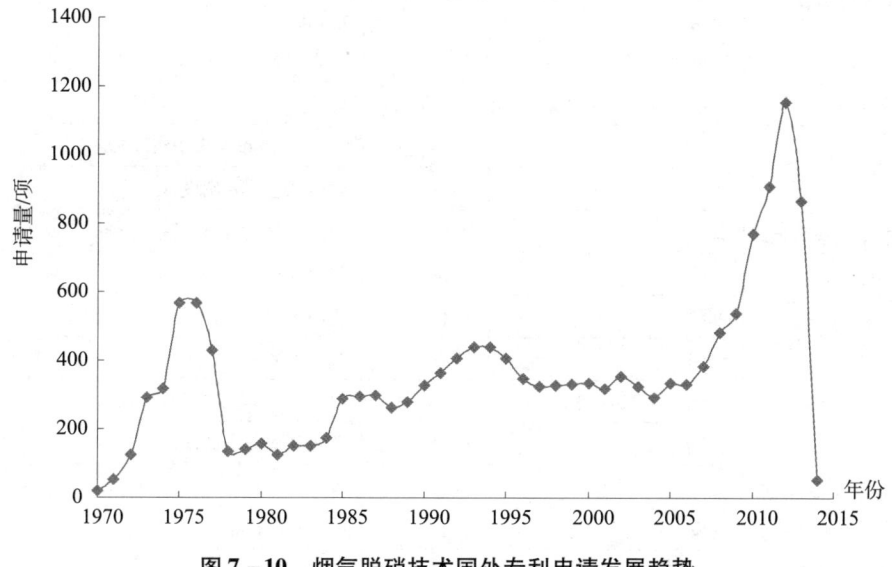

图 7-10 烟气脱硝技术国外专利申请发展趋势

图 7-11 显示了专利首次申请的分布情况,如图所示,在申请人方面,首次申请于日本、中国、美国和德国的专利申请量超过脱硝技术申请总量的 90%。日本以其庞大的技术储备独占鳌头,从表 7-7 显示的中国专利申请情况看,来华申请中前几位申请人都为日企。日立在脱硫脱硝技术领域具有较强的技术优势,并且在我国技术市场影响较大。

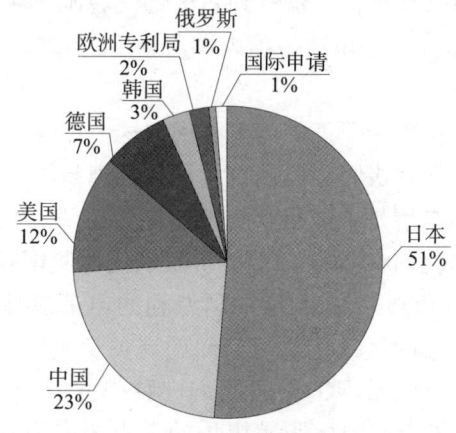

图 7-11 硝烟气脱技术全球专利产出分布

表 7-7 烟气脱硝技术中国专利申请情况

中国申请量	总量 6221 件；其中：发明专利 4695 件，占 75%	
	国内申请	来华申请
	5468 件 发明 3980 件，实用新型 1488 件	753 件 发明 715 件，实用新型 38 件
目前趋势	目前全球处于成熟期，国内申请量增长迅猛	
来华主要国家/区域	国家	申请量	重点来华布局技术
	美国	257 件	脱硝工艺、脱硝设备
	日本	199 件	脱硝催化剂材料、脱硝设备
	德国	92 件	脱硝设备
	韩国	52 件	脱硝工艺、设备
	法国	32 件	脱硝工艺
重点来华申请人及专利布局	申请人名称	申请量	重点来华布局技术
	三菱	41 件	催化剂成分、脱硝设备
	日立	34 件	脱硝设备
	住友	14 件	吸附脱硝设备
	埃克森美孚	12 件	脱硝工艺优化
	巴布考克威尔考克斯	19 件	废气处理设备

在技术分支方面，选择性催化剂还原技术以绝大多数申请量占据首位，表明其主流技术的地位，其次为非选择性催化还原和活性炭吸附脱硝技术。

7.3.2 我国专利申请情况

截至 2014 年 7 月 30 日，共检索到我国烟气脱硝技术专利申请量为 6221 件，其中发明占 75%。来华申请占国内申请总量的 12%，主要来华申请国家为美国、日本和德国。

选择性催化还原技术为研发的主流技术，这一点与国际趋势相同，但是，非选择性催化还原和活性炭吸附脱硝技术的比例则与国外截然相反。

国内第一件专利申请是中国科学院大连化学物理研究所在 1985 年 4 月 1 日提出的关于利用催化剂将 NO_x 中的低价氮氧化物催化氧化成 NO_2 的专利。

图 7-12 显示了 1985~2014 年中国专利的申请总体趋势，其为增长态势，这与我国日渐严重的氮氧化物污染问题有关。我国燃烧燃料以及管道排入排放的烟气中，含有大量 NO_x。因此烟气脱硝方面的专利技术受到重视。"十二五"规划明确指出，国内脱硝市场的需求还未饱和，脱硝纳入地方环保考核指标，这也标志着脱硝正式迈入大步发展阶段。在今后的几年时间里，

预计中国的脱硝专利申请量还会保持一定的增长势头。

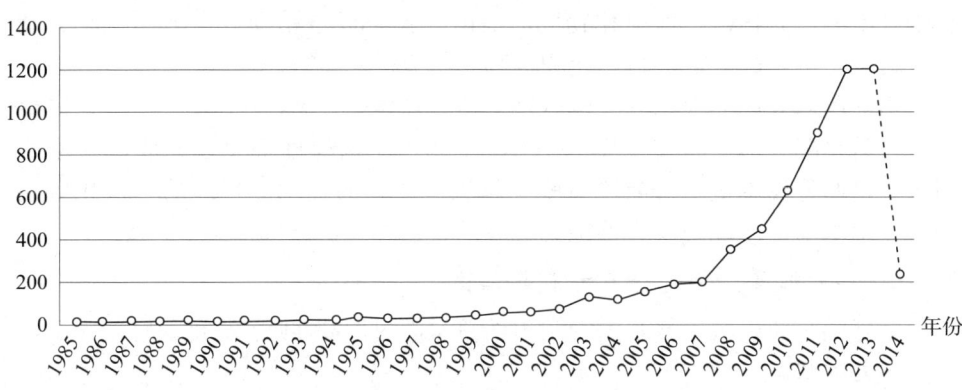

图7-12 烟气脱硝技术中国专利申请趋势

7.3.3 小 结

研究发现，在烟气脱硝产业链上下游的市场，国外专利占据了很多的位置，尤其是下游的装置方面是国外企业专利抢占的重点区域。

三菱、日立、住友、埃克森美孚以及B&W这5家企业所拥有的来华有效专利数量最多，且其中日本所属的3家企业近年来有来华布局逐渐扩大的趋势，建议我国企业予以重点关注。

在原料方面，由于催化剂产品所需的载体以及活性组分很多是纳米级的金属氧化物，属于基础技术研发，国内的高校和科研院所在这方面有较强技术优势，建议可以在原料的产品和方法主题方面多做申请，如尝试开发其他性质相似的过渡族金属氧化物来代替上述材料。

在催化剂方面，由于来华专利中较少涉及催化剂的方法主题，因此，这方面出现了研发空白点，如在催化剂解毒、再生、制备工艺方面可尝试进行改进开发，并及时进行专利保护，形成布局以防国外专利进入。

装置方面是来华专利重点申请的主题，已形成了专利壁垒。我国相关企业的很多脱硝设备都完全或依托于国外进口。我国企业需要进一步研究烟气脱硝装置领域，寻找新的可保护主题。

在行业方面，目前，我国国内的钢铁企业已经引进了国外（住友）的脱硝技术，但在具有同样脱硝需求的水泥、电子、玻璃等特定行业，国外企业尚未实施有效的脱硝专利布局，我国企业可以在专利相对少的行业，抢先用专利圈地，提前布局。

7.4 脱硫脱硝一体化技术

目前，各国都在积极开发优于传统组合法的烟气同时脱硫脱硝技术，一一般分为干法和湿法两大类。同时脱硫脱硝技术能用一种反应剂在一个过程中将烟气中的二氧化硫、氮氧化物同时脱除，具备设备精简、占地面积小、基建投资少、生产成本低、自动化程度高的特点。

当前国内外广泛使用的脱硫脱硝一体化技术是"Wet–FGD+SCR"组合技术，就是湿式烟气脱硫（Wet–FGD）和NH_3选择性催化还原脱硝技术的组合，这两种技术也是目前脱硫脱硝领域最成熟的技术。目前的一体化脱硫脱硝技术基本上由以美国、德国为代表的发达国家所垄断。

7.4.1 脱硫脱硝一体化技术专利整体情况

全球同时脱硫脱硝技术的专利申请总量超过6000项，发展迅速，并于近年呈现井喷状态。

如图7–13所示，脱硫脱硝一体化技术经历了起始萌芽期（1964~1970年）、第一快速发展期（1971~1977年）、稳定发展期（1978~2000年），目前处于专利申请的第二快速发展期（2001~2014年）。

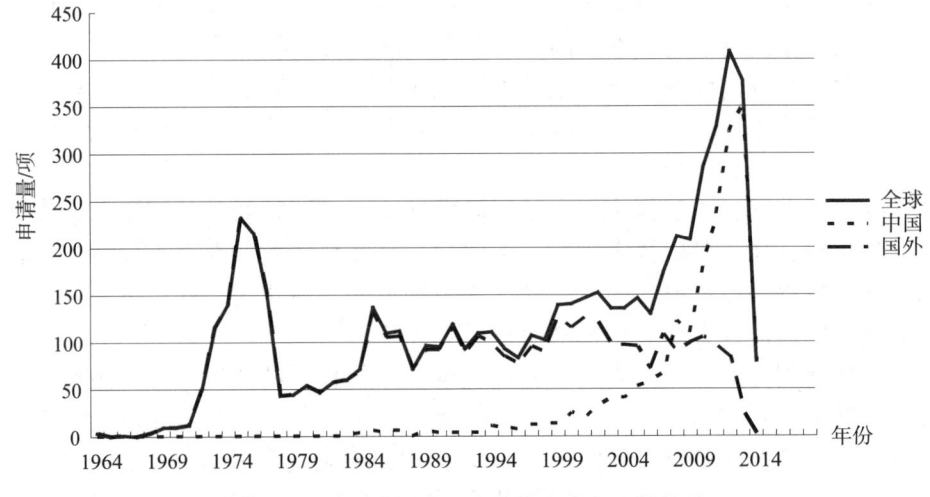

图7–13 脱硫脱硝一体化技术专利申请趋势

在申请人方面，来华申请量排名前十位的申请人全部为企业，其申请量总和接近来华申请总量的40%，日本（三菱、住友、荏原、日立、大阪瓦斯）、法国（乔治洛德方法研究和开发液化空气有限公司）、挪威（彭维明）、美国（埃克森美孚、巴布科克和威尔科克斯）、德国（霍斯特·格罗霍夫斯基）、英国（约翰逊马西有限公司）企业位于前十位，具有明显领先优势。表7–8展现了烟气脱硫脱硝一体化技术全球专利申请情况。

表 7-8 烟气脱硫脱硝一体化技术全球专利申请情况

总申请量	6055 项	
时间范围	截至 2014 年 6 月	
申请量峰值	2012 年（408 项）	
主要申请人	申请人	申请量
	三菱	450 项
	日立	340 项
	住友	170 项
	新日铁	110 项
	石川岛播磨	97 项
	壳牌	91 项
	荏原	90 项
	川崎重工	53 项
	千代田	45 项
	中石化	39 项
技术集中度	前五位申请人申请项数占总量的 19.27%	
	前十位申请人申请项数占总量的 24.52%	
主要国家/地区	重要市场（按申请项数计算）	技术来源（按优先权项数计算）
	日本（3297 项）	日本（2791 项）
	中国（1836 项）	中国（1418 项）
	美国（1332 项）	美国（814 项）
	欧洲专利局（927 项）	德国（488 项）
	德国（897 项）	韩国（181 项）
	国际申请（816 项）	欧洲（104 项）
	加拿大（456 项）	国际申请（98 项）
	韩国（423 项）	法国（95 项）
	澳大利亚（369 项）	英国（55 项）
	英国（157 项）	俄罗斯（40 项）

由图 7-14 显示，首次申请于日本、中国和美国的专利申请量几乎占本领域申请总量的 88%。其中，日本企业投入该技术领域的研发力度大，技术储备丰富，并且积极通过申请专利对研发成果进行保护。中国的相关研究较日本、美国等发达国家晚了近 30 年，但进步较快。专利申请量已达总申请量的 22%，位居全球第二位。

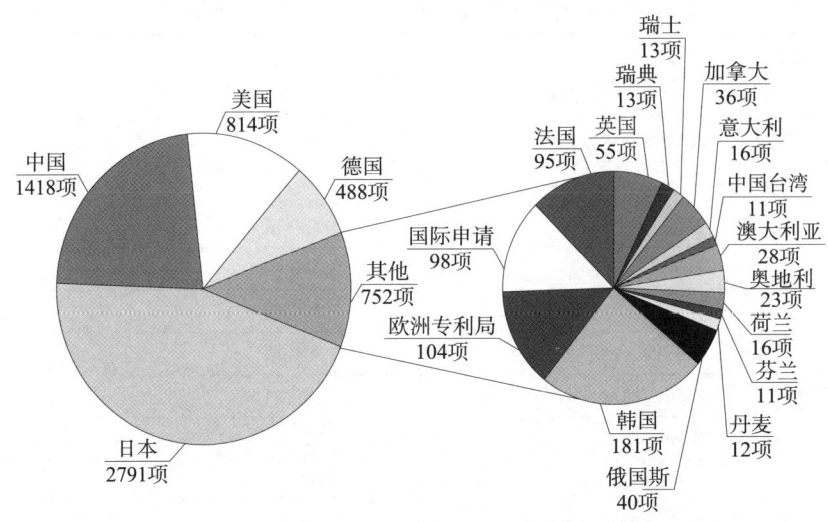

图7-14 脱硫脱硝一体化技术全球技术申请分布

为了在专利技术保护方面处于有利地位,以中国作为目标市场国的比例已达到30%,且近年来增长迅猛。中国市场的容量和消费能力受到越来越多的关注,吸引了不少企业前来进行专利布局。

7.4.2 我国专利申请情况

截至2014年10月底,我国烟气脱硫脱硝一体化技术专利申请量为2177件,其中发明占67.6%。来华申请占国内申请总量的近10%,主要来华申请的国家为日本和美国,这与全球技术产出国排名一致。

在脱硫脱硝一体化技术相关的204件来华专利申请中,仅有15件是实用新型申请,其余全部是发明专利申请,并且其中有107件是通过PCT申请的方式进入中国国家阶段的国际专利申请,约占来华申请总量的52%(见表7-9)。

表7-9 烟气脱硫脱硝一体化技术中国专利申请情况

中国申请量	总量2177件;其中:发明专利1472件,占67.6%	
	国内申请1973件	来华申请204件
	发明1283件,实用新型690件	发明189件,实用新型15件
目前趋势	目前处于快速发展期,申请量增长迅猛	

续表

	国家	申请量	重点来华布局技术
来华主要国家/区域	日本	80件	未研究
	美国	66件	未研究
	德国	12件	未研究
	法国	7件	未研究
	韩国	6件	未研究
	申请人名称	申请量	重点来华布局技术
重点来华申请人及专利布局	三菱	25件	石灰石膏法/活性炭/SCR
	住友	12件	活性炭
	荏原	11件	电子束照射
	日立	12件	SCR

在中国专利制度建立初期的 3 年内，一些国际化公司就注意到了中国专利的申请。

从图 7-15 所示的主要国家历年专利申请量情况来看，在脱硫脱硝一体化技术领域，德国最早于 1985 年进入中国，在 1986 年，日本、美国进入中国申请之后，法国、韩国、挪威、加拿大、荷兰、英国和澳大利亚也陆续进入中国进行申请，但每年数量不多，只在少数年份有专利申请。主要涉及企业为：德国兰德股份公司、德国金属股份有限公司、巴布考克日立株式会社、北海道电力株式会社、美国菲利普石油公司、通用、三菱、欧洲原子能联营、美国巴布考克和威尔科斯公司、荏原、摩纳哥燃烧反应器世界组合公司等。

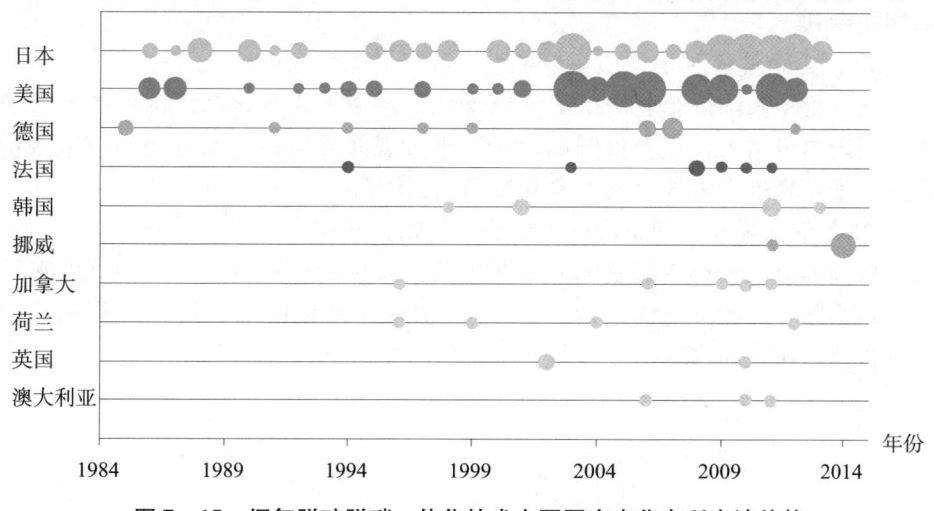

图 7-15 烟气脱硫脱硝一体化技术主要国家来华专利申请趋势

中国脱硫脱硝一体化技术的研发工作到了2000年以后步入快速发展时期。在今后的几年里，预计中国的脱硝专利申请量还会保持一定的增长势头（见图7-16）。

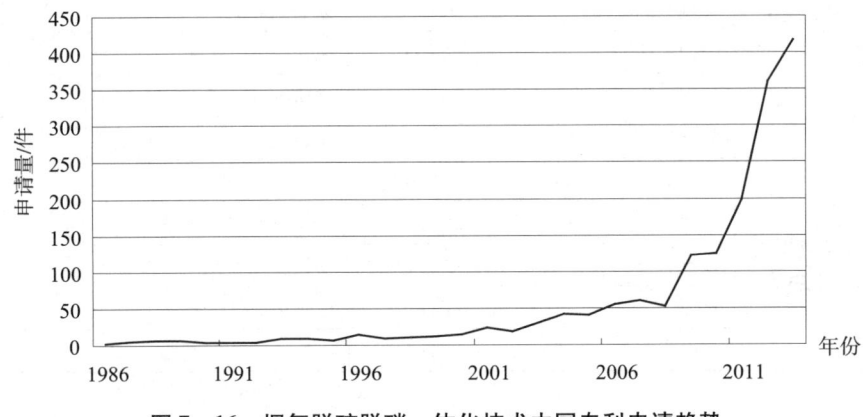

图7-16　烟气脱硫脱硝一体化技术中国专利申请趋势

7.4.3　小　　结

研究表明，烟气脱硫脱硝一体化技术专利布局具有以下特点：

① 全球脱硫脱硝一体化技术的研究重心从日本、美国向中国转移，中国将成为下一步脱硫脱硝一体化技术的研发和需求大国。我国在2004年以后异军突起，其总申请量仅次于日本的总申请量。我国企业应该进一步关注脱硫脱硝一体化技术的研发，在满足本国企业要求的基础上，立足于目标市场国的燃料特点、环保政策现状等开发有出口和技术转让前景的核心技术，并申请相关专利。

② 国内企业专利申请质量较低、专利布局意识较低。

虽然近年来国内企业的申请逐渐增加，申请占比明显高于国外主要申请人，但国内申请人仅仅看重国内市场，未重视海外申请，或者由于技术含量不高，未打算进入海外市场，专利布局意识较低。

③ 在华大规模专利布局尚未形成，但初露端倪。

欧洲、美国和日本仍是国外重要申请人布局的重点区域，对中国的布局只占较小部分。国外重要申请人中，三菱在华申请量也只有19件。国内企业在进行技术研发时多加关注，尽快填补国内技术空白点。

8

集成电路制造工艺关键技术*

集成电路（IC）是指在一半导体基板上，利用氧化、蚀刻、扩散等方法，将众多电子电路组成各式二极管、晶体管等电子组件，做在一个微小面积上，以完成某一特定逻辑功能，达成预先设定好的电路功能要求的电路系统。集成电路产业链主要由设计、制造、封装和测试等环节组成。在集成电路制造中，用来制造电路的原料为晶圆，集成电路制造工艺就是在晶圆上加工制造集成电路的过程。

集成电路产业是国际化竞争最激烈，全球范围内资源流动和配置最为彻底的产业之一，也是一个高度集中的行业。我国虽然是全球最大IC消费市场，但我国IC业的发展相对弱小，从全球范围看，我们仍处于第三梯队，而且在细分市场多样化的领域面临激烈竞争。

我国历来重视集成电路产业发展，2000年和2011年先后出台了《鼓励软件产业和集成电路产业发展的若干政策》《进一步鼓励软件产业和集成电路产业发展的若干政策》。2014年6月，国务院印发《国家集成电路产业发展推进纲要》，部署充分发挥国内市场优势，营造良好发展环境，激发企业

---

* 本章节选自2014年度国家知识产权局专利分析和预警项目《集成电路制造工艺关键技术专利分析和预警课题研究报告》。

(1) 项目成员：邱绎雯（负责人）、陈燕（负责人）、王燕（组长）、孙全亮（组长）、赵哲（副组长）、王丹（副组长）、徐健、刘沛、孙孟相、陈冠源、叶常茂、梁庆然、黎欣、潘元真、李岩。

(2) 政策研究指导：沙开清。

(3) 研究组织与质量控制：邱绎雯、陈燕、王燕、孙全亮。

(4) 项目主要统稿人：王燕、王丹、刘沛。

(5) 审稿人：邱绎雯、陈燕。

(6) 课题组秘书：李岩。

(7) 本章执笔人：梁庆然、刘沛、叶常茂、黎欣、潘元真、李岩。

活力和创造力，带动产业链协同可持续发展，加快追赶和超越的步伐，努力实现集成电路产业跨越式发展。

8.1 集成电路制造工艺产业状况

目前，全球泛半导体产业产值约为 4468 亿美元，其中包括半导体设备产值 435 亿美元、半导体材料产值 478 亿美元、电子设计自动化（EDA）工具产值 42 亿美元、IP 及设计服务产值 40 亿美元、IC 设计产值 650 亿美元、代工产值 298 亿美元、IDM 产值 2300 亿美元、封装和测试产值 225 亿美元。半导体产业下游的电子产品产值约为 18000 亿美元。

当前全球集成电路产业格局进入重大调整期，金融危机后，行业巨头加快先进工艺导入，加速资源整合、重组步伐，强化产业链核心环节控制力和上下游整合能力。如英特尔、台积电、三星电子与半导体设备光刻机厂商 ASML 组成全球战略联盟，正是集成电路产业呈现"全产业链竞争"格局的直接体现。

中国是全球最大的集成电路消费国，但我国 IC 业的发展相对弱小，从全球范围看，我国仍处于第三梯队，而且在细分市场多样化的领域面临激烈竞争。我国每年进口芯片超过全球总出货量的 50%，2013 年，我国共进口 IC 产品 2313 亿美元，同比增长 20.5%，其进口额超过原油，成为我国第一大进口商品。

尽管过去十余年间，我国集成电路产业取得了较大的发展，涌现了如中芯国际、展讯、海思等一批具有相当水平的集成电路制造与设计企业，在手机、IC 卡、数字电视、通信专用和多媒体芯片方面取得较大技术突破，但产业规模和技术水平仍难以满足国内市场的需求，与英特尔、三星、高通等国际企业有很大差距，在通用 CPU、存储器、微控制器和数字信息处理器等通用集成电路和一些高端专用电路上，还存在技术空白。

8.2 研究内容及检索结果

根据集成电路产业和技术发展过程中的关键因素以及未来发展挑战和趋势，在综合考虑产业专家、科技部、企事业单位等意见与建议的基础上，本章将重点研究对象确定为图形光刻技术、晶圆减薄技术、金属互连工艺等三个关键技术。具体的项目分解如图 8-1 所示。

本章分别对图形光刻技术、晶圆减薄技术和铜互连技术分别从专利整体态势、各重点技术专利状况、各重点技术专利风险以及图形光刻技术的专利技术发展脉络进行了具体分析，并且对图形光刻技术领域的专利技术与产业技术互动性进行了研究。通过以上分析，全面掌握了国内外有关图形光刻技术、晶圆减薄技术和铜互连技术领域的专利整体状况。

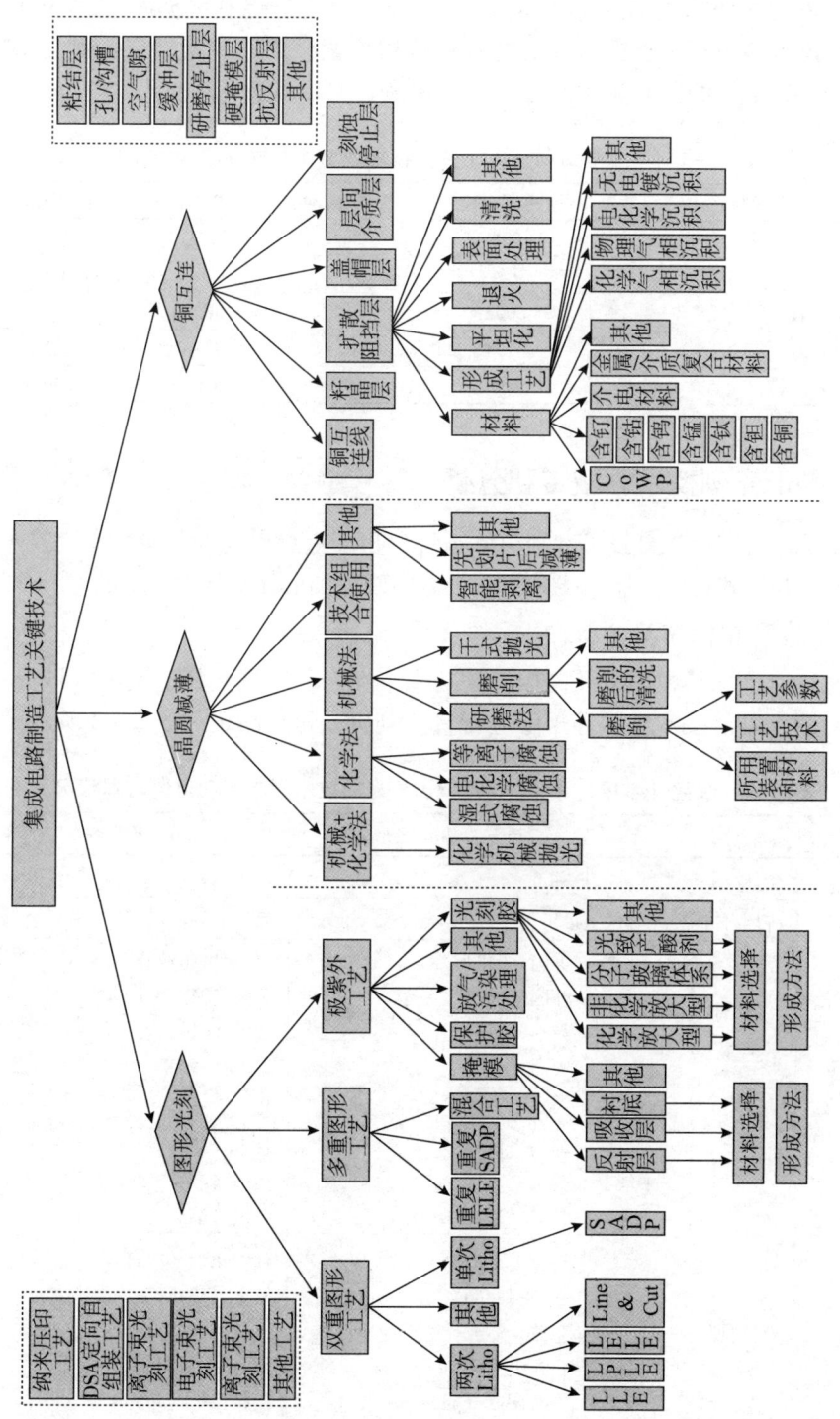

图 8-1 集成电路制造工艺关键技术项目分解

表8-1列出了中文专利数据库（CPRS）和全球专利数据库（DWPI）中各主要技术领域和重点技术分支的专利数据检索结果，检索结果为截至2014年8月1日公开的所有实用新型和发明专利。

表8-1 集成电路制造工艺关键技术领域中英文库检索结果

关键技术		中国/件	中文结果/件	全球/项	英文结果/项
图形光刻	双重（多重）光刻技术	998	436	3007	1406
	EUV光刻技术	774	272	4012	1806
晶圆减薄技术		2002	938	10036	6618
铜互连技术		6124	3905	19246	15111
总计		9898	5551	36301	24941

8.3 图形光刻技术领域专利分析

以下通过图形光刻技术专利整体态势分析、重点申请人分析、专利技术及风险分析和专利技术发展路线分析四个方面阐述图形光刻技术领域的专利分析。

8.3.1 专利整体态势分析

通过对全球与中国以及国内申请与来华在专利申请趋势、国家区域分布、主要申请人以及技术主题等角度进行对比分析，得出结论如表8-2所示。

表8-2 双重（多重）图形光刻和EUV光刻技术领域专利申请基本状况

			双重（多重）图形光刻		EUV光刻	
申请量	全球/项		1406		1806	
	中国/件		436		272	
主要申请区域	全球/项		美国（948） 韩国（689） 日本（449） 中国（431）	PCT（145）	日本（1165） 美国（946） 韩国（615） 中国（355）	PCT（358）
	中国/件	国内申请	190		30	
		来华	韩国（115） 美国（72） 日本（39）		日本（130） 美国（37） 韩国（25）	
主要申请人	全球/项		海力士（330） 三星（146） 东芝（97） 台积电（69） 中芯国际（68）		住友化学（148） 富士（134） 三菱（134） 海力士（120） 信越化学（86）	

续表

		双重（多重）图形光刻	EUV 光刻
主要申请人	中国/件	海力士（85） 中芯国际（68） 台积电（37） 三星（28） 华力（22）	住友化学（44） 三菱（37） 卡尔蔡司（22） 信越化学（19） ASML（13）
技术分布	全球/项	SADP（793） LELE（268） LPLE（141）	掩模（840） 光刻胶（756） 放气、污染处理（116） 保护胶（94）
	中国/件	SADP（214） LELE（92） LPLE（41）	掩模（110） 光刻胶（136） 放气、污染处理（165） 保护胶（11）

如表 8-2 所示，双重（多重）图形光刻技术全球的主要申请区域为美国，在双重（多重）图形光刻技术全球的主要申请人当中，排在前三位的海力士、三星和东芝都是存储器厂商，专利技术和产业的关系非常密切；而双重（多重）图形光刻技术中国排在前三位的主要申请人分别是海力士、中芯国际和台积电。双重（多重）图形光刻技术全球和中国的主要申请方向均为双重图形光刻的 SADP 工艺技术分支。

在全球 EUV 光刻工艺技术中，主要申请区域为日本，申请量排在前五位的申请人中，日本占据了四位，可见日本在 EUV 光刻技术领域占据优势地位；PCT 申请占据总申请量的 19.8%，可见都比较注重在全球范围进行专利布局。在中国区域，前五位主要申请人有三位是日本申请人，中国申请人的专利申请很少，劣势明显。EUV 光刻技术全球和中国的主要申请方向均为掩模和光刻胶技术分支。

1）专利申请趋势分析

首先从申请趋势的角度给出对双重（多重）图形光刻技术领域专利分析的主要结论。

● 双重（多重）图形光刻技术领域全球专利申请量总体呈平稳趋势。

如图 8-2 所示，双重（多重）图形光刻技术于 2005 年开始发展，2007 年申请量大幅度增长，并于 2008 年达到顶峰，发展迅速；2009 年由于受到全球金融危机的影响，其申请量下降明显；在 2010~2012 年这一阶段，外国关于双重（多重）图形光刻技术的申请量开始逐年下降，而中国大陆的先进半导体企业在 2010 年开始批量申请专利，并且申请量逐年上涨，2011 年和 2012 年的申请量都居全球首位。因此，在外国申请量从 2010 年逐年下降的情况下，由于中国大陆申请量的大幅度增长，总的专利申请数据在 2010~2012 年阶段总体上持平。

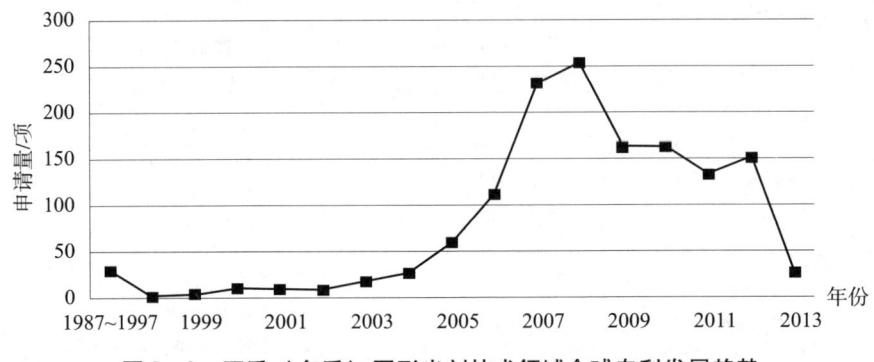

图 8-2　双重（多重）图形光刻技术领域全球专利发展趋势

- 双重（多重）图形光刻技术领域中国专利申请量近年来发展迅速。

如图 8-3 所示，双重（多重）图形光刻技术中国专利申请量在 2006 年开始迅速上升，2007 年申请量大幅度增长，2008~2011 年申请量有所波动，但都维持在一个较高的位置，而 2012 年的申请量又有了较大幅度的增长。可以看出，双重（多重）图形光刻技术中国专利申请量近年来增长非常迅速。

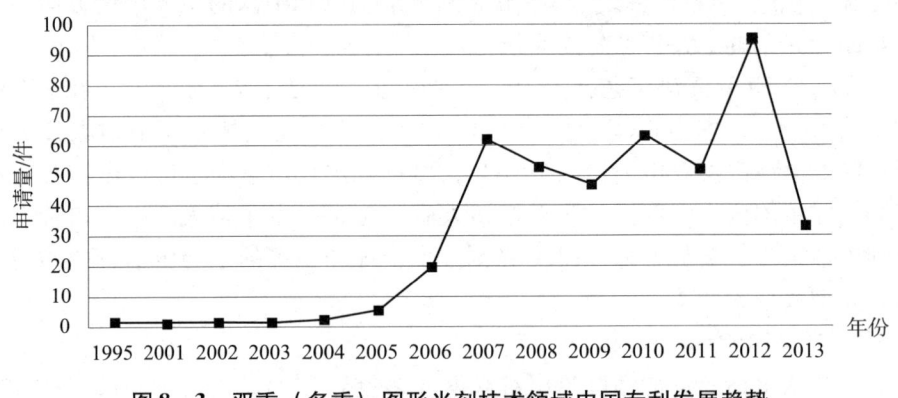

图 8-3　双重（多重）图形光刻技术领域中国专利发展趋势

- EUV 光刻技术领域全球专利申请量总体呈上升趋势。

如图 8-4 所示，从 1998 年开始，EUV 光刻技术就有一定的申请量；在 1999~2004 年，EUV 光刻技术的专利申请量稳步上升，说明该期间 EUV 光刻技术处于前期的发展阶段；在 2005~2007 年，其申请量有所下跌；从 2008 年开始，EUV 光刻技术的全球申请量又有上升，虽然由于 2009 年的金融危机有所下跌，但是在 2010 年就恢复了其发展势头，并且 2012 年申请量相对 2010 年大幅度增长。

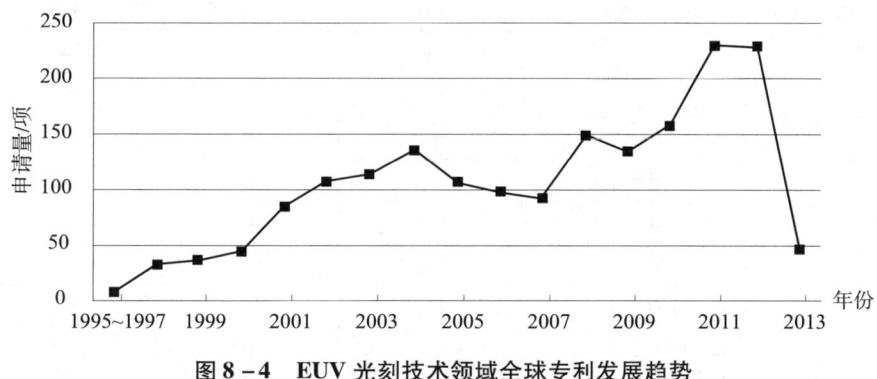

图 8-4　EUV 光刻技术领域全球专利发展趋势

- EUV 光刻技术领域中国专利申请量总体呈上升趋势，近几年增长迅速。

如图 8-5 所示，在 2004~2006 年，中国开始出现关于 EUV 的专利申请，在 2007~2008 年，EUV 光刻技术的申请量有所下降，表明此阶段对 EUV 光刻技术的关注力度并不强，而从 2009 年开始，EUV 光刻技术的申请量快速增长，特别是 2012 年的申请量创新高。总的来说，EUV 光刻技术领域中国专利申请量总体呈上升趋势，近几年的增长尤为迅速。

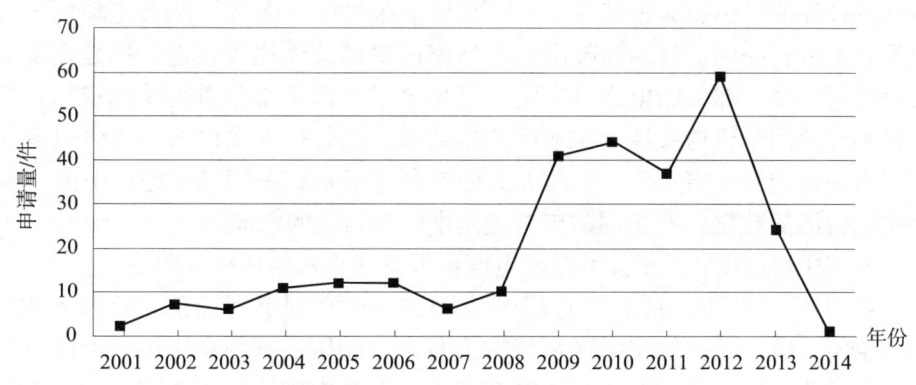

图 8-5　EUV 光刻技术领域中国专利发展趋势

如表 8-3 所示，双重（多重）图形光刻和 EUV 光刻技术领域中国专利申请均为发明申请，技术含量较高。其中，双重（多重）图形光刻技术领域的国内申请量占据中国专利申请总量的 43.6%，PCT 比例为 14.4%；而 EUV 光刻技术领域的国内申请量仅占据中国专利申请总量的 11.0%，PCT 比例高达 45.6%，说明国外申请人非常重视对 EUV 光刻技术的全球布局。

表8-3 双重（多重）图形光刻和
EUV光刻技术领域中国专利申请对比

单位：件

技术领域	类型		中国	国内申请	来华
双重（多重）图形光刻	申请	总量	436	190	246
		发明	436	190	246
		PCT	63	0	63
		实用新型	—	—	—
	授权总量		185	46	139
EUV光刻	申请	总量	272	30	242
		发明	272	30	242
		PCT	124	0	124
		实用新型	—	—	—
	授权总量		72	4	68

2) 主要国家/地区分布分析

下面从国家/地区分布的角度对图形光刻技术领域专利进行分析。

(1) 全球国家/地区分布

● 韩国、美国和日本是双重（多重）图形光刻技术的主要分布国。

如图8-6所示，韩国、美国和日本关于双重（多重）图形光刻技术的申请量排在前三位，显示韩国、美国和日本在双重（多重）图形光刻技术方面具有优势；中国、日本和韩国三个国家的申请策略比较接近，都是在本国的申请量最多，在美国申请量次之，可见这三个国家都很重视美国市场，其中日本在美国的申请量接近在本国的申请量，而韩国在美国的申请量只有在本国申请量的一半多一些；美国大部分专利申请是在美国提交的；中国（包括中国台湾的数据）在美国的申请量是本国申请量的六成。

● 中国在EUV光刻技术领域申请量很少，技术落后比较明显。

如图8-7所示，日本关于EUV光刻技术的专利申请量在全球总申请量中占据第一位，其主要申请区域依次为日本、美国、韩国和中国；申请量排第二位的为美国，其主要申请区域在本国，而在中国、日本和韩国的申请量基本相同；申请量排第三位的为韩国，其布局策略跟日本相似，都是在本国申请量最多，其次是美国、中国和日本；德国和荷兰也有一定的申请量，原因在于其具有与EUV光刻技术密切相关的研发公司卡尔蔡司和ASML；中国关于EUV光刻技术的申请量很少，表明中国在EUV光刻技术领域落后。

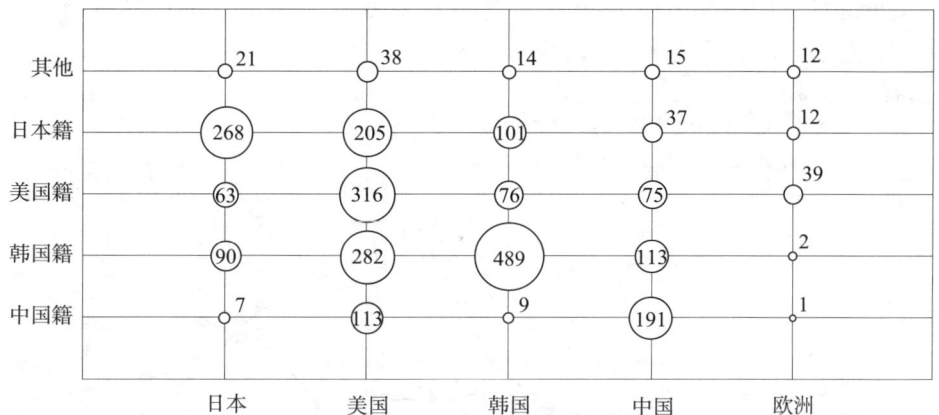

图 8-6 双重（多重）图形光刻技术领域全球专利申请国家/区域分布

注：图中数字表示申请量，单位为项。

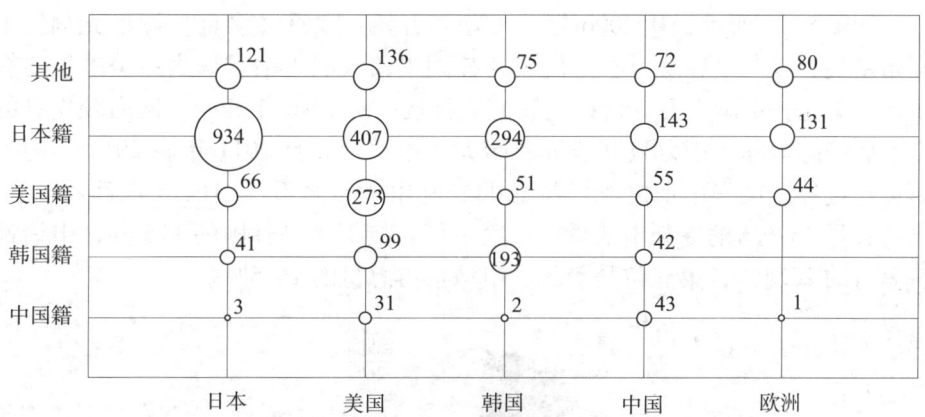

图 8-7 EUV 光刻技术领域全球专利申请国家/区域分布

注：图中数字表示申请量，单位为项。

(2) 在华申请状况

● 我国在双重（多重）图形光刻技术领域处于快速发展期。

如图 8-8 所示，双重（多重）图形光刻技术专利申请在 2006 年开始迅速上升，2007 年申请量大幅度增长，2008～2011 年申请量有所波动，而 2012 年的申请量达到新高。通过对国内申请和来华申请的进一步分析发现，2011 年的专利申请中，国内申请量约占 62%，而在 2009 年，中国国内的申请量才占 12.8%；由于中国国内申请量的大幅度增长，尽管外国来华申请量从 2008 年开始逐年下降，但总的专利申请数据在 2012 年反而比 2011 年有了较大增长。外国申请人对双重（多重）图形光刻技术的注意力从 2008 年开始逐渐降低，而中国申请人从 2009 年开始对双重（多重）图形光刻技术的关注日益增强，并且专利申请量增长迅速。

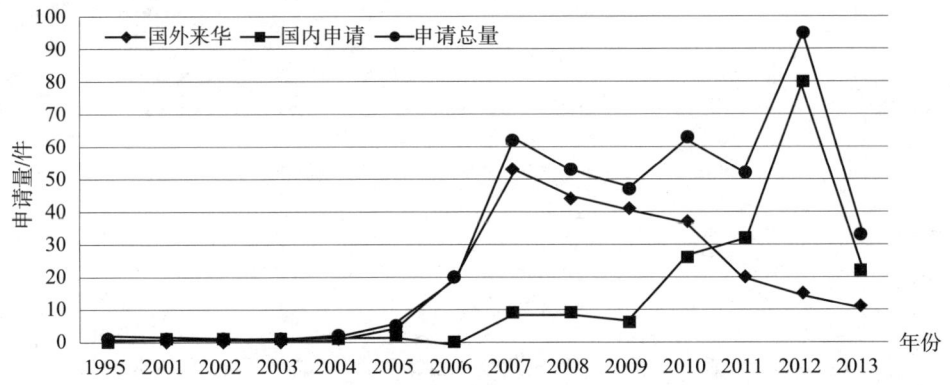

图 8-8　双重（多重）图形光刻技术领域中国专利申请趋势

如图 8-9 所示，从 2006 年、2007 年开始，双重（多重）图形光刻技术开始发展，以三星和海力士为代表的韩国申请人的申请量居高；美国主要有 IBM 和美光，中国主要有台积电和南亚科技；从 2010 年开始，国内较先进的企业如中芯国际、华力微电子等开始大量申请，并且 2011 年和 2012 年的申请量超过外国在华申请之和。从总的专利申请量来看，国内申请后来居上，以占总量 43.6% 的专利申请量排在第一位，接下来是韩国的 115 件，申请量占总量的 26.4%，第三位是美国，申请量占总量的 16.5%。

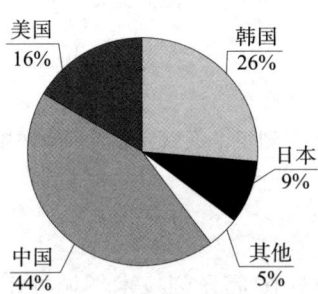

图 8-9　双重（多重）图形光刻技术领域中国专利申请地区分布

- 我国 EUV 光刻技术领域近年来申请量增长迅速，但严重落后于全球水平。

如图 8-10 所示，在 2004~2006 年，外国申请人就开始在中国对 EUV 进行相应的布局，在 2007~2008 年，EUV 光刻技术的申请量有所下降，而从 2009 年开始，EUV 光刻技术的申请量快速增长。总的来说，EUV 光刻技术中，外国申请人的申请量占据优势地位，这也跟 EUV 光刻技术属于高精密技术有关；中国的发展起步慢，从 2011 年开始才有相应的专利申请，并且其专利申请量也比来华申请量少很多。

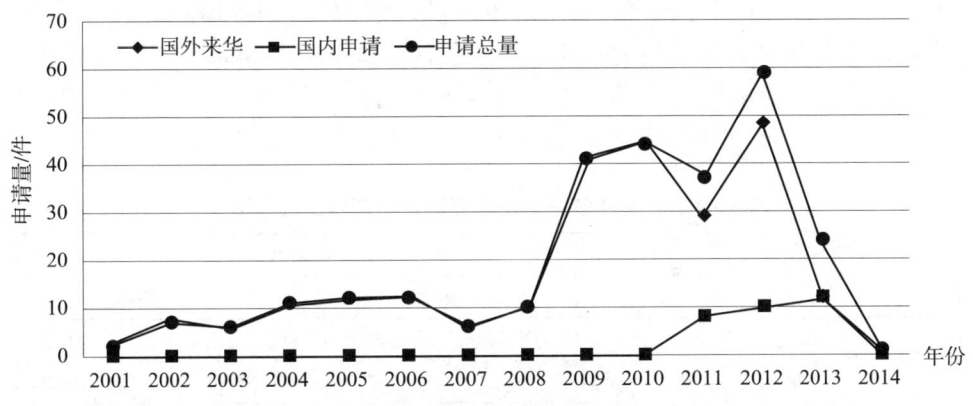

图 8-10　EUV 光刻技术领域中国专利申请趋势

如图 8-11 所示，EUV 光刻技术领域中国专利申请中，日本申请人的申请量为 130 件，占据中国区域总申请量 272 件的 47.8%，通过分析发现，日本的几家大公司如住友、三菱、信越化学和富士胶片在该领域的申请量都比较靠前，因此日本申请人的申请总量多，对 EUV 光刻技术的中国布局具有重大影响；美国的 IBM 和英特尔公司对 EUV 光刻技术的研究也比较多；此外，德国主要申请人为卡尔蔡司，其主要研究方向为掩模，荷兰申请人为 EUV 设备的唯一提供商 ASML。而中国的申请量集中在 2012~2013 年，并且没有集中的申请人，不过大部分是中国科学院的下属研究所，也有一些高校例如同济大学、清华大学，可见中国的专利申请主要集中在科研高校院所，企业申请量非常少。韩国的申请量占据总量的 9.2%，主要申请人有锦湖石油以及海力士。

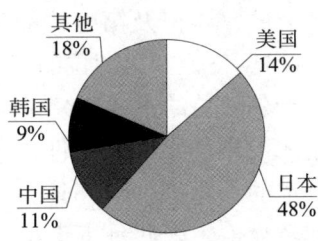

图 8-11　EUV 光刻技术领域中国专利申请地区分布

3) 申请人分析
- 双重（多重）图形光刻技术领域主要申请国家为韩国、日本。

如表8-4所示，在全球范围内，海力士以330件的数量占据第一，其申请量占据全球申请总量的23.5%；第二位是三星，申请量为146件，占据全球申请总量的10.4%；东芝的申请量为97项，占据全球申请总量的6.9%，韩国、日本申请人的申请量占据全球申请量的56.7%。中芯国际的申请量为68项，占据全球申请总量的4.8%，不过中芯国际的专利布局主要在中国，其在美国的申请量只有7项；IBM为全球知名的研发公司，因此关于双重（多重）图形光刻技术的各个技术分支都有涉及，研究比较全面。

表8-4 双重（多重）图形光刻技术领域主要申请人

	全球/项		中国/件			
			国内申请		来华	
主要申请人	海力士	300 23.5%	中芯国际	68 15.6%	海力士	85 19.5%
	三星	146 10.4%	台积电	37 8.5%	三星	28 6.4%
	东芝	97 6.9%	华力	22 5.0%	IBM	15 3.4%
	台积电	69 4.9%	南亚科技	12 2.8%	东京电子	15 3.4%
	中芯国际	68 4.8%	中科院微电子所	11 2.5%	ASML	12 2.8%
	IBM	62 4.4%			美光科技	12 2.8%

在中国区域，海力士申请量最多，达到了85件，占了中国区域总申请量的19.5%；三星申请量为28件，占6.4%；中芯国际和华力属于国内先进的半导体企业，这几年申请量快速增长，因此总量也大，分别占15.6%和5.0%；台积电是世界三大代工厂之一，也具有比较多的申请量，占了8.5%。

- 日本在EUV光刻技术特别是光刻胶方面占据优势地位，中国严重落后。

如表8-5所示，全球前六位申请人中，日本籍的申请人就占据了四位，可见日本对EUV光刻技术的重视程度及投入力度。在前六位申请人当中，排名第一位的住友化学、第二位的富士以及第五位的信越化学的主要研究方向为适用于EUV的光刻胶；排名第三位和第四位的三菱和海力士的主要研究方向为掩模，其次是光刻胶；卡尔蔡司的主要研究方向为掩模。

在中国区域，日本申请人的申请量为130件，占据中国区域总申请量的47.8%，通过分析发现，日本的几家大公司如住友、三菱、信越化学和富士胶片在该领域的申请量都比较靠前，因此日本申请人的申请总量多，对EUV光刻技术的中国布局具有重大影响，申请量排名第一位的住友化学和排名第二位的三菱的主要研究方向为光刻胶；排在第三位的是德国的卡尔蔡司，其主要研究方向为掩模。而中国没有集中的申请人，只有科研院所和高校有少量申请，劣势明显。

表 8-5 EUV 光刻技术领域主要申请人

		全球/项		中国/件				
				国内申请			来华	
主要申请人	住友化学	148	8.2%	同济大学	6	2.2%	住友化学	44	16.2%
	富士	134	7.4%	—	—	—	三菱	37	13.6%
	三菱	134	7.4%	—	—	—	卡尔蔡司	22	8.1%
	海力士	120	6.6%	—	—	—	信越化学	19	7.0%
	信越化学	86	4.8%	—	—	—	ASML	13	4.8%
	卡尔蔡司	75	4.2%	—	—	—	锦湖石油化学	11	4.0%

4）技术主题分析

● 双重（多重）图形光刻技术领域的主要技术分支为 SADP。

由表 8-6 可以看出，双重（多重）图形光刻技术领域的主要技术分支为双重图形光刻的 SADP、LELE、LPLE 以及多重图形光刻的重复 SADP。其中，SADP 工艺由于与产业的关系更加密切，其占据双重（多重）图形光刻技术专利申请总量的比例最大，其次是另一重要技术分支 LELE。而多重图形光刻技术中，由于重复 SADP 相对于其他的多重图形光刻技术具有明显的成本，因此申请量比较大。

表 8-6 双重（多重）图形光刻主要技术分支

		全球/项		中国/件				
				国内申请			来华	
主要技术领域	SADP	793	56.4%	SADP	75	17.2%	SADP	138	31.7%
	LELE	268	19.1%	LELE	49	11.2%	LELE	42	9.6%
	LPLE	141	10.0%	LPLE	14	3.2%	LPLE	26	6.0%
	重复 SADP	49	3.5%	重复 SADP	10	2.3%	重复 SADP	10	2.3%

● EUV 光刻技术领域的主要技术分支为掩模和光刻胶。

从表 8-7 中可以看出，EUV 光刻技术领域的主要技术分支为掩模、光刻胶、放气污染处理以及保护胶。其中，掩模和光刻胶占据的比例最大，两者之和占据 EUV 光刻技术专利申请总量的 90% 左右。在中国区域，EUV 光刻技术的专利申请主要为来华申请，国内申请仅占据 EUV 光刻技术中国专利申请量的 11%，劣势明显。

表 8-7 EUV 光刻主要技术分支

	全球/项		中国/件					
			国内申请			来华		
主要技术领域	掩模	840	46.5%	掩模	14	5.1%	掩模	96	35.4%
	光刻胶	756	41.9%	光刻胶	9	3.3%	光刻胶	127	46.7%
	放气、污染处理	116	6.4%	放气、污染处理	7	2.6%	放气、污染处理	8	2.9%
	保护胶	94	5.2%	保护胶	0	0%	保护胶	11	4.0%

8.3.2 重点申请人分析

在重点分析的四个主要申请人中,如表 8-8 和表 8-9 所示,海力士在双重(多重)图形光刻技术和 EUV 光刻技术方面的申请量排名都比较靠前,其中关于双重(多重)图形光刻技术的专利申请量在全球和中国都排名第一;海力士以双重图形光刻技术为主,其中 SADP 工艺是主要的申请方向。

表 8-8 图形光刻技术领域重点申请人全球专利申请及动向分析 单位:项

技术领域	重点申请人	申请量(占比)	主要布局国家/地区	近五年申请占比(2008~2012 年)	技术分布
双重(多重)图形光刻	海力士	330 项(23.5%)	韩国(321) 美国(149) 中国(84) 日本(51)	48.2%	SADP(219) LELE(70) LPLE(18)
	中芯国际	68 项(4.8%)	中国(68) 美国(7)	97.1%	SADP(37) LELE(15) LPLE(6)
	IBM	62 项(4.4%)	美国(62) 中国(15) 韩国(7) 日本(7)	65.6%	SADP(36) LELE(10) 重复 SADP(7)
	住友化学	—	—	—	—
EUV 光刻	海力士	120 项(6.6%)	韩国(116) 美国(61) 日本(28) 中国(17)	39.2%	掩模(70) 光刻胶(43) 放气、污染处理(6) 保护胶(1)
	中芯国际	—	—	—	—

续表

技术领域	重点申请人	申请量（占比）	主要布局国家/地区	近五年申请占比（2008~2012年）	技术分布
EUV光刻	IBM	29项（1.6%）	美国（28）日本（11）中国（8）韩国（6）	31.0%	掩模（15）光刻胶（14）
	住友化学	148项（8.2%）	日本（148）美国（55）韩国（51）中国（44）	98.0%	光刻胶（148）

表8-9 图形光刻技术领域重点申请人中国专利申请及动向分析　　单位：件

技术领域	重点申请人	申请量（占比）	近五年申请占比（2008~2012年）	技术分布
双重（多重）图形光刻	海力士	85项（19.5%）	56.5%	SADP（58）LELE（15）重复SADP（4）
	中芯国际	68项（15.6%）	97.1%	SADP（37）LELE（15）LPLE（6）
	IBM	15项	46.7%	SADP（7）LELE（5）
	住友化学	—		
EUV光刻	海力士	—		
	中芯国际	—		
	IBM	—		
	住友化学	44项（16.2%）	97.7%	光刻胶（44）

中芯国际为中国地区双重（多重）图形光刻技术的主要申请人之一，专利申请方向集中在双重（多重）图形光刻技术，主要申请年集中在2010~2012年，并且相关专利申请量增长非常迅速。可以预见，在2012年后的几年里，中芯国际关于双重（多重）图形光刻技术的专利申请仍会维持在高

位。中芯国际关于双重（多重）图形光刻的所有专利申请都在中国区域有申请，主要在中国大陆进行专利布局，只有7件专利具有美国同族申请。

IBM的多重图形光刻技术专利申请占双重（多重）图形光刻技术的比例是最高的，在近几年其全球申请量的总体趋势是平稳上升的，这点与海力士形成明显差别，但IBM在中国区域关于双重（多重）图形光刻的专利申请量从2009年开始有所下降。

住友化学关于EUV光刻技术的全球和中国专利申请年代分布趋势比较接近，专利申请方向集中在EUV光刻胶上。

8.3.3 图形光刻技术专利技术发展路线分析

双重（多重）图形光刻技术是目前生产小尺寸器件采用的主流图形光刻技术之一。

（1）双重（多重）图形光刻全球专利技术发展路线

首先分析全球光刻产业的发展过程，如图8-12所示。双重（多重）图形光刻技术在产业上的应用不断成熟，主流产品已达到19/20nm，并可能进一步缩小尺寸；而EUV光刻技术在产业上的应用尚处在大规模应用前期，何时能否满足产业需求还有待观察。

双重（多重）图形光刻技术产业方面，随着2006年Toppan Photomasks公司在"Photomask Technology conference"会议上提出了利用双重图形光刻技术实现32nm节点的方案，此后，双重图形光刻技术在产业上不断发展，目前，已经能够实现19/20nm尺寸的量产。然而，随着尺寸的不断缩小，双重（多重）图形光刻技术的成本和难度都不断加大；但是在EUV光刻技术成熟之前，业界仍然只能寄希望于双重（多重）图形光刻技术，例如2014年英特尔表示正在研发不使用EUV工艺的情况下制造10nm、7nm芯片的技术。

随着尺寸的不断缩小，产业界对EUV光刻技术的期待越来越强烈。尽管ASML已经推出了第三代EUV光刻机，并表示正在组装第四代样机，然而，2014年，台积电在利用ASML的第三代光刻机试产时，由于光源部分机械故障导致失败；而IBM最新EUV系统测试结果也遭到业界的质疑。另外，EUV光刻技术自身存在的光源不足、光刻胶和掩模等相关技术不到位等原因，崭露头角的日子不断地被推迟。可见，EUV光刻技术在产业上的应用道路曲折，何时能满足产业上的需求还有待观察。

关于双重（多重）图形光刻全球专利技术的主要发展路线及主要发展阶段如图8-12、图8-13所示，在1990年，美国的美光科技公司首次系统地提出了SADP工艺，其能够获得半节距的图形，并可通过重复SADP来形成

1/4 节距的图像,是 SADP 工艺的核心专利和基础专利。1988～2003 年属于 SADP 技术的前期研发阶段,此时的关注点主要在如何形成更精细的图形,例如海力士在 1994 年提出形成三重图形的方法,英特尔在 1997 年提出形成十六重图形的方法;此阶段的主要申请人为美光科技、海力士、英特尔、三菱、IBM 等。

从 2004 年开始,以美光科技为代表的申请人开始使用 SADP 技术制备产品例如闪存,此阶段的主要申请人有美光科技、三星、英特尔和东芝;从 2010 年开始,以 IBM 为代表的申请人使用 SADP 工艺制备更复杂的图形例如大马士革,此阶段的主要申请人有 IBM、英特尔等。

在 LELE 工艺方面,1997 年,美国的新墨西哥大学首次系统地提出了 LELE 工艺,采用了硬掩模作为图案转移层,通过 LELE 工艺可以形成线条和通孔,并且可以重复 LELE 工艺以形成多重图形,该专利是 LELE 工艺的核心专利和基础专利。

关于双重(多重)图形光刻全球专利技术的发展脉络。如图 8-14 所示(文前彩图第 2 页),对 SADP 工艺的改进主要集中在以下两个方向:侧墙的形成方法,如 1988 年,三菱提出了硅烷化光刻胶侧壁,1994 年,三菱对光刻胶侧壁改性形成侧墙,1995 年,IBM 氧化芯轴侧壁,后续开始采用有机材料来形成侧墙,如采用 RELACS、交联剂和硅倍半氧烷树脂等;第二个方面是将 SADP 工艺运用于具体的器件制作,如 2004 年美光采用 SADP 在存储器的不同区域形成不同尺寸的图案,2005 年,三星利用 SADP 工艺形成尺寸小于 50nm 的 FLASH,2009 年,三星采用负性 SADP 工艺形成 DRAM 的通孔阵列,2010 年,英特尔形成两层侧墙形成三重图形以及不同的尺寸,2012 年,IBM 通过 SADP 在同一层上形成大马士革线。

可以预期,未来对 SADP 的改进将不局限在减小尺寸上,会更多地与器件的具体制作过程相联系,即如何采用 SADP 来形成具体的器件,扩大 SADP 工艺的运用范围和简化其工艺步骤。

对 LELE 工艺的改进主要有以下两个方面:第一,优化尺寸,如在每一层图案两侧形成侧墙,可以减少侧墙之间的距离,或者通过形成平坦层,可以获得更精确的图案;第二,简化工艺,将 LELE 简化为 LPLE,少了一道刻蚀的步骤,例如采用水溶性树脂、交联剂等材料对第一层光刻胶图案进行处理。

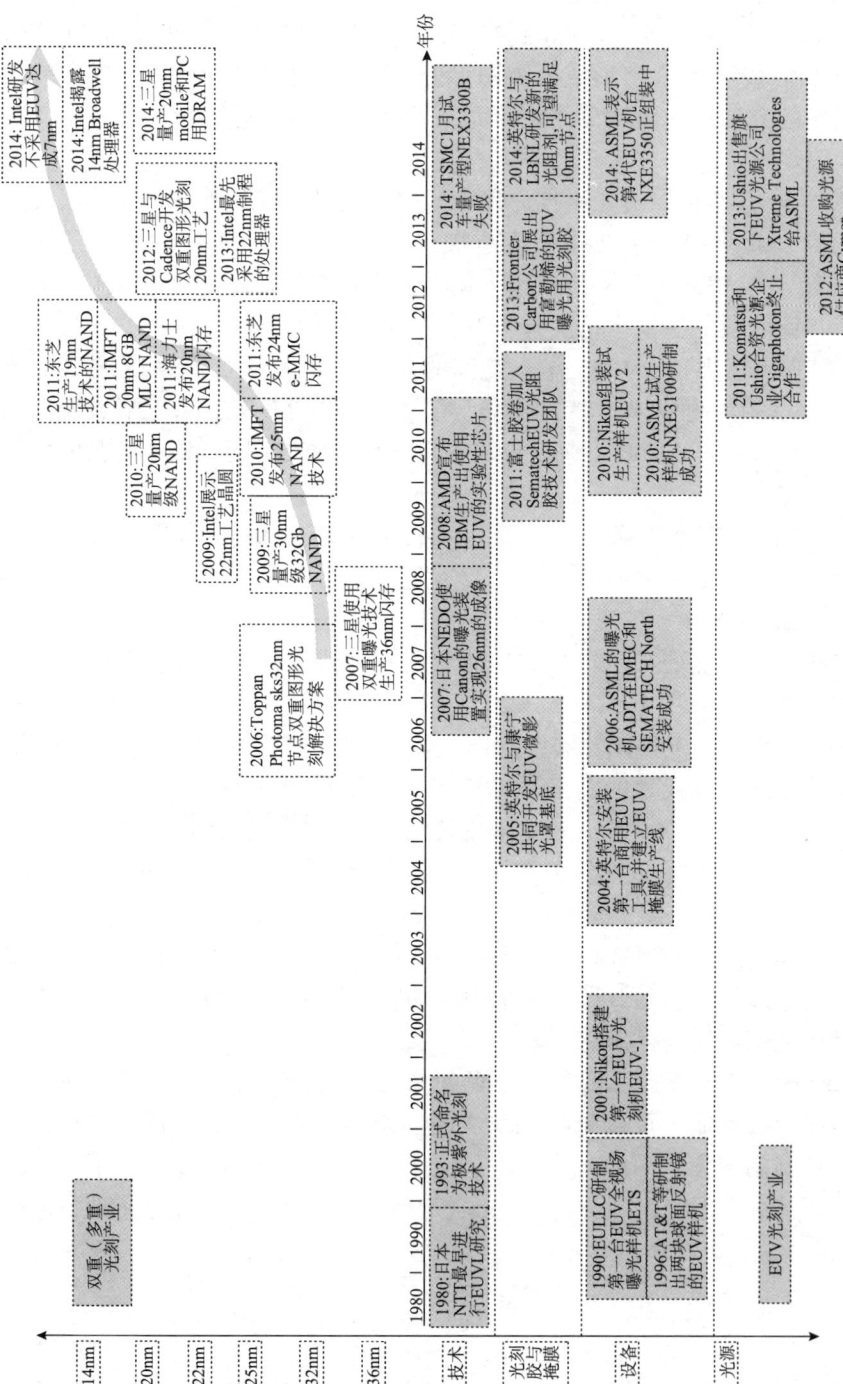

图 8-12 全球光刻产业发展路线

8 集成电路制造工艺关键技术

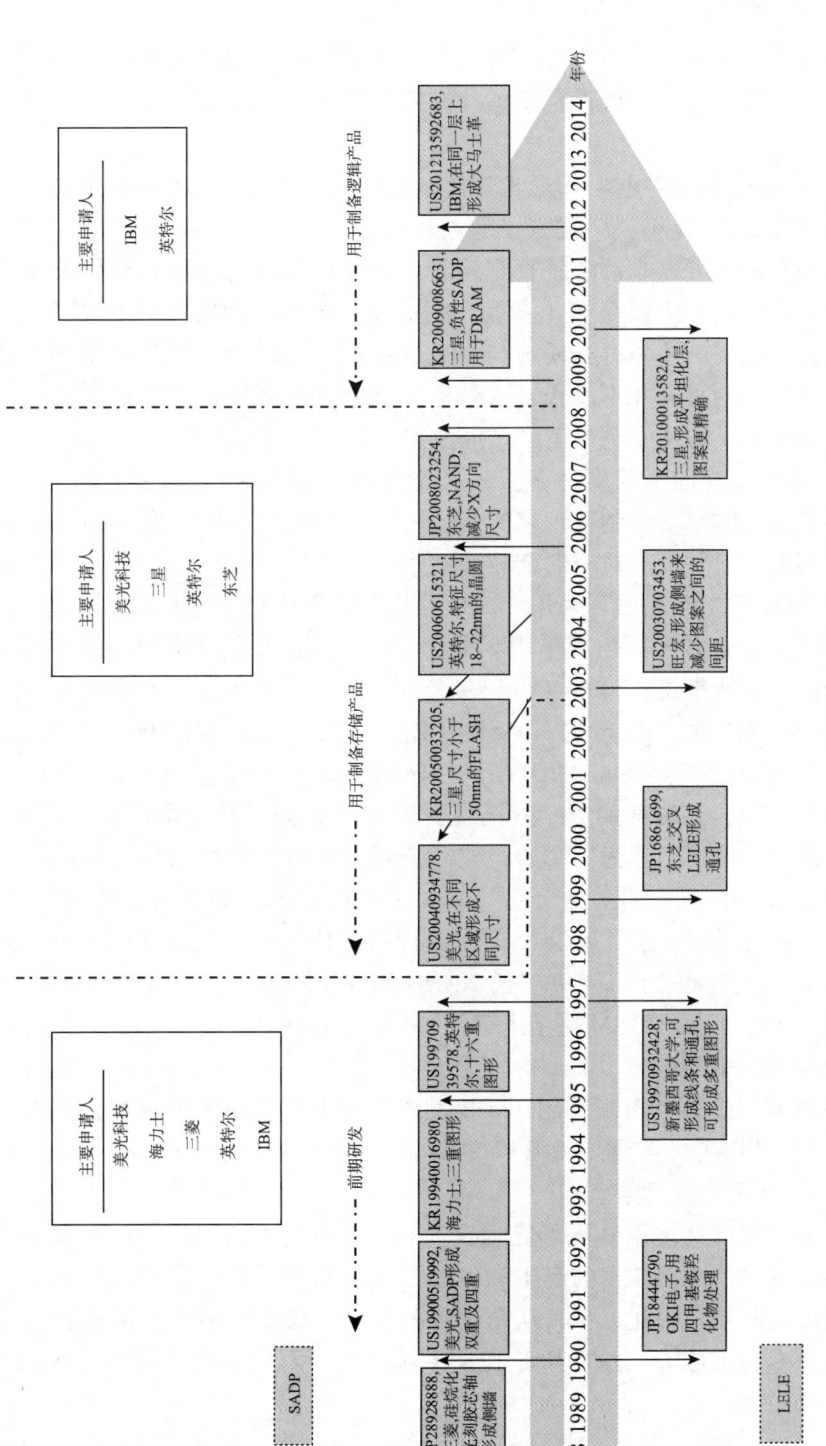

图 8-13 双重（多重）图形光刻全球专利技术发展路线

将前述的双重（多重）图形光刻技术全球产业发展路线和全球专利发展路线进行对比，可以分析得到双重（多重）图形光刻技术全球产业－专利的关系。

- 全球双重（多重）图形光刻技术市场发展表明，从专利技术转化为产业的时间大约 3~5 年。

从图 8-15 可以非常清楚直观地看出，专利技术的出现总是早于该技术在产业界的使用。由于双重（多重）图形光刻技术的发展周期不长，并且其容易具体运用到产业，可方便地与现成的制造工艺结合，因此从专利申请转化到产业生产的时间并不漫长，大体上，从专利申请到产业上首次实现一般需要三年左右，而从专利申请到产业上量产则需要五年左右。

在 2003 年之前，双重（多重）图形光刻全球专利技术还处于前期研发阶段，并且此时半导体制造工艺的特征尺寸无须采用双重（多重）图形光刻技术，因此产业并没有对应的产品。

在 2004 年，开始出现采用 SADP 工艺制备产品的专利申请，相应地，在 2007 年之后，产业开始出现采用双重（多重）图形光刻技术制备的小尺寸的闪存产品。具体来说，2005 年，三星公司申请了采用 SADP 形成线宽和间距小于 50nm 例如 20~30nm 的 FLASH 存储器，而三星公司在 2007 年使用双重光刻技术成功生产了 36nm 的闪存，并分别在 2009 年量产 30nm 的 NAND 闪存和 2010 年量产 20nm 的 NAND 闪存。2006 年，英特尔申请了形成闪存的栅极的方法，其特征尺寸为 122nm，同时公开了具有该闪存结构的晶圆，而在 2009 年，英特尔在产业上展示了 22nm 工艺的晶圆。2008 年，东芝申请了 NAND 闪存的制作方法，可沿 X 方向进行微细化制造，从而减小面积，而在 2011 年，东芝宣布生产了 19nm 的 NAND 闪存。2009 年，三星申请了采用负性 SADP 工艺形成 DRAM 通孔阵列的方法，而在 2014 年，三星正式量产 20nm 的移动 DRAM。

2010 年后，开始出现采用 SADP 工艺制备更复杂的图形例如大马士革的专利申请。相应的，产业在 2013~2014 年期间出现采用该工艺的小尺寸产品例如 22nm 制程的处理器。

从上述双重（多重）图形光刻技术的相关专利申请和产业技术事件的对比中不难看出，一项技术的诞生和发展演进总是要早于该技术在产业上实际得到运用的时间。由此可见，从全球范围来看，双重（多重）图形光刻技术市场上是专利主导的，并且从专利技术转化为产业的时间比较短，大约 3~5 年。

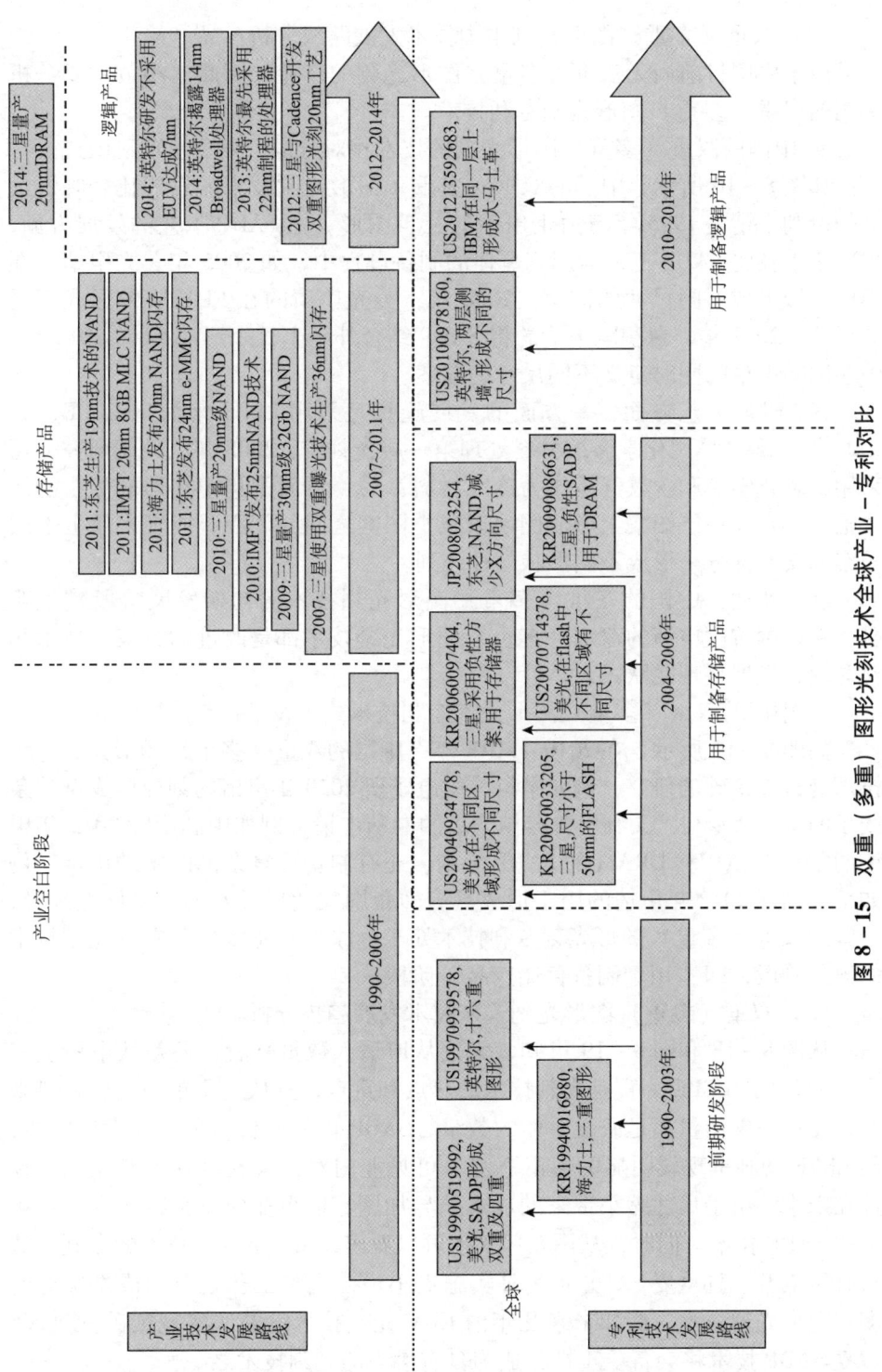

图 8-15 双重（多重）图形光刻技术全球产业-专利对比

(2) 双重(多重)图形光刻中国技术发展路线分析

由于中国目前尚无双重(多重)图形光刻的产业,因此本小节主要分析中国的双重(多重)图形光刻专利技术。

- 中国的双重(多重)图形光刻的技术相对分散,发展呈现跳跃式。

如图 8-16 所示,中国的双重(多重)图形光刻技术的发展比较晚,最早的专利申请是 1995 年海力士申请的三重图形。在 SADP 工艺的发展方面,主要集中在将 SADP 工艺运用到具体的制备过程中,如 2005 年美光申请的在不同区域形成不同尺寸的图案,2008 年,美光申请的在 FLASH 中形成不同的尺寸,2012 年,台积电申请的将 SADP 结合外延生长来形成 STI,2013 年,中芯国际申请的同时定义不同尺寸的图案。

在 LELE 工艺方面,一方面的发展趋势是采用 LPLE 来简化 LELE,如 2007 年,NXP 采用化学微缩材料处理第一层光刻胶,2008 年,朗姆研究公司采用氟碳化学品和含氢气体作为冷冻材料;另一方面则集中在形成更小的尺寸上,如在每一层图案上形成侧墙以减少图案之间的间距,或者采用上下层图案的交叠部分来形成不同形状的柱阵列。

综上所述,中国的双重(多重)图形光刻技术的初期发展阶段较不明显,在中国首次申请的双重(多重)图形光刻技术都是改进的方案,技术相对分散,发展呈现跳跃式。

- 中国的双重(多重)图形光刻专利技术处于技术追赶阶段。

如图 8-17 所示,在 2010~2013 年,中国的双重(多重)图形光刻专利技术既有较基础的研究,例如中科院微电子所 2010 年申请的刻蚀形成奇数条线条的 SADP 专利,又有制备存储产品的专利申请,例如中芯国际 2012 年申请的制备 NAND 和 DRAM 的 SADP 专利,还有制备更复杂的图案的申请,例如中芯国际 2012 年申请的用于形成具有转角图案的后段互连。总体上来说,中国的双重(多重)图形光刻专利技术处于全球双重(多重)图形光刻技术的第二阶段,即"用于制备存储产品"阶段。

(3) 双重(多重)图形光刻未来技术发展趋势分析

从图 8-18 和图 8-19 可知,无论从申请人数量来看,还是从申请量来看,SADP 和 LELE 一直是光刻技术的热点和重点,且从近些年的发展趋势来看,无论是申请量还是研发主体的数量,SADP 仍处在较为平稳的发展阶段,而 LELE 均则呈现较明显的下滑态势,可见业内对其关注度在逐渐减弱,预计在未来,由于尺寸缩小带来的成本差异加剧,使得业内将会将研究重点集中在 SADP 技术。同时,从图 8-19 还可以看出,重复 SADP 技术的专利申请量有所上升,且重复 SADP 工艺是实施更小尺寸光刻工艺是节约成本优选的多重图形光刻技术,假如未来几年内 EUV 光刻技术没办法实现突破性进展,重复 SADP 技术将会备受重视,成为具有潜力的光刻技术之一。

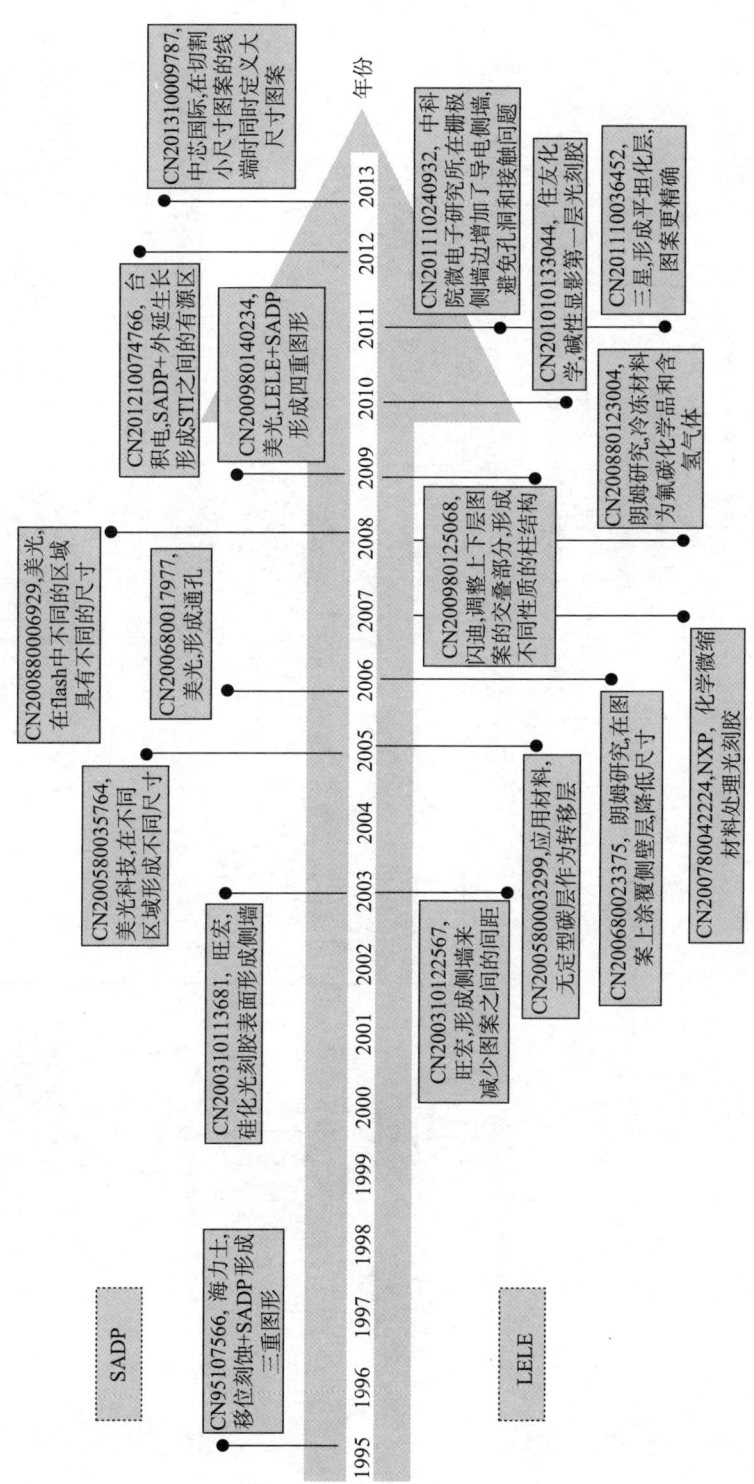

图8-16 双重（多重）图形光刻中国专利技术发展路线

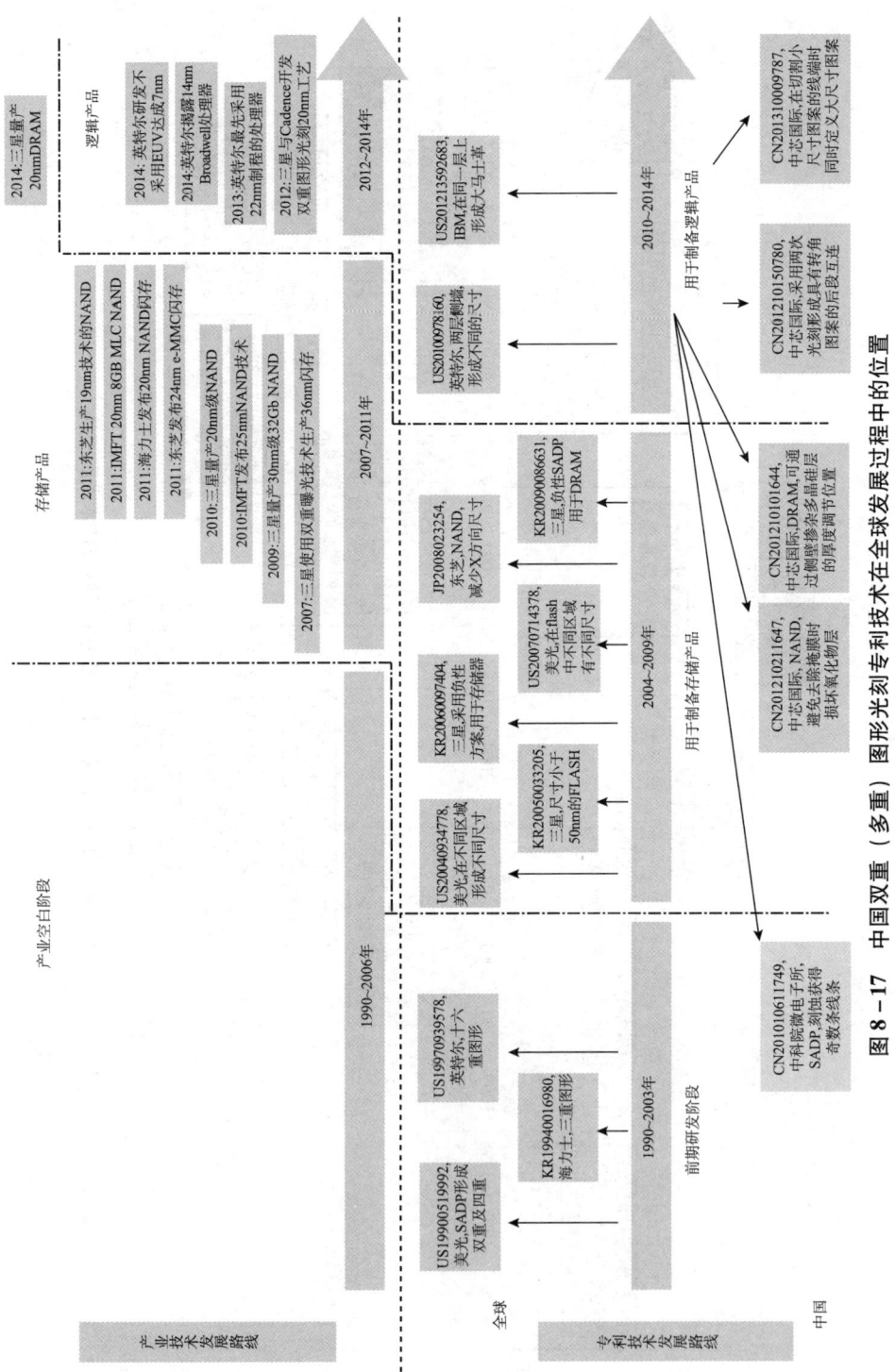

图 8-17 中国双重（多重）图形光刻专利技术在全球发展过程中的位置

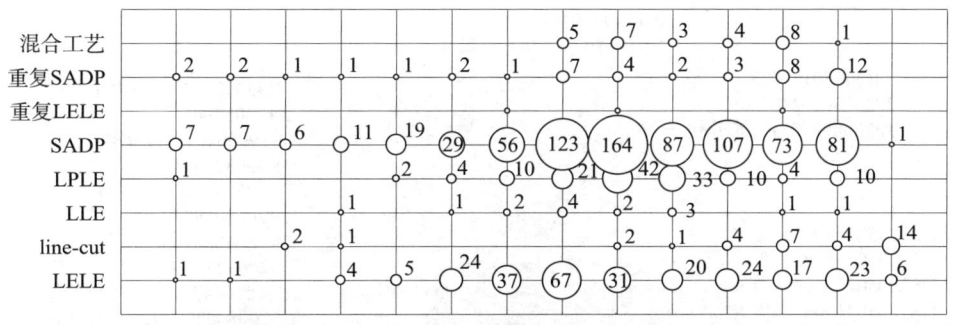

图 8-18 双重（多重）图形光刻技术技术分支申请量随年度变化

注：图中数字表示申请量，单位为项。

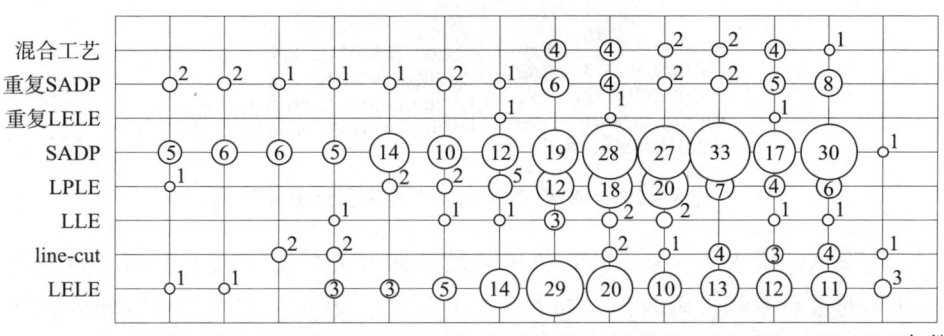

图 8-19 双重（多重）图形光刻技术技术分支申请人数量随年度变化

注：图中数字表示申请量，单位为项。

如图 8-20 所示，美光科技的申请号为 US19900519992 的专利申请属于 SADP 技术中的核心专利和基础专利。而全球大型企业和研究机构在后续专利布局是主要围绕该核心专利进行了侧墙形成方法、不同尺寸器件的形成，SADP 技术中的具体工艺、无需掩膜的简化工艺步骤以及减少尺寸等方面的改进。分析可知，围绕该核心专利的重要改进方向为侧墙形成方法（包括新型侧墙材料的选择）以及不同尺寸器件的形成以及其他具体器件应用等三个方面。这也从侧面反映出来侧墙形成方法（包括新型侧墙材料的选择）以及不同尺寸器件的形成以及其他具体器件应用等三个方面是 SADP 技术发展的三个主要方向。

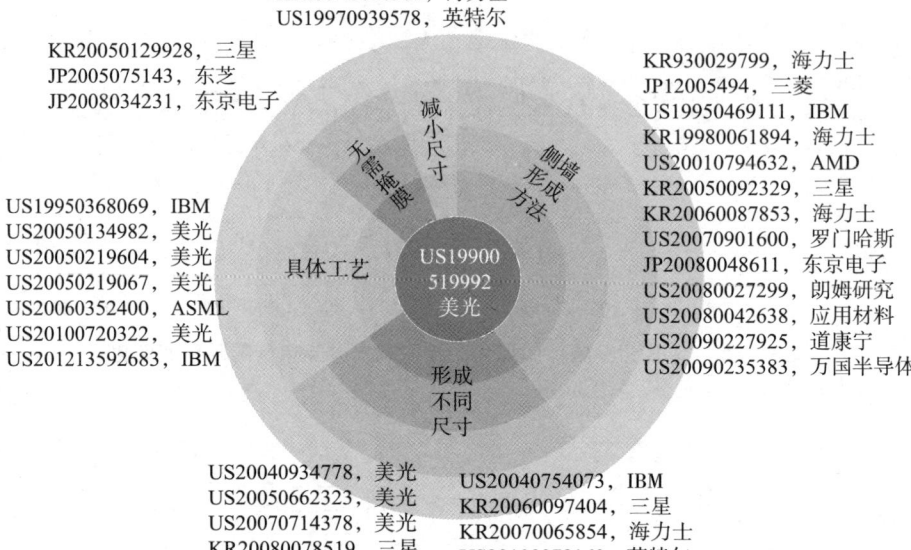

图 8-20 SADP 工艺的核心专利和外围专利

从全球范围来看，从 SADP 技术领域技术领先的大型企业和研究机构的近几年的重点专利可以看出，如表 8-10 所示，近几年大型企业和研究机构主要在如下方面进行专利布局：侧墙形成技术方面、形成侧墙材料的选择方面、不同尺寸器件的形成方面以及特定形成和结构的图形的形成（两者均属于具体器件的应用方面）等三个方面。SADP 技术的未来发展方向基本为上述三个方向，该三个方向和对核心专利以及外围专利的分析得到的 SADP 技术的发展方向相同。

表 8-10 SADP 技术近几年重要专利

申请人	申请号	技术要点	功效改进
东京电子	JP20080048611	采用甲硅烷化的方法形成侧墙	提高侧墙稳定性、形貌均一性
道康宁	US20090227925	采用固化硅倍半氧烷树脂的方法形成侧墙	提高侧墙稳定性、形貌均一性
万国半导体	US20090235383	采用离子注入的方法形成侧墙	提高侧墙稳定性、形貌均一性
IBM	US20090509900	通过对硅芯部进行杂质引入以形成掺杂侧墙	提高侧墙稳定性、形貌均一性

续表

申请人	申请号	技术要点	功效改进
朗姆研究	US20080027299	采用聚合物作为侧墙	提高侧墙稳定性、形貌均一性
应用材料	US20080042638	采用氮化硼作为侧墙	提高侧墙稳定性、形貌均一性
IBM	US201213592683	采用 SADP 技术在同一层中形成大马士革图形	形成特定形成和结构
IBM	US201113171868	通过 SADP 技术在 SOI 上形成 FINFET	形成特定形状和结构
IBM	US201314017488	通过 SADP 技术形成源漏极以及栅极	形成特定形状和结构
三星	KR20080078519	采用 SADP 技术在 NAND 闪存中形成不同宽度的掩模图案	形成不同尺寸器件
英特尔	US20100978160	采用形成两层侧墙以形成三重图形以及不同尺寸的图形	形成不同尺寸器件
东芝	JP2011028660	采用增加某些图案的侧墙的层数的方法形成不同尺寸的图形	形成不同尺寸器件

从上述分析可以对全球双重（多重）图形光刻技术未来技术发展方向作出预测，如图 8-21 所示。

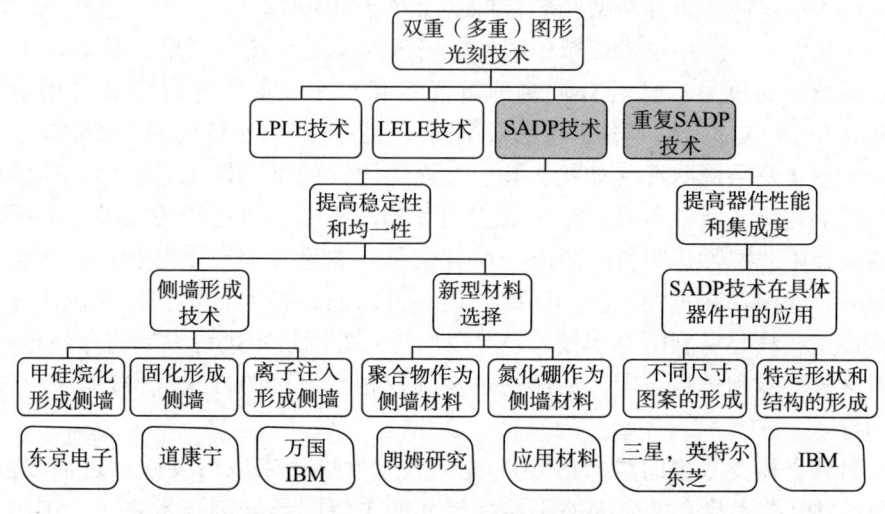

图 8-21 双重（多重）图形光刻技术未来发展方向预测

(4) 我国产业技术发展方向分析

在SADP技术中的侧墙形成技术领域领域，IBM、应用材料以及美光科技等大型企业较早前就在中国对该技术领域进行了专利布局，其中涉及较多的重要专利布局，这些重要专利为涉及有机膜、氮化物的形成方法的基础专利以及有机膜、氮化物的后续处理工艺的外围专利，布局较为完整，而国内申请人对该技术领域的布局时间较迟，虽然近些年来提交了较多的专利申请，但更多涉及侧墙形成方法的外围专利且仅具有少量有效发明专利。需要指出的是，国内也存在一些新型的侧墙形成技术的发明专利申请，如中芯国际提交的采用业内较为热门的定性自组装技术形成侧墙的专利申请，这些技术可以替代目前传统的沉积工艺形成侧墙的技术，且国外并未对这些形成技术形成完整的专利布局。国内申请人可以通过技术合作、技术转让等方式获得这些核心专利的专利权，还可以通过对外围技术进行大量的专利布局，以对该核心专利进行包围，从而通过专利权相互许可的方式获得核心专利的专利权。在新型侧墙形成方法技术领域，可以继续对新型侧墙形成方法进行专利布局，以形成一系列相关申请，构建新型侧墙形成方法专利完整体系。

在侧墙材料选择方面的技术领域，国外申请人如海力士、应用材料等提交的来华专利申请中具有少量的重要专利，然而这些重要专利为涉及采用氮化物、氧化硅以及有机膜作为侧墙的技术方案的基础性专利，且中芯国际、台积电等国内申请人仅具有少量外围专利且核心专利空白，故存在较大风险。国内申请人可以通过对于氮化物、氧化硅以及有机膜作为侧墙材料的基础性专利进行大量外围专利布局或者通过技术合作、技术转让等方法获得专利权，也可投入一定精力研究新型侧墙材料以规避专利风险。

在具体器件应用技术领域，国外申请人如美光科技、三星以及IBM对该技术领域布局较早，且具有较多的重要专利，这些重要专利涉及采用传统SADP技术+普通掩模光刻工艺形成不同尺寸图形、两次传统的SADP技术形成特定形状及结构图形（如接触孔、互连结构）的基础性工艺方面，还涉及这些图形在具体器件形成方法中的应用等外围方面，布局较为完整，而国内申请人如中芯国际、中科院微电子所等仅具有少量外围有效专利，故在该技术领域，我国存在重大风险。国内申请人可以通过技术合作、技术转让等方式获得这些核心专利的专利权，还可以通过对外围技术进行大量的专利布局，以对该核心专利进行包围，从而通过专利权相互许可的方式获得核心专利的专利权。

另外，需要指出的是，在EUV光刻技术发展还未取得突破性进展之前，重复SADP技术将会是未来缩小器件尺寸的主流图形光刻技术之一，国内企业和研究机构应抓住全球对重复SADP技术的相关专利申请较少且具有应用前景的特点，战略性地加强对重复 SADP 技术的专利布局，以争取未来在双重（多重）图形光刻技术领域占据一席之地。

8.3.4　EUV 光刻专利技术发展路线预测

1）EUV 光刻全球专利技术发展路线

EUV 光刻全球专利技术发展路线如图 8-22 所示。从图 8-22 中可以看出，在 EUV 光刻胶方面，由于传统的化学增幅型光刻胶普遍不能应用于 EUVL，因此技术研发目标定位在如何获得低吸光率、高透明度、高分辨率、高敏感性、低产气和低边缘粗糙度的光刻胶，重要的专利技术也大都涉及对新型聚合物和产酸剂的开发。如桑迪亚公司和纳幕尔杜邦公司在 1997 年和 1998 年就提出了用于聚合物 EUV 光刻胶，IBM、英特尔和罗门哈斯以及日本籍申请人（如旭硝子、住友、信越等）提出了大量关于产酸剂的改进。近年来，由于分子玻璃光刻胶具有高分辨率和低边缘粗糙度的特性，因此获得了较多的关注，康奈尔研究基金会在 2006 年就提出了金刚烷分子玻璃光刻胶，罗门哈斯在 2011 年以后也对分子玻璃光刻胶提出了较多的申请。

在 EUV 掩模方面，重要的专利技术主要涉及对反射层、基底和吸收层三个方面。如在 1990 年加利福尼亚大学董事会提出了应用于软 X-射线的 Mo/Si 多层反射镜以后，对 Mo/Si 反射层结构和形成工艺的改进就延续至今，先进微装置公司、英特尔、卡尔蔡司、康宁和三星等先后提出了大量对 Mo/Si 反射层的专利技术。而在基底和吸收层方面，主要是如何获得低膨胀高平坦度的基底和低反射高吸收、无缺陷的反射层，如康宁公司在 2001 年提出了适用于 EUV 的凹形 ULE 低膨胀玻璃基底，肖特玻璃制造厂也在 2002 年申请了一种低膨胀基片，英特尔在 1997 年提出了可以吸收缺陷的吸收层，旭硝子在 2007 年提出了含钽硼硅氧的吸收层。

如图 8-23 所示，图中上方是对产业上对重要研究成果的展示，例如 EUV 光刻样机、新型光刻胶和新型掩模，图中下方是相关专利技术的专利申请时间，两个时间轴之间的虚线将同一公司的专利技术与相关的产品的进行对应。从图中可以非常清楚直观地看出，EUV 光刻产业发展基本经历了 32nm 以上、32nm、22nm 的阶段，在这些阶段，专利技术的出现总是早于该技术在产业界的使用。其中，在 32nm 以上阶段的重要申请人是加利福尼亚大学和 AT&T 公司，在 32nm 阶段的重要申请人是英特尔、康宁、ASML、三菱、海力士、信越和富士，在 22nm 阶段的重要申请人是旭硝子、卡尔蔡司、东芝、住友和罗门哈斯。其中，英特尔、ASML 作为 EUV 光刻技术的推动者，在各个阶段都保持了一定的申请量，在近段时间内，住友、罗门哈斯、旭硝子成为发展 EUV 光刻技术的重要新兴力量。

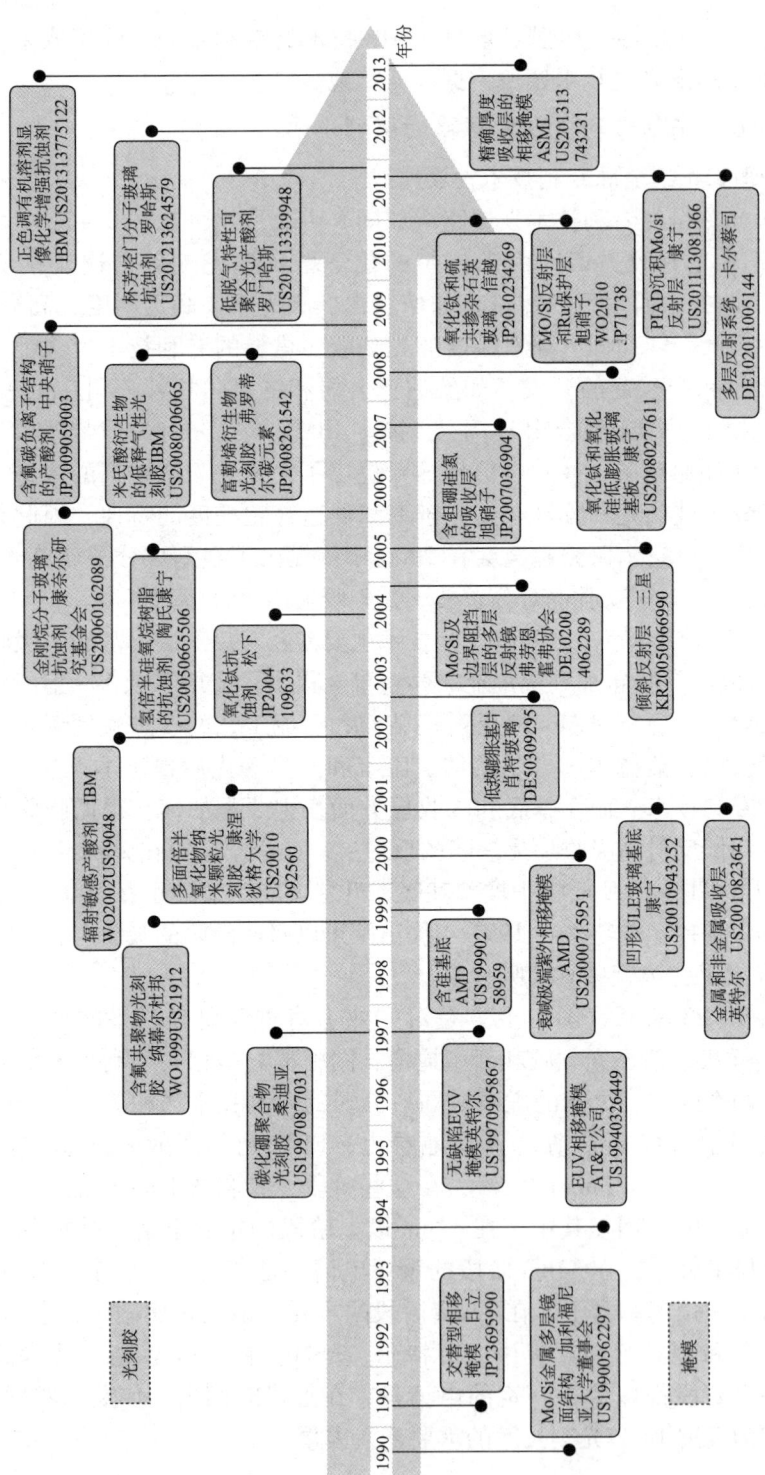

图 8-22 EUV 光刻全球专利技术发展路线

8 集成电路制造工艺关键技术

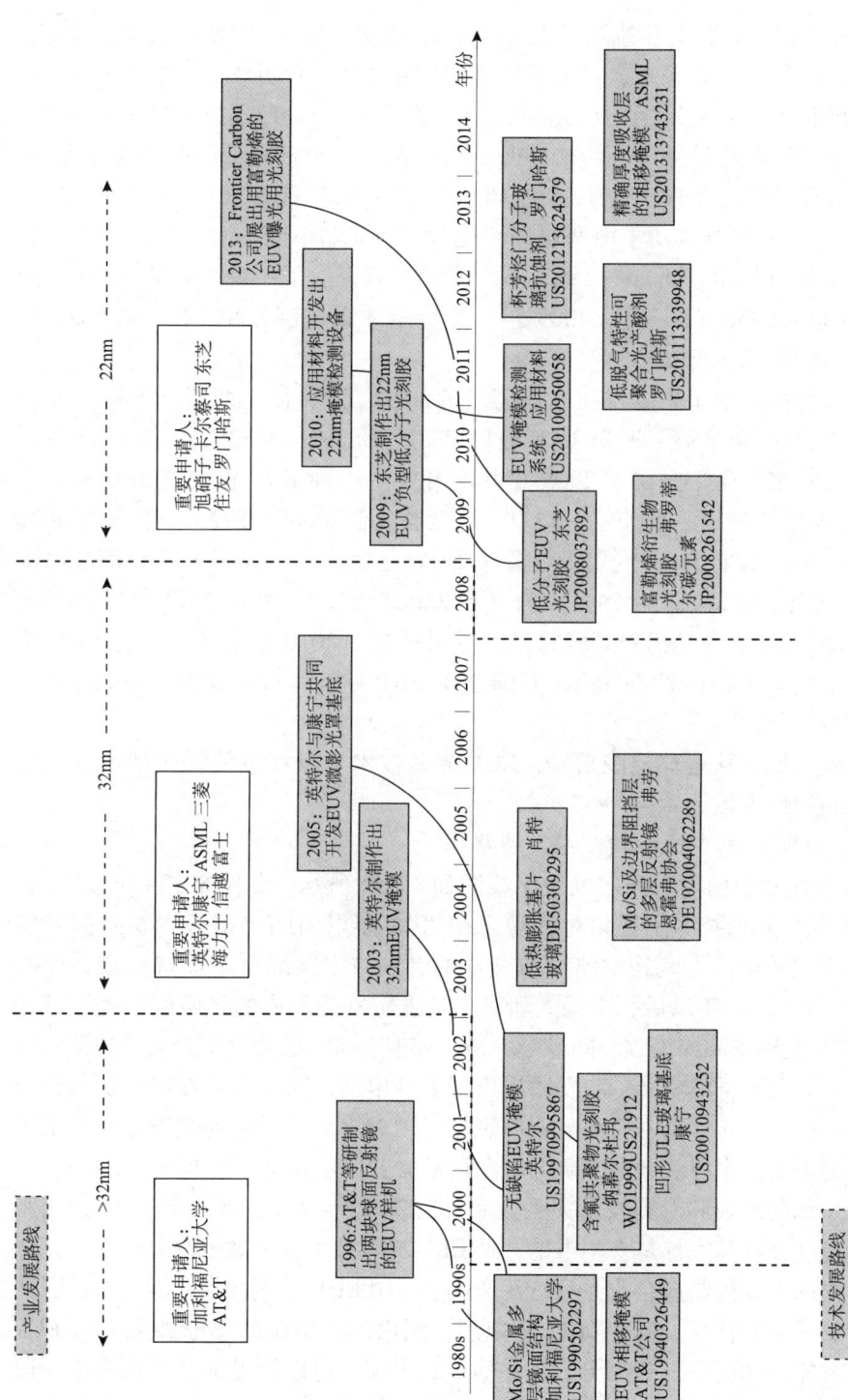

图8-23 EUV光刻技术领域产业技术和全球专利技术对比

由于EUV光刻技术涉及了众多的技术分支，如EUV光源及聚光系统、光刻胶、掩模、投影系统、对准系统和对焦系统等，因此EUV光刻技术从专利申请转化到产业上运用的周期较长，尤其是在EUV光刻技术的起步时期，如加利福尼亚大学董事会在1990年申请了Mo/Si金属多层镜面结构（US19900562297），AT&T在1994年申请了一种EUV掩模（US19940326449），直至1996年才研制成功了由两块球面反射镜组成缩小镜头的具有光刻功能的EUV光刻原理样机。再如在1997年，英特尔就提出了一种无缺陷的EUV掩模（US19970995867），到了2003年，英特尔才宣布制作出32nm的EUV掩模，时间相差了接近6年。

而随着技术的积累以及和产业需求的加快，该转化周期逐渐缩短，如康宁公司于2001年申请了凹形ULE玻璃基底（US20010943252），基于此专利技术，英特尔与康宁公司于2005年共同开发了一种EUV微影光罩基底。东芝于2008年申请了一种低分子EUV光刻胶（JP2008037892），随之在2009年就宣布制作出了22nm的负型低分子EUV光刻胶。弗罗蒂尔碳元素公司于2008年申请了富勒烯衍生物光刻胶（JP2008261542），其在2013年展出了采用富勒烯的EUV曝光用光刻胶材料。应用材料于2010年申请了一种EUV掩模检测系统（US20100950058），其随之在2010年就宣布开发出22nm的EUV掩模检测设备。

由此可见，从全球范围来看，EUV光刻技术从专利申请转化到产业上运用的时间周期大致为4~6年。

2）EUV光刻中国专利技术发展路线

EUV光刻中国专利技术发展路线图如8-24所示。从图8-24可以看出，中国的EUV光刻技术发展相对较晚，在2011年以前的申请人主要是国外申请人，因此整体的专利技术路线与全球的专利技术路线基本保持一致，而时间滞后。在2011年以后，中国大陆籍申请人特别是国内的科研院所逐渐开始了在EUV光刻胶和掩模领域的专利申请，如南京航空航天大学、北京师范大学和中科院等在分子玻璃光刻胶发明提出了多件申请，同济大学在铝基反射镜方面、中科院长春光学精密机械与物理研究所在Mo/Si反射层的改进方面提出了一系列的申请，中科院微电子研究所在纳米加工相移掩模方面也提出了申请。

在中国的产业和专利技术关系方面，在2011年以前，涉及EUV光刻胶和掩模的专利技术基本都是来华申请，且EUV光刻技术在全球范围内还处于试产阶段，国内半导体制造企业并没有在产业上运用EUV光刻技术，因此并没有体现出专利主导的作用。直至2011年以后，国内的科研院所逐渐加大了对EUV光刻胶和掩模的研发，并提出了较多的专利申请，可以预见的是，在未来一段时间内，这些专利成果会转化到产业上运用，国内将体现出专利主导的局面。

8 集成电路制造工艺关键技术

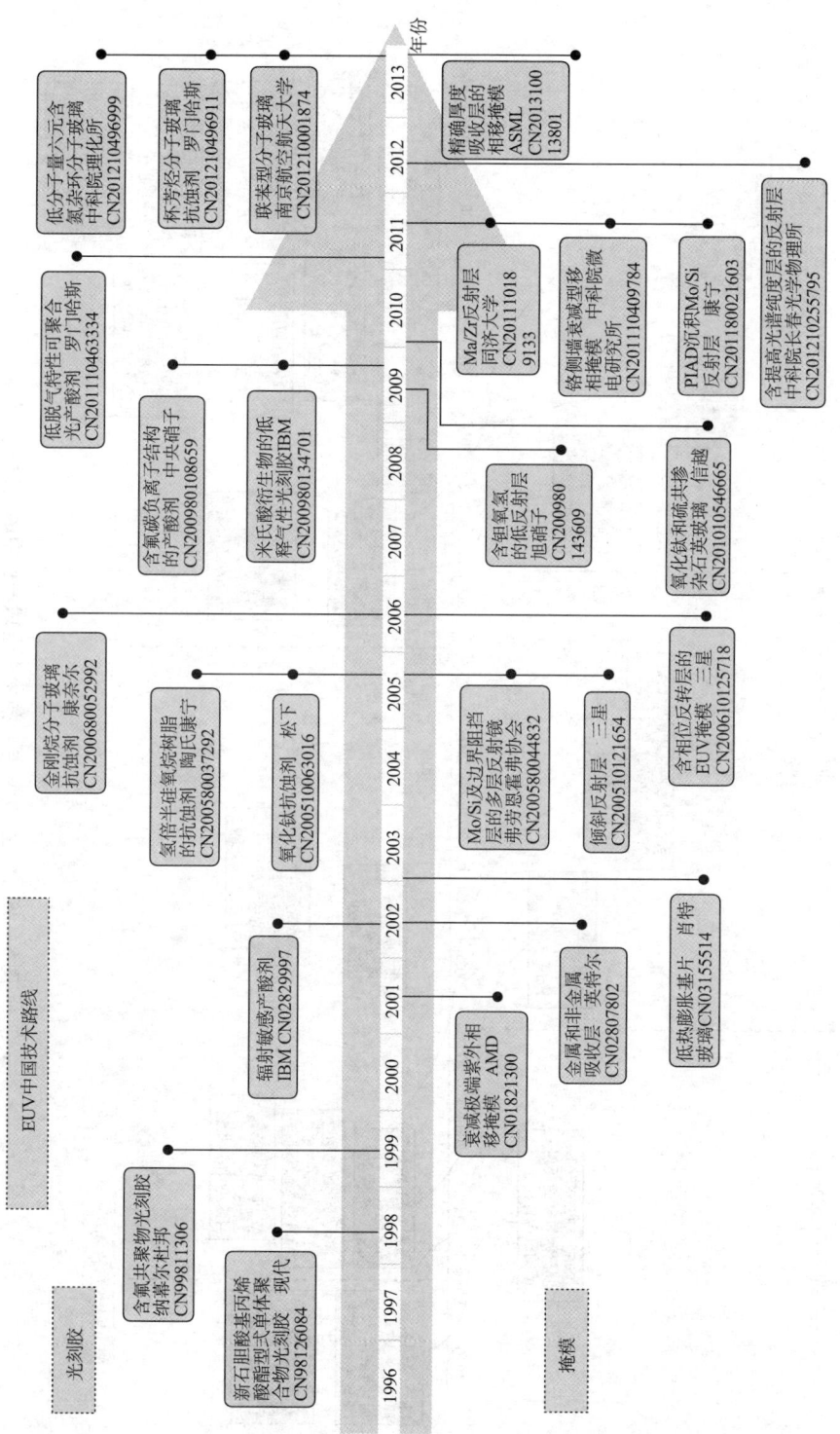

图 8-24 EUV 光刻中国专利技术发展路线

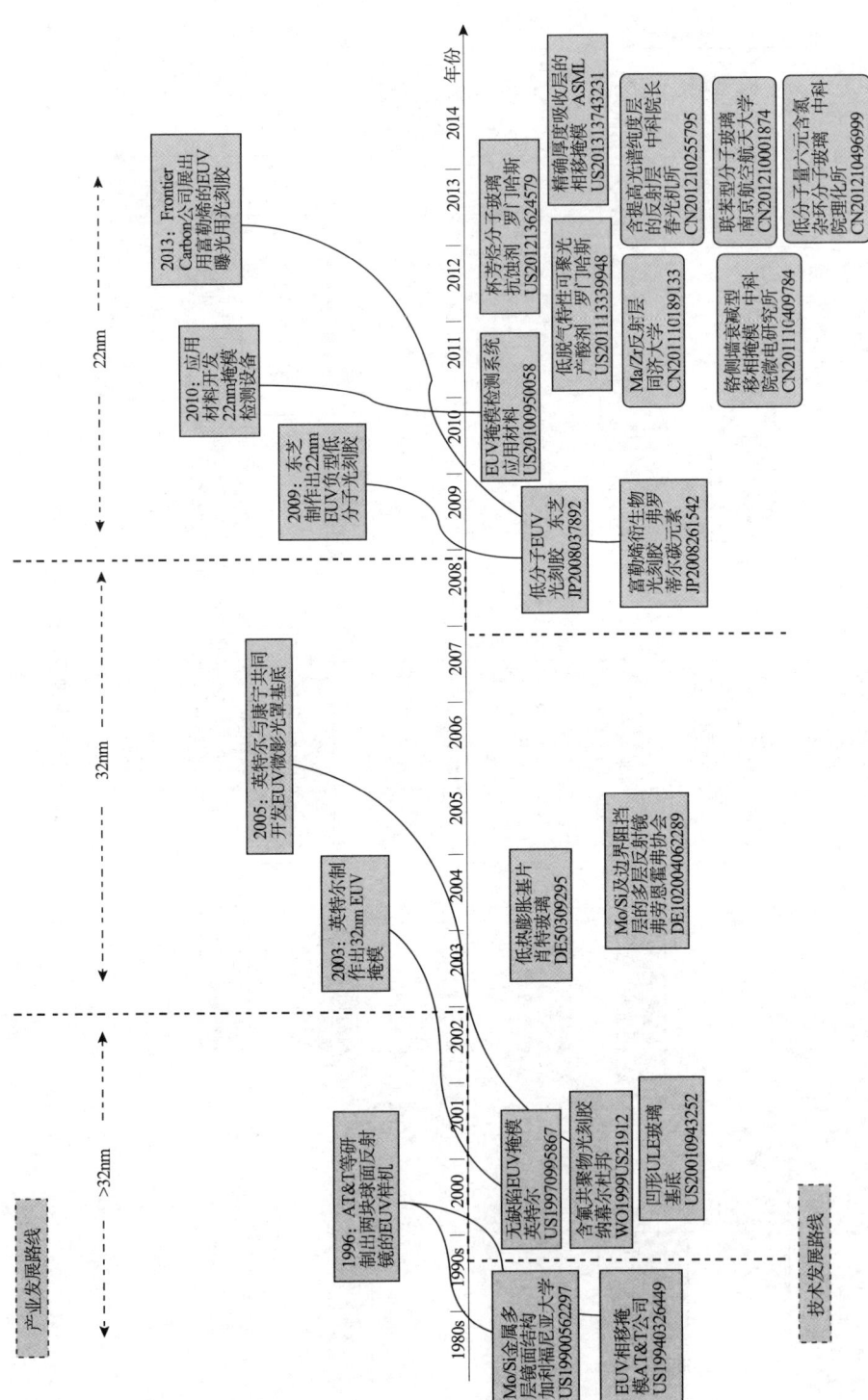

图 8-25 中国 EUV 专利技术在全球产业中的地位

从图 8-25 可以看出，在产业发展层面，由于国内研究 EUV 光刻技术的时间尚短，技术积累相对较浅，因此在全球产业上所作的贡献较少，主要是国外企业主导了产业的发展进程。在专利技术发展层面，国内申请人于 2011 年才开始了 EUV 光刻技术方面的申请，且基本上是来自国内科研院所的申请，国内企业参与 EUV 研发的热情不高。但值得称道的是，国内申请的技术起点较高，且切合了目前 EUV 光刻技术的热点，如分子玻璃光刻胶和新型反射层材料，如这些专利获得授权，将极大有利于国内 EUV 技术的发展，并能够在未来的全球产业中占据一席之位。

3) EUV 光刻未来技术发展趋势分析

下面对近些年 EUV 光刻技术相关的全球专利从技术分支发展态势以及各个技术分支的申请人数量年度变化进行分析，以期得到 EUV 光刻技术领域发展中的重点技术。

从图 8-26 和图 8-27 可知，无论从申请人数量来看，还是从申请量来

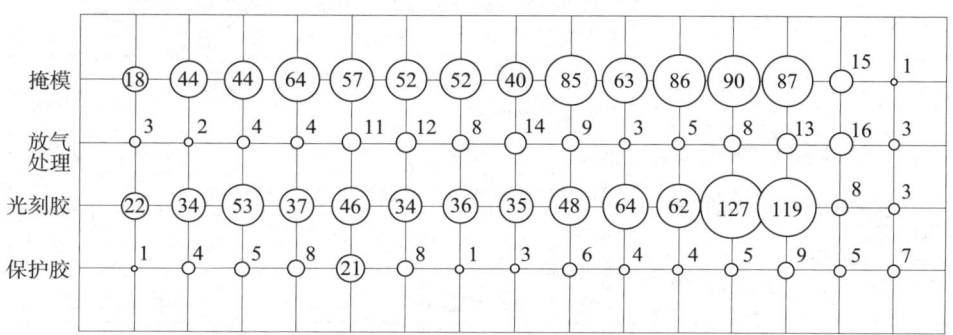

图 8-26　EUV 光刻技术技术分支申请量年度变化

注：图中数字表示申请量，单位为项。

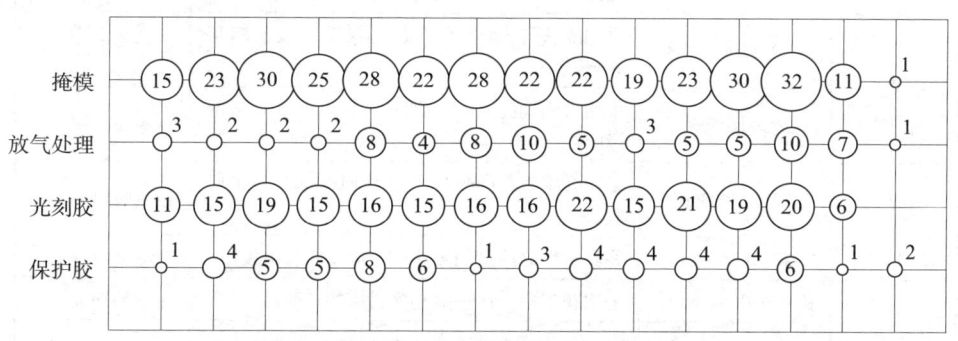

图 8-27　EUV 光刻技术技术分支申请人数量年度变化

注：图中数字表示申请量，单位为项。

看，EUV 掩模技术和 EUV 光刻胶技术一直是光刻技术的热点和重点，且从近些年的发展趋势来看，无论是申请量还是研发主体的数量，EUV 掩模技术和 EUV 光刻胶技术均处于较为快速发展阶段，预计未来几年，该两项光刻技术还将是 EUV 光刻技术中的两项重点技术。

对在 EUV 光刻技术领域近几年的重点专利进行一定的分析，如表 8-11 所示，近几年全球申请人主要在如下方面进行专利布局：EUV 掩模技术方面主要为多层反射膜技术、吸收层技术以及衬底技术三方面的技术，而 EUV 光刻胶技术方面，则主要为光致产酸剂以及分子玻璃体光刻胶两大方面。

表 8-11 EUV 掩模技术 2010~2014 年重要专利

申请人	申请号	技术要点	功效改进
IBM	US20080206065	采用具有米氏酸衍生物的光刻胶组合物作为 EUV 光刻胶	提高聚合度
罗门哈斯	US20090335169	形成可以共价连接到聚合物主链上的单光酸生成剂	提高聚合度
信越化学	US20100815787	在含芳环结构单元侧链上挂有含芳香磺酸锍盐的聚合物树脂	提高聚合度
罗门哈斯	US20100429009	低脱气特性可聚合光产酸剂	降低放气量
康奈尔研究基金会	US20080162089	采用基于金刚烷的分子玻璃光致抗蚀剂作为光刻胶	提高光刻分辨率
罗门哈斯	US201213624579	采用具有芳族乙烯醚与杯［4］芳烃的乙烯基醚加合物分子玻璃化合物的抗蚀剂	提高分辨率、降低边缘粗糙度
旭硝子	CN201080055041	在 Mo/Si 多层反射膜与 Ru 保护层之间形成含有规定量的 Si 和 O 的中间层	提高反射率
卡尔蔡司	CN201110065446	采用反射面的第一部分和其他部分在反射面上的布置适配于入射角带宽分布	提高反射率
康宁	CN201180021603	采用等离子体离子辅助沉积反光镜的多层 Mo/Si 涂层	提高反射率
旭硝子	US20080205967	采用含钽硼硅氮的吸收层作为 EUV 多层膜的吸收层	控制吸收率
旭硝子	US201113093968	采用含钽氧氢的吸收层作为 EUV 多层膜的吸收层	控制吸收率
ASML	US20120587587	将具有精确厚度的吸收层应用于相移掩模中	控制吸收率
旭硝子	US20090648481	采用辐射的方法去除掩模衬底的杂质	控制洁净度
信越化学	US20100940405	采用氧化钛和硫共掺杂的石英玻璃部件作为掩模的衬底	降低膨胀系数
ASML	CN201310013801	形成具有成图案形式的辐射吸收材料的基底	降低膨胀系数

对 EUV 光刻技术中重点申请人近三年的主要专利布局进行研究，以期得出这些主要申请人近些年的主要研究方向。从表 8-12 可以看出，近三年来，这些重点申请人的主要研究方向为：光致产酸剂和多层反射膜，衬底技术和吸收层技术以及分子玻璃体光刻胶也是具体研究方向之一。

表 8-12 EUV 光刻胶技术 2010~2014 年重要申请人重要专利

申请人	申请号	技术要点	功效改进
住友	JP2012076373	光致产酸剂；用于酸生成剂的磺酸盐	提高聚合度、降低放气量
	JP2012076376	光致产酸剂；具有含有酸不稳定基团和含有内酯环的树脂、含金刚烷基的磺酸盐	提高聚合度、降低放气量
	JP2012143075	光致产酸剂；碱可溶性且可通过酸的作用成为碱不溶性的树脂，酸不稳定基团的酸生成剂	提高聚合度、降低放气量
信越	JP2011120454	光致产酸剂；酸产生单元导入基础聚合物的硫盐、使用该硫盐的高分子化合物、使用该高分子化合物作为基础聚合物的化学增强型光阻组成物	提高聚合度、降低放气量
	US20100940405	衬底；采用氧化钛和硫共掺杂的石英玻璃部件作为掩模的衬底	降低膨胀系数
	JP2012239017	其他光刻胶；含硅的光阻下层膜	其他
	JP2013024204	光致产酸剂；感应高能射线或热的磺酸	提高聚合度、降低放气量
罗门哈斯	US201113339948	光致产酸剂；低脱气特性可聚合光产酸剂	降低放气量
	US201213624579	分子玻璃体光刻胶；杯芳烃门分子玻璃抗蚀剂	提高分辨率、降低边缘粗糙度
	CN201310543175	光致产酸剂；含共价连接的酸不稳定性部分的生酸剂环锍盐化合物	提高聚合度、降低放气量
	CN201410212479	光致产酸剂；产酸剂化合物，其包含氧代-1,3-二氧戊环部分	提高聚合度、降低放气量
卡尔蔡司	DE102011005144	多层反射膜；适配于入射角带宽分布的反射面	提高反射率
	DE102011005144	多层反射膜；在工作波长具有不同的折射率实部的反射层结构	提高反射率

续表

申请人	申请号	技术要点	功效改进
ASML	EP12702451	多层反射膜；极紫外辐射的掠入射反射器	提高反射率
ASML	CN201310013801	衬底；形成具有成图案形式的辐射吸收材料的基底	降低膨胀系数
ASML	US201313743231	吸收层；吸收材料具有基本上等于特定波长除以吸收材料的折射率的厚度	控制吸收率
旭硝子	WO2010JP71738	多层反射膜	提高反射率
旭硝子	JP2012284649	多层反射膜	提高反射率
旭硝子	JP2012000555867	多层反射膜	提高反射率
旭硝子	WO2013JP75915	多层反射膜	提高反射率

综合上面分析，可以对EUV光刻技术未来技术发展方向作出预测，如图8-28所示。

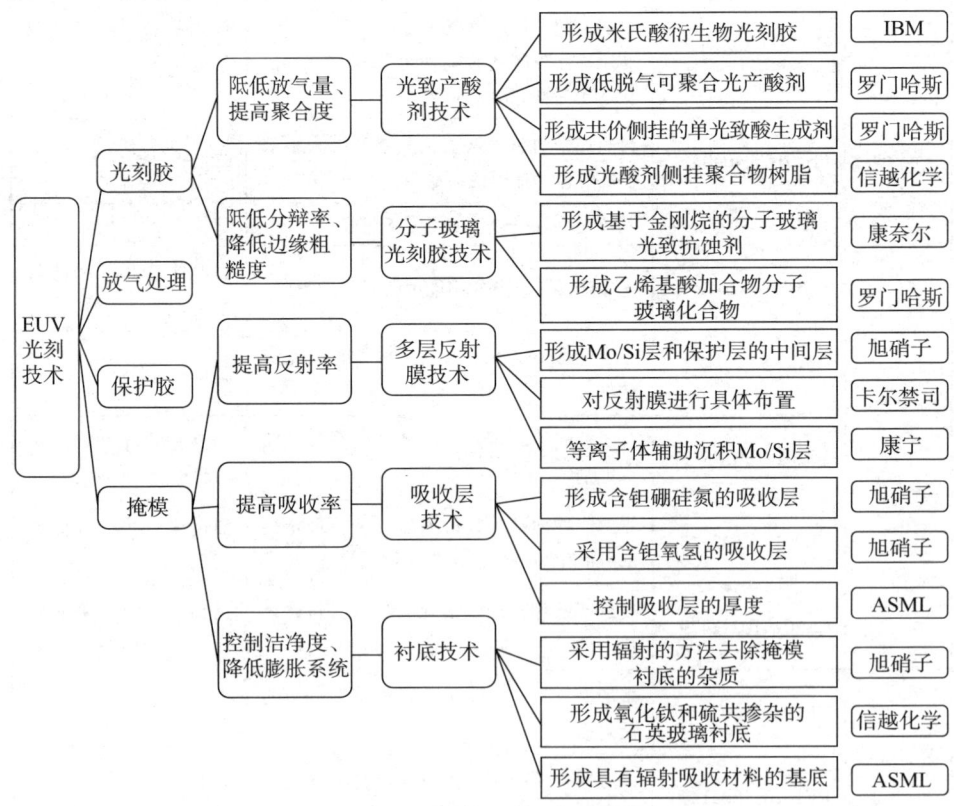

图8-28 EUV光刻技术未来发展方向预测

4）我国产业技术发展方向分析

在 EUV 光致产酸剂技术领域，三星、三菱等大型企业较早前就在中国对该技术领域进行了专利布局，其中涉及较多的重要专利布局，这些重要专利不仅仅涉及光致产酸剂的选择以及形成等核心专利，还涉及光致产酸剂作为光刻胶共价链中聚合物侧链的延伸的外围专利技术，故布局较为完整。而国内在该技术领域仅据具有较少的专利布局且并没有相关的核心专利。国内申请人可以通过技术合作、技术转让等方式获得这些核心专利的专利权，还可以通过对外围技术进行大量的专利布局，以对该核心专利进行包围，从而通过专利权相互许可的方式获得核心专利的专利权。

在分子玻璃体系光刻胶技术领域。国外申请人如 IBM、罗门哈斯等提交的来华专利申请中仅具有少量的重要专利，且主要涉及杯芳烃类分子玻璃体光刻胶，布局较为零散，而国内在该技术领域也具有一定数量的专利布局，主要集中于联苯型、双酚 A、酚基型等分子玻璃体系光刻胶上，来华专利和国内专利申请布局并没有明显重叠。国内申请人可以增加在该技术领域的专利布局以形成完整的专利技术体系，同时，目前这些专利技术仅仅属于科研机构，并未与产业发展紧密结合，可以加强产学研合作，形成产学研联盟以促进分子玻璃体系光刻胶技术的发展。

在 EUV 多层反射膜技术领域，国外申请人如英特尔、卡尔蔡司以及三菱等对该技术领域布局较早，且具有较多的重要专利，这些重要专利涉及主流的多层 Mo/Si 反射膜，而我国在多层 Mo/Si 反射膜布局较少且几乎没有有效的相关专利。而在新型多层反射膜方面特别是铝基多层反射膜方面，来华专利中仅存在较少专利申请甚至并未存在重要专利申请，而国内申请人如同济大学等在该方面具有一定量的专利布局，特别在铝基多层反射膜方面具有一系列的专利布局。对于多层 Mo/Si 反射膜专利技术，国内申请人可以通过技术合作、技术转让等方式获得这些专利的专利权，还可以通过对外围技术如一些阻挡层等功能层的增加进行大量的专利布局，以对这些专利进行包围，从而通过专利权相互许可的方式获得核心专利的专利权。对于新型多层反射膜技术，国内申请人可以增加在该技术领域的专利布局以形成完整的专利技术体系，同时，目前这些专利技术仅仅属于科研机构，并未与产业发展紧密结合，可以加强产学研合作，形成产学研联盟以促进新型多层反射膜技术的发展。

在 EUV 吸收层技术领域，英特尔、ASML 等大型企业布局的来华专利中存在较少的重要专利，然而我国几乎没有相关的专利申请，而 EUV 吸收层技术是产业中必须的技术。由于吸收层是 EUV 掩模不可或缺的组成部分，针对来华专利仅具有较少重要专利的现状，国内申请人在避开这些重要专利的涉及的技术方向的前提下，增加该技术领域的另外技术方向的专利布局。

在 EUV 衬底技术领域，肖特、信越化学等大型企业较早前就在中国对该技术领域进行了专利布局，其中主要涉及石英玻璃衬底作为 EUV 衬底的技术方案，而石英玻璃衬底是 EUV 光刻技术中的主流衬底，故这些重要专利属于非常重要的 EUV 光刻技术相关专利，这些重要专利不仅仅涉及少量石英玻璃形成技术这样的基础性专利，还涉及对石英玻璃的进一步改进的外围技术，故布局相对完整，而我国在衬底技术方面几乎没有专利布局。对于该技术领域，国内申请人可以通过技术合作、技术转让等方式获得这些核心专利的专利权，还可以通过对外围技术进行大量的专利布局，以对该核心专利进行包围，从而通过专利权相互许可的方式获得核心专利的专利权。同时，可见目前国外大型企业比较关注衬底的清洁度、平滑度以及低膨胀系数性能，我国也可增加对新型衬底材料的研发投入，特别是可以改善衬底的清洁度、平滑度以及低膨胀系数性能的新型衬底技术的研发投入以期发现新的 EUV 衬底技术体系。

8.4 晶圆减薄技术领域专利分析

8.4.1 专利整体态势分析

本节主要通过对全球与中国以及国内与来华在专利申请趋势、国家区域分布、主要申请人以及技术主题等角度进行对比分析，如表 8-13 所示。

表 8-13 晶圆减薄技术领域专利态势基本状况表

申请量	全球/项	6618	
	中国/件	938	
主要申请区域	全球/项	日本（5022） 美国（2904） 韩国（1220） 中国（938）	PCT（961）
	中国/件	国内	315
		来华	日本（487） 美国（56） 法国（44）
主要申请人	全球/项	迪思科（760） 信越（256） 日东电工（234） 琳得科（231） SOITEC（199）	

续表

主要申请人	中国/件	迪思科（124） 日东电工（89） 中芯国际（40） SOITEC（37） 信越（30）
技术分布	全球/项	磨削法（3469） 智能剥离（1380） 化学机械抛光（1087） 湿法腐蚀（274）
	中国/件	磨削法（544） 智能剥离（130） 化学机械抛光（84） 湿法腐蚀（55）

截至2014年8月1日，检索到世界范围内涉及晶圆减薄技术的专利申请共6618项，中国专利申请938件。全球专利申请的主要申请区域为日本、美国、韩国和中国，主要申请人为迪思科、信越、日东电工、琳得科、SOITEC等。中国专利申请中来华专利申请占比较大，主要申请人为迪思科、日东电工、中芯国际、信越、琳得科等。全球和中国专利申请在技术分布上的主要关注点较为一致，均为磨削法、智能剥离、化学机械抛光和湿法腐蚀。

8.4.2 申请趋势分析

（1）晶圆减薄技术领域全球专利申请量总体处于快速上升之后的平稳阶段，其变化趋势与市场波动密切相关（见图8－29）。

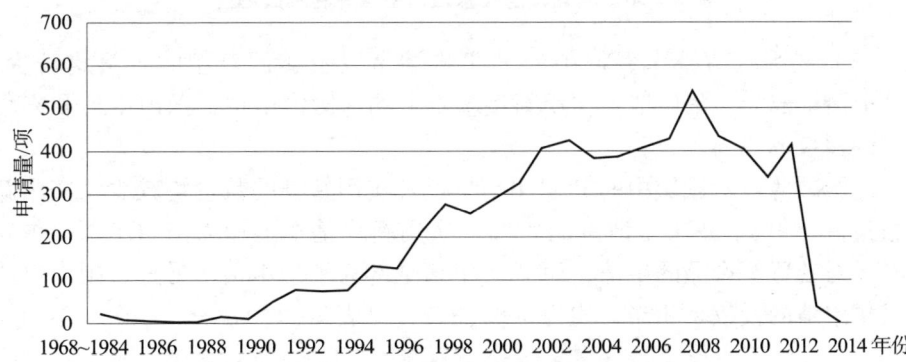

图8－29　晶圆减薄技术领域全球专利发展趋势

从 20 世纪 90 年代初至 2002 年,晶圆减薄技术领域的的全球专利申请量总体呈快速上升的趋势,之后总体处于相对平稳的阶段,其变化趋势与市场波动密切相关,并且变化滞后于市场变化大约 1~2 年。

(2) 晶圆减薄技术领域中国专利申请出现时间滞后于全球专利申请,但近年来中国专利申请态势与全球专利申请在态势上基本已经同步。

从 20 世纪 90 年代末开始,晶圆减薄技术领域的中国专利申请量才开始增长,2000~2009 年,中国专利申请量总体呈现快速增长态势,并在 2009 年达到峰值。而 2010 年之后虽有波动但基本呈持平的态势。可以看出,中国专利申请出现时间明显滞后于全球专利申请,但全球和中国专利申请量先后在 2008 年和 2009 年达到峰值,并在 2010 年之后虽有小幅波动但基本处于平稳的状态,说明晶圆减薄技术在中国的发展落后于世界其他先进国家,但随着 2000~2009 年的快速发展,中国专利申请与全球专利申请在态势上基本已经同步。另外,与全球情况类似,中国专利申请量的变化趋势也与市场波动密切相关,且专利申请量的变化滞后于市场变化(见图 8-30)。

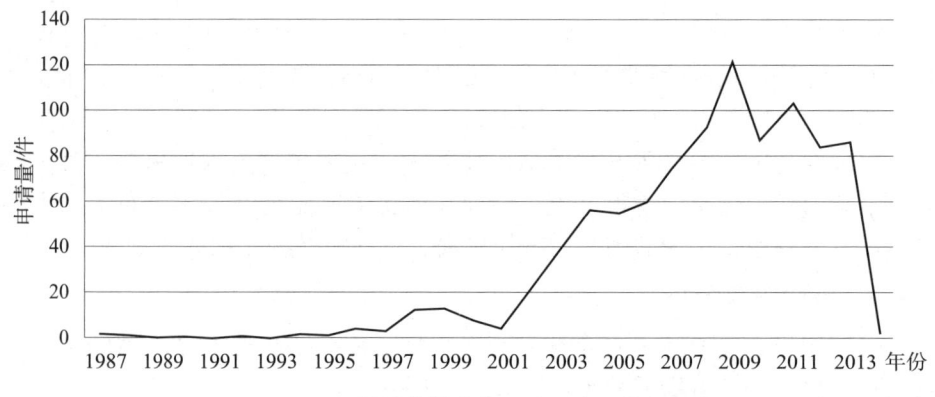

图 8-30 晶圆减薄技术领域中国专利发展趋势

(3) 晶圆减薄技术领域中的 PCT 申请量以及实用新型的数量均较少,PCT 申请全部为来华申请,实用新型基本上均为国内申请,国内申请和来华申请的授权率相当。

晶圆减薄技术领域中的 PCT 申请量以及实用新型的数量均较少,实用新型数量占比 4%,PCT 申请占比 24%。实用新型基本上均为国内申请,主要涉及针对装置等产品的申请,而 PCT 申请全部为来华申请。另外,国内申请和来华申请的授权率相当,均为 50% 左右(见表 8-14)。

表 8-14 晶圆减薄技术领域中国专利申请类型　　　　单位：件

技术领域	类型		中国	国内申请	来华
晶圆减薄	申请	总量	938	315	623
		发明	673	278	395
		PCT	227	0	227
		实用新型	38	37	1
	授权总量		473	161	312

8.4.3 晶圆减薄技术领域主要国家/地区专利分布

（1）全球国家/地区分布。

晶圆减薄技术领域技术集中度非常高，日本在该领域具有明显的优势，是晶圆减薄领域的主要技术来源国（见图 8-31）。

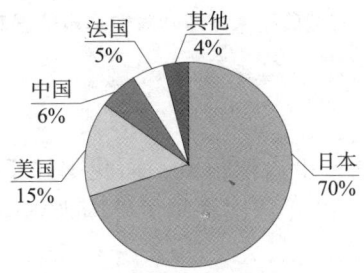

图 8-31 晶圆减薄技术领域主要国家/区域全球专利申请分布

晶圆减薄技术领域技术集中度非常高，96%的相关全球专利申请被日本、美国、中国和法国申请人占有。

日本申请人是该领域最主要的申请人，其占有率高达 70%，在该领域日本具有明显优势。美国排名第二位，其对晶圆减薄技术的投入逐步稳定。中国排名第三位，在晶圆减薄技术领域发展较晚，从 20 世纪 90 年代初至 2014 年，专利申请量快速增长，值得注意的是，中国台湾申请人（申请量为 100 项）在中国申请人的总申请量中占比达到了 26.6%。法国籍申请人的专利申请主要集中在 1991 年的智能剥离技术上，以 SOITEC 公司最具代表性，其就智能剥离技术申请了大量的核心专利，在该领域具有优势。

各国申请人均较为重视美国和日本市场（见图 8-32）。

法国申请人在各区域的专利申请基本上较为均衡，其中在美国的专利申请量最高，甚至略高于法国，同时，其在韩国和日本的申请量也较大，这说明法国申请人非常重视国外市场，特别是美国市场。中国申请人的申请区域主要为本国，国外申请的数量较少。日本申请人在本国的申请量最高，同时其在美国、韩国和中国的申请量均较大，说明其对美国、中国和韩国市场较为重视。美国申请人也是在本国的申请量最大，其次为日本和欧洲。韩国申请人的申请量总体不大，除去在本国的申请，其在美国的申请量最大。

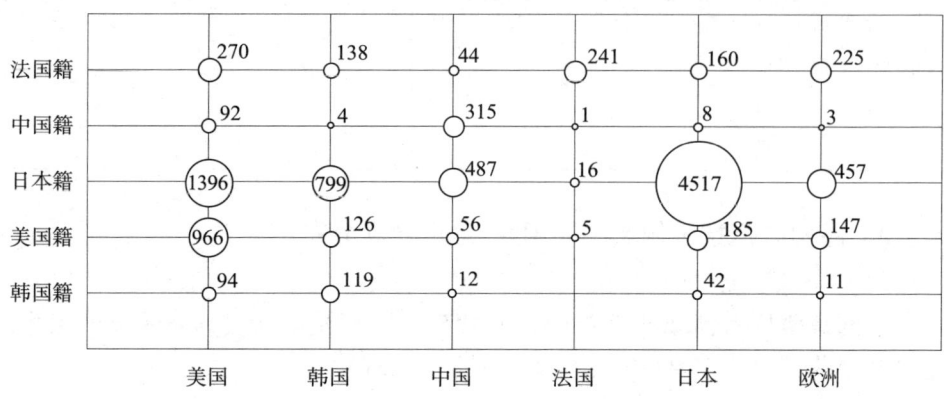

图 8-32　晶圆减薄技术领域全球专利申请国家/地区分布

注：图中数字表示申请量，单位为项。

（2）在华申请状况。

来华申请量在总申请量中占比很大，而我国处于技术追赶期，发展开始较晚但增长迅速，并在 2012 年首次超越了外国来华申请量（见图 8-33）。

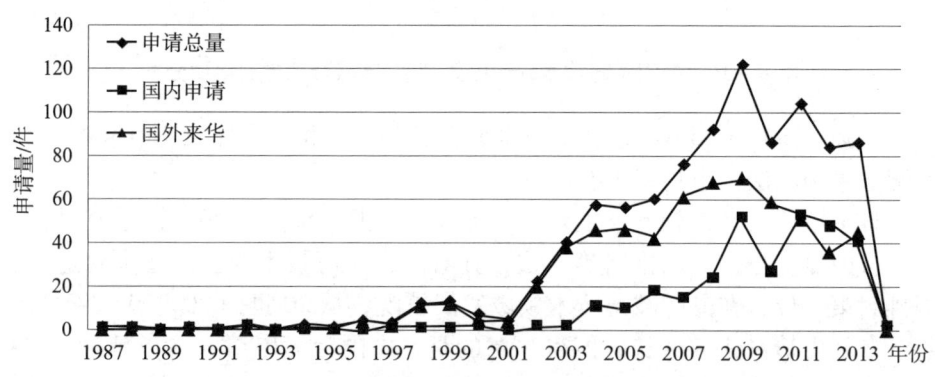

图 8-33　晶圆减薄技术领域中国专利申请趋势

晶圆减薄技术领域的中国专利申请中，来华申请量在总申请量中占比很大，且在 2009 年之前相较于国内申请量具有较大的优势。而从 2009 年开始，来华申请量有了明显的下滑。而中国的技术发展较晚，国内申请量从 2003 年开始明显增长，其在 2012 年首次超越了外国来华申请量。

日本申请人一直较为关注中国市场，美国等其他国家申请人对中国市场的关注度有所降低（见图 8-34）。

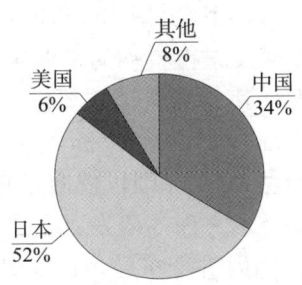

图 8−34　晶圆减薄技术领域中国专利申请地区分布

日本和美国的申请人很早就进入中国申请专利，在较长一段时间内，专利申请量均较少，日本申请人一直关注中国市场，其申请量为 487 件，占总申请量的 52%，处于优势地位，且近年来申请量保持基本持平的状态。美国等其他国家申请人的申请量在 2009 年之后有所下降。

8.4.4　晶圆减薄技术领域申请人分析

以下从申请人的角度对晶圆减薄技术领域进行专利分析（见表 8−15）。

表 8−15　晶圆减薄技术领域主要申请人

	全球/项		中国/件				
			国内申请		来华		
主要申请人	迪思科	760　11.5%	中芯国际	40　4.3%	迪思科	124　13.2%
	信越	256　3.9%	华虹宏力	21　2.2%	日东电工	89　9.5%
	日东电工	234　3.5%	上海新傲	19　2.0%	SOITEC	37　3.9%
	琳得科	231　3.5%	台积电	16　1.7%	信越	30　3.2%
	SOITEC	199　3.0%	大连理工大学	10　1.1%	琳得科	29　3.1%

（1）以迪思科为代表的日本申请人在晶圆减薄技术领域具有明显优势，法国 SOITEC 公司在智能剥离技术方面具有很强的实力。

全球申请人排名前五位的申请人与来华申请人排名前五位的申请人完全重合。其中，日本占 4 个，法国占 1 个，可以看出，日本申请人在晶圆减薄技术领域具有明显的优势。其中，迪思科在全球和中国申请人排行中均为第一，其专利申请主要涉及的是磨削技术，特别是磨削所用装置和设备，同时也涵盖了晶圆保护胶带、磨削工艺等多个磨削技术相关领域。信越为全球最大的晶圆供应商，其专利申请主要涉及智能剥离、磨削和化学机械抛光技术，其中智能剥离技术相关申请占其总申请量的一半左右，原因在于信越获得了法国的 SOITEC 公司提供的智能剥离专利技术的授权，因而近年来对智能剥离技术的关注度大幅提升，目前其与法国的 SOITEC 公司供应了全球约 90% 的 SOI 晶圆产品。日东电工以及琳得科均为专业生产胶带等相关产品的公司，两者的专利申请量差距不大，其专利申请主要涉及磨削技术中所需的晶圆保护胶带。

SOITEC 公司为全球最大的 SOI 晶圆供应商，其拥有智能剥离技术的基础专利，一直专注于智能剥离技术方面的研发，在该技术上具有很强的实力。

（2）国内申请人主要在国内进行布局，在外国的专利申请量较少。

国内申请人主要在国内进行专利布局，在外国的专利申请量较少。全球申请人排名前 20 名中未出现中国籍申请人，而在中国申请人排名中增加的主要是中国籍申请人。中芯国际其专利申请主要涉及的是化学机械抛光技术，华虹宏力的申请量也较大，上海新傲专利申请主要涉及的是智能剥离技术。作为晶圆代工业的龙头台积电专利申请主要涉及磨削法和化学机械抛光技术。

8.4.5 技术主题分析

以下从技术主题的角度对晶圆减薄技术领域专利进行分析（见表 8 – 16）。

表 8 – 16 晶圆减薄技术主要技术领域专利申请分布

	全球/项		中国/件				
			国内申请		来华		
主要技术领域	磨削法	3469 52.4%	磨削法	124	13.2%	磨削法	420	44.8%
	智能剥离	1380 20.9%	化学机械抛光	64	6.8%	智能剥离	115	12.3%
	化学机械抛光	1087 16.4%	其他	38	4.1%	湿式腐蚀	21	2.2%
	湿法腐蚀	274 4.1%	湿式腐蚀	34	3.6%	化学机械抛光	20	2.1%

晶圆减薄技术领域专利申请主要集中在磨削法、智能剥离、化学机械抛光和湿法腐蚀上。其中磨削法占比最高，具体原因在于磨削法是目前加工效率最高、成本最低的晶圆背面减薄方法，同时，磨削法也能够达到极高的厚度均匀性，因此，磨削法是当前用于快速、大量减薄晶圆厚度的最主要的工艺。由于磨削法本身是一种物理损伤性工艺，一般需要后续工艺来消除损伤层和残余应力，比如化学机械抛光、湿法腐蚀等工艺，其中，化学机械抛光为实际生产中最主流的工艺方法。另外，智能剥离技术的占比也达到了 20.9%，其原因主要在于智能剥离技术是目前制造 SOI 衬底最主要的工艺之一，也是目前研发的热点之一。

国外申请人的申请方向较为集中，而国内申请人的申请方向较为零散。

在晶圆减薄技术领域中，国外申请人的申请方向较为集中，磨削法相关申请在全球专利申请中的占比达到了 52.4%，且在中国的来华专利申请中的占比也达到了 44.8%。而在国内专利申请中，磨削法只占到了 13.2%。

8.4.6 晶圆减薄技术领域重点申请人分析

以下从重点申请人的角度对晶圆减薄技术领域进行专利分析（见表 8-17、表 8-18）。

表 8-17 晶圆减薄技术领域重点申请人专利全球申请及动向分析表

技术领域	重点申请人	申请量（占比）	主要布局国家/地区	技术分布	近五年申请占比（2008~2012年）
晶圆减薄	迪思科	760项（11.5%）	日本（756）；美国（151）；中国（124）；韩国（81）	磨削法（613）；化学机械抛光（48）	55.9%
	日东电工	234项（3.5%）	日本（232）；欧洲（127）；美国（114）；中国台湾（105）	磨削法（228）；其他（6）	37.2%
	中芯国际	40项（0.1%）	中国（40）	化学机械抛光（22）；磨削法（5）	72.5%

表 8-18 晶圆减薄技术领域重点申请人中国专利申请状况分析表

技术领域	重点申请人		申请量（占比）	技术分布	近五年申请占比（2009~2013年）
晶圆减薄	来华	迪思科	124件（13.2%）	磨削法（111）；先划片后减薄（8）	54.8%
		日东电工	89件（9.5%）	磨削法（85）；先划片后减薄（2）	59.6%
	国内	中芯国际	40件（4.3%）	化学机械抛光（22）；磨削法（5）	72.5%

申请趋势方面，迪思科和日东电工起步较早，迪思科仍处于上升期，日东电工随着其关注点的变化近年来申请量波动较大，而中芯国际起步较晚，近年来申请量处于下降的状态。

在申请趋势方面，迪思科和日东电工在晶圆减薄技术领域起步较早，均于 20 世纪 80 年代就开始进行专利申请。其中迪思科的专利申请量目前仍然处于上升期，日东电工随着其关注点的变化近年来申请量波动较大。而中芯国际在晶圆减薄技术领域起步较晚，专利申请开始于 2006 年，申请总量也较少，近年来其对于晶圆减薄技术的关注度也有所下降，申请量处于下降的状态。

在布局策略方面，迪思科和日东电工的专利申请均主要以日本本土为主，近年来中国大陆成为迪思科国外布局的首要重点，而日东电工其特别重视在中国台湾的专利布局；中芯国际在晶圆减薄技术领域的所有专利申请均为只在中国区域进行申请,无国外同族。

在布局策略方面,迪思科的专利申请主要以日本本土为主,并选取其主要的国外市场(美国、中国大陆、中国台湾和韩国)进行了有针对性的持续布局,且从2009年开始迪思科在中国大陆的申请量就超越了其在美国的申请量,仅次于其本土的申请量,中国大陆成为其国外布局的首要重点。日东电工既重视在其日本本土进行大量专利申请,也重视在国外进行专利布局,且其特别重视在中国台湾的专利布局,该公司专利申请总量的一半以上具有中国台湾同族,且其在中国台湾的专利申请量目前仍处于持续上升的状况,中国台湾是日东电工国外专利布局的重点。虽然日东电工也在中国大陆也进行了持续的专利布局,但整体数量上并不突出。中芯国际在晶圆减薄技术领域的所有专利申请均为只在中国区域进行的申请。

在技术分布方面,迪思科主要集中在磨削法上;日东电工主要集中在磨削过程中用于保护晶圆的保护装置;中芯国际主要集中在化学机械抛光技术上。

在技术分布方面,基于其在磨轮和精密设备方面的优势,迪思科的专利布局主要集中在磨削法上,其在华专利申请重点关注的技术问题是如何实现晶圆超薄化的同时防止晶圆破损和翘曲,主要通过加强对保护装置研发和对磨削新工艺技术如Taiko工艺的开发来解决上述问题。另外,迪思科也积极开发用于晶圆减薄的新技术,如先划片后减薄技术。日东电工依托其在以胶粘和涂布技术的优势,专利布局主要集中在磨削过程中用于保护晶圆的保护装置,其重点关注的技术问题是如何在磨削晶圆的过程中防止晶圆翘曲,使得晶圆磨削过程中不受到晶圆正面凹凸表面的影响并且减少对晶圆正面的污染,主要通过加强对形成保护带材料的研发和对保护带粘贴和剥离方法的开发来解决上述问题。中芯国际在化学机械抛光技术,特别是工艺技术方面有较为深入的研究,在化学机械抛光方面非常关注对晶圆表面平整度和厚度一致性的改善。而对于其余晶圆减薄技术,虽然基本覆盖了晶圆减薄技术所涉及的磨削、湿式腐蚀、智能剥离等大部分的技术领域,但是申请量不大且关注点较为分散。同时,中芯国际也非常重视与其他方面具有优势的企业,如与在智能剥离技术上有一定研究基础的上海新傲进行合作,追求技术的全面发展。

8.5 铜互连技术领域专利分析

8.5.1 专利整体态势分析结论

本节主要从全球与中国以及国内与来华铜互连技术领域在专利申请趋势、国家区域分布、主要申请人以及技术主题等角度进行对比分析,得出结论如

表8-19所示。

表8-19 铜互连技术领域专利态势基本状况表

申请量	全球/项	15111		
	中国/件	3905		
主要技术来源国家/区域	全球/项	美国（5672） 日本（3581） 中国（3361） 韩国（1906）		
	中国/件	国内	1729	PCT（952）
		来华	日本（944） 美国（858） 韩国（206）	
主要申请人	全球/项	台积电（1038） IBM（758） 海力士（679） 联华电子（627） 应用材料（612） 中芯国际（592）		
	中国/件	中芯国际（580） 台积电（257） 上海华力（218） IBM（193） 联华电子（125） 东京电子（122）		
技术分布	全球/项	扩散阻挡层（3698） 层间介质层（2269） 铜互连线（1954） 孔/沟槽（1297） 盖帽层（827） 籽晶层（616） 刻蚀停止层（812）		
	中国/件	铜互连线（1439） 孔/沟槽（611） 层间介质层（672） 扩散阻挡层（476） 盖帽层（220） 籽晶层（74） 刻蚀停止层（63）		

铜互连技术领域技术来源国家/地区分布中，美国排名第一位，其次是日本，中国排名第三位，韩国位居第四位，主要申请人集中在台积电、IBM、应用材料、海力士、东京电子和中芯国际，全球铜互连技术研究热点分布在扩散阻挡层、层间介质层、铜互连线和孔/沟槽，而中国铜互连技术研究热点分布情况与全球相同。

由表8-19可以看出，美国、日本、中国和韩国是铜互连技术的主要来源国，37%的专利申请被美国占有，其次是日本，占比达24%，中国排名第三位，占比为22%，韩国排名第四位，占比为13%。主要申请人集中在台积电、IBM、应用材料、海力士、东京电子和中芯国际，其中台积电在全球主要申请人中排名第一位，而在中国主要申请人中被中芯国际超越，屈居第二，IBM在全球和中国主要申请人中排名分别为第二和第四。在铜互连全球专利申请中，涉及扩散阻挡层的改进最多，而在铜互连中国专利申请中，涉及最多的是关于铜互连线的改进。

在铜互连技术的全球专利申请中，涉及扩散阻挡层的改进最多，而关于铜互连技术的中国专利申请中，涉及最多的是铜互连线的改进。

1）申请趋势分析

首先从申请趋势的角度对铜互连技术领域专利进行分析。

铜互连技术全球申请趋势放缓。铜互连技术的全球申请量从1995年开始大幅增长，2002年到达一个顶点。随着集成电路中器件特征尺寸的进一步缩小，互连线的RC延迟和电迁移引起的可靠性问题逐渐成为影响集成电路信号传输速度的主要矛盾。而铜互连技术中的重要技术分支铜互连线、层间介质层和扩散阻挡层分别是针对互连线电阻、层间电容引起的信号延迟和电迁移的问题而发展起来的，上述铜互连技术的三大技术分支在1996~2002年迅猛发展，使铜互连技术面临的技术问题基本上得到解决。从2002年开始，该领域全球申请量渐渐下滑，到2011年，全球申请趋势逐渐放缓，铜互连技术趋于成熟（见图8-35）。

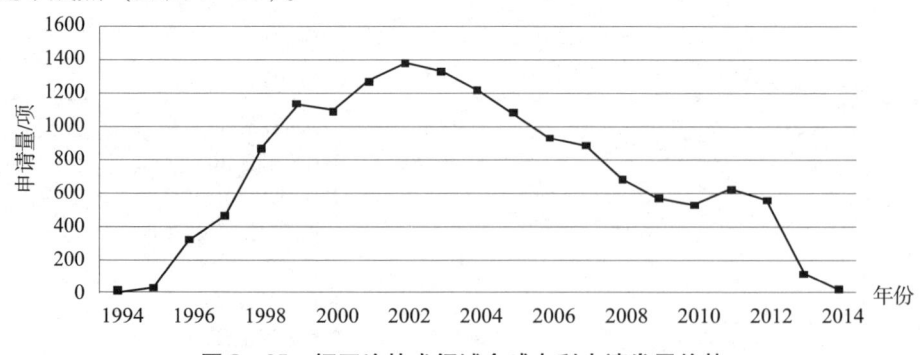

图8-35 铜互连技术领域全球专利申请发展趋势

铜互连技术中国申请量将继续增大。铜互连技术的中国申请量在1997年之前较少；1998～2005年呈逐步上升趋势，2005～2007年有小波动；2008～2010年呈逐步下跌趋势，从2011年申请量开始平稳回升（见图8-36）。

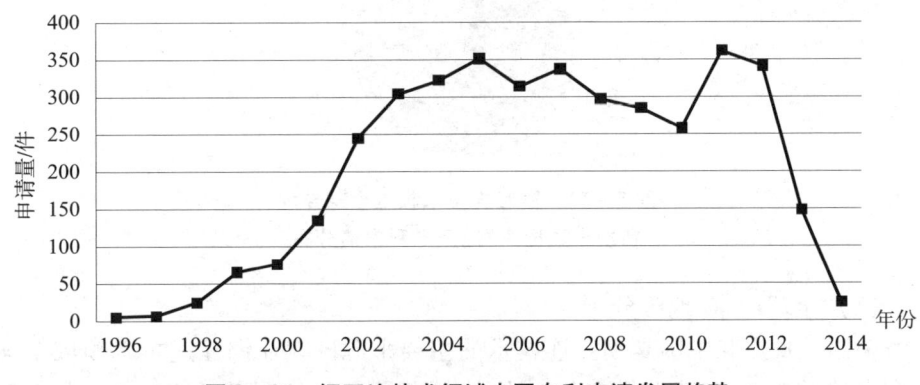

图8-36 铜互连技术领域中国专利申请发展趋势

由表8-20可以看出，在铜互连技术中国专利申请中，来华专利申请众多，占据了申请总量的55.7%，体现出来华公司强烈关注中国市场，在中国展开激烈的市场竞争。同时，来华发明和PCT申请数量多，实用新型少，获得授权的申请占据了授权总量的65.2%，说明了来华公司的专利申请整体发明高度较高，优势明显。而国内申请量只占据了申请总量的44.3%，发明和PCT申请数量较少，实用新型的申请量占比大，授权占比为34.8%，说明了国内申请人技术能力较为薄弱，劣势明显。

表8-20 铜互连技术领域中国专利申请类型　　　　单位：件

技术领域		类型	中国	国内申请	来华
铜互连	申请	总量	3905	1729	2176
		发明	2919	1696	1223
		PCT	952	6	946
		实用新型	34	27	7
	授权总量		2053	714	1339

2) 主要国家/地区分布分析

以下从国家/地区分布的角度对铜互连技术领域专利进行分析（见图8-37）。

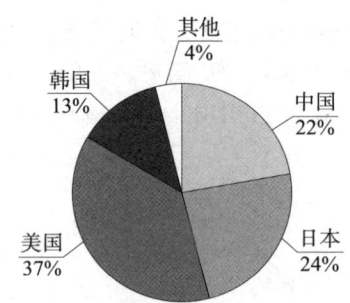

图8-37 铜互连技术领域全球专利
首次申请国家/地区专利申请分布

(1) 全球国家/地区分布

美国、日本和中国是铜互连技术的主要来源国。在铜互连技术领域全球专利申请首次申请量中排名第一位的是美国,申请量为5672项,占比达37%;其次是日本,申请量为3581项,占比达24%;中国排名第三位,申请量为3361项,占比为22%;排名第四位的是韩国,申请量为1906项,占比为13%。其中,中国台湾申请人在中国申请人的总申请量中占比达到了21.8%。图中反映出美国、日本、韩国和中国是铜互连技术的主要来源国。

中国在铜互连技术领域的专利布局时间明显滞后于技术先发国家。在1994~2002年,美国有关铜互连技术的专利申请量比其他国家多,说明在该领域中美国相关的公司起步早,通过长期的技术积累,具有了一定技术先发优势。但是从2002年开始,美国在该领域的申请量呈逐渐下降趋势。日本关于铜互连技术领域的全球申请量从2002年开始,申请逐渐放缓。中国在铜互连技术领域的全球申请量中,从1996年才开始有明显增长,到2011年,申请量的增长幅度加大。由此看出,我国属于技术后发国家,在铜互连技术领域的专利布局时间明显滞后于技术先发国家(见图8-38)。

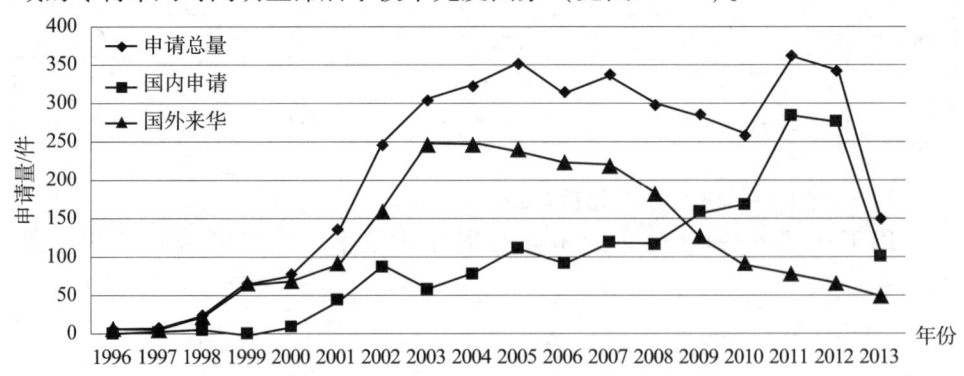

图8-38 铜互连技术领域中国专利申请趋势

(2) 在华申请状况

我国在铜互连技术领域处于技术追赶期。在铜互连技术领域的中国专利申请中，来华申请在 2003 年达到了申请峰值，之后从 2003 年开始，来华的申请量一路下滑。而中国有关铜互连技术的发展较晚，从 2001 年才开始有明显增长，到 2011 年国内申请量首次超越来华的申请量。说明我国铜互连技术处于技术追赶期。

美国、日本和韩国对中国市场的关注程度逐渐降低。从图 8 - 39 中也可以看出，美国的在华申请量从 1996 年的 2 件上升到 2005 年的 99 件，之后从 2005 年开始，申请量出现震荡下滑；而日本的申请量则从 1996 年的 3 件逐渐上升到 2003 年的 130 件，从 2004 年开始，申请量也开始震荡下滑。2002 年左右开始，美国、日本和韩国的在该领域的申请量都呈逐渐下降趋势。说明美国、日本和韩国对中国市场的关注程度逐渐降低（见图 8 - 39）。

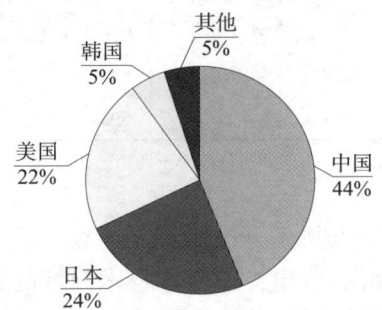

图 8 - 39 铜互连技术中国专利申请地区分布

3）申请人分析

我国台湾地区的企业在铜互连技术领域具有一定优势。由表 8 - 21 中可以看出，在铜互连技术领域的全球申请中，我国台湾地区的台积电和联华电子，分别排名第一位和第四位。排名第一位的是全球最大的专业集成电路制造服务公司台积电，市场占有率超过 50%，技术领先其他厂家至少半年以上，领先大部分厂家 3 年。

美国公司技术先发优势明显，技术开发活跃度高。美国公司在前十位排名中占到 4 家，IBM 作为首先推出铜互连大马士革结构的大型跨国企业，其在铜互连技术领域早早地依靠一些基础性的研究获得了原始技术及专利权，技术先发优势明显。而美国公司中的应用材料公司是全球著名的半导体设备供应商，其在铜互连技术领域的技术开发活跃程度很高。

国内申请人较为重视在国内进行布局，在外国的专利申请量较少。中芯国际在全球前 20 位主要申请人中排名第六位，其在铜互连技术领域的技术开发活跃，专利申请积极广泛，在铜互连技术的重点技术领域如铜互连线、层间介质层、扩散阻挡层和盖帽层的专利申请量较大，掌握了一定的技术实力。上海华力在全球前20位主要申请人中排名第18位。而在中国前20位主要申请人排名中，中芯国际由全球中的第六位跃居到第一位，上海华力由全球中的第18位跃居到第三位。由此可见，国内申请人较为重视在国内进行布局，在外国的专利申请量较少。

表8-21 铜互连领域主要申请人申请量

	全球/项		中国/件			
			国内申请		来华申请	
主要申请人	台积电	1038	6.9%	中芯国际	580	33.5%	IBM	193	8.9%
	IBM	758	5.0%	台积电	257	14.9%	东京毅力	117	5.4%
	海力士	679	4.5%	上海华力	218	12.6%	应用材料	105	4.8%
	联华电子	627	4.1%	联华电子	125	7.2%	兰姆	95	4.4%
	应用材料	612	4.1%	安集微电子	62	3.6%	瑞萨	89	4.1%
	中芯国际	592	3.9%	复旦大学	50	2.9%	NEC	79	3.6%

4）技术主题分析

铜互连技术领域的重点技术分支为铜互连线、层间介质层、扩散阻挡层和盖帽层。由表8-22可以看出，铜互连技术领域的重点技术分支为铜互连线、层间介质层、扩散阻挡层和盖帽层。

表8-22 铜互连主要技术领域专利申请分布

	全球/项		中国/件			
			国内申请		来华申请	
主要技术领域	扩散阻挡层	3698	24.5%	铜互连线	528	30.5%	铜互连线	911	41.9%
	层间介质层	2269	15.0%	层间介质层	252	14.6%	层间介质层	420	19.3%
	铜互连线	1954	12.9%	孔/沟槽	412	23.8%	孔/沟槽	199	9.1%
	孔/沟槽	1297	8.6%	扩散阻挡层	193	11.2%	扩散阻挡层	282	13.0%
	盖帽层	827	5.5%	盖帽层	80	4.6%	盖帽层	140	6.4%

铜互连线作为铜互连中主要的结构，铜互连线中的电阻和互层层间的电容大小会严重影响集成电路的性能，因此，降低铜互连线的电阻率是通常的技术追求。因此，有关铜互连线的改进所涉及的量较大。

互连导线中的电阻和互连层间的电容，会引起集成电路中传输信号的延迟，对器件的速度影响越来越大。因此，如何为层间介质层选择低介电常数的材料和有关形成层间介质层工艺也是铜互连技术研发的重点。

铜互连线中的铜原子会在集成电路内部扩散，引起集成电路的失效，因此，对扩散阻挡层和盖帽层材料的选择及其形成工艺是铜互连技术的研发热点。

从表 8-22 中也可以发现，在铜互连全球专利申请中，涉及扩散阻挡层的改进最多，申请较为活跃，而在铜互连中国专利申请中，涉及最多的是关于铜互连线的改进。

8.5.2 重点申请人分析

由表 8-23 可以看出，台积电申请量在全球申请量占比中虽然最大，达到 6.9%，但其近五年申请占比均比其他申请人 IBM、中芯国际和复旦大学小，说明了其在近五年的研发活跃程度较低。而复旦大学和中芯国际虽然全球申请量占比分别只有 0.3% 和 3.9%，但其近五年申请占比分别达到了 90% 和 80.9%，研发活跃程度很高，在铜互连技术领域投入了相当大的研发力量。IBM 近五年申请占比为 25.5%，排在第二位。

表 8-23 铜互连技术领域全球重点申请人专利申请及动向分析

重点申请人	申请量（占比）	近五年申请占比（2009~2013 年）	技术分布
台积电	1038 项 (6.9%)	12.2%	铜互连线 (105)；层间介质层 (181)；孔/沟槽 (98)；扩散阻挡层 (216)；盖帽层 (61)；空气隙 (23)；籽晶层 (36)；刻蚀停止层 (146)；硬掩膜层 (13)；黏结层 (18)
IBM	758 项 (5.0%)	25.5%	铜互连线 (66)；层间介质层 (136)；孔/沟槽 (53)；扩散阻挡层 (140)；盖帽层 (18)；空气隙 (26)；籽晶层 (43)；刻蚀停止层 (24)；硬掩膜层 (5)；黏结层 (19)
中芯国际	592 项 (3.9%)	80.9%	铜互连线 (152)；层间介质层 (89)；孔/沟槽 (177)；扩散阻挡层 (47)；盖帽层 (61)；空气隙 (29)；籽晶层 (12)；刻蚀停止层 (13)；硬掩膜层 (15)；黏结层 (8)
复旦大学	50 项 (0.3%)	90%	铜互连线 (10)；层间介质 (12)；孔/沟槽 (0)；扩散阻挡层 (19)；盖帽层 (1)；空气隙 (2)；籽晶层 (3)；刻蚀停止层 (1)；硬掩膜层 (0)；黏结层 (2)

由表 8-23 也可以发现，台积电在全球中将专利布局重点集中在扩散阻挡层和层间介质层，其申请量分别为 216 件和 181 件。

IBM 在全球中的专利布局重点和台积电公司基本相同，集中在扩散阻挡层和层间介质层，其申请量分别为 140 件和 136 件。

中芯国际关于孔/沟槽的技术改进较多，达到 177 件，而关于铜互连线的技术分支中，中芯国际的申请量也是最大，达 152 件。可见，中芯国际在全球中的布局重点放在孔/沟槽和铜互连线上。

而复旦大学则将布局重点集中在扩散阻挡层、层间介质层和铜互连线上。

由表 8-24 可知，中芯国际的中国申请量占比以 14.9% 排名第一位，近五年申请占比以 71.6% 排名第二位，说明了中芯国际在铜互连技术领域投入了相当大的研发力量，研发活跃程度很高。复旦大学的中国申请量占比虽然只有 1.3%，但其近五年申请占比达到了 90%，体现了复旦大学在铜互连技术领域有相当高的研发热情。而台积电和 IBM 中国申请量占比分别为 6.6% 和 4.9%，近五年申请占比分别为 23.3% 和 12.9%。

表 8-24 铜互连技术领域中国重点申请人专利申请及动向分析

重点申请人		申请量（占比）	近五年申请占比（2009~2013 年）	技术分布
国外来华	IBM	193 件（4.9%）	12.9%	铜互连线 (48)；层间介质 (48)；孔/沟槽 (10)；扩散阻挡层 (26)；盖帽层 (28)；空气隙 (7)；籽晶层 (7)；刻蚀停止层 (2)；硬掩膜层 (2)；黏结层 (7)
国内	中芯国际	580 件（14.9%）	71.6%	铜互连线 (151)；层间介质 (86)；孔/沟槽 (177)；扩散阻挡层 (44)；盖帽层 (16)；空气隙 (28)；籽晶层 (12)；刻蚀停止层 (12)；硬掩膜层 (15)；黏结层 (8)
国内	台积电	257 件（6.6%）	23.3%	铜互连线 (59)；层间介质层 (51)；孔/沟槽 (39)；扩散阻挡层 (38)；盖帽层 (25)；空气隙 (13)；籽晶层 (4)；刻蚀停止层 (14)；硬掩膜层 (1)；黏结层 (2)
国内	复旦大学	50 件（1.3%）	90%	铜互连线 (10)；层间介质 (12)；孔/沟槽 (0)；扩散阻挡层 (19)；盖帽层 (1)；空气隙 (2)；籽晶层 (3)；刻蚀停止层 (1)；硬掩膜层 (0)；黏结层 (2)

由表 8-24 可知，中芯国际关于孔/沟槽的技术改进较多，达到 177 件，而关于铜互连线的技术分支中，中芯国际的申请量也是最大，达 151 件。可见，中芯国际在铜互连线、层间介质层、孔/沟槽、扩散阻挡层空隙隙等技术分支的布局力度均比其他申请人大。

台积电将专利布局重点集中在铜互连线和层间介质层，其申请量分别为 59 件和 51 件。

IBM 则将专利布局重点集中在铜互连线、层间介质层和盖帽层上，且在盖帽层的布局力度比其他申请人大，申请量达到 28 件。

复旦大学则将布局重点集中在扩散阻挡层、层间介质层和铜互连线上。

9

数字安防关键技术*

本章首先对数字安防技术领域的整体专利状况进行分析，随后针对数字安防技术领域的视频监控重点技术的专利状况开展研究，并重点就视频监控领域的两大关键技术——智能视频分析和红外成像技术进行深入分析，围绕专利申请态势、区域分布、申请人及其专利布局、技术发展路线、重要专利及风险判断和应对策略等内容展开详细的研究，最后提出相应的建议和措施。

9.1 数字安防技术专利总体分析

本章主要针对数字安防技术领域的全球专利申请状况和中国专利申请状况进行分析，分析内容包括全球和中国申请的发展态势、区域分布、申请人分布以及技术分布等。

9.1.1 数字安防技术领域的全球专利申请态势

数字安防技术领域的全球专利申请量仍保持增长态势，其中美国、韩国、

---

* 本章节选自2014年度国家知识产权局专利分析和预警项目《数字安防关键技术专利分析和预警课题研究报告》。

（1）项目成员：郑慧芬（负责人）、陈燕（负责人）、茅红（组长）、孙全亮（组长）、张欣（副组长）、马克（副组长）、赵哲、王剑、彭齐治、李慧、徐国亮、杨娇瑜、阎澄、张仁杰、唐晓明、刘昕鑫、陈思、罗希、韩盼、王姣、李立功、刘艳鑫、孙玮、寿晶晶、王瑞阳。

（2）政策研究指导：孙玮。

（3）研究组织与质量控制：郑慧芬、陈燕、孙全亮、茅红。

（4）项目主要统稿人：张欣、马克、王剑、赵哲。

（5）审稿人：郑慧芬、陈燕。

（6）课题组秘书：赵哲。

（7）本章执笔人：赵哲、王剑。

欧洲等主要国家/地区的专利申请量保持平稳，日本的专利申请量自 2006 年开始进入下降通道，而中国专利申请拉动全球申请增长的作用非常明显，特别是国内申请增速远高于来华申请，目前已占据绝对主体地位，但国内的专利质量和稳定性相对较差。

20 世纪 80 年代以后，数字安防技术领域的申请量开始呈现出稳定增长的态势，特别近年来全球数字安防技术领域的申请量增速加快，连续两年增速达到 15%，2012 年全球数字安防技术领域的专利年申请量达到 9389 项的峰值，全球数字安防技术和产业蓬勃发展。如图 9-1 所示，从 2005 年起中国地区的专利申请开始迅速增长，并在 2009 年超过日本成为专利申请量全球第一的国家，全球申请量的增长主要源自中国专利申请量的快速增长，截至 2012 年，数字安防技术领域全球 58% 的专利申请来自中国。

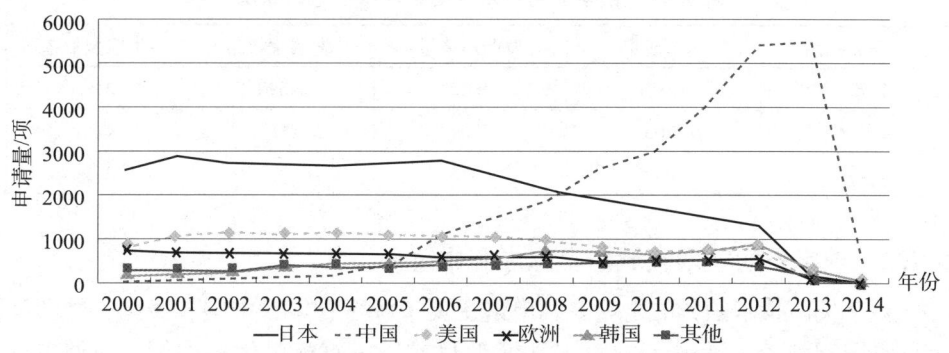

图 9-1 数字安防技术全球主要国家/地区的专利申请趋势

如图 9-2 所示，中国的专利申请尽管起步较晚，但随着近年来国内政策的有力推动和安防市场的逐步成熟，国内数字安防产业迅速崛起并诞生很多重量级的龙头企业，随着企业对技术创新的重视和专利保护意识的增强，中国地区的专利申请量特别是国内申请的数量加速增长，而来华申请的增速比较缓慢，到 2012 年中国地区 95% 的专利申请都是国内申请，国内数字安防产业的技术创新和专利布局持续走强。截至目前，国内专利申请量达到 38654 件，来华专利申请量为 5263 件，国内专利申请已经成为中国专利申请的主体，数量优势明显。

然而需要注意的是，如表 9-1 所示，虽然国内申请中发明申请（18765 件）多于来华的发明申请（5064 件），但是国内发明占比（48.5%）却低于来华（96.2%），并且来华申请的发明授权率（47%）也高于国内（25%）。可见国内申请特别是发明申请和授权的比例较低，反映了国内申请的技术含量以及授权专利的质量和稳定性都有待提高。

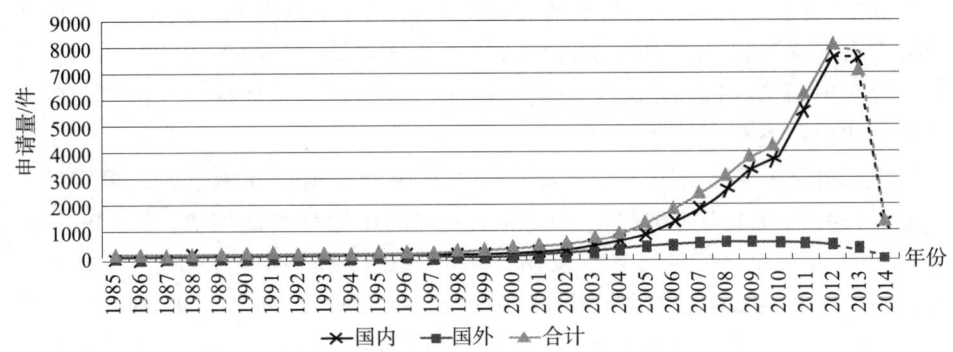

图 9-2 数字安防技术中国专利申请趋势

表 9-1 数字安防技术中国专利申请总体状况   单位：件

申请人类别	总申请量	发明申请量	发明授权量	发明授权率
国内申请人	38654	18765	4690	25%
国外申请人	5263	5064	2384	47%
合计	43917	23829	7074	31%

9.1.2 数字安防技术领域的全球专利申请分布

数字安防技术领域的全球专利申请主要来源于日本、中国、美国、欧洲和韩国等国家/地区，其中日本的龙头企业目前仍占有绝对优势地位；国外申请人在华进行专利布局比较积极，国内几大龙头企业的申请数量和质量仍有差距。

全球专利申请主要来源于日本（39%）、中国（21%）、美国（15%）、欧洲（12%）和韩国（6%）等国家/地区，如图 9-3 所示，这 5 个国家/地区的专利申请量合计占全球申请量的 93%。随着中国专利申请的快速增长以及其他国家/地区的申请趋缓，预计中国申请量的占比有望继续提升。

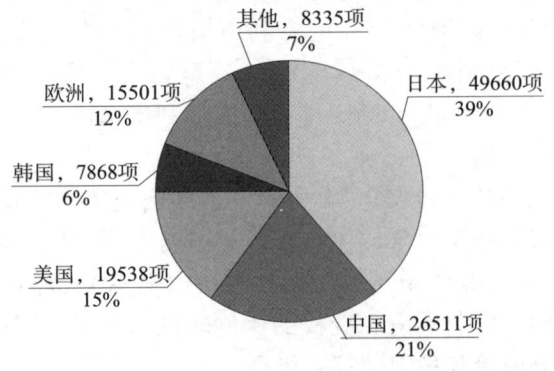

图 9-3 数字安防技术全球专利申请的来源分布

如表9-2所示,全球主要申请人基本上是上述5个国家/地区的龙头企业,其中日本企业占据前十名中的8位,包括松下、三菱、东芝等,目前仍具有绝对优势。中国的申请量虽然已经排到世界第二位,但是中国申请量排名前十的申请人中仍以国外企业占优,比如松下、索尼、三星申请量分别为442件、420件和335件,分别位列第一、第二、第六位,而国内龙头企业亚安科技、中兴通讯、海康威视的专利申请量分别为377件、371件和357件,分别位列第三至第五位,特别是发明申请的比例相对较低,如亚安科技仅有39%,并且授权量也较少,与国外龙头企业相比仍有差距。

表9-2 数字安防技术在中国的申请人分布   单位:件

排名	申请人	申请量	发明申请量	发明申请占比	发明授权量	发明授权率
1	松下	442	434	98%	244	56%
2	索尼	420	417	99%	234	56%
3	亚安科技	377	148	39%	27	18%
4	中兴通讯	371	330	89%	121	37%
5	海康威视	357	259	73%	134	52%
6	三星	335	220	66%	107	49%
7	中星微	304	299	98%	167	56%
8	宇视科技	300	276	92%	50	18%
9	大华股份	234	126	54%	25	20%
10	浙江大学	215	187	87%	85	45%

9.1.3 数字安防技术领域的重点技术

视频监控是数字安防技术领域的研究重点和热点,专利申请占全球申请总量比例过半,增长速度也远远超其他技术分支,在中国的发展状况与全球基本类似,国外申请人在华布局以视频监控为主。

如图9-4所示,在数字安防技术领域发展的早期阶段,专利申请量领先的技术分支最早为入侵报警技术。从20世纪80年代起,随着成像、显示、传输等技术的日趋成熟,视频监控领域的专利申请量开始逐渐增长,成为数字安防技术专利申请的主要技术分支,进入20世纪90年代后,视频监控领域专利申请量持续保持高速增长,已经远远超过入侵报警和门禁对讲安防技术(见图9-5),目前其专利申请量已占全球申请总量的54%,视频监控安防技术越发成为数字安防领域的研究重点和热点。

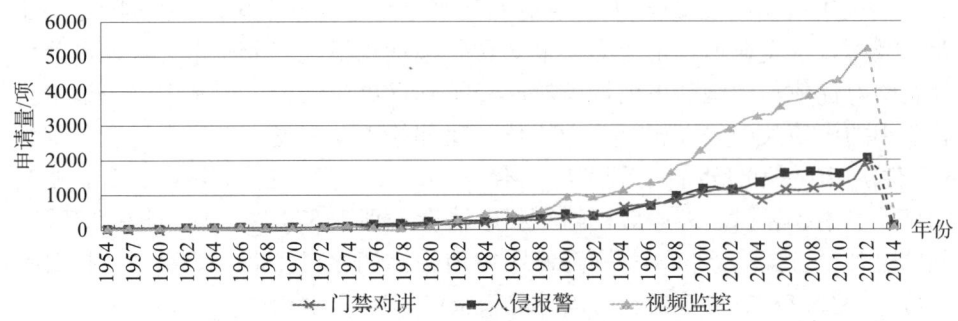

图 9-4 数字安防各技术分支的全球申请趋势对比

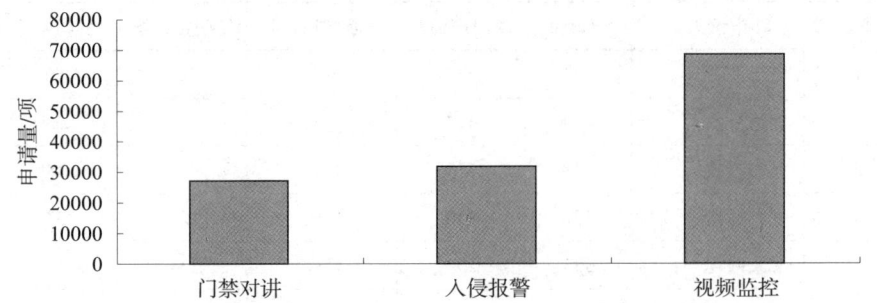

图 9-5 数字安防各技术分支的全球申请数量分布

在各主要技术分支上，日本的申请量基本上都超过其他国家/地区，特别是在视频监控技术方面，日本的专利申请优势明显；中国在门禁对讲分支上排名第一，在其余两个技术分支上排名第二，且与除日本外的其他国家/地区相比优势也比较明显。与中国、美国、日本、韩国等国家/地区不同，欧洲申请量占优的技术分支是门禁对讲（见图 9-6）。

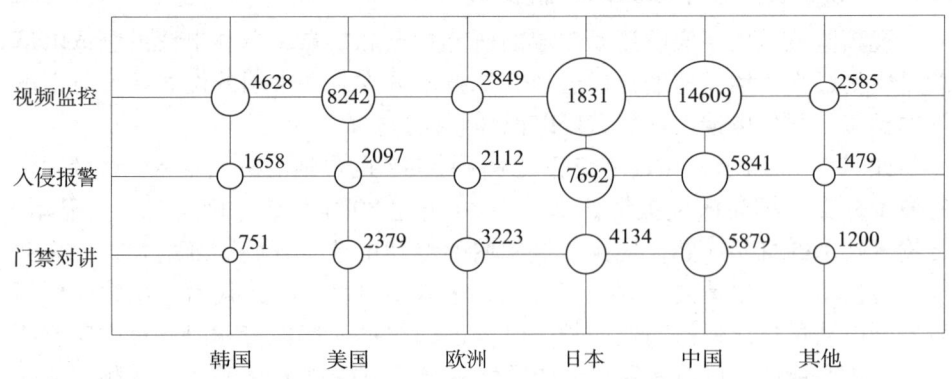

图 9-6 数字安防各技术分支的全球申请区域分布

注：图中数字表示申请量，单位为项。

在中国地区专利申请中,数字安防技术相关的专利申请同样有近半数涉及视频监控。2010年之前门禁对讲技术和入侵报警技术的申请量增长速度较为平缓,2010年之后门禁对讲技术的申请量增速明显加快,目前申请量已超过入侵报警。从2002年开始,视频监控技术领域的申请量保持快速增长,并且增速逐步加快。整体来看,中国地区专利申请的发展态势与全球基本类似,这主要是因为中国专利申请已经成为全球专利申请的重要推动力量。

研究国外安防巨头(松下、索尼、三星、霍尼韦尔、博世)在华专利布局情况可以发现,如图9-7所示,各安防巨头无不将视频监控作为其在华布局的重点。从数量来看,日本巨头松下和索尼的在华申请量仍然占绝对优势,三星也不甘示弱,霍尼韦尔与博世的申请量相对较少。

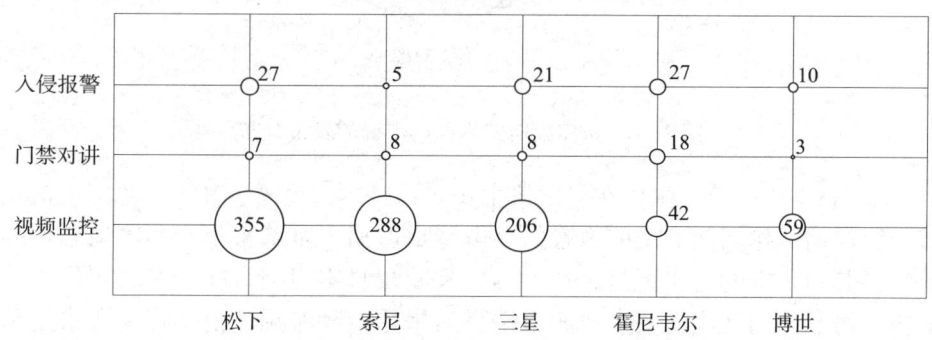

图9-7 国外安防巨头在华专利技术布局情况

注:图中数字表示申请量,单位为项。

9.1.4 数字安防技术领域的中国专利申请情况

数字安防技术领域中国专利申请的国内省市和申请人与产业发展状况基本契合,产业区域聚集特征明显,龙头企业占有优势地位,竞争格局相对稳定,同时也面临来自日本、韩国、美国、欧洲等国家/地区龙头企业的挑战。

如图9-8所示,国内专利申请主要分布在广东、北京、浙江、江苏、上海等数字安防产业发展具有优势的省市,上述5省市的专利申请量合计占国内专利申请总量的59%,来自这5省市的申请总量和授权总量都大幅超过了其他省市。从经济区域来看,国内数字安防技术领域的申请人分布主要集中在长三角地区(江、浙、沪三地合计占比接近三分之一)、珠三角地区(广东申请量占比接近五分之一)以及环渤海地区(京、津、鲁、辽等地合计占比超过五分之一),产业发展聚集特征明显,行业集中度比较高,尤其是广东省,在三个分支上的申请量均排名第一,相对其他省市在数字安防技术的整体发展上更为全面。而且上述省市也形成了一些数字安防龙头企业,包括浙江的海康威视、宇视和大华、北京的中星微、天津的亚安科技和天地伟业、广东的中兴、捷顺以及深圳豪恩等,它们的专利申请量均位于国内专利申请量的前列,已基本形成稳定格局。

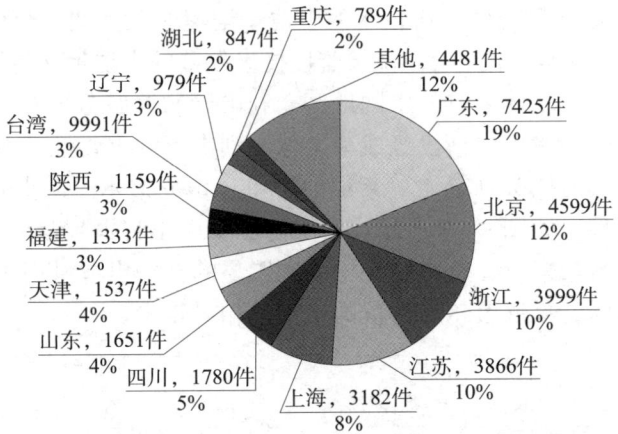

图9-8 数字安防技术国内申请的省市分布

如图9-9所示,国外在华申请主要来自日本、美国、韩国、德国、荷兰等国,申请量排名前五位的国家的总申请量占据了全部来华专利申请总量的86%,其中日本的占比更是达到44%,反映出日本申请人在华专利布局十分积极。虽然国内几大龙头企业的申请量与来华专利布局靠前的松下、索尼和三星的专利申请量旗鼓相当,但是发明专利申请量占比和授权率与上述几家国外企业还具有一定差距,国内龙头企业的技术创新的成果数量和质量还需要改善和加强。

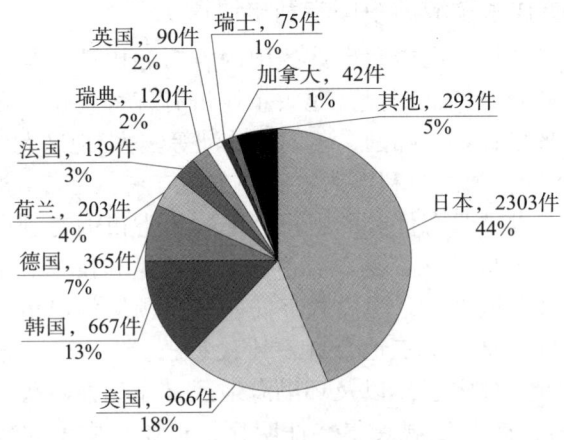

图9-9 数字安防技术来华申请的国家分布

9.2 视频监控技术专利总体分析

视频监控技术是数字安防技术的重中之重。本节主要针对视频监控技术领域的全球专利申请和中国专利申请进行分析,分析内容包括专利申请的发展态势、区域分布、申请人分布以及技术分布等。

9.2.1 视频监控技术领域的全球专利申请发展态势

经历 2002~2010 年的增长放缓后快速回升,其中美国、韩国、欧洲等主要国家/地区的专利申请量整体保持平稳,日本的专利申请量在 2006~2014 年持续下滑,中国专利申请量在 2000~2014 年逐步快速增长,现已成为全球专利申请量排名第二的国家,全球专利申请量的发展趋势已经从根本上取决于中国专利申请量的变化,但是国内的质量和稳定性相对不足。

从 1954 年视频监控技术领域的相关专利出现至今,该领域全球专利申请总量已达 68553 项。如图 9-10 所示,1979 年以前全球申请量处于缓慢增长期,年申请量长期低于 70 件,在这一时期,视频监控领域内的各技术分支都尚未发展成熟,但涉及前端部分的摄像机成像技术、传输部分的传输网络技术、视频报警技术、运动和入侵检测技术等视频监控所依赖的基础技术在这一时期具有一定程度的发展;1980~2000 年全球申请量进入快速增长期,这期间主要由日本、美国、欧洲、韩国的专利申请引领;2002~2010 年全球申请量进入增长放缓期,这期间中国地区的申请量开始迅速增长,但日本从 2006 年起开始进入下降通道,而美国、欧洲、韩国地区的专利申请基本保持平稳;2011 年之后,全球申请量进入恢复增长期,连续两年增幅达到 15%,2012 年,全球视频监控领域专利申请量达到峰值,为 5224 项。从 2000 年起

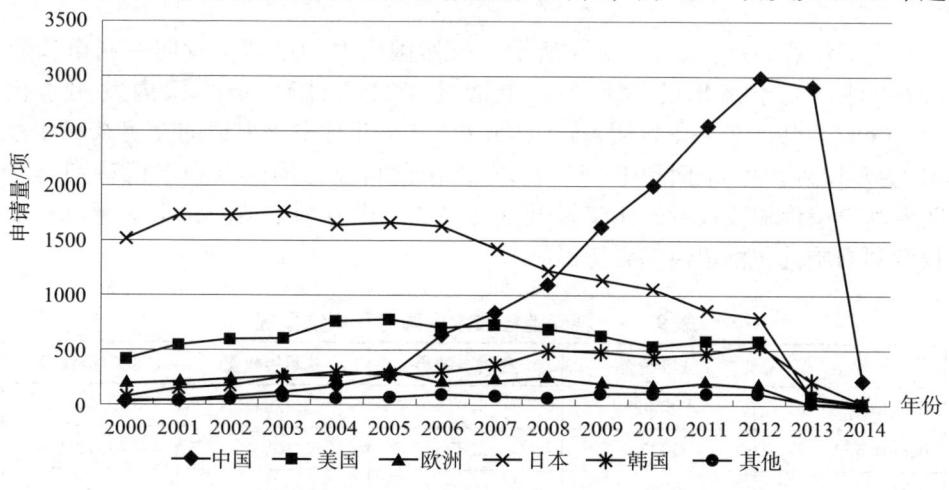

图 9-10 视频监控技术全球主要国家/地区的专利申请趋势

中国的专利申请开始迅速增长，并在 2009 年赶超日本，年申请量远远超过其他国家，全球专利申请增长主要源自于中国专利申请的快速增长。

如图 9-11 所示，1999 年以前中国的专利申请量增长相对缓慢，其中主要是国外申请人如松下、索尼在华提交的专利申请，国内申请人提交的专利申请量很少；2000 年以后中国地区的专利申请量快速增长，其中国内申请人提交的专利申请增长明显，国外申请人在华提交的专利申请量比较平稳，国内专利申请量已经远远超过来华专利申请量，国内申请人的技术创新积极性大幅提高。截至 2014 年，国内专利申请量达到 16002 件，来华专利申请量为 2337 件。

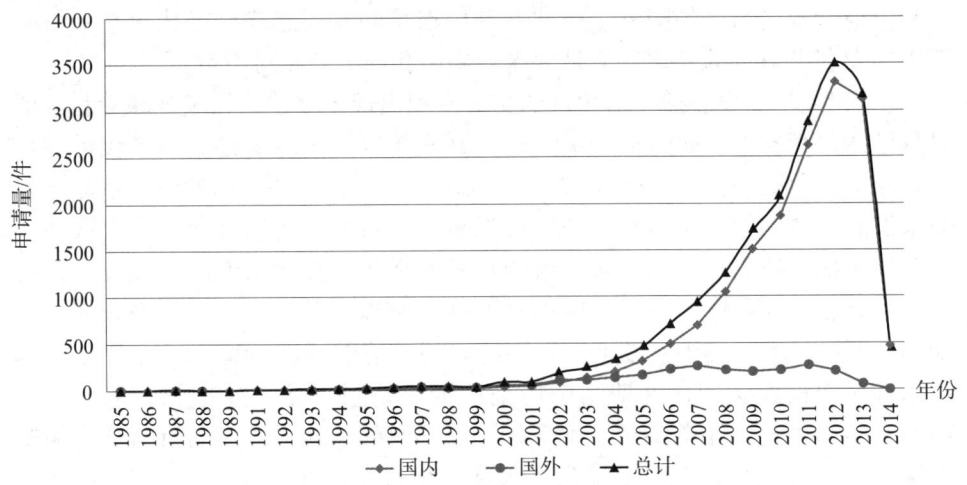

图 9-11 视频监控技术在中国的专利申请趋势

需要注意的是，如表 9-3 所示，虽然国内专利申请中发明专利申请量（9291 件）多于来华的发明专利申请量（2237 件），但是国内发明占比（58.06%）却低于来华发明占比（95.72%），并且来华申请的发明专利授权率（47.12%）也高于国内（27.91%）。由此可见，国内专利申请特别是发明专利申请量和授权量的比率较低，反映了国内专利申请的技术含量以及授权专利的质量和稳定性都有待提高。

表 9-3 视频监控技术中国专利申请概况

	总申请量	发明申请量	发明授权量	发明授权率
国内申请人	16002	9291	2593	27.91%
国外申请人	2337	2237	1054	47.12%
合计	18339	11528	3647	31.64%

9.2.2 视频监控技术领域的全球专利申请主要分布

在日本、中国、美国、欧洲和韩国等国家/地区，全球专利申请也主要是由这些国家/地区的申请人提出，其中日本地区的龙头企业占有绝对优势地位；国外申请人在华进行专利布局比较积极，国内几大龙头企业专利申请的数量和质量与国外几大企业的在华申请相比具有一定差距，但近年来专利布局也较为积极。

日本、中国、美国、韩国及欧洲是提交视频监控专利申请的主要来源国家/地区。在全球专利申请中，来自日本的申请最多，占全球专利申请总量的42%；来自中国、美国、韩国和欧洲的专利申请占全球专利申请总量的比例依次为21%、14%、7%以及7%，来自其他国家的专利申请仅占9%，可见视频监控技术的发展由上述地区主导（见图9-12）。

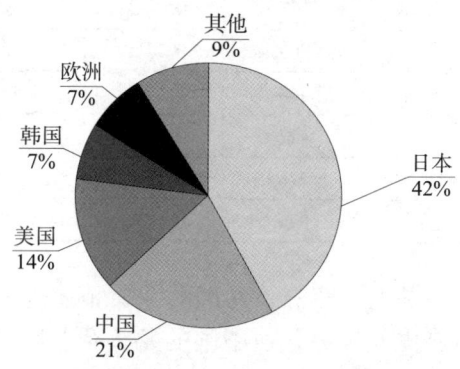

图9-12 视频监控技术全球专利申请的区域分布

全球主要申请人基本上是日本、中国、美国、欧洲、韩国的龙头企业，如表9-4所示，其中日本企业占据前20名中的18位，拥有绝对优势，美国、欧洲、韩国、中国主要以霍尼韦尔、博世、三星、海康威视等安防龙头为代表，可见日本地区的申请人优势明显。

表9-4 视频监控技术的全球主要申请人   单位：项

排名	申请人	国家	全球申请量	申请占比	近五年申请量	近五年占比
1	松下	日本	2994	4.37%	302	10.09%
2	三菱	日本	2192	3.20%	237	10.81%
3	东芝	日本	1842	2.69%	202	10.97%
4	佳能	日本	1488	2.17%	329	22.11%
5	索尼	日本	1368	2.0%	147	10.75%

续表

排名	申请人	国家	全球申请量	申请占比	近五年申请量	近五年占比
6	日立	日本	1309	1.91%	246	18.79%
7	富士通	日本	1235	1.80%	177	14.33%
8	三星	韩国	884	1.29%	287	32.47%
9	NEC	日本	750	1.09%	112	14.93%
10	国产电机	日本	698	1.02%	183	26.22%
11	LG	韩国	628	0.92%	110	17.52%
12	尼桑	日本	571	0.83%	77	13.49%
13	三洋	日本	544	0.81%	43	7.90%
14	丰田	日本	522	0.76%	113	21.65%
15	奥林巴斯	日本	507	0.74%	38	7.50%
16	日本电装	日本	505	0.74%	122	24.16%
17	本田	日本	460	0.67%	132	28.70%
18	夏普	日本	427	0.62%	34	7.96%
19	西科姆	日本	378	0.55%	179	47.35%
20	维克多	日本	376	0.55%	30	7.98%

研究发现，日本、美国、欧洲、韩国的龙头企业进入视频监控领域的时间较早，在技术上占有先发优势，而中国的龙头企业则是有后来者居上的态势，近年来在国际竞争中表现活跃。全球主要申请人十分重视中国、美国、日本、欧洲的产业市场，在这些国家/地区布局了大量专利。其中，日本申请人最为重视全球专利布局，在日本进行专利布局的前五位申请人均是日本企业，合计占比高达28.87%，除在本土大量布局外，松下和索尼在中国、美国、欧洲申请的专利数量均排在所在国家/地区的前五位，反映出其雄厚的技术实力和国际化专利策略。

如表9-5所示，中国的专利申请量虽然已经排到世界第二位，但是申请量排名前十位的申请人中，国外龙头企业如松下、索尼、三星申请量分别为352件、288件和204件，位列第二、第四、第八位，虽然国内龙头企业亚安科技、海康威视、中星微的专利申请量分别为366件、330件和275件，分别位列第一、第三、第五位，在专利申请量上与国外龙头企业旗鼓相当，但发明专利申请的比例相对较低，如亚安科技仅有38.80%，并且授权量也较少，如亚安科技只有26件授权发明专利，而松下和索尼则有191和158件，与国外龙头企业相比技术创新和专利布局具有一定的差距。由此可见，国外龙头企业在华专利布局比较积极并已形成一定的优势。

表 9–5　视频监控技术的中国主要申请人　　　　　　　　单位：件

排名	申请人	申请总量	发明申请总量	发明申请占比	发明授权总量	发明授权比利	近五年申请量	近五年占比
1	亚安科技	366	142	38.80%	26	18.31%	288	78.68%
2	松下	352	346	98.30%	191	55.20%	107	30.40%
3	海康威视	330	240	72.72%	125	52.08%	316	95.76%
4	索尼	288	287	99.65%	158	55.05%	124	43.06%
5	中星微	275	273	99.27%	151	55.31%	106	38.55%
6	浙江宇视	263	243	92.40%	46	18.93%	262	99.62%
7	中兴	252	230	91.30%	92	40.00%	174	69.05%
8	三星	204	128	62.74%	61	47.66%	61	29.90%
9	大华股份	193	107	55.44%	21	19.63%	175	90.68%
10	浙江大学	155	136	87.74%	58	42.65%	109	70.32%
11	上海交通大学	145	144	99.31%	68	47.22%	91	62.76%
12	天地伟业	123	100	81.30%	11	11.00%	117	95.12%
13	西电	119	118	99.16%	44	37.29%	111	93.28%
14	自动化所	102	102	100%	53	51.96%	65	63.73%
15	福建福光	100	53	53%	20	37.74%	99	99%
16	北京航空航天大学	96	93	96.86%	51	54.84%	75	78.13%
17	华三通信	93	91	97.85%	46	50.55%	64	68.82%
18	LG	91	90	98.90%	33	36.67%	8	8.79%
19	清华大学	84	78	92.86%	44	56.41%	54	64.29%
20	浙江工业大学	84	82	97.62%	45	54.88%	53	63.10%

9.2.3　视频监控技术领域全球各技术分支专利申请分析

视频监控技术领域全球专利申请中各技术分支的发展趋势差异显著，从技术分布来看比较偏重于智能视频分析部分、前端部分以及系统集成，中国专利申请情况相似，智能视频分析引领视频监控产业向智能化发展。

如图 9–13 所示，全球专利申请中，智能视频分析、系统集成和前端部分的申请量呈现快速增长趋势，这三个分支的专利申请量分别为 13295 项、11098 项和 7543 项，其他分支则发展比较平稳，申请量相对较少。前端部分主要是受益于摄像机相关技术的改进,另外,中国申请人在云台、防护罩等方面的大量申请也起到一定的推动作用;系统集成方面则主要是因为大量申请人将视频监控技术应用到各行各业,使得申请量增长较快;而智能视频分析部分是所有分支中发展最为迅速的分支,其涉及技术面广、技术含量高、创新程度活跃,占比逐年增大,呈现引领视频监控产业向智能化发展的趋势。

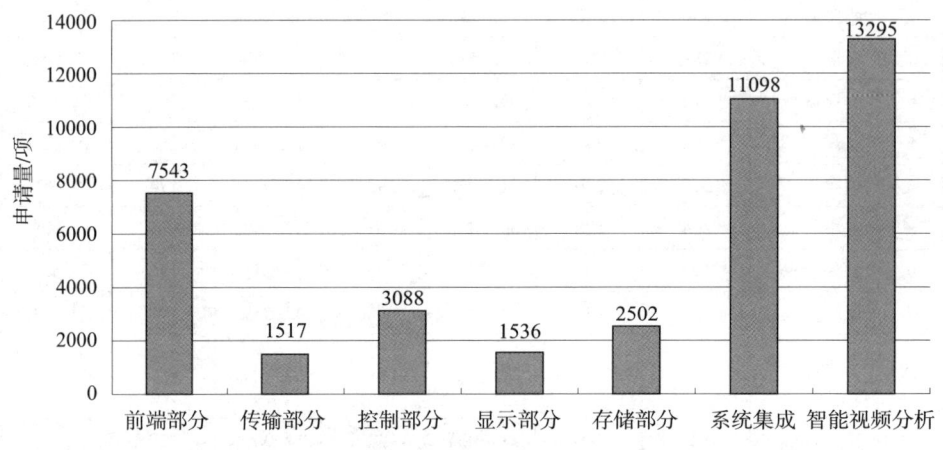

图9-13 视频监控技术全球专利申请的技术分布

中国专利申请的技术分布情况类似,智能视频分析、系统集成和前端部分这三个分支的专利申请量分别为6123件、4039件和4963件,其中发明专利申请量分别为4434件、1620件和1530件,可见在系统集成和前端部分还存在大量的实用新型申请,而智能视频分析分支的发明申请比例较高,国内企业和高校科研院所在智能视频分析上投入了很多研究力量,技术创新愈发活跃,逐渐在赶超国外先进水平。

国内外申请人在各个主要技术分支上的中国专利申请量数据如表9-6所示。在申请量方面,在传输部分、存储部分、控制部分、前端部分、系统集成、显示部分、智能视频分析部分等分支上,国内申请人的申请量均超过国外申请人。在发明专利申请量方面,国内申请人的申请量仍然超过国外申请人。在发明专利授权量方面,在显示部分技术分支上,国外申请人的授权量与国内申请人的授权量相等;在其他各技术分支上,国内申请人的发明专利授权量均远远超出国外申请人,但国外申请人的发明专利申请授权率均高于国内申请人。总体来看,国内申请人的专利数量优势较为明显,并且更加注重智能视频分析等关键技术的研发和创新,体现了国内企业注重发展智能化视频监控的意识和能力。

表 9-6 视频监控技术各分支的国内外申请人在华专利布局情况　　单位：件

技术分支	申请量			发明专利授权量			发明专利申请量			发明专利授权率	
	国内	国外	合计	国内	国外	合计	国内	国外	合计	国内	国外
传输部分	735	51	786	436	48	484	109	22	131	25.00%	45.83%
存储部分	616	112	728	376	97	473	94	59	153	25.00%	60.82%
控制部分	867	109	976	573	108	681	165	43	208	28.80%	39.81%
前端部分	4372	591	4963	1530	527	2057	403	267	670	26.34%	28.51%
系统集成	3826	213	4039	1620	210	1830	325	86	411	20.68%	50.66%
显示部分	276	93	369	159	93	252	52	52	104	32.70%	55.91%
智能视频分析	5004	1119	6123	4434	1111	5545	1392	509	1901	31.39%	45.81%

研究发现，国外安防企业都将智能视频分析作为申请的主要技术分支，其中，松下、三星除了在智能视频分析具有较高的申请量外，涉及前端部分的专利申请量与智能视频分析不相上下；索尼、博世在涉及前端部分的专利申请量为涉及智能视频分析的专利申请量的一半左右；博世、霍尼韦尔在视频监控领域各个技术分支的专利布局数量低于松下、索尼和三星（见图9-14）。

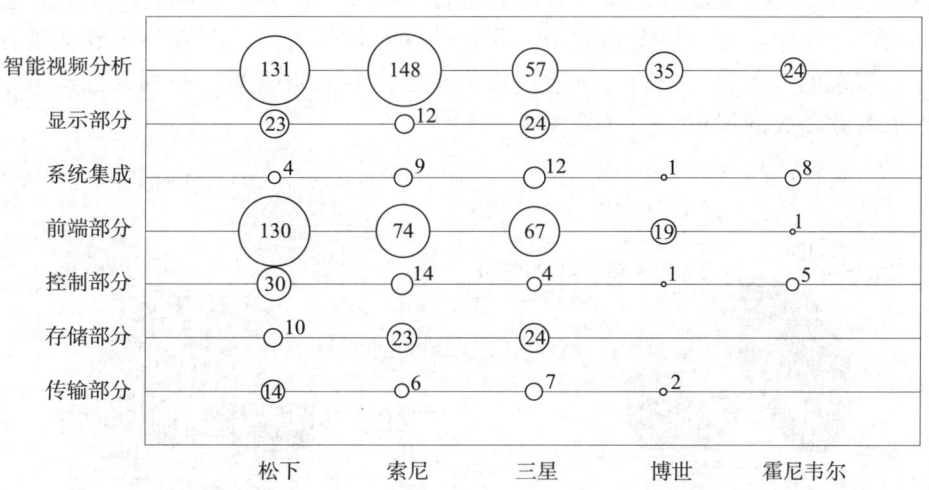

图 9-14　主要国外企业在华申请的专利技术布局

注：图中数字表示申请量，单位为件。

9.2.4　视频监控技术领域中国专利申请分析

视频监控技术领域中国专利申请的国内省市和申请人分别与产业发展状况契合，产业发展聚集特征明显，龙头企业占有优势地位，竞争格局相对稳定，同时也面临来自日本、韩国、美国、欧洲等地龙头企业的挑战。

在视频监控技术领域，来自长三角、环渤海、珠三角的申请总量和授权都大幅度超过了其他地区，长三角地区的申请量占国内申请总量的31.98%，位居第一位，环渤海地区的申请量占国内申请总量的26.06%，珠三角地区的申请总量占国内申请总量的18.61%。在视频监控技术领域，国内各经济区域的申请量、发明专利申请量和授权量情况具体如表9-7所示。

表9-7 国内主要经济区域的专利申请概况　　　　单位：件

经济区域	申请量	发明专利申请量	发明专利授权量	发明专利授权率
长三角地区	5117	3181	860	27.03%
环渤海地区	4170	2590	847	32.70%
珠三角地区	2978	1556	369	23.71%

国内专利申请主要分布在广东、北京、浙江、江苏、上海和天津等视频监控产业发展具有优势的省市，上述省市的专利申请量合计占国内专利申请总量的70.98%，形成长三角、珠三角、环渤海三大区域分布，产业发展聚集特征明显，行业集中度比较高，其中，广东、北京、浙江三省市相对其他省市而言占有一定优势，而且上述省市也形成了一些视频监控龙头企业，包括浙江的海康威视、宇视和大华、北京的中星微、天津的亚安科技和天地伟业、广东的中兴等，它们的申请量均位于国内专利申请量的前列，已经基本形成视频监控的稳定格局（见图9-15）。

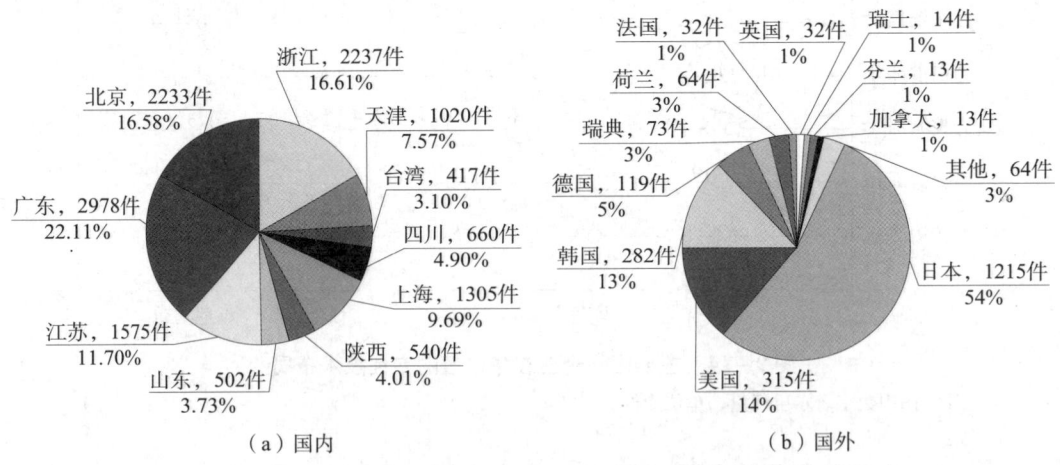

图9-15 视频监控技术中国专利申请的国内外区域分布

同时也应注意到，虽然上述几大龙头企业的申请量与来华专利布局靠前的日本松下、索尼和韩国三星的专利申请量旗鼓相当，但是发明专利申请量占比和授权率与上述国外几家企业还有一定差距，国内龙头企业的技术创新的成果数量和质量需要进一步改善和加强。此外，尽管像霍尼韦尔、博世等安防巨头在华布局的专利数量并不多，但它们布局时间早，拥有一些重要专利，因此来自日本、韩国、欧洲、美国的国外龙头企业在华进行的专利布局给国内企业和产业的发展带来一定的挑战，国内企业与国外企业未来的技术和市场竞争将更加激烈。

9.3　智能视频分析技术

智能视频分析技术是视频监控安防产业智能化发展的关键。本节主要针对智能视频分析技术的全球专利申请和中国专利申请进行分析，既包括专利申请的区域分布和发展态势、申请人分布及技术分布等定量分析，还包括专利技术发展路线及趋势预测等定性分析。

（1）智能视频分析技术是视频监控安防领域的关键技术，全球申请人仍在积极研发和创新，美国、日本、欧洲等国家/地区经过十多年的持续发展，智能视频分析技术趋于成熟，国内技术研发方兴未艾，专利申请保持高速增长态势，并引领全球专利申请的持续增长。

在智能视频分析技术领域，如图9-16所示，专利申请主要来源于日本、中国、美国、欧洲、韩国等国家/地区，其中国外的专利申请1997年之后开始呈现迅速增长的态势，2006~2008年，美国、日本、欧洲等国家/地区的专利申请基本达到峰值，此后基本呈下降的态势，可以看出，发达国家/地区起步较早，经过长期的技术积累和创新研发，视频监控智能化已经基本趋于

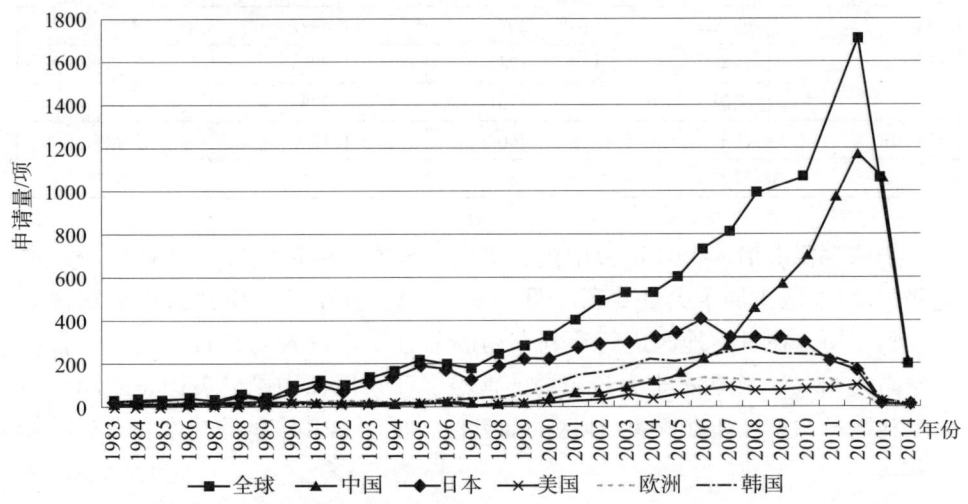

图9-16　智能视频分析技术全球主要国家/地区的专利申请趋势

成熟，专利布局的力度有所降低。反观中国，智能视频分析技术起步较晚但是发展迅速，2005年之后专利申请呈现迅猛增长的态势，在全球专利申请量中的比重逐步增大，并在2008年赶超日本成为专利申请量全球第一的国家，可以看出，近年来全球申请量的增长主要源自于中国申请量的快速增长，反映了国内智能视频分析技术正处于蓬勃发展的阶段。

（2）智能视频分析技术领域的全球主要申请人以日本、美国、欧洲、韩国等国家/地区的龙头企业为主，并且全球专利布局普遍较为全面，在技术上占有先发优势；国内申请人中高校、科研院所和龙头企业创新活跃，但是国外专利布局情况不容乐观。

在智能视频分析技术领域，全球主要申请人基本上都是日本、美国、欧洲、韩国的龙头企业，如表9-8所示，其中日本企业数量最多，占据前十位的8位，而美国、欧洲、韩国企业主要以霍尼韦尔、博世和三星三家安防巨头为代表，这些龙头企业的技术起步时间较早，在技术上占有先发优势，经过长期的技术积累和储备，专利实力比较强大。

表9-8 智能视频分析技术全球前十位申请人

申请人	国家	申请量/项	占全球申请量比例	3/5局比例*
松下	日本	1043	7.49%	13.71%
索尼	日本	444	3.19%	25.90%
日立	日本	368	2.64%	10.87%
三菱	日本	333	2.39%	7.21%
东芝	日本	278	2.00%	4.68%
三星	韩国	207	1.49%	23.67%
佳能	日本	178	1.28%	8.43%
博世	德国	170	1.22%	18.82%
西科姆	日本	166	1.19%	0.00%
富士通	日本	164	1.18%	0.61%

全球主要申请人十分重视中国、美国、日本、欧洲的安防产业市场，在这些国家/地区布局了大量专利（见图9-17）。其中日本申请人最为重视全球专利布局，在日本地区进行专利布局的前五位申请人均是日本企业，合计占比高达42%，除在本土大量布局外，松下和索尼在中国、美国、欧洲申请的专利数量均排在所在国家/地区的前五位，反映出其雄厚的技术实力和国际

---

* 3/5局指在美国局、欧专局、日本局的申请量占美国局、欧专局、日本局、中国局、韩国局申请量的比例。

化专利策略。此外，美国的霍尼韦尔、韩国的三星、德国的博世等安防龙头企业也进行了深入的技术研发和广泛的专利布局，同样拥有强大的技术实力。另外，部分专注于智能视频分析技术的企业，如美国的 OV 公司，从 2000 年开始陆续在上述国家/地区布局了若干基础专利，需要引起重视。

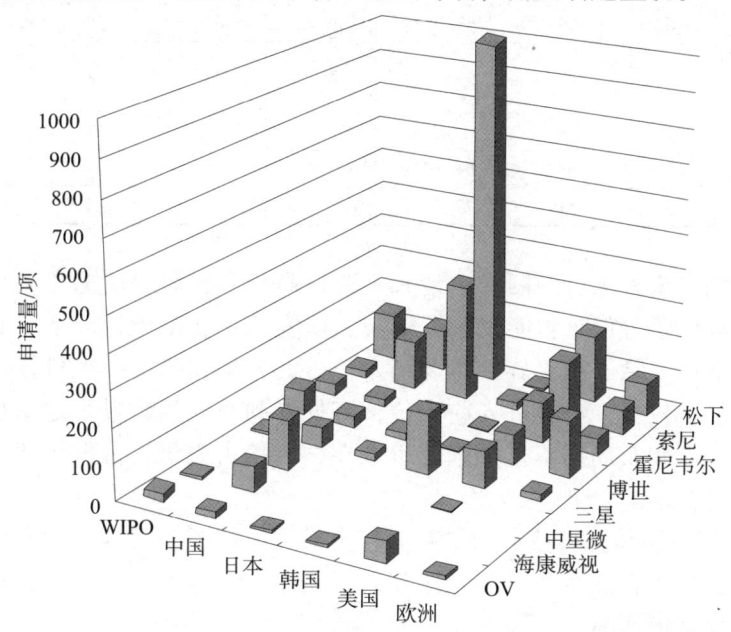

图 9-17　智能视频分析技术全球主要申请人的布局区域分布

如表 9-9 所示，中国智能视频分析技术的申请量位居全球第二位，从申请量来看，来华申请人中索尼和松下排在第一和第三位，其他国外龙头企业在中国的申请量相对较少，博世、霍尼韦尔、OV 等欧美安防龙头企业在华申请量只有十几件到三十几件的规模，而且 OV 近年来都未在中国进行专利申请，甚至智能视频分析行业中的专业企业如 NICE 公司、IOIMAGE 公司等在中国也基本没有进行专利布局，可见除松下和索尼外，国外企业在华布局尚缓，这是国内发展智能视频分析技术难得的良好机遇。

表 9-9　智能视频分析技术的中国申请人分布　　　　　　　　　单位：件

申请人	申请量	发明申请量	发明授权率	申请人	申请量	发明申请量	发明授权率
中星微	141	141	60.28%	索尼	148	146	54.11%
上海交通大学	119	118	44.92%	松下	131	131	51.91%
西安电子科技大学	108	108	37.04%	三星	57	50	44.00%

续表

申请人	申请量	发明申请量	发明授权率	申请人	申请量	发明申请量	发明授权率
自动化所	97	97	50.52%	日立	43	43	41.86%
浙江大学	93	92	48.91%	飞利浦	42	42	42.86%
海康威视	76	65	63.08%	博世	35	35	34.29%
北京航空航天大学	71	70	51.43%	三菱	28	28	75.00%
信帧电子	71	71	1.41%	LG	27	27	33.33%
清华大学	66	65	61.54%	欧姆龙	25	25	60.00%
中兴通讯	53	51	27.45%	霍尼韦尔	24	24	33.33%

从国内申请人来看，国内申请人主要以高校和科研院所为主，另外，中星微、信帧电子等偏重智能视频分析技术研究的企业也申请较多专利，而国内龙头企业中，除了海康威视排名第六位外，大华技术、宇视科技等龙头企业的申请量都较少，没有进入前十位，海外专利布局的数量少之又少，因此国内企业的专利布局还亟待加强，争取在国内抢占先机，占据优势地位，进而扩展海外市场。

（3）智能视频分析技术的专利创新成果主要来源于国内三大安防产业经济区，尤其集中在北京、广东、江苏、浙江和上海等省市，产业和技术发展的区域聚集特征明显。

国内数字安防产业主要聚集在长三角、环渤海和珠三角地区。研究发现，如图9-18所示，智能视频分析技术领域的专利申请也主要分布在这三大经济区域，其中长三角地区的专利申请总量和发明专利申请总量位居首位，其次是环渤海地区，这两个区域在智能视频分析领域具有技术研发优势；而对于珠三角地区，虽然其安防产业发达，但在智能视频分析技术领域则处于弱势。

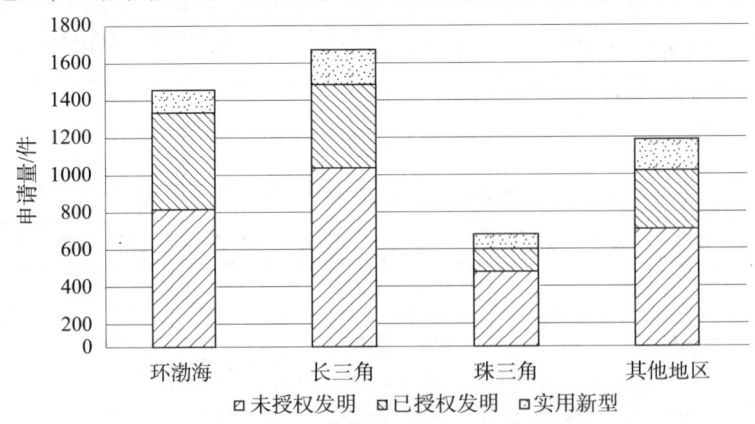

图9-18 智能视频分析技术国内主要地区的申请对比

具体从表9-10所示的省市分布来看,北京、广东、江苏、浙江、上海专利申请量均超过500件,北京甚至超过1000件,发明专利申请量也都超过400件,发明专利授权量均超过100件,其中北京和浙江两地的发明专利授权率均超过35%,上述五省市位于国内智能视频分析技术领域的第一梯队,技术实力较强,尤其是北京的优势相对更加突出,而其他省市的专利申请量、发明专利申请占比、发明专利授权情况与上述五省市相比差距都较大。由此可见,国内智能视频分析技术的专利申请来源具有明显的区域聚集特征,主要集中在上述五省市。

表9-10 智能视频分析技术的国内省市分布　　　　　　　　　　单位:件

省市	申请量	发明申请量	发明申请占比	发明授权量	发明授权比例
北京	1056	978	92.61%	410	41.92%
广东	684	599	87.57%	118	19.70%
江苏	577	525	90.99%	127	24.19%
浙江	560	486	86.79%	179	36.83%
上海	537	471	87.71%	145	30.79%
陕西	291	260	89.35%	96	36.92%
四川	170	148	87.06%	39	26.35%
天津	163	149	91.41%	27	18.12%
辽宁	122	108	88.52%	40	37.04%
湖北	120	113	94.17%	39	34.51%

(4)智能视频分析技术领域全球专利申请中各技术分支的发展程度存在差异,目标特征识别和智能行为分析分支占比较大,国外申请人占据绝对优势;中国专利申请中各技术分支的比重与全球相似,国内申请人在申请数量上占据领先优势。

在智能视频分析技术领域的全球专利申请中,如图9-19所示,目标特征识别和智能行为分析分支占比较高,分别为60%和21%,且近年来继续保持增长态势,其他技术分支如图像预处理、智能视频检索和视频诊断等占比较小,中国地区的专利申请情况类似,这表明目标特征识别和智能行为分析是智能视频分析技术的重点研究方向。从全球来看,目标特征识别和智能行为分析分支的前十位绝大部分都被日本企业所占据,国内申请人只有中星微排在目标特征识别分支的第十位,表明日本企业研发实力较强,而国内企业还需继续加强研发和专利布局。

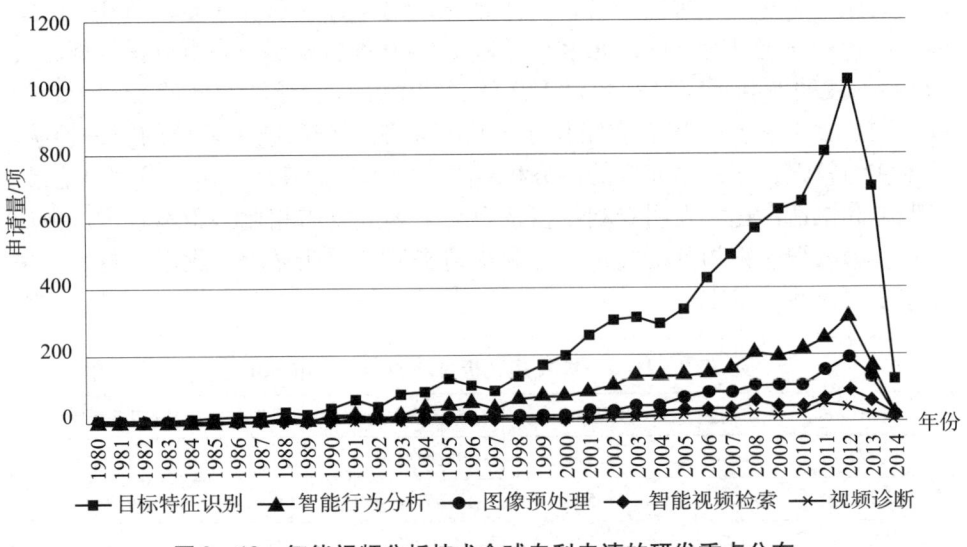

图 9-19 智能视频分析技术全球专利申请的研发重点分布

如表 9-11 所示,从中国地区的申请量来看,在目标特征识别和智能行为分析分支国内申请和来华申请的比值已接近 5∶1,授权量比值约为 4∶1,此外在智能视频检索和视频诊断分支上,申请量比值约为 4∶1,授权量比值约为 2∶1,无论是申请量、授权量还是发明量,国内申请与来华申请相比,在数量上都占有优势。

表 9-11 智能视频分析技术中国专利申请的研究重点　　　单位:件

技术主题	申请总量	申请量对比 国内∶来华	授权量对比 国内∶来华	发明量对比 国内∶来华	技术重点
目标特征识别	3734	3121∶613	1302∶286	2733∶610	人体特征识别 路况特征识别 背景建模视频分割
智能行为分析	1106	895∶211	354∶96	785∶206	入侵检测 目标轨迹跟踪 物品状态分析
图像预处理	654	477∶177	159∶79	447∶177	图像增强、图像复原、图像拼接、图像校正
智能视频检索	361	287∶74	70∶33	278∶74	视频摘要、视频索引、元数据解析
视频诊断	144	111∶33	41∶17	100∶33	信号异常检测 PTZ 云台控制检测

(5) 国外龙头企业在智能行为分析、智能视频检索和视频诊断等关键技术上形成了众多基础专利和重要专利。

以 OV、TI、霍尼韦尔、飞利浦、传感电子为代表的欧美公司以及以索尼、松下为代表的日本公司很早就涉及智能视频分析技术,它们在中国、美国、日本、韩国、欧洲等国家/地区的专利布局广泛,在该领域具有先发优势,已经掌握了该技术领域较多基础专利。如 OV 在智能行为分析架构、绊线检测和视频诊断架构方面的专利、TI 和霍尼韦尔在智能行为分析架构方面的专利、西门子在基于立体视频进行入侵检测方面的专利、传感电子在智能视频检索架构方面的专利等,这些基础专利和重要专利保护范围很大、产业应用广泛,需要注意规避(见图 9 – 20)。

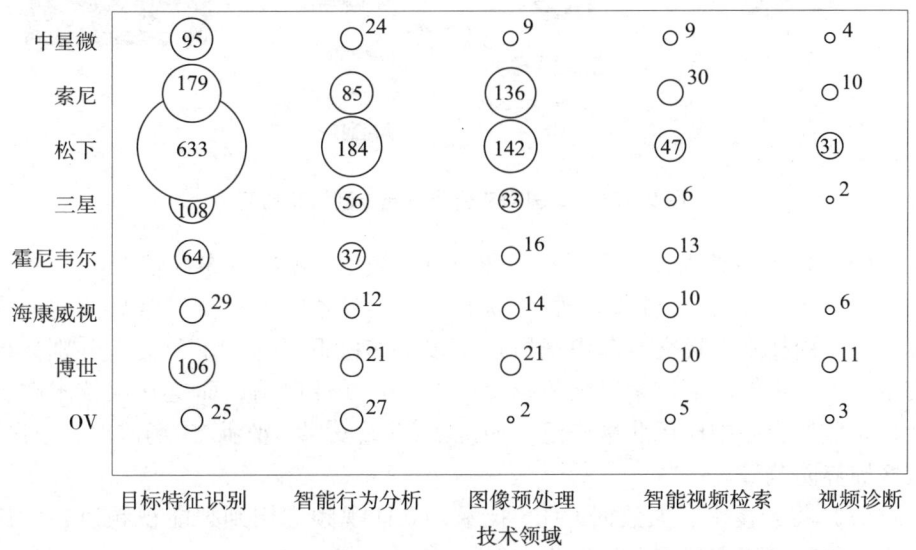

图 9 – 20　智能视频分析技术全球安防龙头的专利技术布局

注:图中数字表示申请量,单位为项。

目前,OV 公司已在 2011 年率先扬起专利大棒,拉开了视频监控产业的知识产权争端序幕(见图 9 – 21)。迄今为止,已有包括索尼、松下、博世、派尔高、泰科以及中国的海康威视等安防巨头在内的 20 多家安防企业加入其专利许可计划。由于 OV 公司持有的基础专利如视频绊线技术相关专利,已被广泛集成在当前众多的智能视频监控产品中,因此对产业的影响巨大,虽然国内目前只有海康威视加入其专利许可计划,但能够预期像大华、宇视、亚安等国内主要视频监控企业后续可能也会被要求加入。值得注意的是,目前 OV 只在美国发起了专利诉讼,对进入美国市场的中国品牌存在影响,如果其在中国也发起专利诉讼,则可能会影响国内整个视频监控产业的发展。

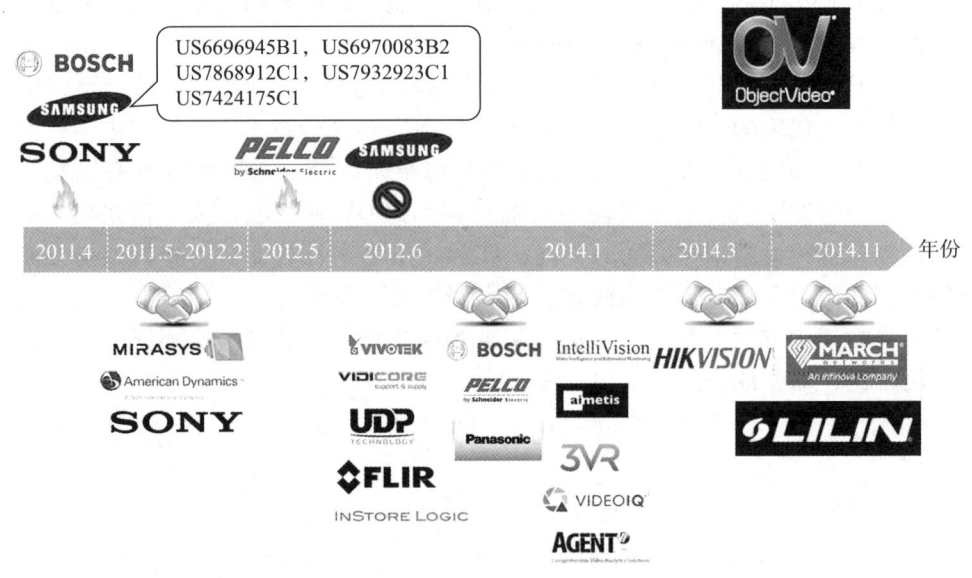

图 9-21 美国 OV 公司发起专利诉讼历程

(6) 国外申请人在华布局存在薄弱点，应用类型专利布局较少。

国外申请人在入侵检测、物品状态分析、异常状况检测等常见的智能视频监控应用技术上提交专利申请数量不多，如松下在这三个分支上分别只提交了 0、1、4 件申请，索尼则只提交了 1、3、6 件申请，而这几项技术在智能视频监控产品中应用非常广泛，如机场/车站安保、监狱/广场监控、小区/园区周界防范等。

(7) 将云技术、大数据、GIS 技术、立体视频应用到智能视频监控中已成为业界新的研究热点和发展方向。

研究发现，随着监控规模的扩大和监控数据的海量增长，以及民用安防的日渐成熟，将热门的云技术、大数据技术、GIS 技术应用到智能视频监控中来已成为业界热点和发展方向，但目前涉及这方面的专利申请还不多。

9.4 红外成像技术

红外成像技术是视频监控环节中特殊环境下应用的关键技术。本节主要针对红外成像技术领域的全球专利申请和中国专利申请进行分析，既包括专利申请的区域分布和发展态势、申请人分布及技术分布等定量分析，还包括专利技术发展路线及趋势预测等定性分析。

(1) 红外成像技术的全球专利申请在 1986 年之前增长缓慢，经历

1996～2000年的下滑之后迎来持续增长，主要原因是美国的专利申请量强劲增长；日本的专利申请量自1996年后下滑明显，而中国的专利申请量自2002年起开始增长，近年来有赶超日本的趋势。

1986年以前，红外成像技术的专利申请增长缓慢，这一时期的红外技术主要服务于国防军事，专利申请中的90%以上由休斯和霍尼韦尔两家具有军工背景的美国公司提出。随着测辐射热计技术的成功问世，红外成像技术经历了一段快速发展的时期，期间雷神公司兼并休斯飞机公司这一产业重要事件的影响导致1997年前后专利申请出现一定程度的下滑，但随着霍尼韦尔公司的氧化钒微桥隔离测辐射热计的技术出让，2001年起又迎来一次快速增长，从年申请量50件左右增长到近年来的年申请量100件左右。

由于国内企业涉足红外成像技术时间较晚，而国外申请人相对而言没有特别重视在华专利布局，因此中国的专利申请起步晚于其他国家。自2002年起中国才出现相关专利申请，之后经历了波浪式的快速增长，到2011年红外成像技术的中国专利申请（26项）已经超越日本（22项），呈现出非常强劲的增长势头。随着国内视频监控产业的发展，特殊环境下的红外成像技术将出现更大规模应用，预计专利申请将继续增长（见图9－22）。

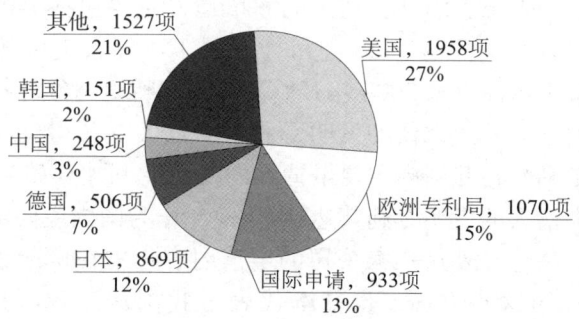

图9－22 红外成像技术全球主要地区的专利申请分布

（2）全球主要申请人都是美国、日本、欧洲的龙头企业，处于产业链的垄断地位；国内申请区域聚集特征明显，集中在广州、武汉和杭州三地，专利申请增长迅速，但在技术上仍相对较为落后。

数据显示，红外成像技术领域的主要申请人都是美国、日本、欧洲的龙头企业（见表9－12），全球排名前十位的申请人中，美国占五席、日本占两席、欧洲地区的英国、法国、德国各占一席，中国尚未有优势明显的申请人。

表9-12 红外成像技术全球专利申请的前十位申请人

申请人	申请量/项	占全球申请量比例	3/5局比例
雷神	315	20.3%	28.6%
美国菲力尔	217	14.0%	10.1%
美国霍尼韦尔	213	13.7%	23.9%
休斯航空	164	10.6%	36.0%
日本电气（NEC）	162	10.5%	7.4%
英国BAE	104	6.7%	11.5%
日本AVIO	90	5.8%	1.1%
美国福禄克	65	4.2%	32.3%
德国仪器（TESTO）	46	3.0%	6.5%
法国索夫拉蒂	39	2.5%	10.3%

就中国地区来说，如表9-13所示，在红外成像技术领域，2006年之前的中国发明专利均来源于国外公司的同族申请，主要包括美国的霍尼韦尔公司、菲力尔公司以及法国的ULIS公司（隶属于法国索夫拉蒂集团）这三家较大的红外设备生产商。从2007年开始，广州飒特电力红外技术有限公司才申请了第一件关于红外成像仪的发明专利，浙江大立公司也就热绝缘微桥结构申请了发明专利，自此国内主要申请人的发明专利才开始起步。截至2011年，国内主要申请人的发明专利共达到30件，作为国内主要申请人的广州飒特、浙江大立、高德红外这三家公司的申请内容集中在微测辐射热计、成像系统以及系统应用这些方面，也基本代表了我国珠三角（广州）、长三角（杭州）和华中地区（武汉）这三个聚集区的技术水平（见图9-23）。

表9-13 国内申请人和来华申请人分布　　　　　　　　　　单位：件

国内申请				来华申请			
申请人	申请量	发明申请量	发明授权率	申请人	申请量	发明申请量	发明授权率
广州飒特	52	12	25.00%	美国霍尼韦尔	25	25	48.00%
武汉高德	50	12	25.00%	法国ULIS	25	25	60.00%
浙江大立	31	19	31.58%	美国菲力尔	23	23	34.78%

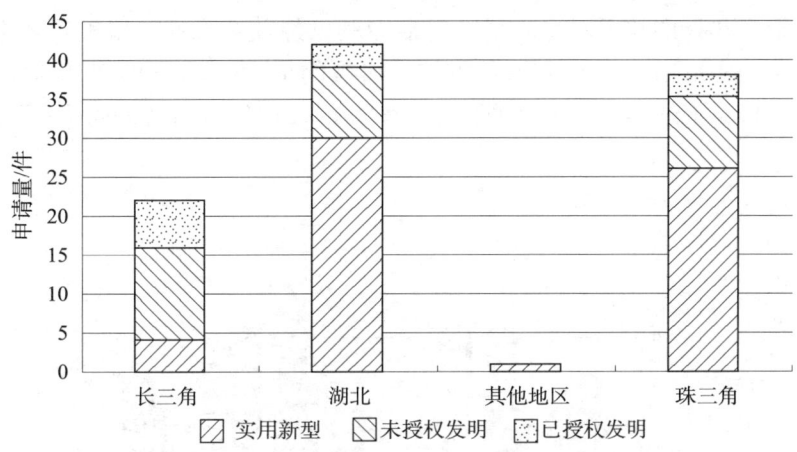

图 9-23 红外成像技术中国主要地区的专利申请分布

由于国内技术起步相对较晚，国内申请人在核心技术的掌握方面与国外申请人存在差距，在红外成像技术的基础核心——探测器结构和读出电路结构方面能够进行开拓性创新的空间十分有限，因此，国内申请人还应当重视在红外成像系统的其他部件，如光学系统、镜头、机身结构等国内申请人更为擅长的领域进行研发。

（3）红外成像技术未来发展的重点仍是包括测辐射热计在内的热探测器，当前重点专利掌握在国外龙头企业手中，但是在华专利布局较弱。

研究发现，包括测辐射热计在内的热探测器仍是红外呈现技术的研发重点，全球申请人不仅包括霍尼韦尔、雷神等老牌企业，还有从霍尼韦尔公司获得技术转让从而迅速发展的日本电气、菲力尔等企业，这些海外企业也将成为全球市场的主要竞争主体。在技术研发方向上，除探索优于 VOx 和非晶硅的电阻热敏感材料外，还包括研发更有效的热隔离结构、密封封装、阵列结构、提升响应速度、灵敏度和分辨性能等（见图 9-24）。

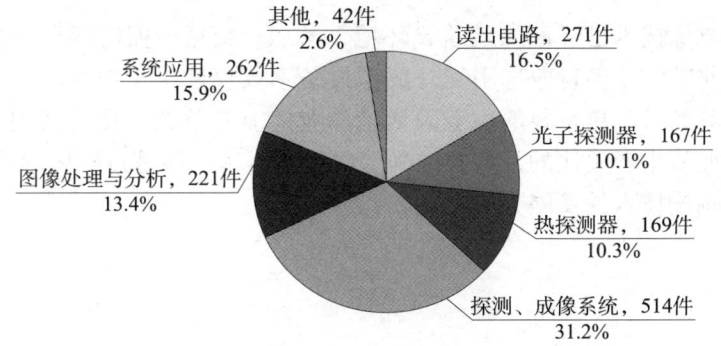

图 9-24 红外成像技术全球专利的研发方向分布

测辐射热计的技术诞生较早，早期专利已经陆续到期，但重要技术仍掌握在美国的霍尼韦尔、菲力尔和雷神，法国的ULIS、日本的NEC等国外企业手中，但是上述国外企业在我国的专利布局还比较薄弱（见图9-25）。

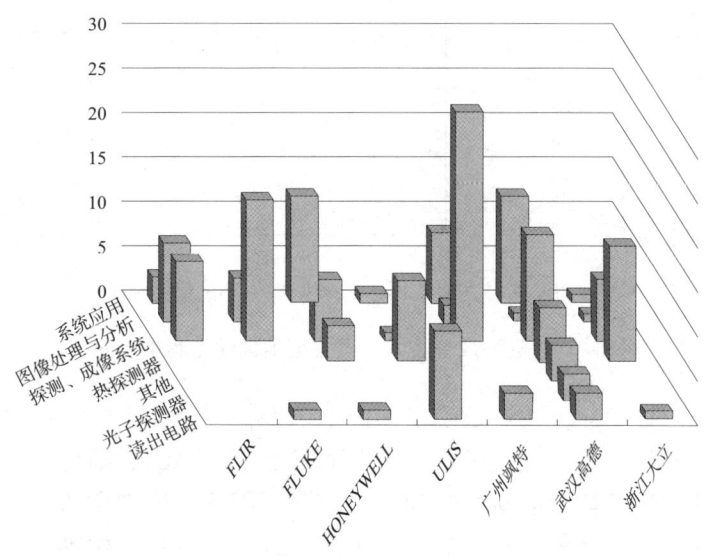

图9-25 红外成像技术主要申请人在华专利技术布局

（4）高校和科研院所的基础研究取得成果，部分项目的产学研结合初见成效。

应当关注学界的类似研究热点，高校与研究机构往往是前沿技术的先驱者，国内部分高校和科研机构的基础研究已经取得成果，例如中国科学院上海技术物理研究所采用标准CMOS工艺制得电容型探测器，其微悬臂梁的电容灵敏度可达2.5fF/K，温度分辨率为0.1K。

（5）红外成像技术已经开始转向民用市场，综合性能影响产业发展方向。

红外成像技术已经深入建筑、环境、家居、交通、安防等民用领域，受市场影响非常大，各行业选用红外成像设备不仅仅取决于技术的优劣和产品背后专利的数量，更重要的决定因素是产业链上利益的平衡及使用者的实际体验，例如使用者关注的是测温准确、成像分辨率，还是目标识别精确度等，都直接影响该技术的发展方向。

10

工业机器人关键技术*

工业机器人是第三次工业革命的重要代表产业，美国将其视为"再工业化"制造业回归的重要机会，德国则将其作为"工业4.0"和"智能工厂"计划的重要载体，日本将工业机器人产业视为重振制造业的重要契机。

据IFR统计，2013年是创纪录的一年，全球工业机器人销量达到17.9万台，同比增长12%，总市场价值高达1800亿人民币，全球机器人总销量的70%来自于5个国家，即日本、中国、美国、韩国和德国。根据预测，2014～2016年，机器人装机量年复合增长率预计为6%。预计欧洲和美洲地区为4%，亚洲地区由于中国市场的活跃，将继续保持8%的高增长。

中国机器人产业联盟发布的2013年中国工业机器人市场统计数据显示，2013年国内企业在我国销售的工业机器人总量超过9700台，占中国市场26%的份额，在销量上远不及国外企业的27000台。

在此背景下，国务院和各部委陆续出台战略规划和支持政策，加大力度发展战略性新型产业，提高我国经济核心竞争力。2013年底，工信部发布

---

* 本章节选自2014年度国家知识产权局专利分析和预警项目《工业机器人关键技术专利分析和预警研究报告》。

（1）项目成员：郭雯（负责人）、陈燕（负责人）、朱宁（组长）、孙全亮（组长）、崔尚科（副组长）、李岩（副组长）、陈蓬、郑明、张青、丰茂、卜冬泉、何麟、周万琳、张宇、李麟、纪海燕、万莎、彭齐治、马克。

（2）政策研究指导：邓英俊。

（3）研究组织与质量控制：郭雯、陈燕、朱宁、孙全亮。

（4）项目主要统稿人：崔尚科、彭齐治、陈蓬、周万琳、李岩。

（5）审稿人：郭雯、陈燕。

（6）课题组秘书：彭齐治。

（7）本节选报告执笔人：张青、卜冬泉、周万琳、彭齐治。

《关于推进工业机器人产业发展的指导意见》,对我国工业机器人产业发展进行了战略层面的规划指导。特别是,2014年6月,习近平主席在两院院士讲话中特别指出要提高机器人的技术和制造能力,尽可能多占领市场。

中国作为制造业大国,未来随着人力成本和人口老龄化不断加剧,对工业机器人的需求将呈现快速上升的趋势,工业自动化的转型与升级也是中国发展的必然之路,而技术革新和创新发展是工业机器人产业实现转型的关键,有效实施专利战略,将有效促进我国工业机器人产业完成跨越式发展。

10.1 工业机器人领域专利总体态势

10.1.1 中国市场和专利增速高于全球

数据统计显示,全球范围内涉及工业机器人技术的专利申请共121531项,其中在美国、欧洲、中国、日本、韩国五大专利局受理的专利申请合计109721项,占总量的90%。其中,中国国家知识产权局受理的工业机器人技术直接或间接相关的专利申请量共有23938件。其中国内专利申请18815件,占全部申请总量的78.6%,来华专利申请5123件,占全部申请总量的21.4%。在中国专利申请中,发明专利申请为11700件,占总数的49%;国内申请人申请的发明专利有9384件,占发明专利总量的80%(见表10-1)。

表10-1 全球及中国工业机器人技术领域专利基本状况

	全球(项)	中国(23938件)	
	(同族121531项)	国内(18815件)	来华(5123件)
时间范围	1954.1.1~2014.7.31	1985.1.1~2014.7.31	
发展趋势	1954~1971年起步期;1972~1987年技术准备期;1988~1994年低迷期;1994~2014年加速增长期,2012年达到峰值9482项	1985~2000年稳步发展期;2000年之后呈现快速增长趋势,2013年达到峰值5369件	

续表

全球（项）		中国（23938 件）	
（同族 121531 项）		国内（18815 件）	来华（5123 件）
区域分布	日本：38044 项（30%） 中国：21571 项（18%） 美国：11698 项（10%） 苏联：9928 项（8%） 德国：9726 项（8%）	中国：18815 件（78.6%） 日本：3371 件（14.1%）　美国：386 件（1.6%） 德国：348 件（1.5%）　韩国：251 件（1.0%） 瑞士：231 件（1.0%）　瑞典：153 件（0.6%）	
主要申请人	安川：5823 项（4.8%） 发那科：4512 项（3.7%） ABB：2231 项（1.8%） 三星：2016 项（1.7%） 日立：1907 项（1.6%）	上海交通大学：299 件（1.2%） 哈尔滨工业大学：265 件（1.1%） 新松：126 件（2.5%） 清华大学：244 件（1.0%）	发那科：1199 件（5.0%） 安川：806 件（3.4%） ABB：445 件（1.9%）
主要技术领域	控制器：20444 项（16.8%） 电机：3144 项（2.6%） 减速器：1560 项（1.3%）	控制器：2133 件（8.9%） 电机：471 件（2.0%） 减速器：246 件（1.0%）	控制器：1350 件（5.6%） 电机：75 件（0.3%） 减速器：210 件（0.9%）

产业数据显示，2013 年，中国共购买了 36560 台工业机器人，同比增长近 60%，占全球销量总数的 20%，使中国超越日本成为工业机器人全球第一大市场。2005~2013 年，中国工业机器人销量平均年复合增长率达 25%，据预测在未来几年中这种趋势还将持续（见图 10-1）。

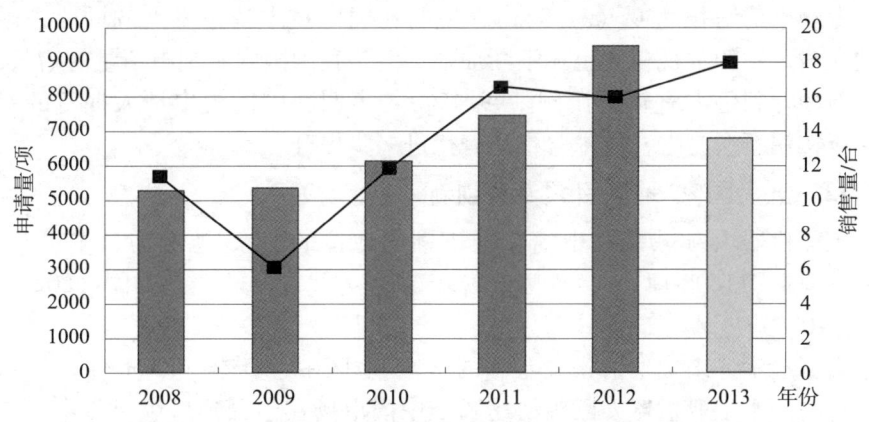

图 10-1　工业机器人全球销售量和专利申请量趋势对比❶

---

❶　图中 2013 年全球专利申请量是截至检索日已公开数据，实际专利申请量应大于图中所示 2013 年数量。

在巨大的市场预期作用下，可以预见，以 ABB（来华申请 445 件）、库卡（KUKA）（来华申请 114 件）、发那科（FANUC）（来华申请 1199 件）和安川电机（Yaskawa）（来华申请 806 件）等为代表的国外产业巨头势必会继续加大针对中国市场的产品和技术研发投入力度，从而带来持续的专利产出。

目前，我国已经拥有了一定量的技术创新以及专利技术的储备，尤其是近几年，工业机器人领域的专利申请量实现了跨越式增长。中国国内企业也会不断加大专利申请力度（见图 10-2）。

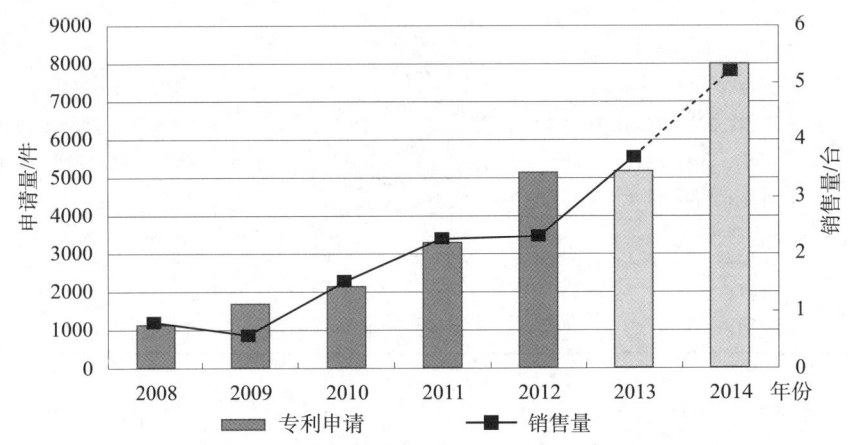

图 10-2　工业机器人中国销售量和专利申请量❶

从目前中国专利申请的构成来看，来华申请的增速（27.5%）低于我国国内专利申请增长速度（37.9%），说明在国内技术快速发展的同时，国内申请人对专利的重视程度也在不断加强。但是我国国内专利申请量的增长中，实用新型专利仍占有较大比例（49.4%），表明我国国内申请人拥有的专利权仍以实用新型为主，技术含量还有待进一步提升。

10.1.2　五大国家/地区引领专利创新

工业机器人领域专利申请量处于领先地位的国家/地区为日本（38044项）、美国（11698项）、以德国（9726项）为代表的欧洲及韩国（8028项）（见图 10-3）。

数据显示，来华申请相关专利的国家/地区中，日本（3371件）遥遥领先，这与日本工业机器人巨头纷纷瞄准中国市场在中国建厂以及日本在工业机器人领域先进的技术水平相匹配。其他来华进行专利布局的国家还有美国

---

❶ 图中 2013 年中国专利申请量是截至检索日已公开数据，实际专利申请量应大于图中所示 2013 年数量。图中 2014 年中国专利申请量和销售量是预测数据。

(386 件)、德国（348 件）、韩国（251 件）、瑞士（231 件）、瑞典（153 件）等。

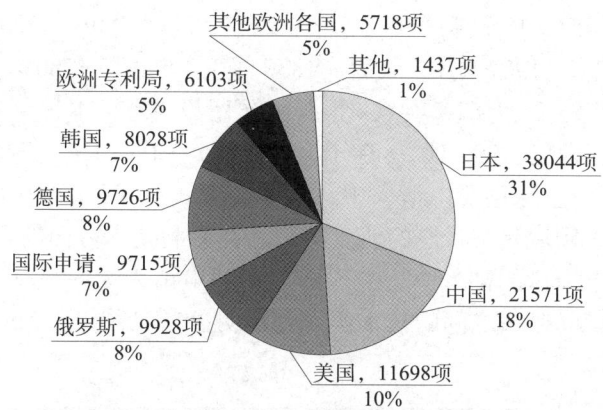

图 10-3　全球专利申请国家/地区分布

国内工业机器人发展迅速，专利申请量靠前的 5 个省市依次为江苏（3168 件）、北京（2013 件）、浙江（1827 件）、上海（1721 件）和广东（1234 件），与上海、常州、昆山、苏州、徐州、青岛等地大力建设工业机器人产业园区的情况相吻合，如图 10-4 所示，目前我国地方政府设立工业机器人产业园的发展模式对相关技术的发展起到了良好的促进作用，但是各地的产业园如何实现差异化发展，避免重复投入和恶性竞争，是需要各地方政府关注的问题。

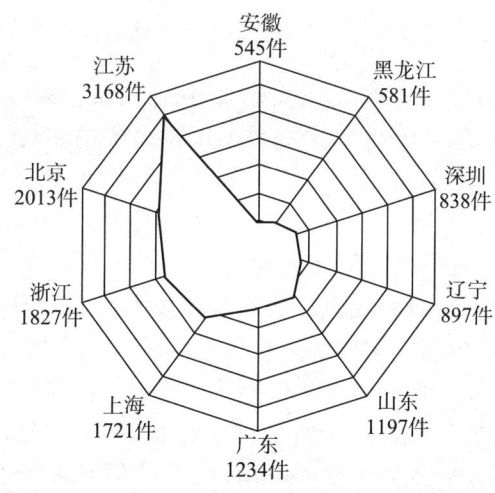

图 10-4　国内工业机器人产业主要专利申请地区

10.1.3 四大跨国公司掌握关键专利技术

在工业机器人产业全球重要专利申请人中,日本的安川和发那科公司分别以5823项、4512项专利申请位居全球前两位。ABB(2231项)、三星(2016项)、日立(1907项)、三菱(1836项)、丰田(1780项)、精工爱普生(1714项)、松下(1624项)、富士通(1549项)、本田(1343项)、东芝(1193项)、索尼(999项)、库卡(889项)和西门子(748项)等紧随其后。在前15位全球重要申请人中,日本企业占据了11席,反映出目前日本在工业机器人领域具备雄厚的研发实力,在专利技术方面的竞争优势明显。全球相关专利申请量的排名中,中国国内专利申请人无一上榜,表明目前中国国内企业与国际巨头之间的技术实力差距明显(见图10-5)。

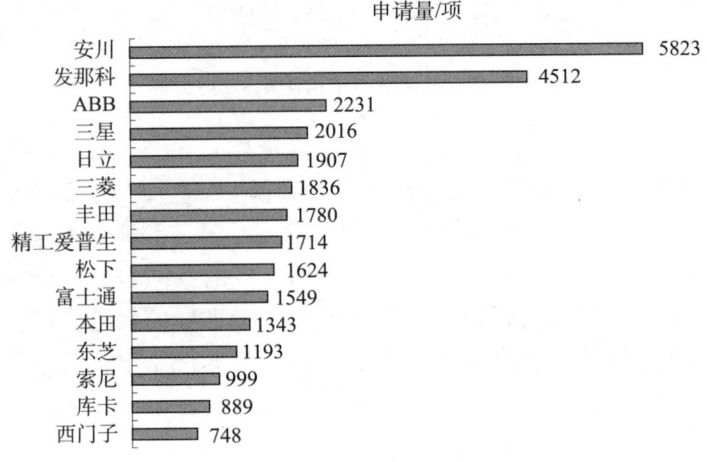

图10-5 工业机器人产业全球专利申请重要申请人对比

在来华专利申请方面,四大龙头企业中的三家,即发那科(1199件)、安川(806件)、ABB(445件)占据着中国排名的前三位,表明这些龙头企业十分重视在中国的专利布局。并且发那科、安川和ABB的全球专利申请活跃指数分布为0.93、0.76、0.97,而对应的中国专利申请活跃指数提高到0.95、6.65、1.48,表明这些国外企业对于中国市场的重视程度超出了全球平均水平,在受2008年金融危机影响后全球技术研发和专利申请相对收紧的大环境下,上述企业依然在中国加大相关专利的投入力度。

如表10-2所示,虽然在工业机器人产业中国专利申请排名前十位中,中国国内申请人占据7个席位,但是这7位国内申请人的总量之和(1668件)比排名前三的国外公司的专利申请总量(2450件)还少46%。并且这些国内申请人基本上为国内高校和科研院所,企业仅有沈阳新松(259件)

和鸿富锦（173件）两家，而沈阳新松为中科院沈阳自动化所（214件）控股，有着浓厚的中科院背景，这一方面说明了国内工业机器人企业的技术研发实力还有待提高，而且专利保护方面暂时比较薄弱，另一方面也可以看出我国在产学研结合上还具有巨大的发展潜力，如果可以挖掘出大量高校专利当中蕴含的价值，将能够对中国工业机器人产业发展产生重大推动作用。

表10-2　工业机器人产业中国专利申请重要申请人对比　　单位：件

申请人名称	申请量/件	2000~2009年平均申请量	2010~2012年平均申请量	活跃指数
发那科	1199	92.4	87.7	0.95
安川	806	22.3	148	6.65
ABB	445	24.7	36.7	1.48
上海交通大学	299	18.2	19.7	1.08
哈尔滨工业大学	265	13.8	19	1.38
沈阳新松	259	9.56	81	8.48
清华大学	244	11.2	31.7	2.83
中科院沈阳自动化所	214	14.9	18.3	1.23
北京航空航天大学	198	9.1	21	2.31
浙江大学	189	6.75	27.7	4.1
东南大学	173	6.38	28	4.39
鸿富锦	173	13.8	30	2.17

10.1.4　三大关键零部件成为创新焦点

通过对国内外工业机器人进行成本分析发现，三大关键零部件减速器、运动控制器和电机占工业机器人整体成本的65%~75%，包括关节、机械臂、末端执行器等在内的其他本体成本仅占25%~35%，由于相关关键零部件技术受制于国外企业，我国工业机器人本体制造企业的相关零部件采购成本远高于国外同行（见图10-6）。

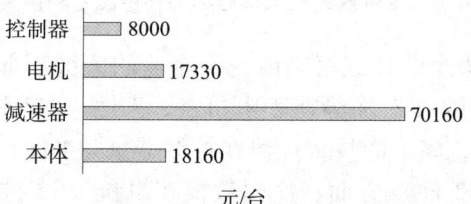

图10-6　工业机器人零部件中外企业采购价格价差

因此，目前我国工业机器人产业急需突破制约关键零部件发展的关键技术，尤其是减速器相关的技术。

在上述三大关键零部件中，减速器的成本占比最高，而其专利申请量却最小，全球仅涉及1560项，但是日本企业具有垄断性优势（见图10-7、图10-8）。

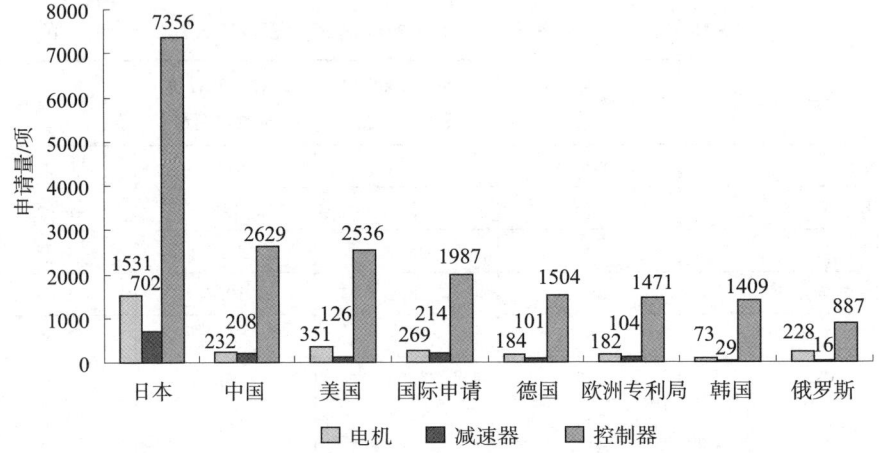

图10-7 工业机器人三大核心零部件全球专利申请的国家/地区

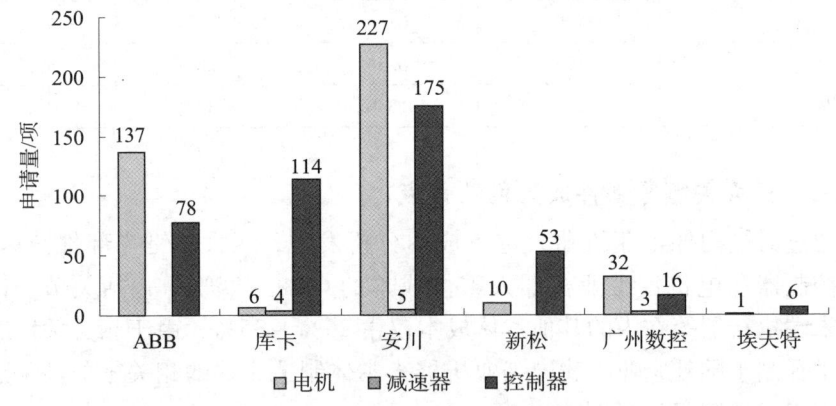

图10-8 工业机器人三大核心零部件中国专利重要申请人

以三家来华龙头企业和三家国内龙头企业的关键零部件专利申请量进行对比，安川和ABB的技术优势在于电机（227件，137件）和控制器（175件，78件）两方面，库卡的技术优势在控制器（114件）方面。国内申请人中新松在控制器（53件）方面、广州数控在电机（32件）方面有一定专利积累。

10.2 工业机器人关键技术专利态势

10.2.1 减速器核心专利为日本垄断

在减速器领域全球专利申请量排名中,日本住友以544项排名第一位,日本纳博公司(413项)、谐波传动公司❶(233项)分列第二和第三位,遥遥领先其他公司,充分体现了全球三大机器人减速器公司在该领域的主导地位。

在工业机器人减速器领域,日本企业的整体实力较强,基本处于垄断格局。

20世纪80~90年代以来,在航空航天、机器人和医疗器械等新兴产业快速发展的需求下,对高性能精密减速器在结构、传递功率、噪声、传动平稳性等方面提出了更高的要求,其中RV(Rot-Vector)减速器和谐波减速器逐步替代摆线针轮减速器成为精密减速器中最重要的两种减速器(见图10-9)。

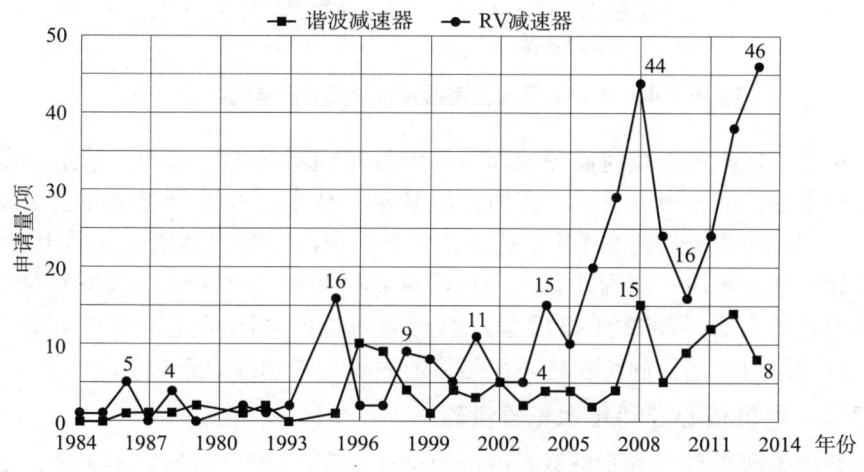

图10-9 工业机器人减速器技术全球专利申请技术趋势

总体来说,两种技术的专利申请增长均呈现上升趋势,谐波减速器技术的专利申请量相对较小,近年来增速较慢。由于RV减速器最大厂家纳博于1996年推出了一款新产品RV-E上市,因此纳博于1995年开始围绕RV减速器布局了大量专利,导致RV减速器技术专利出现明显增长。随着纳博新产品RV-N于2007年推出上市,RV减速器专利申请迎来爆发式增长。而

---

❶ 谐波传动公司总部位于美国,但是其产品于日本和德国研发和制造。

2008年受全球金融危机影响,谐波减速器和RV减速器的专利申请量都出现了不同程度的降低。

由于RV减速器具有传动比大、传动效率高、运动精度高、回差小、振动低、刚性大和可靠性高等优点,目前已逐步成为机器人的"专用"减速器,在关节型机器人的机座、大臂、肩部等负重载荷关节位置都需要安装相应的RV减速器(见图10-10)。

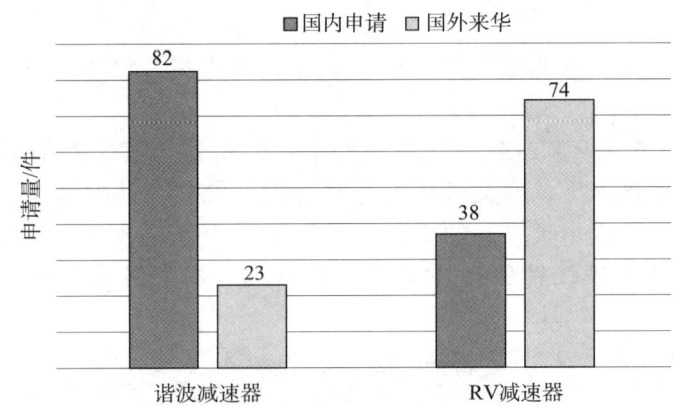

图10-10 工业机器人减速器技术中国专利申请类型分布

对于工业机器人减速器领域而言,谐波减速器的中国专利申请主要以国内申请为主,结合市场来看,国内谐波减速器技术已基本赶超国外主流技术水平。相对而言,目前在RV减速器技术上,国内专利申请则远落后于国外,仍然处于起步阶段,与国外尤其是日本企业的差距非常明显。从相关专利申请量的趋势来看,2002年以后国内申请的增长速度明显高于来华申请。因此,虽然国内申请人起步较晚,但是目前表现出强劲的追赶势头。

10.2.2 电机核心专利技术竞争激烈

至检索截止日,工业机器人电机的全球专利申请量累计达3144项,来自于日本的专利申请量最多(1531项),远超排名其后的欧洲(903项)、美国(358项)、中国(232项),表明日本在工业机器人电机技术领域具有明显的专利技术优势。

工业机器人电机全球专利申请人的排名也表明,日本企业占据着主导地位,其中排名前五位全部为日本企业,分别是安川(290项)、松下(166项)、发那科(145项)、精工爱普生(114项)、三菱(69项)。而排名前15位的申请人中除了西门子(47项)和ABB(24项)其余均为日本企业,这些排名靠前的重要申请人来自国际电气巨头、汽车整车或部件生产企业、机器人供应商。

整体而言，在工业机器人电机领域，日本企业的整体实力较强，所占市场份额也最多，但作为工业机器人零部件供应商，相互之间实力较为均衡，可选择空间较大，这对我国发展机器人产业比较有利。

工业机器人电机中国专利申请546件，其中来华申请75件，中国国内申请471件。来华申请中发明占比高达95%以上，而在国内申请中，发明申请仅占48%。

从国内申请的区域分布来看，排名前五位的江苏（66件）、北京（58件）、上海（58件）、浙江（31件）、广东（24件）主要是集中了产业优势、科研背景和经济实力的东部沿海地区。

从技术层面上来看，国产伺服系统在技术与性能上与国外品牌仍有较大的差距，并且产品质量与稳定性也不能同国外品牌相比，但国产伺服系统厂商为中小型制造加工企业提供了价格低廉的伺服产品与快捷迅速的售后服务，很好地满足了经济型企业用户的需求。

10.2.3 控制器创新差距相对不显著

至检索截止日，工业机器人控制器的全球专利申请量累计达20437项，其中日本、欧洲、美国、中国申请量排名靠前，并且这五个国家/地区受理的工业机器人控制器专利申请占到全球相关申请量的85%，日本在工业机器人控制器技术领域具有明显的专利技术优势。

从工业机器人控制器全球专利申请人排名来看，日本企业占有绝对优势，排名前五位的企业为安川（762项）、发那科（647项）、本田（346项）、三星（306项）、丰田（305项），除三星外，其他4位全部为日本企业。

工业机器人控制器领域的中国专利申请有3483件，其中来华申请1350件，国内申请2133件。但在国内申请中，有882件实用新型，仅有1件PCT申请，说明国内工业机器人控制器相关企业在海外专利布局力度很弱。从技术角度来看，中国国内专利申请量虽然在数量上略占优势，但缺少核心专利，影响力较弱。

从国内专利申请区域分布来看，工业机器人专利申请排名前五位的地区为江苏（343件）、广东（289件）、北京（270件）、上海（227件）、浙江（151件）。对国内的申请人排名进行分析可以得出，发那科（125件）、安川（107件）、精工爱普生（70件）、松下（125件）等日本企业排名前列，欧洲库卡（57件）排名第五位，国内排名靠前的专利申请人为上海交通大学（49件）、中科院自动化所（45件）、北京航空航天大学（35件）、东南大学（33件）等高校和研究所，这表明中国国内工业机器人控制器领域的先进技术还处在基础研发阶段，需要一定时间进行产业转化。

相对于工业机器人电机和减速器技术领域而言，控制器领域的国内企业与国外企业的差距相对较小，在控制系统的核心算法、软件控制系统等软件方面，国产工业机器人在控制器上总体问题不是很大。

10.3　工业机器人关键技术：RV减速器专利深度解析

至检索截止日，在WPI数据库中检索到涉及RV减速器的专利申请为346项。日本的纳博（228项）和住友（82项）作为全球知名的RV减速器生产企业，目前已形成事实上的市场垄断（见图10-11）。

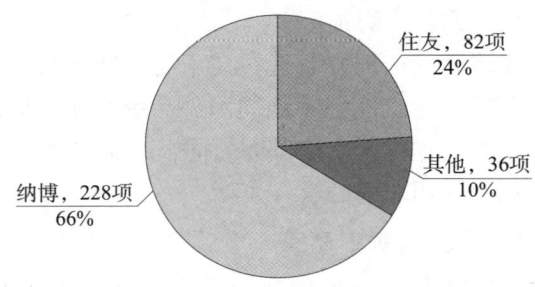

图10-11　工业机器人减速器技术全球专利申请分布

日本纳博是RV减速器技术的首倡者，且每年保持较高申请水平，在RV减速器技术上具有绝对优势；欧美虽然在摆线减速器的研究上先于日本，但在RV减速器的研究上相对迟缓且未形成气候，其工业机器人本体制造企业多以采购日本RV减速器产品为主，对RV减速器研制缺乏重视；中国虽然有发展RV减速器技术的规划和努力，但技术高度和专利权稳定度较之日本和欧洲申请还有一定差距。

纳博重点在组装/工艺、核心部件、输入端、齿形/啮合、轴承以及输出端技术分支进行专利布局，尤其是在组装/工艺与核心部件这两个技术分支上，纳博分别具有160项与83项专利申请，住友分别具有31项与17项专利申请，显示出核心部件与组装/工艺是RV减速器的核心技术和研发重点。除此之外，纳博还在输入端技术分支进行了重点布局，住友还在轴承技术分支进行了重点布局，说明这两家公司在RV减速器领域已经具有各自的技术特色（见表10-3）。

RV减速器领域的中国专利申请为144件，其中来华申请107件（74件发明和33件外观设计），中国国内申请37件（24件发明和13件实用新型）。值得注意的是，来华申请人在使用发明专利保护其产品技术方案的同时，还通过外观设计专利保护其产品外观，防范其产品外观被仿制和假冒，此举值得国内企业参考借鉴（见表10-4）。

表 10-3　RV 减速器全球主要申请人专利申请布局　　　　　　　　单位：项

申请量	名称	国家	占比	布局国家/地区	布局热点
228	纳博	日本	66%	日本（194） 中国（49） 美国（40） 韩国（29） 德国（13）	组装/工艺（160） 核心部件（83） 输入端（74） 齿形/啮合（66）
82	住友	日本	24%	日本（76） 德国（33） 中国（31） 韩国（24） 美国（14）	组装/工艺（31） 核心部件（17） 轴承（14） 齿形/啮合（10）

表 10-4　RV 减速器中国专利主要申请人的专利状态　　　　　　　单位：件

	排名	名称	申请	有效	无效	未决	发明占比
来华申请	1	纳博	75	53	0	22	63%
	2	住友	32	12	4	16	84%
	总计/平均		107	65	4	38	73.5%
国内申请	排名	名称	申请	有效	无效	未决	发明占比
	1	南通振康	7	6	0	1	57%
	2	山东帅克	4	2	0	2	50%
	3	江苏泰来	4	2	0	2	50%
	4	陕西秦川	4	1	0	3	100%
	5	浙江恒丰泰	4	3	0	1	75%
	总计/平均		23	14	0	9	66.4%

整体来看，RV 减速器领域来华申请已初步形成纳博一家独大、住友积极跟随的局面，目前来华专利申请在数量和质量上已经占据绝对优势。

对于 RV 减速器领域中国国内专利申请人而言，研究起步较早的是陕西秦川，目前南通振康申请量最多，而山东帅克、浙江恒丰泰虽然在该技术上的研究起步较晚，但都在积极跟进。从产品层面来说，中国的 RV 减速器技术尚未进入成熟阶段，基本结构和部件尚未成型，核心部件和组装/工艺的持续改进是目前首要解决的问题。

10.3.1 日本纳博以专利获取市场竞争优势

纳博是世界上最大的 RV 减速器制造商,其生产的 RV 减速器具有高扭矩、高刚性和高耐过载冲击荷载能力的同时,兼有高精密和非常低的回程间隙,因此其产品占领了全球工业机器人精密减速器市场的近 70%。

纳博于 1986 年开始进行 RV 减速器技术的专利申请,从 2004 年开始,纳博的申请量快速增长,尤其是 2008 年达到 46 项的顶峰,之后 2010 年有所回落。由此表明,纳博非常看好 RV 减速器技术的产业前景,进行了较大程度的研发和专利投入。纳博于 2002 年开始在中国进行 RV 减速器技术的专利申请,虽然 2012 年全球申请量出现下降,但是反而增加了在中国的专利申请,说明其近年来加强了对中国市场的重视(见图 10-12)。

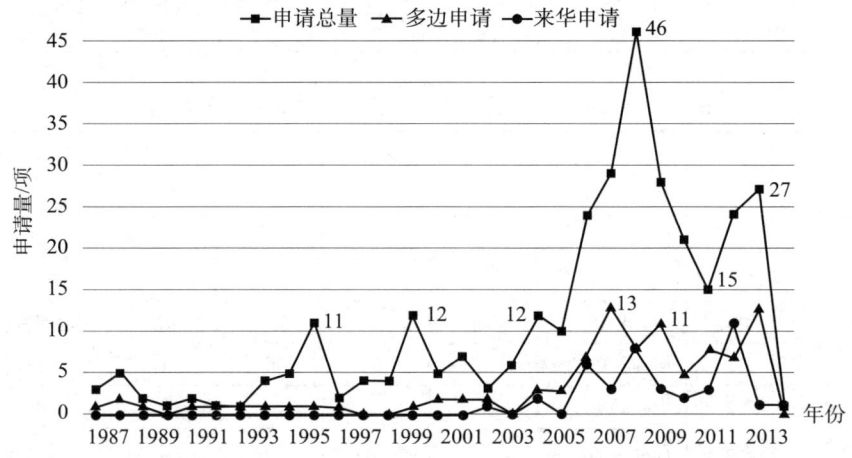

图 10-12 纳博 RV 减速器的专利申请量趋势

从 RV 减速器专利的全球地域分布来看,纳博在所有国家/地区都十分注重组装/工艺、核心部件的专利布局。在中国还重点布局齿形/啮合(13 件)、输入端(10 件);在欧洲还重点布局输入端(10 件)、齿形/啮合(9 件);在美国还重点布局输入端(18 件)、轴承(16 件);在韩国还重点布局润滑/冷却(5 件)、输入端(5 件)。

值得注意的是,核心部件作为 RV 减速器技术中最重要的技术分支,纳博在中国对该技术的专利布局反而相对较少,因此,中国 RV 减速器企业可以抓住机遇在国内重点布局该技术分支专利(见图 10-13)。

10 工业机器人关键技术

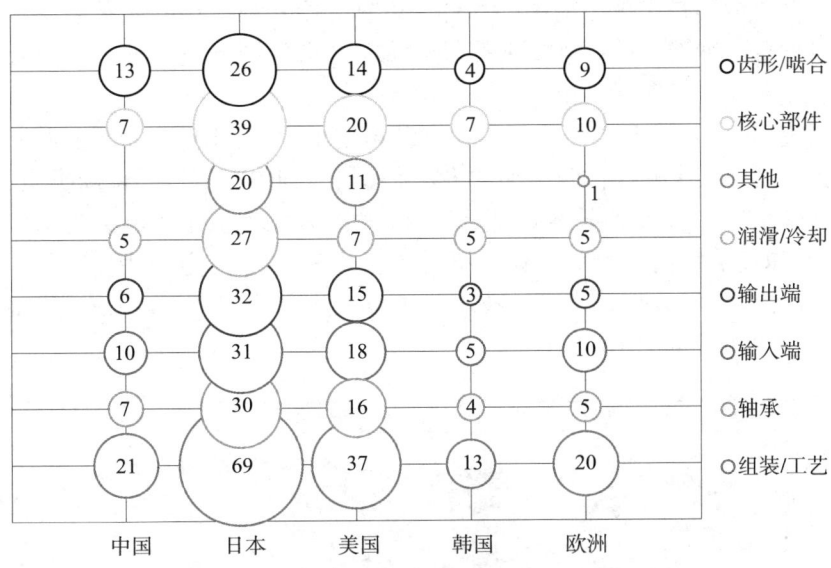

图 10-13 纳博 RV 减速器专利的技术地域分布

注：图中数字表示申请量，单位为件。

10.3.2 日本纳博专利信息披露未来市场战略

从 1985 年日本纳博向市场推出第一件 RV 减速器产品以后，陆续又推出了 RV-A（1988 年）、RV-C（1992 年）、RV-E（1996 年）、RV-N（2007 年）等型号的减速器（见图 10-14）。

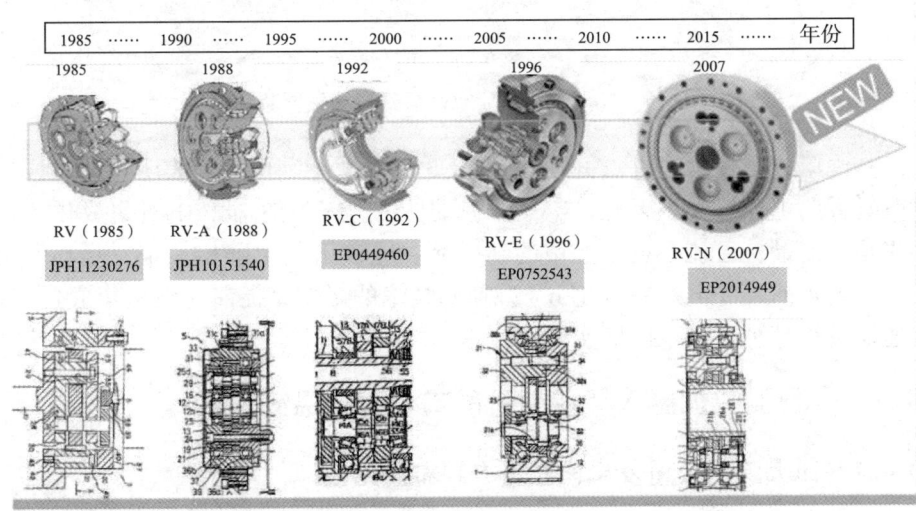

图 10-14 纳博 RV 减速器新产品上市与相关专利申请的趋势

279

通过对纳博在全球申请的 315 件 RV 减速器专利申请的相关技术进行研究可以发现，纳博 RV 系列减速器新产品在上市的同年或者前一年就会申请与该产品对应的发明专利申请。

通过将 2012 年至今纳博公司在全球申请的 39 件 RV 减速器发明专利进行分析，发现其中有 5 件新类型的 RV 减速器专利申请，这 5 件新类型的 RV 减速器涉及三个方面的技术改进点，第一个技术改进点（定义为 RV－X）是：RV 减速器轴向尺寸更小化，第二个技术改进点（定义为 RV－Y）是：RV 减速器电机集成化，第三个技术改进点（定义为 RV－Z）是：将轴承替换为推力轴承（见图 10－15）。

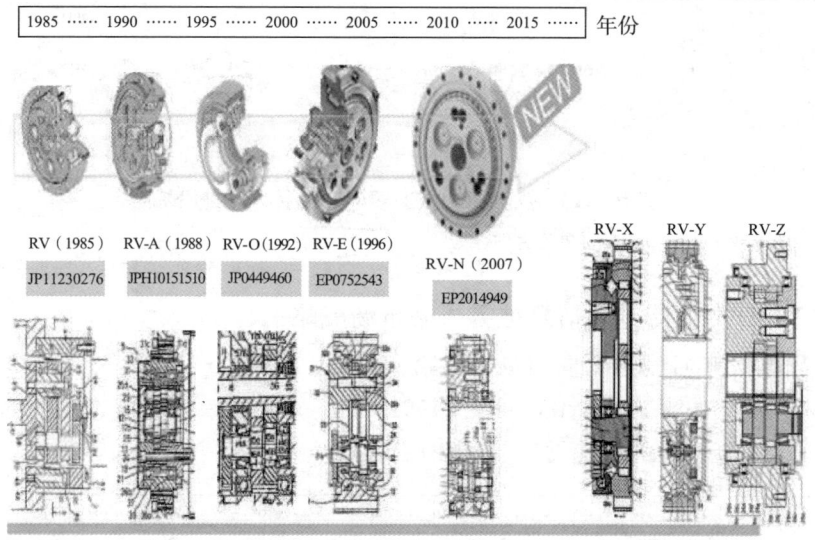

图 10－15　纳博 RV 减速器新产品发展趋势

其中第二个技术改进点 RV－Y 涉及 3 件发明专利申请，表明纳博对该技术改进方向更加重视。因此，RV－Y 所涉及的 RV 减速器与电机集成化的产品将是纳博最有可能在近期上市的新产品。应该引起中国相关企业足够的关注，需要提前关注电机集成化 RV 减速器技术的影响，提前对电机集成化 RV 减速器进行专利布局，以期实现弯道超车。

10.4　中国工业机器人产业创新模式和专利路线探索

10.4.1　四大跨国公司发展模式及专利布局比较

（1）ABB 公司

ABB 公司充分发挥了在控制器、电动部件方面的技术优势，占据了工业机器人行业的有利地位(见图10-16)。

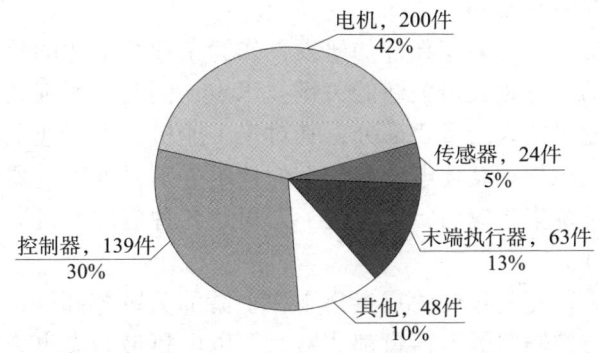

图10-17 ABB公司工业机器人中国专利申请技术分布

ABB从2005年开始重视全产业链的布局,利用自身技术优势、抓住高利润点、布局主要应用市场是ABB发展工业机器人的显著特点。国际市场是ABB参与全球竞争的主要战场,因此其在营销策略和专利布局上都非常重视本土化。

(2)库卡

库卡的专利申请从2009年才开始大量进入中国,目前正加紧在中国进行专利布局。

库卡的专利申请与产品有较好的对应关系,能够起到良好的保护作用。在专利申请策略方面,库卡除了在中国申请发明专利以外,还进行了实用新型和外观设计的专利申请,国内企业可以学习其经验对产品进行多方面的专利保护。

库卡在中国也对其具有优势的机器人控制领域着重进行了专利布局。库卡公司获取关键零部件技术专利的途径除了自身研发,还注重与优势企业的合作,国内企业可借鉴这一方式,联合起来,取长补短以在市场竞争中获得优势。

(3)发那科

发那科公司自2003年开始重视中国市场,有较多的申请涉及工业机器人的控制、视觉识别、焊接、加工、测量等领域。

发那科公司早年专注于数控机床并以此为基础开始工业机器人的研发,因此,其具有较强的基于伺服、数控领域的技术优势。除减速器外,发那科公司的控制器、驱动器、伺服电机均为研发生产自制,具有很强的技术研发能力,其发展路线对于国内企业有一定的借鉴意义。

(4)安川

安川的技术优势集中在电机领域,从2010年开始加强了对中国市场的重视。其在工业机器人关键零部件、机器人本体、系统集成应用三方面进行了全方位的研发与专利布局。

安川重视机器人关键零部件的研发，作为工业自动化的核心部件，电机及其相应的驱动部件是安川关注的关键技术点；同时，实现其控制的硬件以及软件也是工业机器人的重要部分，其对于工业机器人产业上游的关键零部件方面有较好的积累。其他申请量较大的技术分别是处于机器人产业中游的机器人本体和系统集成应用，也体现了安川对各种应用型机器人研发和专利保护的重视程度。

安川在华进行专利布局的重点集中在上游的关键零部件，其中，关键零部件中的电机与控制器的申请量都非常大，以电机最为突出。中下游的机器人本体及系统集成应用较少，系统集成应用中的搬运、焊接类应用的申请量较大，而关键零部件中的减速器以及其他的系统集成应用不是该公司的优势方向，在华布局的相关专利也比较少。利用自身在电机、控制器方面的技术优势抓高利润价值点是安川工业机器人产业发展的显著特点。

10.4.2 美国、日本、欧洲、中国产业发展模式及专利路线比较

1) 全球工业机器人产业优势区域专利情况对比

日本工业机器人产业的发展特点是从关键零部件入手，通过占领利润较高的产业链上游，向机器人本体和系统集成应用扩展。日本企业在工业机器人产业上的专利布局模式特点为：相关专利申请量大，非常重视在海外市场进行布局，在关键零部件上的专利申请量占比高。

欧洲工业机器人产业的发展特点是从工业机器人应用和工业机器人本体出发，关注系统集成应用与工业机器人本体制造的互动，通过高端制造应用来逐步推动关键零部件的发展，从而走向全产业链整合。欧洲企业在工业机器人产业上的专利布局模式特点：重视系统集成和应用专利申请，关键零部件相关专利申请占比不大，但是从技术市场控制力度上来看专利布局的效率较高。

美国工业机器人产业的发展特点是关注技术未来发展方向，走智能化、网络化道路，参与公司多而不强，小公司更加灵活，引领技术发展方向。美国企业在工业机器人产业上的专利布局模式特点：专利布局早，但申请量相对稳定，专利申请集中度不高，关注ITC技术与工业机器人技术的融合。

综上所述，日本、欧洲、美国企业的专利布局特点服务于各自的产业发展模式，都非常重视通过专利布局实现对目标市场的控制（见表10-5、表10-6）。

表 10-5 全球工业机器人关键零部件五局专利申请量对比

		全球	日本	欧洲	美国	中国
五局发明专利申请量	项	12174	6141	3392	1914	67
	%		50.4%	27.9%	15.7%	0.6%
控制器	项	2998	1628	747	428	19
	%		54.3%	24.9%	14.3%	0.6%
电机及驱动器	项	504	281	105	84	1
	%		55.8%	20.8%	16.7%	0.2%
减速器	项	321	269	32	14	0
	%		83.8%	10.0%	4.4%	0.0%
核心零部件合计	项	3823	2178	884	526	20
	%		57.0%	23.1%	13.8%	0.5%
核心零部件占比全产业链	%	31.4%	35.5%	26.1%	27.5%	29.9%

表 10-6 全球工业机器人产业信息对比

工业机器人产业信息	单位	全球	日本	欧洲	美国	中国
工业机器人产值*	亿美元	112	49	31	12	6
工业机器人市场份额*	%		52%	33%	4%	5%
2013年工业机器人销量	万台/年	17.9	2.6	4.2	2.4	3.7
工业机器人量	万台	137	33	43	18	12
工业机器人密度	台/万人	58	340	273**	146	23
产业概况						
核心零部件			较为突出	一般	一般	一般
机器人本体			较为突出	突出	一般	一般
系统集成			较为突出	一般	突出	一般

* 根据2012年产业数据进行估算得到。

** 以德国数据代表。

2）中国机器人概念上市公司专利情况现状

在中国证券市场的54家机器人概念上市公司中，41%的相关上市企业没有任何涉及工业机器人方面的专利申请，仅有20%的相关上市企业拥有10件以上的专利技术。

对中国证券市场上涉及机器人概念的上市公司进行统计，共有597件相关中国专利申请，其中，有效专利333件，失效专利55件，未决专利209件；在有效专利中，实用新型约占3/4，其专利价值还需经受市场检验，而发明仅占14%，表明这些上市公司所拥有专利数量不足，技术高度有待提升，与来华企业的技术竞争中，难以获得足够的专利支撑。

在这些拥有工业机器人方面专利申请的上市公司中，经统计分析发现，70%的公司业务集中在门槛较低的系统集成应用方面，涉及工业机器人关键零部件技术的公司仅占23%，仅有新松与博实这两家企业正在尝试对工业机器人产业进行全产业链布局。但是与来华专利相比，目前这两家企业专利的技术高度仍显不足，且相当一部分专利申请的动机并非单纯是为了寻求知识产权保护。

10.4.3 日本模式：RV减速器产业及其专利策略

日本企业纳博提交RV减速器最早的专利申请之后，引发了其与日本企业住友之间一系列的专利竞争。

（1）住友以RV减速器的组装工艺技术为突破点，时隔5年在纳博核心专利的外围申请了其RV减速器的首件专利。住友以该件专利为基石，通过一系列专利申请的布局策略，将其RV减速器专利技术寿命延续至今。住友通过借助针对纳博核心专利衍生的外围专利形成了自己在RV减速器技术上的知识产权优势。

（2）在核心专利被他人从外围突破进而丧失主动权的情况下，纳博绕过已被对手掌握的技术分支，从客户的技术需求出发对技术改进，开发了全新的核心技术并产生了数件重要专利，同时还寻求到了对自身发展极为有利的合作伙伴——纳博克，使其精密减速器事业迎来了新的高潮。纳博在难以走出被住友外围专利包围的情况下，没有盲目进行反包围和防御，而是另起炉灶，开发了全新的技术路线，从多个技术分支扩散发展，在发展到一定程度后，以更成熟的技术回过头在早期被住友包围的核心专利周边进行核心和外围专利的申请，再次掌控了技术上的主动权。纳博对专利的重视以及专利策略的合理使用是其制胜的重要手段。

日本RV减速器企业在全球的专利布局策略为：

① 对中国市场重视，因此对每个技术分支均进行了专利布局。
② 进行专利布局时对各目的地的技术优势有所考量。
③ 关注与RV减速器相关其他技术分支发展，并进行了周密的专利布局，包括材料选择、编码器和马达重叠设置等。

10.4.4 欧洲模式：德国库卡及其专利策略

库卡作为一家最初从事焊接业务的欧洲企业，其在末端执行器例如焊钳等方面的专利申请量较多。库卡在分为两个市场上独立运作的公司，即库卡机器人有限公司及库卡焊接设备有限公司后，更有针对性地分别在机器人和控制器及控制方法上加大了研发投入，目前控制器及控制方法已成为库卡专利申请量最大的技术领域。上海新工厂的投产，是库卡全球战略中的重要一步，其目标就是占领中国工业机器人的自动化解决方案市场。为了与市场相适应，库卡在中国对机器人控制方法及控制器进行了大量的专利布局。

库卡注重全产业链专利技术合作，除了在其具有传统优势的汽车行业外，还通过合作和收购的方式，在下游的太阳能和机床上下料等一般性行业中进行了专利布局。近年来，库卡在减速器、电机等核心零部件上，通过自主研发、专利合作和购买等多种方式，也进行了专利布局，显示出其正在加速机器人行业上游的投入，以形成上中下游全产业链发展。

更重要的是，从数据统计来看，库卡公司通过相对不多的全球专利布局（887项）实现了较大的全球市场份额（2013年库卡工业机器人约10亿美元销售额，占库卡公司总营收24亿美元中的41.7%），具有比较高的专利布局效力，值得我国相关企业学习和借鉴。

10.5 主要结论

（1）市场需求爆发性增长将持续推动工业机器人关键技术领域的研发投入和专利产出数量。

从数据统计上来看，中国国内企业的专利申请增长速度远高于来华申请的数量，但是中国国内企业的专利申请中，相当一部分是实用新型专利及外观设计专利，反映出中国国内技术在快速发展的同时，对知识产权的重视程度不断加强，开始学会用不同类型的专利进行保护，但是专利申请质量仍然有比较大的提升空间。

（2）日本是工业机器人产业的重要市场和主要技术创新来源地区。

工业机器人领域处于领先地位的国家/地区为日本、美国和以德国为代表的欧洲及亚洲的韩国等。从检索数据来看，日本作为工业机器人大国，占据了全球近1/3的专利申请量，遥遥领先于其他国家，表明日本拥有巨大的工业机器人市场。其中日本的安川（5796项）、发那科（4511项）分别位居全球专利申请量前两位，大幅超过位居第三的ABB（2737项）。

美国作为工业机器人的诞生地，走了一条重理论研究、轻应用开发的曲折道路，其技术更加全面、先进，在国际上领先，其专利申请量虽然位居第三，但其技术水平仍然高居世界前列。除了前三甲，在工业机器人领域专利申请量较大的还有俄罗斯、德国、韩国等国家，综合来看，如果将俄罗斯、德国等的申请量进行合并，欧洲将以24%的占比替代中国成为第二大目标地区，仅次于日本。

（3）中国工业机器人相关企业的技术创新力不足，创新主体仍主要集中于高校和科研院所。

从中国申请量排名前20位的申请人来看，虽然国内申请人较多，但是这些国内申请人基本上都是国内的高校和科研院所，国内企业仅有新松和鸿富锦两家，而新松公司还有浓厚的中科院背景，为中科院沈阳自动化所控股，这一方面说明了国内工业机器人企业的技术研发实力还有待提高，而且在专利保护方面暂时比较薄弱，另一方面也表明我国企业在产学研结合上还具有巨大的发展潜力，如果可以挖掘出大量高校专利中蕴含的价值，就能够对中国工业机器人产业发展产生重大推动作用。

（4）以减速器为代表的关键零部件受制于国外企业，导致国产工业机器人的成本居高不下，严重阻碍中国工业机器人产业发展，而实现关键零部件的自主创新首先需要破解国外企业的专利布局。

RV减速器技术的专利申请具有很高的集中度，且这种状况在短期内不会发生实质性改变。日本纳博是全球知名的RV减速器生产企业，其专利申请量占全球总申请量的近2/3，占据市场主导地位。日本住友作为减速器行业的老牌企业，RV减速器技术也一直是其重要发展方向之一。除日本市场外，纳博更注重美国市场而住友更注重欧洲市场，而两家企业都看好中国市场并进行了专利布局。二者在各技术分支上的布局都很全面，组装/工艺与核心部件是其研发重点。除这两个技术分支外，纳博侧重在输入端这一技术分支进行重点布局，住友侧重在轴承这一技术分支进行重点布局，但在另外几个技术分支上，两家公司也都进行了相当数量的专利布局，两家公司在RV减速器领域已经具有深厚的技术积淀。整体而言，RV减速器技术已相当成熟，以纳博和住友为代表的日本企业能够形成技术垄断，我国的企业和相关研究机构如果希望在该技术领域有所突破，需要提前掌握纳博和住友的专利布局，选好合适的技术突破口。

尽管国内工业机器人核心零部件发展仍存在瓶颈，但这也是国内机器人企业的发展机遇。一旦在零部件上取得突破，国产整机性能将得到大的提升，价格优势也将得以体现。未来占据工业机器人市场的企业必将是至少拥有某项核心技术的企业。一旦减速器、伺服电机和控制器等关键零部件全部实现国产化，国内品牌的工业机器人产品还将在价格上占据优势，使得国内工业机器人本体成本实现大幅降低，完成量产和进口替代。

（5）工业机器人产业的四大龙头企业ABB、库卡、发那科、安川所采取的瞄准目标市场、通过灵活策略进行专利布局的方式值得国内企业学习和借鉴。

ABB 公司充分利用本土化策略来加强目标市场的销售研发。

ABB 公司是电力和自动化技术的领导企业，它充分发挥了本身在电机及驱动部件、控制器方面的技术优势，占据了工业机器人行业的有利地位。虽然在技术上有着特长和优势，但是从 2005 年开始，ABB 公司也开始着力从关键零部件、系统集成应用、机器人本体三方面进行全方位的研发与专利布局，可见其在一定技术实力的基础上，也开始重视全产业链的布局。此外，ABB 公司在中国地区获得授权并且维持有效的专利数量大致占其申请总量的 50%，体现了 ABB 强劲的研发实力和在工业机器人行业的领先地位。

就发展策略而言，ABB 公司值得推崇的一点是其非常重视本土化，这不仅体现在它的销量上，也可以体现在专利布局方面。ABB 公司是四大龙头当中首先在中国建立研发中心的公司，由于中国研发团队的存在，其专利申请策略方面也更加适合中国市场，例如，ABB 在中国申请了大量的实用新型专利，这在国外企业中比较少见，但是表现出 ABB 公司善于灵活运用中国的专利保护制度。

库卡公司进入中国市场较晚但非常重视专利布局质量。

库卡的专利申请从 2009 年才开始大量进入中国，目前正在加紧进行中国的专利布局，其在中国建设的年产量可达 5000 台机器人的新工厂已经投产，这是在除了德国总部以外全球唯一的工厂，库卡还计划在中国建立机器人应用的研发基地，以期占据中国这一发展势头强劲的未来巨大市场。库卡的关键技术以控制器为主，其通过与其他公司合作获得诸如减速器等其他关键零部件的相关技术。库卡的专利申请与产品有较好的对应关系，能够启动良好的保护作用。

库卡除了在中国进行发明专利的申请，还进行了实用新型和外观的专利申请，库卡还在 2012 年和 2013 年分别针对其两款机器人进行了外观设计的保护，而这两款机器人分别都具有与其结构对应的实用新型或者发明，与其相配合来共同保护其专利产品。库卡申请的有效专利占总申请量的比例非常高，即使是驳回的专利，也仅有一件已经失效，而其他驳回的专利均处于复审状态，这表明库卡非常重视专利权的质量，为了获得较大的专利保护范围不惜付出更多的经济成本和时间成本来增加专利确权审批环节和专利审查周期。

库卡在关键零部件领域的绝大部分专利申请量涉及控制器及其控制方法，在减速器方面，库卡与减速器领域重要技术参与者均有专利上的合作。例如作为当今世界上最重要传动系统产品制造厂的日本住友和德国 ZF 腓德烈斯哈芬股份公司，这些合作专利均在中国、日本、韩国进行了布局并获得授权。

发那科公司在华专利布局重心正从核心零部件转向系统集成应用领域。

发那科公司早期并未重视在中国进行专利保护，自 2003 年才开始在中国进行专利布局，比在中国进行生产销售等经营活动还要晚几年。而发那科公司从 2003 年提交第一项涉及电动机控制的转换装置的专利申请开始，在 2004~2008 年，平均年专利申请量超出 60 件，说明中国市场日益受到其重视。

发那科的专利技术较多涉及控制、视觉识别、焊接、加工、测量等领域，表明发那科公司同时对于涂胶、管线系统、末端执行器、装配、搬运、喷涂等工业机器人系统的主要应用领域均有覆盖。

发那科公司早年着重于数控机床并以此为基础开始机器人的研发，因此，其同样具有较强的基于伺服、数控领域的技术优势，事实上除减速器外，发那科公司的控制器、驱动器、伺服电机均为研发生产自制，具有很强的技术研发能力，其发展路线对于我国相关企业有借鉴意义。

安川公司偏重于核心零部件领域的专利布局。

安川公司的技术优势也集中在电机领域，在其全球业务减弱之时，从 2010 年开始加强对中国市场的重视，2013 年 6 月投产的安川电机常州工厂在工业机器人产业的上、中、下游，即关键零部件、机器人本体、系统集成应用三方面进行全方位的研发与专利布局，可见其非常看好中国市场的前景。

在安川公司提交给美国、欧洲、中国、日本、韩国五国/地区的系列申请中，市场定位还是以其国内市场为主，而中国已经成为其在本土和美国外，最为关注的市场。

从专利申请的技术分布上可以看出，安川公司重视机器人关键零部件的研发，作为工业自动化的核心部件，电机及其相应的驱动部件仍然是安川公司关注的关键技术点；同时，实现其控制的硬件以及软件也是工业机器人的重要部分，其对于工业机器人产业上游的核心零部件方面有较好的积累。其他申请量较大的技术分别是处于机器人产业中游的机器人本体和系统集成应用，也体现了安川对各种应用型机器人研发和专利保护的重视程度。

安川公司在华进行专利布局的重点集中在上游的关键零部件，其中，关键零部件中的电机与控制器的申请量都非常大，以电机最为突出。中下游的机器人本体及系统集成应用稍少，系统集成应用中的搬运、焊接类应用的申请量较大，而关键零部件中的减速器以及其他的系统集成应用尚不是该公司的优势方向，在华布局的相关专利也比较少。利用自身在电机、控制器方面的技术优势抓高利润价值点是安川工业机器人产业发展的显著特点。

（6）国内工业机器人领先企业如沈阳新松、广州数控、埃夫特、博实等在系统集成领域拥有一定专利技术，但是与国外企业相比仍然差距明显，尤其在关键零部件领域更是体现出专利布局数量不多、高质量申请不足、专利国际布局欠缺的问题。

沈阳新松专利申请共259件，是国内相关企业中专利布局相对较好的企业，但其大部分发明专利处于在审状态（120件），经过实质审查而获得的授权发明专利较少（20件），这部分专利申请质量将直接影响沈阳新松未来的市场控制力。沈阳新松专利申请的重点技术区域为工业机器人控制器及针对不同应用领域的工业机器人本体。在中下游集成应用及机器人本体方面，沈阳新松在电子、油田、激光、物流、加工等领域有丰富的基于应用的专利技术。综上可知，沈阳新松作为中国工业机器人行业的重点企业，已经尝试了全产业链的专利布局，具有较大的市场潜力。沈阳新松专利布局目前的缺陷在于，在上游关键零部件方面，除控制器外，电机和减速器技术尚弱；中游机器人本体方面申请量虽然相对较大，但大多是针对应用的非标准的工业机器人本体的设计。

广州数控的专利申请总量不多，但其注重运用不同类型的专利来保护自己的知识产权，发明、实用新型、外观设计的数量依次递增，针对工业机器人本体等非优势技术多采用外观设计专利形式进行保护。但是由于数量基数较少，其处于有效状态的授权发明专利较少。从技术上看，作为一个传统的数控机床企业，在与机床通用的电机及驱动器方面的技术储备比较充分，相应的关于电机及驱动器的专利申请比例较高；其次是控制方面，随着电机及驱动技术的发展之后，也有一定的申请量；减速器方面申请量较少，主要集中在摆线减速器方面。在产业链中下游的本体和系统集成应用等方面，广州数控目前仅涉及搬运、码垛、上下料等相关用途的机器人，目前广州数控的工业机器人应用行业尚未充分开发。目前广州数控专利布局方面的不足在于，虽然技术特长在于电机方面，但真正涉及电机本身的核心构成的专利并不多，有效的专利较少，行业应用尚可拓展。

埃夫特属于较新的公司，目前仅有少量的外围工装夹具和机械结构方面的申请，发明专利均处于在审阶段，尚无授权的发明专利，并且申请总量小，并且注意到了运用外观设计专利进行保护。埃夫特的技术起源是引进哈尔滨工业大学的相关技术，主要通过引进、整合、并购得到相关技术，例如，减速机与南通振康公司和苏州绿的公司进行合作在伺服电机技术上与上海翡叶公司和深圳固高公司进行合作，通过资本的整合打通上下游产业，以降低机器人以及成套设备成本。埃夫特在行业应用方面的策略在于选择新行业空白点，通过占领这些空白领域获得良好口碑，提升其品牌价值，从而占领其他机器人应用成熟行业。

（7）作为工业机器人关键零部件的RV减速器技术领域存在一定的技术壁垒和专利壁垒。

从国内外相关企业的发展经验来看，只有实现国产化才能真正降低RV

减速器的成本，倒逼国外厂商降低价格。国内在这方面研究起步晚，目前尚无成熟的国产 RV 减速器应用于工业机器人。近年来国内部分厂商和高校致力高精度摆线针轮减速机的国产化和产业化研究，部分企业已研发出样机，也有了相当数量的专利布局，虽然相应产品在输入转速、扭转刚度、传动精度和效率方面与日本 RV 减速器产品还存在差距，但整体质量在提高，也逐渐地应用在关节型工业机器人中。在 RV 减速器国产化进程中需要重视来华专利布局。

（8）日本主要减速器企业的发展历程表明专利是技术市场竞争中的有力武器。

纳博和住友作为 RV 减速器的龙头企业，在市场竞争中离不开对专利的运作，在中国的专利布局也十分严密。而国内企业甚至一些业内声称已经在 RV 减速器领域取得重要进展、突破的企业，专利数量却极为有限，且质量堪忧，这样一来，即使国内相关企业真正在技术上取得重要突破，也可能受到国外企业相关专利布局的困扰。

（9）日本、欧洲、美国企业在工业机器人领域的专利布局特点表明工业机器人产业发展非常依赖专利布局来实现对目标市场的控制。

日本工业机器人产业发展的特点是从关键零部件入手，占领利润较高的产业链上游，向机器人本体和系统集成应用扩展。日本企业在工业机器人产业上的专利布局模式特点为：相关专利申请量大，非常重视向海外市场进行布局，在关键零部件上的专利申请量占比高。

欧洲工业机器人产业发展的特点是从工业机器人应用和工业机器人本体出发，关注系统集成应用与工业机器人本体制造的互动，通过高端制造应用来逐步推动关键零部件的发展，从而走向全产业链整合。欧洲企业在工业机器人产业上的专利布局模式特点是，重视系统集成和应用专利申请，核心零部件相关专利申请占比不大，但是从技术市场控制力度来看，专利布局的效率较高。

美国工业机器人产业发展的特点是关注技术未来发展方向，走智能化、网络化道路，参与公司多而不强，小公司更加灵活，引领技术发展方向。美国企业在工业机器人产业上的专利布局模式特点是，专利布局早，但申请量相对稳定，专利申请集中度不高，关注 ITC 技术与工业机器人技术的融合。

由此可见，日本、欧洲、美国的专利布局特点服务于各自的产业发展模式，都非常重视通过专利布局实现对目标市场的控制。

（10）库卡在工业机器人领域的发展经验和专利布局策略值得中国工业机器人产业学习和借鉴。

库卡作为最初从事焊接业务的公司在焊钳等末端执行器上拥有较多专利，

目前控制器及控制方法已成为库卡专利申请量最大的技术领域。库卡最新推出的机器人产品及其最新的相关专利，都与机器人安全相关，然而目前都是针对小型机器人，对于大型工业机器人的安全性问题，还有很大的研发空间。在此基础上，库卡注重开展全产业链专利技术合作。库卡作为典型的欧洲模式企业，既提供机器人本体的生产，也提供用户所需要的系统设计制造，从而实现"一揽子交钥匙工程"。近年来，库卡在减速器、电机等核心零部件上，通过自主研发、专利合作和购买等多种方式，也进行了专利布局，显示出其正在加速机器人行业上游的投入，以形成上、中、下游全产业链发展。对于国内企业而言，可以借鉴库卡的发展经验，从机器人应用出发，利用系统集成技术上的优势，进而开发适合自身的机器人本体，在本体和系统集成做强的情况下，通过合作的方式实现关键零部件的生产，最终达到全产业链模式。

图 索 引

图1-1 钛合金产业链分布 (2)
图1-2 钛合金技术领域全球首次申请的专利申请趋势变化 (3)
图1-3 钛合金领域全球专利首次申请排名前十位的国家和地区分布 (4)
图1-4 钛合金技术领域全球专利申请量排名前十位的国家分布 (4)
图1-5 钛合金技术领域全球专利申请量排名前十位的企业分布 (5)
图1-6 钛合金技术领域全球专利申请一级与二级技术分支申请量分布 (6)
图1-7 钛合金技术领域重点技术全球申请近二十年申请量变化趋势 (6)
图1-8 钛合金技术领域中国专利申请变化趋势 (7)
图1-9 钛合金技术领域国内省市专利申请量排名前十位分布 (7)
图1-10 钛合金技术领域来华专利申请量排名前十位分布 (8)
图1-11 钛合金技术领域国内申请人排名前十位的申请量分布 (8)
图1-12 钛合金技术领域来华申请人排名前13位的申请量分布 (9)
图1-13 钛合金技术领域重点技术国内申请变化趋势 (9)
图1-14 钛合金技术领域重点技术来华申请变化趋势 (10)
图1-15 日本钛板领域全球各地专利布局情况 (23)
图1-16 钛合金管材中国申请的专利法律状态分析 (24)
图1-17 生物医用钛合金技术功能分析 (28)
图1-18 钛材高尔夫球具的技术主题分布 (30)
图1-19 主要国家钛合金应用领域的专利分布 (39)
图2-1 ARM公司"IP核"授权商业模式 (42)
图2-2 CPU技术全球专利年度申请量与增长率趋势 (45)
图2-3 CPU技术主要专利申请国年份申请量对比 (46)
图2-4 CPU技术中国专利年度申请量与增长率趋势 (46)
图2-5 四大主流CPU架构专利申请量占比 (48)
图2-6 四大架构历年专利申请趋势 (48)
图2-7 主流CPU架构中国专利申请量与活跃度对比 (50)
图2-8 Intel指令技术发展路线及其在华专利布局情况 (51)
图3-1 超材料技术发展路线 (56)
图4-1 疫苗核心产业链及其政策监管 (82)
图4-2 疫苗领域项目分解 (84)

图 4-3 轮状病毒疫苗的技术发展路线 (101)
图 4-4 全球 AD 疫苗专利申请技术分支比例 (103)
图 4-5 中国 AD 疫苗专利申请技术分支比例 (103)
图 4-6 阿费里斯股份公司 AD 系列疫苗的产业和专利布局 (105)
图 4-7 AD 疫苗技术发展路线及研发机遇 (106)
图 4-8 宫颈癌疫苗技术领域中国专利技术研发脉络及研发机遇 (110)
图 5-1 有机硅的消费结构 (118)
图 5-2 高性能硅弹性材料领域发展趋势分布 (118)
图 5-3 硅弹性材料技术分支占比及发展趋势 (119)
图 5-4 高性能硅弹性材料整体专利布局情况 (120)
图 5-5 硅弹性材料技术分支专利布局与产出区域 (121)
图 5-6 高性能硅弹性材料专利技术掌握者分布 (122)
图 5-7 高性能硅弹性材料主要技术分支专利掌握者分布 (123)
图 5-8 硅弹性材料产业专利技术应用领域-性能分布 (125)
图 5-9 硅橡胶的消费市场分布 (126)
图 5-10 硅弹性材料主要技术分支应用领域及所关注的性能分布 (127)
图 5-11 硅弹性材料电子电器领域专利申请趋势 (128)
图 5-12 硅弹性材料电子电器领域国内外专利主要性能分布 (129)
图 6-1 心脑血管无源介入医疗器械的技术分解 (141)
图 6-2 介入医疗器械中国主要申请人占比 (彩图 1)
图 6-3 心脑血管介入器械主要产品 (145)
图 6-4 血管支架全球重点技术发展脉络 (146)
图 6-5 已上市的血管支架主要产品 (149)
图 6-6 热点产品技术改进方向 (151)
图 6-7 目前在研的全降解支架进度 (彩图 1)
图 6-8 全降解支架主要性能改进手段及代表专利 (153)
图 7-1 大气污染产业链 (159)
图 7-2 全球大气监测技术专利申请趋势 (161)
图 7-3 大气监测技术主要技术产出国/地区 (161)
图 7-4 烟气脱硫技术整体发展路线 (165)
图 7-5 全球烟气脱硫技术专利申请趋势 (167)
图 7-6 烟气脱硫技术主要技术产出国/地区 (168)
图 7-7 湿法、半干法、干法烟气脱硫技术全球专利申请趋势 (168)
图 7-8 烟气脱硫技术中国专利申请量趋势 (169)
图 7-9 烟气脱硝技术发展路线 (171)
图 7-10 烟气脱硝技术国外专利申请发展趋势 (173)
图 7-11 硝烟气脱技术全球专利产出分布 (173)
图 7-12 烟气脱硝技术中国专利申请趋势 (175)
图 7-13 脱硫脱硝一体化技术专利申请趋势 (176)
图 7-14 脱硫脱硝一体化技术全球技术申请分布 (178)

293

图 7-15　烟气脱硫脱硝一体化技术主要国家来华专利申请趋势（179）
图 7-16　烟气脱硫脱硝一体化技术中国专利申请趋势（180）
图 8-1　集成电路制造工艺关键技术项目分解（183）
图 8-2　双重（多重）图形光刻技术领域全球专利发展趋势（186）
图 8-3　双重（多重）图形光刻技术领域中国专利发展趋势（186）
图 8-4　EUV 光刻技术领域全球专利发展趋势（187）
图 8-5　EUV 光刻技术领域中国专利发展趋势（187）
图 8-6　双重（多重）图形光刻技术领域全球专利申请国家/区域分布（189）
图 8-7　EUV 光刻技术领域全球专利申请国家/区域分布（189）
图 8-8　双重（多重）图形光刻技术领域中国专利申请趋势（190）
图 8-9　双重（多重）图形光刻技术领域中国专利申请地区分布（190）
图 8-10　EUV 光刻技术领域中国专利申请趋势（191）
图 8-11　EUV 光刻技术领域中国专利申请地区分布（191）
图 8-12　全球光刻产业发展路线（198）
图 8-13　双重（多重）图形光刻全球专利技术发展路线（199）
图 8-14　双重（多重）图形光刻全球专利技术发展脉络（彩图 2）
图 8-15　双重（多重）图形光刻技术全球产业-专利对比（201）
图 8-16　双重（多重）图形光刻中国专利技术发展路线（203）
图 8-17　中国双重（多重）图形光刻专利技术在全球发展过程中的位置（204）
图 8-18　双重（多重）图形光刻技术技术分支申请量随年度变化（205）
图 8-19　双重（多重）图形光刻技术技术分支申请人数量随年度变化（205）
图 8-20　SADP 工艺的核心专利和外围专利（206）
图 8-21　双重（多重）图形光刻技术未来发展方向预测（207）
图 8-22　EUV 光刻全球专利技术发展路线（210）
图 8-23　EUV 光刻技术领域产业技术和全球专利技术对比（211）
图 8-24　EUV 光刻中国专利技术发展路线（213）
图 8-25　中国 EUV 专利技术在全球产业中的地位（214）
图 8-26　EUV 光刻技术技术分支申请量年度变化（215）
图 8-27　EUV 光刻技术技术分支申请人数量年度变化（215）
图 8-28　EUV 光刻技术未来发展方向预测（218）
图 8-29　晶圆减薄技术领域全球专利发展趋势（221）
图 8-30　晶圆减薄技术领域中国专利发展趋势（222）
图 8-31　晶圆减薄技术领域主要国家/区域全球专利申请分布（223）
图 8-32　晶圆减薄技术领域全球专利申请国家/地区分布（224）
图 8-33　晶圆减薄技术领域中国专利申请趋势（224）

| 图 8-34 | 晶圆减薄技术领域中国专利申请地区分布 （225）
| 图 8-35 | 铜互连技术领域全球专利申请发展趋势 （230）
| 图 8-36 | 铜互连技术领域中国专利申请发展趋势 （231）
| 图 8-37 | 铜互连技术领域全球专利首次申请国家/地区专利申请分布 （232）
| 图 8-38 | 铜互连技术领域中国专利申请趋势 （232）
| 图 8-39 | 铜互连技术中国专利申请地区分布 （233）
| 图 9-1 | 数字安防技术全球主要国家/地区的专利申请趋势 （239）
| 图 9-2 | 数字安防技术中国专利申请趋势 （240）
| 图 9-3 | 数字安防技术全球专利申请的来源分布 （240）
| 图 9-4 | 数字安防各技术分支的全球申请趋势对比 （242）
| 图 9-5 | 数字安防各技术分支的全球申请数量分布 （242）
| 图 9-6 | 数字安防各技术分支的全球申请区域分布 （242）
| 图 9-7 | 国外安防巨头在华专利技术布局情况 （243）
| 图 9-8 | 数字安防技术国内申请的省市分布 （244）
| 图 9-9 | 数字安防技术来华申请的国家分布 （244）
| 图 9-10 | 视频监控技术全球主要国家/地区的专利申请趋势 （245）
| 图 9-11 | 视频监控技术在中国的专利申请趋势 （246）
| 图 9-12 | 视频监控技术全球专利申请的区域分布 （247）
| 图 9-13 | 视频监控技术全球专利申请的技术分布 （250）
| 图 9-14 | 主要国外企业在华申请的专利技术布局 （251）
| 图 9-15 | 视频监控技术中国专利申请的国内外区域分布 （252）
| 图 9-16 | 智能视频分析技术全球主要国家/地区的专利申请趋势 （253）
| 图 9-17 | 智能视频分析技术全球主要申请人的布局区域分布 （255）
| 图 9-18 | 智能视频分析技术国内主要地区的申请对比 （256）
| 图 9-19 | 智能视频分析技术全球专利申请的研发重点分布 （258）
| 图 9-20 | 智能视频分析技术全球安防龙头的专利技术布局 （259）
| 图 9-21 | 美国 OV 公司发起专利诉讼历程 （260）
| 图 9-22 | 红外成像技术全球主要地区的专利申请分布 （261）
| 图 9-23 | 红外成像技术中国主要地区的专利申请分布 （263）
| 图 9-24 | 红外成像技术全球专利的研发方向分布 （263）
| 图 9-25 | 红外成像技术主要申请人在华专利技术布局 （264）
| 图 10-1 | 工业机器人全球销售量和专利申请量趋势对比 （267）
| 图 10-2 | 工业机器人中国销售量和专利申请量 （268）
| 图 10-3 | 全球专利申请国家/地区分布 （269）
| 图 10-4 | 国内工业机器人产业主要专利申请地区 （269）
| 图 10-5 | 工业机器人产业全球专利申请重要申请人对比 （270）
| 图 10-6 | 工业机器人零部件中外企业采购价格价差 （271）

295

图 10 - 7　工业机器人三大核心零部件全球专利申请的国家/地区（272）

图 10 - 8　工业机器人三大核心零部件中国专利重要申请人（272）

图 10 - 9　工业机器人减速器技术全球专利申请技术趋势（273）

图 10 - 10　工业机器人减速器技术中国专利申请类型分布（274）

图 10 - 11　工业机器人减速器技术全球专利申请分布（276）

图 10 - 12　纳博 RV 减速器的专利申请量趋势（278）

图 10 - 13　纳博 RV 减速器专利的技术地域分布（279）

图 10 - 14　纳博 RV 减速器新产品上市与相关专利申请的趋势（279）

图 10 - 15　纳博 RV 减速器新产品发展趋势（280）

图 10 - 17　ABB 公司工业机器人中国专利申请技术分布（281）

表索引

表1-1 镁热还原法不同国家的模式 (12)
表1-2 海绵钛冶炼新技术分析 (13)
表1-3 国内改变合金元素含量来提高钛合金强度的重点专利 (14)
表1-4 中国拥有自主知识产权的高温钛合金重点专利 (16)
表1-5 中国自主研发的含稀土元素的高温钛合金重点专利 (16)
表1-6 国外少量甚至不含Pd、Ru贵重元素的耐蚀钛合金重点专利 (17)
表1-7 对TiAl金属间物添加碳的钛合金专利 (18)
表1-8 洛阳双瑞精铸钛业相关申请 (19)
表1-9 熔铸法和粉末冶金法的相关专利 (19)
表1-10 中国在原位生成法领域的重要专利 (20)
表1-11 欧美来华专利申请列表 (23)
表1-12 国外和国内排名前十位申请人的专利申请 (29)
表1-13 Timet公司的在华有效专利申请 (31)
表1-14 RTI公司在华专利申请汇总 (32)
表1-15 ATI公司国内有效专利申请 (34)
表1-16 主要国家在海绵钛领域的技术路线 (36)
表1-17 澳大利亚BHP公司在华专利布局 (36)
表1-18 主要应用领域的来华和国内专利分布 (39)
表1-19 主要应用领域不同国家龙头企业特征 (40)
表2-1 主流CPU架构许可实例 (43)
表2-2 CPU技术全球专利申请概况 (45)
表2-3 CPU技术主要竞争对手专利布局与活跃度 (47)
表2-4 CPU技术中国专利申请概况 (49)
表2-5 X86指令集专利布局情况 (51)
表3-1 超材料全球专利申请概况 (58)
表3-2 超材料中国专利申请概况 (60)
表3-3 超材料结构技术全球专利申请概况 (61)
表3-4 超材料结构技术中国专利申请概况 (62)
表3-5 超材料制备技术全球专利申请概况 (63)
表3-6 超材料制备技术中国专利申请概况 (64)
表3-7 应用超材料的天线技术全球专利申请概况 (65)

表3-8	应用超材料的天线技术中国专利申请概况 （66）		争力对比 （104）
表3-9	应用超材料的吸波和电磁屏蔽技术全球专利申请概况 （67）	表4-14	全球和中国宫颈癌疫苗专利整体情况 （107）
表3-10	应用超材料的吸波和电磁屏蔽技术中国专利申请概况 （68）	表4-15	宫颈癌疫苗专利领域全球主要申请人 （108）
表3-11	应用超材料的隐身技术全球专利申请概况 （70）	表4-16	宫颈癌疫苗领域默沙东和葛兰素史克在华重点专利分析 （109）
表3-12	应用超材料的隐身技术中国专利申请概况 （70）	表4-17	国内疫苗产业知名研发创新团队 （110）
表3-13	重点企业专利布局概况 （72）	表4-18	国外疫苗研发重要技术平台创新人才 （111）
表4-1	2013年最畅销的18种疫苗产品 （82）	表5-1	硅弹性材料主要应用领域所关注的性能 （126）
表4-2	全球和中国疫苗专利整体情况 （85）	表5-2	硅弹性材料热学性能方面主要申请人的改进手段 （129）
表4-3	疫苗产业主要申请人专利技术情况对比 （87）	表5-3	高性能硅弹性材料潜在专利技术创新方向 （131）
表4-4	疫苗产业各品种专利竞争情况对比（一） （88）	表5-4	高性能硅弹性材料国内主要研究高校 （134）
表4-5	疫苗产业各品种专利竞争情况对比（二） （89）	表5-5	高性能硅弹性材料国内主要企业 （135）
表4-6	疫苗全球相关专利申请涉及的适应症及研发热点 （90）	表5-6	高性能硅弹性材料来华主要企业 （137）
表4-7	全球疫苗相关专利申请各适应症技术首次申请地和目标市场地 （92）	表6-1	介入医疗器械各技术领域中英文库检索结果 （140）
表4-8	全球五大疫苗公司产业技术专利竞争情况 （94）	表6-2	全球及中国心血管介入器械领域专利基本状况表 （142）
表4-9	来华与国内疫苗产业技术研究重点和热点 （96）	表6-3	全球及中国血管支架领域专利基本状况表 （150）
表4-10	来华和国内主要研发主体在华专利申请重点 （98）	表7-1	三种大气监测方法比较 （160）
表4-11	全球和中国轮状病毒疫苗专利整体情况 （99）	表7-2	大气监测技术全球专利申请情况 （162）
表4-12	全球和中国AD疫苗专利整体情况 （102）	表7-3	中国大气监测技术专利申请情况摘要 （163）
表4-13	AD疫苗国内外在华专利技术竞	表7-4	烟气脱硫技术全球专利申请情况 （166）
		表7-5	烟气脱硫技术中国专利申请情况 （169）

表7-6 烟气脱硝技术全球专利申请情况 （172）

表7-7 烟气脱硝技术中国专利申请情况 （174）

表7-8 烟气脱硫脱硝一体化技术全球专利申请情况 （177）

表7-9 烟气脱硫脱硝一体化技术中国专利申请情况 （178）

表8-1 集成电路制造工艺关键技术领域中英文库检索结果 （184）

表8-2 双重（多重）图形光刻和EUV光刻技术领域专利申请基本状况 （184）

表8-3 双重（多重）图形光刻和EUV光刻技术领域中国专利申请对比 （188）

表8-4 双重（多重）图形光刻技术领域主要申请人 （192）

表8-5 EUV光刻技术领域主要申请人 （193）

表8-6 双重（多重）图形光刻主要技术分支 （193）

表8-7 EUV光刻主要技术分支 （194）

表8-8 图形光刻技术领域重点申请人全球专利申请及动向分析 （194）

表8-9 图形光刻技术领域重点申请人中国专利申请及动向分析 （195）

表8-10 SADP技术近几年重要专利 （206）

表8-11 EUV掩模技术2010~2014年重要专利 （216）

表8-12 EUV光刻胶技术2010~2014年重要申请人重要专利 （217）

表8-13 晶圆减薄技术领域专利态势基本状况表 （220）

表8-14 晶圆减薄技术领域中国专利申请类型 （223）

表8-15 晶圆减薄技术领域主要申请人 （225）

表8-16 晶圆减薄技术主要技术领域专利申请分布 （226）

表8-17 晶圆减薄技术领域重点申请人专利全球申请及动向分析表 （227）

表8-18 晶圆减薄技术领域重点申请人中国专利申请状况分析表 （227）

表8-19 铜互连技术领域专利态势基本状况表 （229）

表8-20 铜互连技术领域中国专利申请类型 （231）

表8-21 铜互连领域主要申请人申请量 （234）

表8-22 铜互连主要技术领域专利申请分布 （234）

表8-23 铜互连技术领域全球重点申请人专利申请及动向分析 （235）

表8-24 铜互连技术领域中国重点申请人专利申请及动向分析 （236）

表9-1 数字安防技术中国专利申请总体状况 （240）

表9-2 数字安防技术在中国的申请人分布 （241）

表9-3 视频监控技术中国专利申请概况 （246）

表9-4 视频监控技术的全球主要申请人 （247）

表9-5 视频监控技术的中国主要申请人 （249）

表9-6 视频监控技术各分支的国内外申请人在华专利布局情况 （251）

表9-7 国内主要经济区域的专利申请概况 （252）

表9-8 智能视频分析技术全球前十位申请人 （254）

表9-9 智能视频分析技术的中国申请人分布 (255)
表9-10 智能视频分析技术的国内省市分布 (257)
表9-11 智能视频分析技术中国专利申请的研究重点 (258)
表9-12 红外成像技术全球专利申请的前十位申请人 (262)
表9-13 国内申请人和来华申请人分布 (262)
表10-1 全球及中国工业机器人技术领域专利基本状况 (266)
表10-2 工业机器人产业中国专利申请重要申请人对比 (271)
表10-3 RV减速器全球主要申请人专利申请布局 (277)
表10-4 RV减速器中国专利主要申请人的专利状态 (277)
表10-5 全球工业机器人关键零部件五局专利申请量对比 (283)
表10-6 全球工业机器人产业信息对比 (283)

后 记

本丛书汇编自国家知识产权局专利分析和预警项目系列研究报告，是广泛汇聚国家知识产权局及兄弟部委相关领导和专家，相关行业协会、企业和科研机构的产业专家、技术专家，以及各课题参研人员等各方智慧的结晶。

多年来，专利分析和预警项目的实施和开展得到了国家知识产权局各位局领导的关心和指导，项目管理日益完善、研究水平日益提高、决策支持能力日益增强！尤其是在贺化副局长的直接领导下，该项目在专利分析方法的创新探索方面不断取得突破和进展、项目各课题的专利竞争情报分析能力和水平不断提升！

专利分析和预警项目的成功开展，离不开各相关兄弟部委、行业协会、科研院所、企事业单位的大力支持和帮助！在此，衷心感谢工业和信息化部、科技部、农业部等兄弟部委，中国科学院、清华大学等各相关科研院所，中国电子元件行业协会、中国机床工具工业协会等行业协会，有研稀土新材料股份有限公司、中国华电工程有限公司等企事业单位对国家知识产权局专利分析和预警项目的支持、配合和帮助！

专利分析和预警项目的成功开展，离不开国家知识产权局各相关部门、单位的大力支持、配合和帮助！在此，衷心感谢国家知识产权局办公室、保护协调司，国家知识产权局专利局办公室、审查业务管理部对专利分析和预警项目的指导和支持！衷心感谢国家知识产权局专利局机械发明审查部、电学发明审查部、通信发明审查部、医药发明审查部、化学发明审查部、光电技术发明审查部、材料工程发明审查部、知识产权发展研究中心、专利审查协作北京中心、专利审查协作江苏中心、专利审查协作广东中心、专利审查协作河南中心、专利审查协作湖北中心、专利审查协作四川中心与领导小组办公室的通力配合和携手努力！衷心感谢各部门、各单位参研人员在参与专利分析和预警课题研究期间不辞辛苦付出的劳动和呕心沥血贡献的智慧！正是因为各部门各单位领导的大力支持和各课题组参研人员的全情投入，才确保课题研究工作在有限的时间内得以圆满完成！

最后，谨向曾经在专利分析和预警项目课题研究和评审过程、本报告集编写过程中给予过支持、指导和帮助的其他领导、专家及有关单位和企业一并致以衷心的感谢！

本书编辑部

2016 年 5 月